# 南漢二陵

广州市文物考古研究院　编著

文物出版社

北京·2024

**图书在版编目（CIP）数据**

南汉二陵 / 广州市文物考古研究院编著. — 北京：
文物出版社，2024.1

ISBN 978-7-5010-8209-4

Ⅰ.①南… Ⅱ.①广… Ⅲ.①陵墓—研究—中国—南
汉 Ⅳ.①K878.84

中国国家版本馆CIP数据核字（2023）第187308号

审图号：GS（2024）0329号

Nánhàn Èr Líng

# 南汉二陵

编　　著：广州市文物考古研究院

责任编辑：黄　曲
美术编辑：程星涛
责任印制：张道奇

出版发行：文物出版社
社　　址：北京市东城区东直门内北小街2号楼
邮　　编：100007
网　　址：http://www.wenwu.com
经　　销：新华书店
印　　刷：天津裕同印刷有限公司
开　　本：889mm×1194mm　1/16
印　　张：25.5　插页1
版　　次：2024年1月第1版
印　　次：2024年1月第1次印刷
书　　号：ISBN 978-7-5010-8209-4
定　　价：420.00元

Monographs of Guangzhou Archaeology, No.9

# THE TWO MAUSOLEUMS OF THE SOUTHERN HAN

# DE MAUSOLEUM AND KANG MAUSOLEUM

*(With an English Abstract)*

*by*

Guangzhou Municipal Institute of Cultural Heritage and Archaeology

Cultural Relics Press

Beijing · 2024

# 目　录

# 插图目录

# 彩版目录

# 第一章　前　言

## 第一节　南汉简史及陵墓记载

南汉是五代十国时期割据于岭南的地方政权，存国 55 年。南汉东邻闽国，北接楚国，东北与吴（南唐）接壤，西连南诏，南濒大海，是五代十国疆域较广的王国（图一）。南汉国版图在中宗时（943~958 年）达到最大，包括今广东、广西、海南三省区及湖南、贵州、云南一部分，共 2 府 64 州（都、监）218 县（图二）[1]。南汉疆域较大，雄踞岭海。"内

图一　五代十国时期全图（943 年）

_____

[1] 引自谭其骧主编：《中国历史地图集》第五册（隋唐五代十国时期），第 82~83 页，中国地图出版社，1982 年。

图二　南汉国疆域图（954 年）

足自富，外足抗中国"[1]，是岭南地区继南越国之后的第二个地方政权。

南汉史事在《旧五代史》《新五代史》《资治通鉴》和《宋史》等史籍皆有记载。由于五代档案资料比较零散，清儒又汇集宋代以来史料编辑成书，如吴任臣《十国春秋》、梁廷楠《南汉书》，又有吴兰修《南汉金石志》等，史文与金石相济，不少史料足可凭信。

现将南汉历史简述如下：

南汉奠基者刘隐父子起于岭南封州（今广东封开）。其祖先到岭南经商，后定居于岭南。刘隐父刘谦，为广州牙将，后为封州刺史、贺江镇遏使，因多次立有军功，在岭南具有一定地位。唐昭宗天祐二年（905 年），拜刘隐为清海军节度使。后梁开平元年（907 年），加检校太尉、兼侍中，封大彭郡王。开平二年（908 年），兼静海军节度、安南都护。开平三年（909 年），加检校太师、兼中书令，封南平王。开平四年（910 年），充清海、静海两军节度使，进封南海王。

后梁乾化元年（911 年）三月刘隐卒，其弟刘岩（初名岩，更名陟、龚、龑［音俨］，后复为岩）代为清海军节都使。乾化二年（912 年），除清海军节度使、检校太保、同平章事。乾化三年（913 年），加检校太傅。梁末帝即位后，刘岩袭封南海王。后梁贞明元年（915 年），清海、建武节度使兼中书令刘岩，表求封南越王及加都统，帝不许。岩谓僚属曰："今中国纷纷，孰为天子！安能梯航万里，远事伪庭乎！"自是贡使遂绝，自立为南越王。贞明三年

---

[1]［清］黄以周等辑注，顾吉辰点校：《续资治通鉴长编拾补》卷五"神宗熙宁二年九月壬午条"，第 239 页，中华书局，2004 年。

（917 年）十一月，刘岩在广州称帝，国号大越，建元乾亨，改广州为兴王府。翌年（918 年）改国号汉，史称南汉。高祖刘岩在位 26 年，于南汉大有十五年（942 年）三月卒。其子殇帝刘玢嗣位，年号光天。次年（943 年）刘晟弑兄自立，改元应乾，后改元乾和。中宗刘晟在位 16 年卒（958 年）。后主刘铄于大宝元年（958 年）即位，在位 14 年。宋开宝四年（971 年）刘铄降宋，南汉亡。

关于南汉世系，新、旧《五代史》有不同的计法。《新五代史·南汉世家》云："隐兴灭年世，诸书皆同。盖自唐天祐二年隐为广州节度使，至皇朝开宝四年国灭，凡六十七年。《旧五代史》以梁贞明二年龑僭号为始，故口五十五年尔。"[1]据南汉中宗乾和七年（949 年）中书舍人钟允章撰《碧落洞天云华御室记》称"大汉享国之三十有三祀"[2]，乾和七年逆溯 33 年则是公元 917 年，即后梁贞明三年，正是刘岩称帝年。由此可见，南汉自认世系从刘岩称帝起，则以《旧五代史》为是。南汉前后经历了 55 年的时间，算是五代十国中存在时间比较长的一个政权。

**南汉国世系表**

| 庙号 | 姓名 | 在位时间 | 谥号、尊号 | 陵号 |
|------|------|----------|-----------|------|
| 烈宗 | 刘隐 | | 襄 | 德陵 |
| 高祖 | 刘岩 | 917~942 年 | 天皇大帝 | 康陵 |
| | 刘玢 | 942~943 年 | 殇 | |
| 中宗 | 刘晟 | 943~958 年 | 文武光圣明孝皇帝 | 昭陵 |
| 后主 | 刘铄 | 958~971 年 | | |

查考文献史料，明确记载南汉国有三陵在广州，即烈宗刘隐德陵、高祖刘岩康陵、中宗刘晟昭陵。

后梁乾化元年（911 年）三月刘隐卒，葬于海曲，谥襄王。六年后其弟刘岩称帝，追尊刘隐为襄皇帝[3]。《新五代史·南汉世家第五》："贞明三年，龑即皇帝位，国号大越，改元曰乾亨。追尊安仁文皇帝，谦圣武皇帝，隐襄皇帝，立三庙。"《资治通鉴·后梁纪五》："癸巳，清海、建武节度使刘岩即皇帝位于番禺，国号大越，大赦，改元乾亨。……建三庙，追尊祖安仁曰太祖文皇帝，父谦曰代祖圣武皇帝，兄隐曰烈宗襄皇帝。以广州为兴王府。"关于刘隐的陵墓，宋代的史书有这样的记述：《新五代史》："（乾和）二年夏，遣洪昌祠襄帝陵于海曲，至昌华宫，晟使盗刺杀之。"[4]《资治通鉴·后晋纪五》："（开

---

[1]［宋］欧阳修撰，徐无党注：《新五代史》卷六十五《南汉世家第五》，中华书局，1974 年。
[2]［清］吴兰修撰：《南汉金石志》卷一，第 5~6 页，王云五主编《泾川金石记及其他一种》，丛书集成初编第 1530 册，商务印书馆，1936 年。
[3] 后梁在刘隐死后谥为南平襄王，所以刘岩以此谥号追尊其为襄皇帝。见《资治通鉴》卷第二百七十《后梁纪五》：乾化元年（911 年）清海、静海节度使兼中书令南平襄王刘隐病亟，表其弟节度副使岩权知留后。丁亥卒，岩袭位。
[4]《新五代史》卷六十五《南汉世家》。

运元年三月，944 年）汉主令中书令、都元帅越王弘昌谒烈宗陵于海曲（刘龑举大号，追尊其兄隐为烈宗），至昌华宫，使盗杀之。"《宋史·世家四·南汉刘氏》和现存的南汉遗物表明大太监龚澄枢曾任德陵使。清代史家作了归纳，吴任臣《十国春秋》记刘隐"乾亨元年追尊曰襄皇帝，庙号烈宗，陵曰德陵"[1]。清梁廷枏《南汉书》："高祖称尊，追尊曰襄皇帝，庙号烈宗，尊葬地曰德陵。"[2]综上史料可知，刘隐被追尊为襄皇帝，庙号烈宗，陵曰德陵，葬地海曲。

刘岩卒于大有十五年（942 年），年 54 岁，谥为天皇大帝，庙号高祖，陵曰康陵。葬兴王府城东二十里北亭[3]。

殇帝刘玢在位一年，为其弟刘晟所弑，未载有陵。

刘晟卒于乾和十六年（958 年）。葬于兴王府东北。《新五代史·南汉世家第五》："（乾和）十六年，卜葬域于城北，运甓为圹，晟亲视之。是秋卒，年三十九，谥曰文武光圣明孝皇帝，庙号中宗，陵曰昭陵。"[4]昭陵于 1957 年发掘，麦英豪撰文考证[5]。

后主刘鋹被宋所掳，据载死后归葬于韶州（今韶关）曲江狮子岗[6]。或谓"刘鋹墓，在韶州治北六里白虎山。"[7]刘鋹墓至今尚未发现，估计其墓室规模不大，亡国之君也无陵寝可言。

结合文献记载与考古发现，可以断定南汉德陵与康陵在广州市番禺区小谷围岛，昭陵在萝岗区石马村。

## 第二节　小谷围岛地理位置与历史沿革

小谷围岛位于广州市番禺区新造镇北部，在广州市区东南面，距广州市中心约 17 千米，是珠江官洲主航道与沥滘水道之间的一个江心洲，面积 18 平方千米（图三）。北面由官洲主航道分隔，与广州市海珠区官洲岛（生物岛）相望，东面与黄埔区长洲岛相邻，岛之南为沥滘水道。小谷围岛地貌为丘陵台地，走势平缓，海拔 20~30 米。岛上土丘众多，岗埠相连，当地以农业为主，种植水稻、蔬菜、水果等。村落的选址追求与自然和谐，大多在山脚的台地或水边。

小谷围原来叫小箍围，明末清初屈大均《广东新语》卷二云："下番禺诸村皆在海岛之中。大村曰大箍围，小曰小箍围，言四环皆江水也。凡地在水中央者曰洲，故诸村多以洲名。洲上有山。"小谷围岛旧属番禺县，民国时隶属广州市。20 世纪 50 年代曾属佛山地区专员

[1]［清］吴任臣撰，徐敏霞、周莹点校：《十国春秋》（第 2 册）卷五十八《南汉一·烈宗世家》，第 838 页，中华书局，1983 年。
[2]［清］梁廷枏著，林梓宗校点：《南汉书》卷一《本纪第一·烈宗纪》，第 4 页，广东人民出版社，1981 年。
[3]［清］梁廷枏著，林梓宗校点：《南汉书》卷三《本纪第三·高祖二》，第 14 页，广东人民出版社，1981 年。
[4]《新五代史》卷六十五《南汉世家》。
[5]麦英豪：《关于广州石马村南汉墓的年代与墓主问题》，《考古》1975 年第 1 期。
[6]［南宋］王象之撰：《舆地纪胜》卷九十《广南东路·韶州·古迹》："刘王铱墓在曲江县狮子岗。"第 2901 页，中华书局，1992 年。
[7]［清］屈大均著：《广东新语·刘鋹墓》记："刘鋹墓，在韶州治北六里白虎山。宋太祖尝封鋹为南海王，故亦曰越王山。降王而得返葬故国如鋹者，在昔无几，宋太祖之仁也。"第 496 页，中华书局，1985 年。

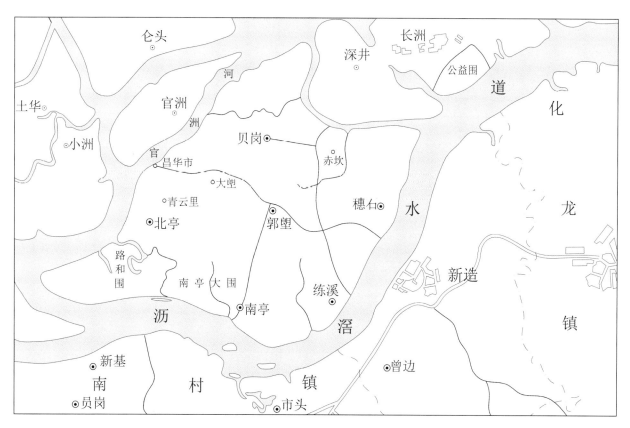

图三　小谷围岛行政区划示意图

公署。1975 年，番禺县改隶广州市，小谷围岛先属番禺县南村镇管辖，后改隶属新造镇管理。1992 年撤销番禺县，设立番禺市，由广州市代管。2000 年番禺撤市改区，成为广州市辖行政区，小谷围岛属新造镇管辖。岛上有贝岗、穗石、北亭、练溪、郭塱和南亭 6 个行政村，加上南垾、赤坎、大塱、大涨和路村，共有 11 个自然村。岛上自然环境优越，民风淳朴，几千年来祖先们留下了丰富的人文景观，形成了深厚的传统文化底蕴，由于交通相对落后，岛上的祠堂、庙宇、民居、桥梁及古墓葬等得到较好保存。

2003 年，因广州大学城建设，原小谷围岛 6 个行政村中的郭塱村和练溪村全面搬迁至岛外新造谷围新邨安置区，南亭、北亭、穗石、贝岗四条村为保留区，也有部分迁移。2004 年成立番禺区小谷围街道办事处，管辖整个小谷围岛。

## 第三节　小谷围岛考古调查与发掘概况

### 一、小谷围岛文物调查

2003 年 1 月，广东省委、省政府和广州市委、市政府决定兴建广州地区高校新校区（广州大学城），选址广州市番禺区新造镇小谷围岛。广州大学城总体规划建设正式启动后，广州市文物考古研究所根据广州市文化局的指示，并会同番禺区文物管理委员会办公室联合组成了"广州大学城（小谷围岛）文物调查工作小组"，编制广州大学城（小谷围岛）文物调查工作方案，要求调查小组对全岛进行地毯式调查。调查分地下文物调查和地面文物调查两部分，按照文物考古工作的规程，地下文物部分包括调查、勘探、发掘三个步骤；地面文物部分分调查和测绘两个步骤。依照调查工作方案，分成地上文物、地下文物两组，从2003年3月4日起进驻小谷围岛展开调查，至3月26日基本完成对全岛的文物普查及重点文物复查工作。调查工作小组共22人，组长：冯永驱，副组长：全洪、朱海仁、刘晓明、齐晓光。地上文物调查项目负责人：黄佩贤，成员：孔柱新、胡晓宇、闫晓青、钟志平、苗欢欢、韩小居；地下文物调查项目负责人：张强禄，成员：陈春丽、张金国、黄兆强、江海珠、范德刚、韩继普、田茂生、韩前进、吴中华、吴中才、董德锋。考古学家麦英豪、黎金和南越王宫博物馆筹建处黎显衡、何民本、麦穗丰也参加了调查工作。在实地调查之前，调查小组先查阅文献资料和地形资料，把握重点，制定了调查计划。地下文物调查分为4个小组，采取"拉网式"调查法，就小谷围全岛18平方千米范围内有可能埋藏古代墓葬和遗址的地方进行徒步踏勘，采集地表文化遗物；地上文物调查则以村落为单位逐村逐街逐巷进行"梳篦式"调查。通过拍照、录像、简易测绘、查核碑刻及文字记录等手段和程序，取得较为完备的调查资料。调查工作历时22天。

2003年4月初，完成田野调查后，广州市文化局马上组织多方面专家，对调查发现的48处文物建筑进行科学论证，按其历史价值和保存状况分为A、B、C三类，并对每一处古建筑提出了具体的保护意见。广州市文物考古研究所随即编写出《广州大学城（小谷围岛）第一次文物调查报告》[1]送呈省、市有关领导和部门，将工程建设范围的文物资源分布情况及时告知规划和建设部门，为广州大学城建设当中的文物保护工作提供了依据。文物部门与建设单位和规划部门协调，对地面文物建筑实施分类保护。同时，对可能影响原地保护文物建筑安全和历史风貌的建设规划做出了适当调整。

2003年6月初，广州市文物考古研究所向国家文物局申请发掘执照，以冯永驱为领队，组成广州大学城考古工作队进驻小谷围岛，对已调查发现的15处地下文物埋藏点进行抢救性考古勘探和发掘，该项工作于9月份基本完成。10月底，工程施工全面开始，由于施工暴露出的文物点不断增多，考古工作转入随工清理阶段。

## 二、调查发掘结果

至2004年10月，配合广州大学城建设施工范围的考古工作基本结束。全岛范围内考古勘探的面积达134600平方米，发掘和清理的文物埋藏点共35处，清理古墓葬145座（其中以两汉墓葬为多数），发掘古遗址3处，原址保护的重要文物点4处[2]。2004年9月底在

---

[1] 内部资料，未出版。
[2] 冯永驱、全洪、张强禄：《广州大学城考古发掘取得丰硕成果》，《中国文物报》2004年10月27日第1版。

广州博物馆举办了"广州大学城文物保护成果展"[1]，并编印了《广州大学城（小谷围岛）考古发掘成果汇编》[2]，及时向公众汇报文物保护和发掘成果。

从考古发掘的总体情况来看，小谷围岛的古墓葬表现出分布集中、时代延续性较强等特点。古墓葬主要集中在北亭和南亭两村，其次是贝岗和穗石村。除三国至晋南朝时期墓葬未见外，上至汉代、下到明清各时期的墓葬都有发现。清理了一批西汉晚期木椁墓和大量东汉砖室墓，说明古人在小谷围岛的活动至迟在西汉晚期就开始了。两汉墓葬数量最多，达121座，其形制及出土遗物类型都与广州市郊同期同类墓相同。唐至五代砖室墓9座、南汉帝陵2座、宋墓4座、明墓7座、清代大型家族墓地1处，另外还有南汉窑址5座、清代炮台遗址1处。

本着既有利于文物保护，又有利于工程建设的原则，绝大多数古遗址、古墓葬在发掘清理完毕、集齐有关资料后立即交付建设单位恢复施工。广州市文化局多次邀请专家，对遗址的保护与展示提出意见，并上报广东省、广州市政府。在已发掘出的150处古遗址、古墓葬中，南汉康陵和德陵、明代石人石马墓和清初炮台等4处考古遗址具有重要的历史、文化、艺术价值。经国家文物局和广东省、广州市考古、历史、古建筑等各方面专家论证，认为应当予以原址、原状保护，并纳入大学城总体建设规划。上述4处考古遗址与岛上保存的祠堂、庙宇、里巷、民居、古桥等古建筑和驳岸占迹见证了小谷围岛的历史，体现了小谷围岛深厚的历史文化底蕴。对其实施原址保护，必将成为广州大学城内重要的历史文化景观，提升大学城的历史文化品位。在广州市文物、规划部门和大学城建设单位的共同努力下，这4处重要考古遗址实施了原址保护，制定了保护与展示规划。

广州大学城考古工作最重要的收获是南汉德陵和康陵的发现与确认，入选"2004年度全国十大考古新发现"。考古发掘结束后，经多方协调与沟通，广州大学城建设单位调整原先规划，南汉二陵得以原址保护（图四），并于2006年公布为全国第六批重点文物保护单位（登录编号：6-271；登录年份：2006）。

南汉二陵发掘由全洪协助考古领队冯永驱负责考古工作，张强禄为现场发掘负责人，廖明全、朱家振、苗慧、郭改委、常永卿、朱汝田、关舜甫等参加田野发掘。南越王宫博物馆筹建处何民本、麦穗丰协助拍摄和录像，广州市城市规划勘测设计研究院测量一队采用广州市平面、高程系统测量考古遗迹点的坐标，广州市骏影航空科技有限公司拍摄航空照片。发掘期间，国家文物局、中国社会科学院考古研究所、广东省文物考古研究所和其他省市的领导及专家到发掘现场指导。麦英豪、黎金指导发掘工作。

### 三、二陵在小谷围岛的位置

据史乘，南汉国皇帝在小谷围岛修御苑（至今仍有昌华市地名，即南汉的昌华苑所在）和陵区，又有南汉皇帝的狩猎场地。南汉在村子附近的山岗上建哨所，后以"亭"名村，村

---

[1] 新华社广州电：《广州大学城考古成果首度披露》，《人民日报·海外版》2004年9月30日第8版。
[2] 由广州市文物考古研究所编，未正式出版。

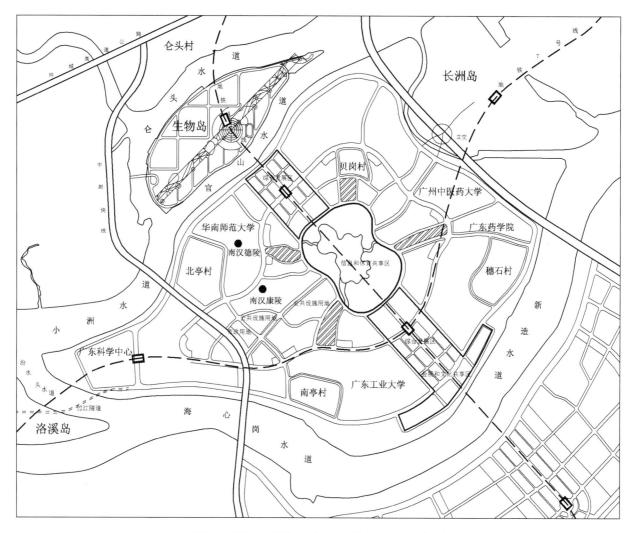

图四　德陵和康陵在广州大学城位置示意图

在亭北，称北亭村，在南称南亭村。岛上地貌为丘陵台地，走势平缓，海拔 20~30 米。小谷围岛平面略像一个横置的梨形，分别在小谷围岛西北部北亭村的青岗和大香山发现 2 座南汉时期的砖室大墓，二者南北相距约 800 米，经发掘考证，为南汉的德陵和康陵。

　　德陵位于北亭村大元里东侧的青岗北坡，地势较为平缓。青岗是一座略呈圆形的土岗，前（北）面有一片相对开阔的坡地。青岗东接白岗，东北为双园岗，西邻猪屎岗和北亭村大元里民居，西北是港尾岗，南边是望岗头（图五）。在青岗坡顶即可北望珠江官洲河道。查阅 1978 年 10 月航摄、1980 年 4 月调绘的地形图，青岗最大高程为 30.9 米，低于白岗（最大高程为 33.2 米），高于周边其他山岗。青岗西北坡脚高程 14~15 米，顺双园岗与港尾岗山间谷地北去，地势依次降低，高程从 12 米、11 米降到约 8~9 米，与东西向山间谷地会合，西去接官洲水道（俗称"官洲海"）。

　　此墓规模较大，当地人称为"刘王冢"，相传是南汉帝陵。广州考古工作者据引清代《番禺县志》推测其为南汉高祖的康陵。调查时此地杂草丛生，枝藤茂密。封门上部的券顶被打

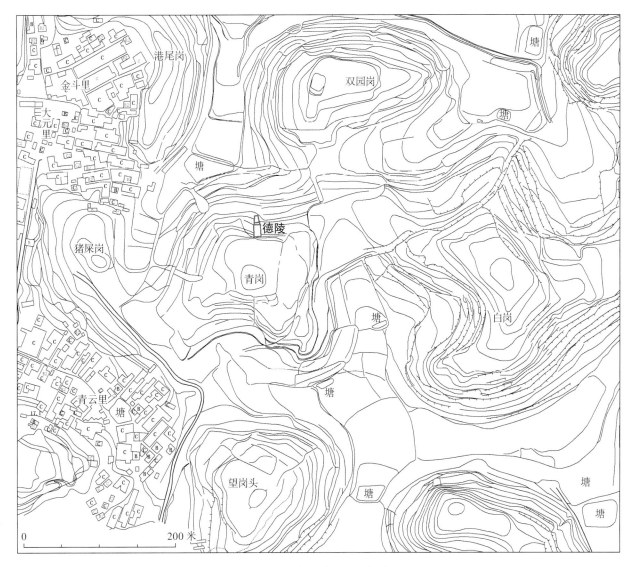

图五 德陵所在位置地形图

开一个洞口，用厚大素面青灰砖结砌，室顶以楔形砖砌四重券拱（彩版一，1、2）。鉴于此墓规模较大，为了弄清墓室结构，取齐资料，同时亦可为大学城增添一处重要文物景点，经专家论证和广州市文化行政部门的批示，遂上报国家文物局对其进行抢救性发掘。

康陵位于北亭村东南侧的大香山南坡，北与青岗德陵相距 800 米左右。陵园依山而建，居于大香山南坡的东部（图六），由地下玄宫及地面陵园建筑组成。

大香山山形较大，平面大致呈南北长、东西短的"凹"字形，岗顶最大高程为 31.5 米；西侧环凹处矗立一座小山"竹子山"，山形相对陡峭，岗顶高程 35.4 米；正对大香山东侧的财宝岗山势亦陡峭，最大高程 42.9 米，且山体较大。大香山南坡西望阿公庙岗，西南对望先锋顶和姑婆庙岗，东为陂山岗（北亭村民称其为"小陵山"，南亭村民称其为"横岗山"），南坡近邻的这几座岗丘山势均较平缓，海拔高程均低于大香山。屏障阿公庙岗和先锋顶的大深坑与北亭岗山势略显陡峭，尤其是西边面向珠江一侧，海拔亦较高。正对康陵南边是一大

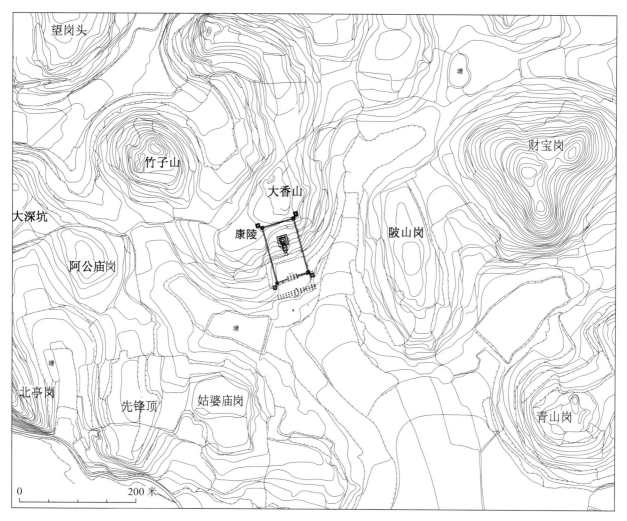

图六 康陵所在位置地形图

片低洼谷地，高程从大香山东南坡脚的 13.5 米，一路东南而下降至姑婆庙岗与青山岗间的 7.2 米，再往南穿过形如阙门的茶元岗和缸瓦岗间的谷地就进入珠江岸边的沙田区，海拔高程更降至 6 米以下，视野更是开阔、一览无余。

康陵陵园坐北朝南，范围南北长约 160 米，东西宽约 80 米，面积达 12800 平方米，南北高差达 15 米。视野开阔，发掘时站在陵园北部尚可看到南边的珠江水面，位置显然是经过精心勘察的，背山面水，具有"左青龙，右白虎"的风水之宜。分析 1978 年 10 月航摄、1980 年 4 月调绘的地形图，康陵陵台地貌为一大致呈圆形的小山包，顶部高程 26.1 米，其北、其南东西约 60 米、南北约 100 米的范围人为修整成三级小台地，地势与周边相比颇显不同，可能就是当年营建陵园时形成的地势。大香山与财宝岗间的谷地海拔高程最低为 17.2 米，往南顺势而下降至陂山岗与姑婆庙岗间的 9.4 米；大香山与阿公庙岗间的谷地海拔高程最低约 16 米，往东南而降至正对康陵的大香山东南坡脚下高程也就 12 米左右。考古发掘前，大香山东、南谷地已多被村民开辟成鱼塘，结合周边山形水系看，大香山南部，尤其是往东南

图七　大香山航空影像图

方向，地势低洼，当分布有古河道直通珠江水面，东、西侧山间谷地有溪流汇入此河道，推测有驳岸码头与陵园南界相接（图七）。

## 四、德陵、康陵和昭陵与兴王府的方位

《资治通鉴》卷第二百七十《后梁纪五》载："癸巳，清海、建武节度使刘岩即皇帝位于番禺，国号大越，大赦，改元乾亨。……以广州为兴王府。"多年来的考古发掘使我们对南汉兴王府的位置与布局有了一定了解，其宫城区在今广州市中心中山四路和中山五路一带。也确定了南汉二陵与兴王府的位置关系。

1995 年以来，在广州市中山四路西段进行的大规模考古发掘，除了发掘出南越国宫殿、御苑等遗迹外，还发掘了南汉时期重要遗迹和遗物，主要有 1 号宫殿、2 号宫殿、3 号宫殿、八角形塔基、水井和池苑等[1]。

2003 年在中山四路南侧发现了南汉时期大型建筑群落，包括大型磉墩建筑基址、砖铺走道、广场和八角形建筑基址。1999~2000 年曾在发掘区西侧的府学电站工地发掘出宋代与南汉建筑群落，规模较大，有向西延伸的趋势。结合地理位置与建筑规模，这一片建筑群落应该是皇宫区域的组成部分[2]。

2007 年在广州市中山四路以南、长塘街西侧清理一段南北向的南汉夯土城墙，以砖包边，

---

[1] 南越王宫博物馆筹建处、广州市文物考古研究所：《南越宫苑遗址——1995、1997 年考古发掘报告》，文物出版社，2008 年。中国社会科学院考古研究所、广州市文物考古研究所、南越王宫博物馆筹建处：《广州南越国宫署遗址 2000 年发掘报告》，《考古学报》2002 年第 2 期。广州市文物考古研究所、中国社会科学院考古研究所、南越王宫博物馆筹建处：《广州市南越国宫署遗址 2003 年发掘简报》，《考古》2007 年第 3 期。

[2] 广州市文物考古研究所：《广州市中山四路致美斋南汉与宋代建筑遗址》，广州市文物考古研究所编《羊城考古发现与研究（一）》，文物出版社，2005 年。覃杰：《广州中山四路宋代建筑基址》，《中国考古学年鉴 2001》，文物出版社，2002 年。

墙沿用河卵石铺砌散水[1]。这段城墙也许是南汉宫城的东墙。

2002年在北京路发掘唐宋至民国时期的城市道路,这是广州城的中轴线,其中南汉第一期道路和第二期道路发现铺砖路面。这条路的南端就是临近珠江的南汉"双阙"城门楼[2]。

1994年在广州市德政中路西侧的担杆巷与会同里之间发掘唐代木构建筑和码头遗址时,还清理出南汉砖券排水涵洞。排水涵洞通常修筑在城墙之下。南汉和宋代水关遗址与广州古代城址有关,为确定广州古城南界提供了一个可靠的坐标[3]。

2015年在中山四路南侧、德政中路东侧发掘南汉时期大型建筑基址,清理南北向4排、东西向9个共36个磉墩。该基址位于兴王府城东,可能是宫殿或者是寺庙[4]。

中山四路以北原儿童公园内发现的十六狮座石柱础和大型磉墩基址,说明了该区域为兴王府宫城的位置。宫城南面是皇城,是中央官署集中的地方。皇城以南至珠江北岸称为新南城,是商业区。北京路现地表以下约2.3米的南汉走道遗址是兴王府南北向中央大街,北面正对宫城正南门,南面通向皇城正南门——鱼藻门[5]。

结合考古发现和文献记载来看,越华路—豪贤路以南,惠福路—文明路以北,西至连新路—起义路,东至越秀路的区域,大致是兴王府城郭的范围(图八),但城墙的确切分布位置目前仍不十分明晰,尚需进一步的考古发现来厘定。

位于兴王府西侧的光孝寺,唐代称法行寺,为南汉之兴王寺。寺内东、西铁塔是南汉后主刘鋹在大宝年间(958~971年)捐铸,是我国现存最早的大型铁塔[6]。南汉皇帝在城外四方各建七寺,总计24寺[7]。南宋时方信孺游历粤中,写下歌咏诗作,东七寺题注云:"以下二十八寺列布四方,伪刘所建,上应二十八宿,尚大半无恙,今各以寺名为诗,俾后之览者属和焉。"兴王府西南的今芳村、花地一带建有南汉宝光寺,是广州城南七寺之一,宋代改名大通寺。2004年对其进行抢救发掘,在北宋水井中出土的青瓷碗底有"大通"二字的墨书铭记,是宋代大通寺的"烟雨井"遗址("大通烟雨"在宋元时期被列为"羊城八景")[8]。同年又在麓湖路南方电视台基建工地发现南汉建筑遗址,根据建筑规格和方位分析,可能与南汉甘泉苑及其附属建筑或二十八寺中东、北面的寺院有关[9]。2007年、2008年和2011年,广东省文物考古研究所对位于佛山市南海区里水镇西华村的西华寺进行发掘,清理出以大型

[1]易西兵:《广州市中山四路长塘街南汉宋代城墙遗址》,《中国考古学年鉴2008》,文物出版社,2009年。
[2]广州市文物考古研究所:《广州北京路千年古道遗址的发掘》,《羊城考古发现与研究(一)》,文物出版社,2005年。
[3]陈伟汉:《广州德政中路唐、五代遗址》,《中国考古学年鉴1995》,文物出版社,1997年。
[4]张希:《广州市中山四路五代南汉建筑基址》,《中国考古学年鉴2016》,中国社会科学出版社,2017年。
[5]参阅南越王宫博物馆筹建处、广州市文物考古研究所:《南越宫苑遗址——1995、1997年考古发掘报告》,文物出版社,2008年。广州市文物考古研究所:《广州市中山四路到美斋南汉与宋代建筑遗址》,《羊城考古发现与研究(一)》,文物出版社,2005年。覃杰:《广州市中山四路宋代建筑遗址》,《中国考古学年鉴2001》,文物出版社,2002年。张金国:《广州市中山五路三国晋唐南汉建筑遗址》,《中国考古学年鉴2009》,文物出版社,2010年。南越王宫博物馆编:《南越国宫署遗址:岭南两千年中心地》,广东人民出版社,2010年。
[6]陈建华主编:《广州市文物普查汇编·越秀区卷》,第170~172页,广州出版社,2008年。
[7]方信孺、张诩、樊封撰,刘瑞点校:《南海百咏、南海杂咏、南海百咏续编》,广东人民出版社,2010年。
[8]广州市文物考古研究所:《广州大通寺遗址发掘简报》,《羊城考古发现与研究(一)》,文物出版社,2005年。张金国:《"大通烟雨"传说释疑》,广州市文化局、广州市文物博物馆学会编《广州文博(壹)》,文物出版社,2007年。
[9]资料现存广州市文物考古研究院,未正式发表。《南方都市报》2004年10月27日以《广州首次发掘市中心外南汉建筑遗址》为题做了报道。

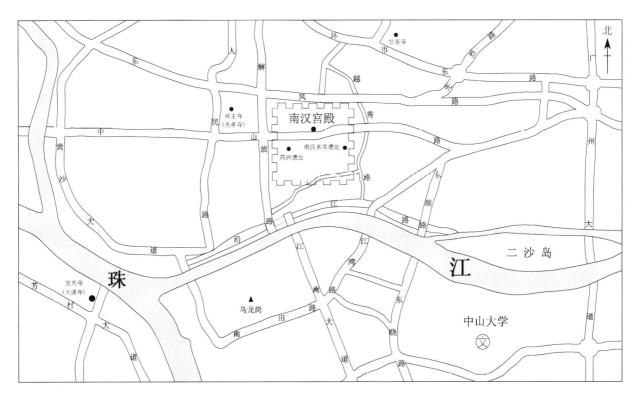

图八　兴王府宫殿与城郭位置示意图

柱础为基础的南汉建筑遗迹以及兽面纹、莲花纹瓦当和"千秋万□"文字瓦当等建筑材料，还有一块铭刻"玉清宫使"和"德陵使"等字样的残碑[1]。当时的"玉清宫使"和"德陵使"正是南汉权力核心人物龚澄枢。西华寺或许是南汉二十八寺中的西七寺之一。

德陵与康陵在都城兴王府东南面小谷围岛上，位于广州市番禺区新造镇北部，距广州市中心约 17 千米。沿珠江水道可航行通达。这片区域东西向谷地有河涌通官洲水道，青岗北坡前亦有小河涌与其相接汇入珠江。小谷围岛最大的墟市"昌华市"距河涌入江口南岸不远，河涌口北岸为官山和官山自然村。"官山"得名，据当地村史所言与官府在此设卡管理过往船只有关。从德陵所在位置的山形水系分析，当初从广州城区经水路顺流而下直抵青岗附近是很便捷的。昭陵在原番禺县属大岭田乡石马村（今广州市黄埔区黄陂村），在广州市区东北面约 20 千米（图九）。

## 第四节　资料整理、报告编写与规划保护

### 一、资料整理

德陵在发掘结束后曾在《中国文物报》上进行过报道，当时仍以为是被称作"刘皇冢"

---

［1］郭顺利、邱立诚：《佛山市西华寺南汉遗址》，《中国考古学年鉴 2011》，文物出版社，2012 年。

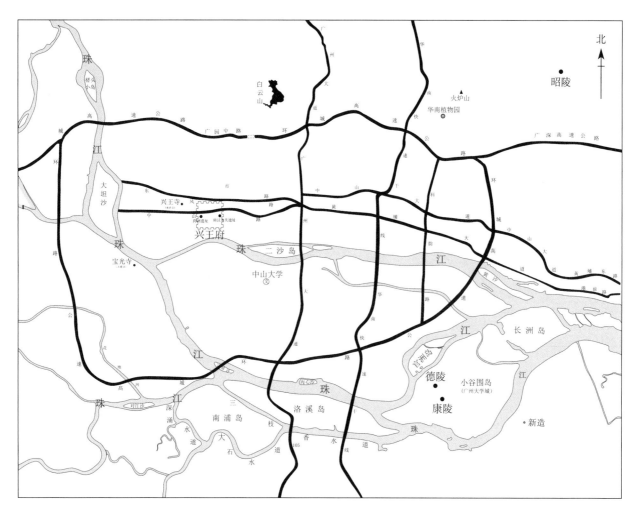

图九　兴王府与南汉帝陵位置示意图

的康陵[1]。康陵在发掘将近结束之际也在《中国文物报》上做过报道[2]，及时依据出土哀册文纠正了南汉帝陵的名称。随后在《文物天地》上也有比较简短的介绍[3]。南汉二陵是南汉国的标志性史迹，其发现极大地推动了南汉国史的相关研究，为了及时公布发掘成果，考古队在上述报道的基础上，全洪、张强禄撰写《广州南汉德陵、康陵发掘简报》发表于《文物》月刊，对发掘情况作了比较全面的介绍[4]。

　　广州市文化局和广州市文物考古研究所高度重视对发掘材料的整理和发掘报告的编写，责成考古队及时开展。2004年10月由全洪草拟"南汉二陵发掘报告提纲"，经领队冯永驱请麦英豪与黄展岳先生审阅。黄展岳先生对提纲草案提出详细修订意见，并建议将《广州石马村南汉墓葬清理简报》（《考古》1964年第6期）与麦英豪撰《关于广州石马村南汉墓

[1] 冯永驱、张强禄、全洪：《广州发掘南汉高祖刘䶮康陵》，《中国文物报》2003年11月21日第1版。
[2] 冯永驱、张强禄、全洪：《广州大学城发掘南汉帝陵》，《中国文物报》2004年4月23日第1版。
[3] 冯永驱、张强禄：《南汉开国皇帝之康陵》，《文物天地》2005年第4期。
[4] 广州市文物考古研究所：《广州南汉德陵、康陵发掘简报》，《文物》2006年第7期。

的年代与墓主问题》(《考古》1975 年第 1 期)合并改写为《南汉昭陵的发掘与研究》,作为报告的附录。

发掘资料的全面整理工作是在 2005 年初正式开始的,由全洪统筹,张强禄和朱家振具体负责。现场遗迹图和出土器物图的硫酸纸清绘由朱家振完成,地理位置图及部分遗迹平面的复原图由范德刚用电脑绘制。发掘现场照片由张强禄、全洪、朱家振、何民本、麦穗丰等拍摄,关舜甫、朱家振等摄录发掘过程,器物照片由关舜甫拍摄,康陵哀册文碑碑文拓片和瓦当拓片由黄兆强和韩继普拓制,陈淑庄、董峰、蒋礼风等承担了器物的修复工作。

南越工宫博物馆筹建处何民本、麦穗丰协助拍摄和录像,广州市城市规划勘测设计研究院测量一队采用广州市平面、高程系统测量考古遗迹点的坐标,广州市骏影航空科技有限公司拍摄航空照片,陕西省考古研究所(院)胡春勃测绘陵墓透视图,中国社会科学院考古研究所考古科技实验研究中心修复玻璃器。谨表谢忱!

## 二、报告编写

由于负责室内整理的人员同时承担繁重的田野抢救发掘工作,整理和编写报告的工作时断时续,于 2011 年 6 月才基本完成整理工作并草成报告文字初稿。

报告初稿完成后,广州市文物考古研究所于 2011 年秋分别邀请《考古》杂志社编辑张静和文物出版社编辑蔡敏来穗对考古发掘报告的编写、体例及注意事项等提出意见。两位资深编辑的提议给了我们很好的启迪,在后续的报告编写中我们吸收他们的意见并努力完善,相应地增加了不少篇幅的内容。

基于计算机软件系统上的平面近景摄影测量手段在田野考古测绘中的成熟应用,广州市文物考古研究院于 2015 年委托广州网文三维数字技术有限公司对康陵周边现状、陵台和玄宫内景等做了平面近景摄影测量,虽然已非考古发掘第一现场,且又有空间、光线等客观因素的限制,但还是获得了一些精准而直观的数据图像资料,为遗迹的保护展示工程提供很大帮助。

科技考古层面上的合作研究,也随着条件的成熟在不断推进。康陵出土的玻璃器修复委托中国社会科学院考古研究所考古科技实验研究中心王影伊先生,成功修复一件玻璃瓶。北京科技大学冶金与材料史研究所对玻璃成分、产地、工艺等进行了检测和分析研究。瓷器和绿釉陶器是德陵和康陵出土最多的随葬器物,其化学成分、物理性能的分析测试最初由中国科学院上海硅酸盐研究所完成。

以往对南汉二陵的考古发掘报道与本报告有不同之处,当以本报告为准。

1954 年广东省文物管理委员会在原番禺县属大岭田乡石马村(今广州市黄埔区黄陂村)清理一座南汉时期的大型砖室墓[1],简报推测其颇有可能是南汉贵族、大臣或宦官的墓葬。1975 年麦英豪先生等到石马村调查,获得"乾和十六年"纪年残砖。根据纪年砖铭,结合

---

[1]商承祚:《广州石马村南汉墓葬清理简报》,《考古》1964 年第 6 期。

史籍记载和墓葬地望，推断石马村砖室墓是南汉中宗刘晟的昭陵[1]。

南汉昭陵于1954年发掘，在1964年发表过清理简报，至今已过去近70年。因时隔久远，机构人员的调整，昭陵原始发掘资料已无法找到，缺乏重写发掘报告的条件，因此原样照录当年的发掘简报作为本报告附录。为了深入发掘南汉历史底蕴，广州市文物考古研究院与广东省博物馆合作"广州出土南汉瓷器产源研究"项目，于2014年12月对广东省博物馆馆藏的昭陵出土文物进行重新梳理，获得了一些以往未知的重要信息。器物的记录描述和拍照绘图，一并附记于原简报之后。

2012年8月至9月，广州市文物考古研究所在北亭村山文头岗东坡坡脚抢救发掘一处南汉时期建筑基址，揭露范围虽仅百余平方米，但所出砖瓦的规格、形制与康陵陵园建筑砖瓦一致，垫土和废弃堆积中包含的青瓷碗、碟和黑釉陶罐等均属五代南汉时期遗物，第Ⅱ期建筑基址垫土下奠基坑内出土"开元通宝"铜钱和南汉铅钱，更指明了建筑基址属南汉时期。结合文献记载，参照南汉德陵和近现代昌华市的方位，此建筑基址极有可能是南汉昌华宫或昌华苑部分残迹，属于与南汉二陵同时期的遗存。而早在2003年至2004年，在配合广州大学城建设过程中，广州市文物考古研究所就在南亭村的沙挞坝和河岗山发现有可能也属于南汉时期的水井遗迹和砖瓦窑址。这些考古发现都是有助于了解德陵和康陵历史背景的重要资料，所以，我们也将其附录于后，以备资料的完整性。

### 三、规划保护

广州大学城的文物保护工作受到国家文物局、广东省、广州市领导的高度重视。发掘期间，广州市文化局领导和发掘人员多次赴北京向国家文物局领导和专家汇报发掘进展及成果。时任国家文物局副局长张柏、文物保护司副司长关强，时任广东省副省长雷于蓝、广东省文化厅厅长曹淳亮，广州市委副书记、市长张广宁，广州市委副书记苏志佳，广州市委常委、宣传部部长陈建华，广州市副市长李卓彬、许瑞生等领导同志先后到小谷围岛视察和指导文物考古工作。陈建华同志两次召开现场会对文物保护工作进行协调，并对岛上文物的保护以及兴建民俗博物馆或民俗文化村等做出具体指示。国家文物局专家组、中国社会科学院考古研究所的专家曾专程到广州对南汉德陵和康陵进行论证，对发掘和保护工作提出指导意见（彩版二，1、2）。发掘期间，来自国家文物局、中国社会科学院考古研究所、中山大学以及重庆、江苏、山西、河南、湖北、湖南、江西和香港等20多个省市的专家学者到发掘现场考察和指导（彩版二，3）。

广州大学城的文物保护工作也得到建设、规划等部门和施工单位的积极配合和大力支持。广州市规划局与文物部门密切配合，对影响文物保护的建设规划及时做出调整，避免或减少了工程建设对文物造成的破坏和影响。广州大学城建设指挥部办公室作为工程建设单位，对大学城内的文物调查和抢救性考古勘探发掘工作给予了积极协助。绝大多数施工单位也对文

---

[1] 麦英豪：《关于广州石马村南汉墓的年代与墓主问题》，《考古》1975年第1期。

物部门的工作给予了理解和配合。

为了高标准、高质量保护广州大学城内的四处重要考古遗迹，广州市文化局邀请中国建筑设计院建筑历史研究所为这四处重要的不可移动文物设计了展示方案。

原址保护的德陵现位于华南师范大学南校区内，紧邻教学大楼，周边作为校园绿地使用。康陵保护范围周边的丘陵和谷地，现已建设成为以绿地和水面为主的公园，基本保持了原有地形地貌，且由新建路网围合成为独立地段。

为了更好地贯彻"保护为主、抢救第一、合理利用、加强管理"的文物工作方针，充分利用广州大学城拥有的优越历史遗产、文化教育和科技博览的资源，2014年，广州市文物考古研究院委托华南理工大学建筑设计院编制《南汉二陵保护规划（2014~2030）》，为保护南汉二陵文物本体的真实性和完整性，消除安全隐患和不利因素的影响，以达到永久保存和展示的目标提供依据（彩版三，1）。同时，在保护遗址的基础上建设"南汉二陵博物馆"，既可让考古发现现场成为历史文化景观和爱国主义教育基地，又可让大众参与其中，分享文化遗产保护的成果。

南汉二陵博物馆是依托南汉德陵、康陵建设的专题博物馆，于2015年奠基，2019年5月全面建成并正式开放。南汉二陵博物馆位于康陵东侧山岗以东的山谷，包括南汉历史陈列馆、考古科研标本陈列室、公众考古活动中心、文物库房及其他配套用房等，建筑面积20000平方米（彩版三，2）。

# 第二章　德　陵

## 第一节　调查与发掘经过

2003 年 3 月初，广州市文物考古研究所与番禺区文物管理委员会办公室在小谷围岛广州大学城建设范围内展开文物调查，期间在北亭村复查了当地人称为"刘王冢"的南汉德陵（一直以来都被人们误认为是明崇祯九年被盗的康陵刘岩墓），编为第 7 地点：青岗北坡南汉王刘岩康陵（见彩版一，2）。全面调查结束后编写了《广州大学城（小谷围岛）第一次文物调查报告》送呈省、市有关领导和部门，把小谷围岛文物保护工作纳入大学城整体规划之中，为广州大学城建设当中的文物保护工作提供有力的依据。

德陵位于北亭村大元里东侧约 50 米的岗坪（又名青岗）北坡的山腰上，前面有一片相对开阔的坡地，上种植果树。西距金斗新街约 100 米，东北面隔着水塘即是村民屋宅（彩版四，1）。

德陵坐南朝北，多次被盗，墓室中已空无一物，长期以来被误认为史乘记述的刘岩康陵。明末诗人广东番禺黎遂球曾记述崇祯九年（1636 年）番禺北亭洲村民发现南汉刘氏冢，穴中有康陵《高祖天皇大帝哀册文》碑[1]。可能因当时官府拘拿涉事村民，墓穴很快被泥土掩盖，入清以后时人已不知墓穴所处。由于康陵湮没已久，此墓又有砖砌墓穴出露，因而村民误将其当作康陵。此事在当地一直流传，老百姓称青岗墓为"刘皇冢"或"刘王冢"。广州市文物管理委员会办公室考古队曾于 1972 年做过调查，墓室尚存，但为水所淹。调查得知墓室长 12 米，平面呈长方形，分前室和后室两部分，五重砖券，门口用灰黑色石灰岩大石板封堵，与"昭陵"规模相当[2]。20 世纪 80 年代第二次全国文物普查，番禺县文物管理委员会办公室又对此墓进行调查，《番禺县文物志》载：封门石板已被移开，只剩一块被弃在墓左山坡处。石板为青石，长 3.04、宽 0.96、厚 0.15 米。另有两块在 1958~1960 年间被当作石板砌在街边水渠上[3]。2003 年 3 月 5 日广州大学城考古调查时仍可看到暴露于现地表的封门处墓室券拱，砖室内基本填满泥土（彩版四，2），一块封门石板散落在墓旁（彩版五，1）。从现场观察情况看，确有一块封门石板弃置一边，但仍有两块砌于内外封门砖墙内。据村民反映，

[1]［明］黎遂球著：《莲须阁集》卷十六《观刘氏冢记》，第 215 页，《四库禁毁书丛刊》集部第 183 册，北京出版社，2000 年。
[2] 黎金：《萝岗古石马村南汉昭陵附记》，第 129 页，载《广州市文物志》，岭南美术出版社，1990 年。
[3] 蔡德铨：《番禺县文物志》南汉"刘䶮墓"条，载番禺县县志编纂委员会编《番禺县文物志》，1988 年 10 月刊印资料。

20世纪六七十年代还被民兵挖来做防空洞，后又有村民利用前室豁口作蓄水池以蓄水浇菜。部分墓砖被村民拆取砌墙（彩版五，2）。

由于该墓多次被盗被扰，墓前室部分券顶已塌，而墓室后部保存完好，当时的设想是对其按《田野考古工作规程》进行考古发掘，取足取齐资料，再由有关部门加以整饬，在原址保存展示。

正式发掘自2003年6月上旬开始。首先清理表土层，解剖清理残存封土和墓圹填土，出露墓室拱顶、外侧夹墙及封门，了解封土和墓室填土堆积情况（彩版六，1）。

然后从封门处扰洞进入，清理墓室。墓室盗扰严重，室内填土大多为后来堆填，随葬品全无，只在泥土中筛拣到若干釉陶屋模型残片。2003年7月中旬墓室清理完毕，随后发掘墓道（彩版六，2、3）。

墓道以原坑土回填，没有发现被扰乱迹象。原计划由靠近墓门处往外（北）清理，在封门砖墙外侧墓道底部出露一批带盖青釉瓷罐（彩版九，1）。2003年7月19日，考古队立刻调整发掘方案，先全面清理墓道至发现器物的水平层位，搭建临时作业大棚，加强安全保卫工作。7月28日开始清理墓道器物箱，同时绘制墓室结构图。至8月4日完成墓道器物群的清理。这是一个类似"器物箱"的结构，共有200多件排列整齐有序的青瓷罐和釉陶罐（彩版九，2）。

8月上旬，德陵田野考古发掘工作全部结束。8月15日，根据村民提供的线索，在陈岗坪（白岗）东坡发现一石人。石人双手捧一物于胸前，有简约的衣纹，头已失，俑连座残高大约130厘米（彩版五，3）。由于仅一件石俑孤立于断坎处，故推测此俑非原位放置，后搬回考古队驻地保管。

这次考古发现引起各级领导的高度重视。2003年8月5日，广东省、广州市政府领导和广东省文化厅、广州市规划局、广州市文化局等部门负责人到发现现场考察，一致认为遗址要原址保护，尽快划定保护范围。广州市文化局党委书记周素勤同志率领"广州南汉郊坛遗址（？）和康陵发现情况汇报小组"于9月8日至9日专程进京，向国家文物局和中国社会科学院考古研究所的领导、专家报告了广州市文化部门为配合广州地区高校新校区的基本建设，在小谷围岛发现南汉康陵和郊坛等重要遗迹的情况。

9月初搭建全封闭式砖围墙及简易轻钢结构上盖等临时保护设施。9月13日，中国社会科学院考古研究所专家杨泓、孟凡人、安家瑶、姜波一行4人到发掘现场指导。

## 第二节　墓葬结构

德陵位于青岗北坡，中心位置地理坐标为东经113°22′343″、北纬23°03′371″，海拔高程25米，坐南朝北，方向358°（彩版七，1）。田野发掘编号2003GXQD（G代表广州市，X代表小谷围岛，Q代坂青岗，D代表德陵）。

墓葬为竖穴土圹砖室结构，由墓道、封门、前室和后室组成（图一〇；彩版七，2）。

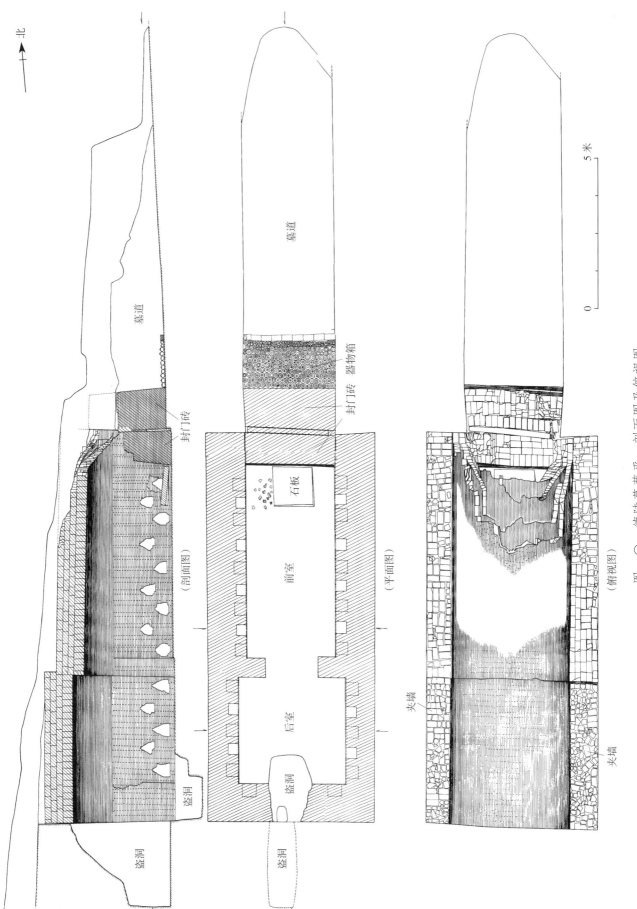

北

封门砖

墓道

（剖面图）

盗洞

盗洞

石板

前室

后室

盗洞

封门砖  器物箱

墓道

（平面图）

夹墙

墓道

夹墙

（俯视图）

0                    5 米

图一〇  德陵墓葬平、剖面图及俯视图

墓圹分墓道与墓室两部分，南北长 26.47 米，宽 3.4~5.82 米，墓圹口距现地表深 0.15~1.87 米。前后二室平面、大小、室高不同，分别起券建筑。墓室外到土圹壁以条砖平铺充实（彩版六，2）。

由于青岗早年已辟为果园，地表变化比较大，墓圹口之上的封土很不明显，从勘探和发掘情况来看，堆积于墓圹口及周边的填土直径约 20 米，现存最大高度为 80 厘米。堆土为红黄色山岗土，无明显夯打，当属封土残留（彩版六，3）。发掘时对墓室四周进行勘探，未见有墓上建筑痕迹，墓前未见神道或石人兽马等遗迹[1]。

## 一、墓道

位于墓室北端，长条形斜坡，因受果园等种植破坏，墓道表面呈南高北低缓坡状，坑洼不平（彩版八，1），南北高差 46 厘米。墓道坑壁不太规整，残长 12 米，宽 3.08~3.21 米。墓道底距现墓圹口深 0~2.44 米，其内填红褐色花土，分层填埋，夹杂少量碎砖，未经夯实（彩版八，2）。

墓道南端紧贴封门有一个"器物箱"。以墓道坑壁为边，在距封门 1.53 米处用单砖东西横向叠砌三层，构筑一个东西长 3.21 米、高约 12 厘米的长方形"箱"。内置青瓷罐 190 件，釉陶罐 82 件，共计 272 件（图一一；彩版九，1、2）。青瓷罐在内（靠近墓门），釉陶小罐靠外，摆放东西成列，南北成行，整齐有序，应是当时"墓前设奠"之礼仪（彩版一〇，1、2）。

## 二、墓室

长方形墓室，分前、后室。用厚大素面青灰砖结砌，室顶以楔形砖砌四重券拱。前、后室分别起券，后室券顶套接在前室券顶上面，室外券顶下两侧用条砖垒砌夹墙，拱卫墓室（图一二；彩版一一，1）。内长 10.43 米，高 3.04~3.45 米。前设封门，两室之间有过道（图一三）。

（一）封门

封门位于墓道和前室之间，砖石结构，以石板为界，一半在墓室券拱之下，一半在券顶外（彩版一一，2）。中间上、中、下三块长条形石板打横竖置，两侧砌砖夹筑，总厚 2.61~2.64 米（彩版一一，3）。石板为青灰色石灰岩，厚 16 厘米。最下层的石板长 2.82、宽 0.83 米，中间石板长 2.77、宽 0.96 米，最上层石板长 3.0、宽 0.96 米。封门石板两侧砖墙以青灰色平砖与楔形砖错缝平砌。内（南）侧砖墙筑在前室券顶下，厚 1.12~1.15 米，残存高 0.62~1.73 米（图一四）；外（北）侧砖墙厚 1.29~1.39 米，残高 1.69~2.16 米，封门墙底部北侧高于南侧 16 厘米。封门石板与室壁之间的空隙以碎砖块堵塞。

封门上部早年被破坏，部分砌砖被拆取，最顶上的封门石板被盗扰者弃于墓葬西侧地面（彩版一一，4）。

---

[1] 依唐五代丧葬制度，帝王高官墓前当有偶人像马。在青岗东面的白岗调查发现一尊石人立像，估计当属德陵坟前的文俑。

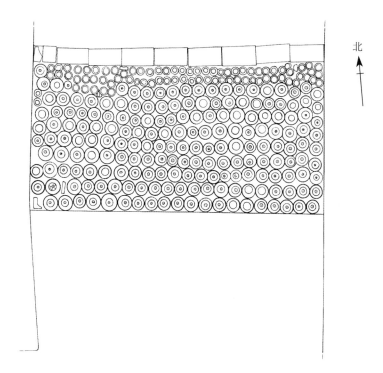

北

0　　　　80厘米

图一一　德陵墓道器物箱青瓷罐和釉陶罐放置平面图
（图上数字为器物编号。99、191~271为釉陶小罐，余为青瓷罐）

（二）前室

前室平面呈长方形，室内南北长6.27米，东西宽3.14米，高2.81~3.04米。室顶用长方形砖与楔形砖起筑四层弧形券拱，内层券顶双隅，外三层券顶单隅，厚96厘米（彩版一二，1）；两侧壁厚约1.27~1.35米。券顶外侧下部用长条形砖平铺垒砌夹墙，宽0.86~1.01米，高63厘米。夹墙以下当为原坑土回填。

墓室侧壁以条砖错缝平砌，两壁对应有上、下两层壁龛，上层4个，下层5个。壁龛均

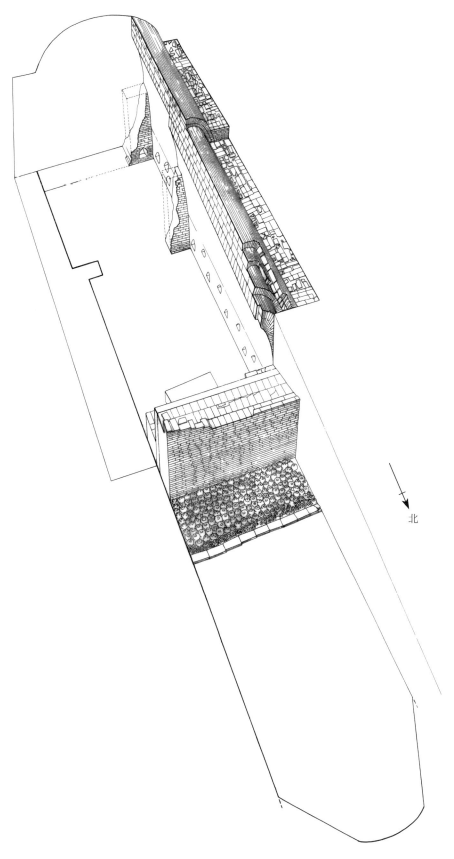

图一二　德陵墓室透视示意图

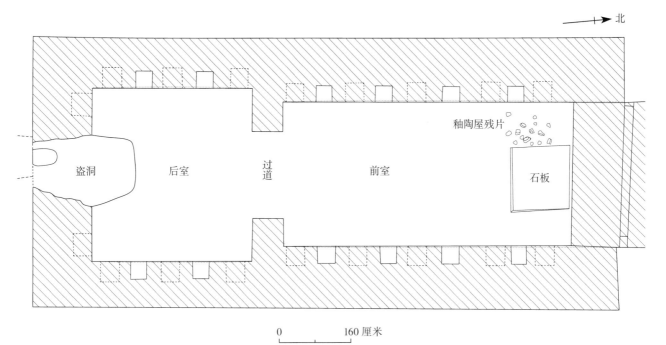

图一三 德陵墓室平面图

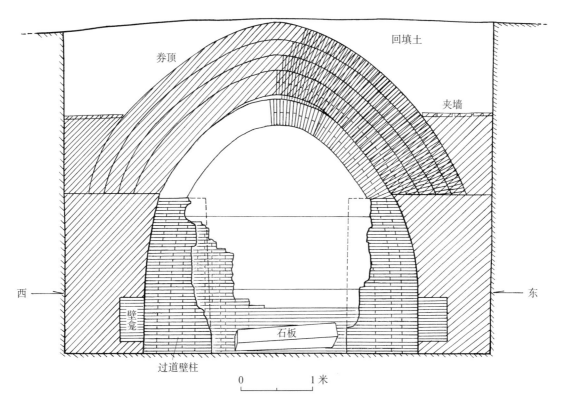

图一四 德陵墓室过道及封门剖视图

平底尖顶，横砖叠涩内收顶呈"壶"形，口宽 30~43 厘米，进深 35~40 厘米，顶高 32~40 厘米。龛与龛的间距为 0.73~1.08 米，下层龛底距墓底高 16 厘米。前室壁龛均在被盗扰时破坏，无一完整（彩版一二，2）。

封门内侧，即前室北端中部有一块近方形的青石板，石质和颜色与封门石板相同，石板长 1.36、宽 1.25、厚 0.18 米，两面均素面无纹，也未经磨光处理（彩版一二，3）。该石板位置虽经过扰动，但估计与原来位置偏差不大，推测是摆置供品的祭台，拟或是承放某些重物的墩石。石板西侧清理出 10 余块釉陶屋模型残片。

（三）过道

前室尾端东、西两侧砌筑砖柱分隔前、后室，形成二室之间的过道，宽 1.85 米。壁柱上部损毁严重，残存底部，壁柱高 2.05 米，宽 1 米，壁厚 68 厘米（彩版一三，1）。

壁柱上部虽然已遭破坏，观察现存情况，可推测其形状及做法：方形直柱，与前室的砖壁同时砌筑，当高至墓壁起券处，外侧直柱不改，内侧砖嵌入墓壁沿券弧收减隐入壁中。

（四）后室

后室平面近方形，南北长 3.48 米，东西宽 3.77 米，内顶高 3.45 米。侧壁砌砖方式与前室相同，壁厚 0.93~1.23 米。券顶结构与前室一样同为四层券拱，厚 96 厘米，但高出前室两层券拱约 40 厘米（彩版一三，2）。

后室东、西两壁及后壁均有壁龛，塔形龛的砌法与前室相同。两壁各有 5 个龛，上、下两层布列，上层 2 个，下层 3 个（彩版一四，1）。上层壁龛底距墓底高 80 厘米，口宽 35~38 厘米，进深 35~40 厘米，高 34~38 厘米；下层壁龛底距墓底高 20 厘米，口宽 40 厘米，进深 42 厘米，高均为 57 厘米。两壁龛与龛的间距为 0.88~1.02 米。

后壁墙体厚 1.23 米。有一盗坑打破后壁和墓底，后壁上部及中部遭破坏相当严重（彩版一四，2）。仅残存东、西两侧断壁，壁上各有一龛，间距为 2.52 米，龛的形状同两壁壁龛。龛底距墓底 20 厘米，口宽 47~50 厘米，进深 39~42 厘米，高 55 厘米，均不完整。后壁中部是否还有龛不得知。

后室南端中部有一盗扰坑，平面呈圆形，打破后室砖壁伸入墓圹南壁。直径 86 厘米，深约 2.8 米。

室外两侧也用长条形砖垒砌有夹墙，高出前室夹墙 56~58 厘米，东侧夹墙高 1.04 米，面宽 95~99 厘米；西侧夹墙高 1.1 米，面宽 80~85 厘米（彩版一五）。夹墙以下当为原坑土回填。

德陵由于被多次盗扰破坏，整个墓室铺底砖全被撬起，无一留存，因此前、后室是否有级差，以及后室是否有棺床都不知晓，就现有材料只能说明德陵墓室是前后双室结构。

德陵砖室券顶之上还砌筑四重砖券。发掘时将墓圹内回填土清理，揭露出墓室券顶及外侧夹墙，由此可知后室券顶高出前室两层砖位。为保存遗迹结构完整性，对德陵出露的室外侧夹墙只清理到墙面，未做进一步解剖发掘。因此不知这四层衬拱是否砌到底部。从封门外墓室口的两侧可观察到夹墙的高度，其下当为原坑土的填土。考察汉晋南朝砖室墓的结砌工艺，可推测墓室外多重券拱是依附在券顶上没有砌筑到底。如辉县百泉区大皇冢汉墓西耳室上顶用两层砖券，券外两侧砖不及底，垛基放在墙外填石上[1]。广州增城荔城镇岭尾山南朝墓一号墓墓室券顶之上外包一层半轮拱，其底筑在破子棂窗出跳的横砖上，下部是墓坑回填土[2]。

在发掘过程中没有发现德陵陵园地上建筑，也无石辟邪、文武官、动物生肖等立像，文献也不见有石人、石马的记载。在青岗东坡距离德陵东南约 300 米的白岗东北坡，调查发现一尊石人立像，石材与德陵及康陵封门石材相同，是南汉时期习用的石材，或许与德陵甚或康陵有关。因靠近德陵故在此介绍：青灰色页岩，石俑立像，头已断失。深袍大袖，双手拱于胸前，站立于长方形石座上。人像与基座一体雕成，线条简练。通高 1.3 米，俑残高 95、宽 34~45、厚 13~15 厘米；座高 35、宽 45、厚 18 厘米（图一五）。

该石像虽然风化严重，不能判断其领袖服饰，但从其造型、姿势看，应当是文俑或侍俑。德陵墓室铺底砖全部被撬，经清刮地面，未见有植置石像的坑穴。石人应是山陵前石刻之一，但已失原位，被搬至白岗。

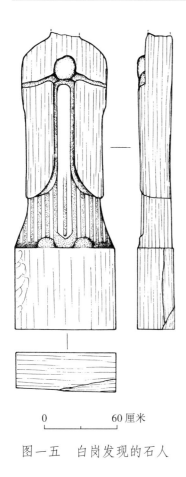

0       60 厘米

图一五 白岗发现的石人

## 第三节　随葬器物

由于墓室历经多次盗扰，墓室内随葬品已被洗劫一空。仅在前室扰乱土中发现有釉陶屋残片。最重要的收获是在墓道接封门处发现以砖阑边的"器物箱"，箱内排列青瓷罐和釉陶罐共计 272 件。

### 一、瓷器

均为青瓷罐，共 190 件。其中带盖罐 149 套，无盖者 40 件，另有 1 件瓷盖置于釉陶小罐上。瓷罐器形、大小虽略有不同，但造型接近，均小直口、矮身圆腹、圈足，肩部多施凹弦纹。弦纹有 3~5 道旋划的凹线，以 4 道者为多，旋划的深浅、粗细较随意，通常靠上的 3 道比较紧密，靠下的第 4 道间距稍大，较深稍粗，并无定式。另有几件瓷罐肩腹部不施弦纹。大多无耳，少数四耳。圈足直壁，相当一部分内缘经修刮（彩版一六，1~4）。器身与盖皆施釉，釉色天青或淡黄，有的釉质保存完好，烧结度高，有的还有冰裂纹。

［1］中国科学院考古研究所编著：《辉县发掘报告》（考古学专刊丁种第一号），第 138 页，科学出版社，1956 年。
［2］广州市文物考古研究所、增城博物馆：《广州增城市荔城镇岭尾山南朝墓发掘简报》，广州市文物考古研究所、广东省文物考古研究所、深圳市文物考古鉴定所编（全洪主编）《华南考古（2）》，文物出版社，2008 年。

器盖的大小、形制基本相同，直口、斜壁、弧形顶，盖面施1~2周凹弦纹，顶中立一菌状小纽。盖与罐搭配放置，所以盖不另编器号，亦不作分型描述。其主要差别在于盖面变化，有平缓和弧拱之分，故以盖面平弧与盖面隆弧述之（彩版一七，1~6）。

罐形依腹部不同，分为四种：

A型 鼓腹罐。105件。无耳，大部分带盖。内外通施天青釉或淡黄釉，有细碎冰裂纹。

标本D：91，无盖。直口，圆唇。肩部施3道凹弦纹。施天青釉。口径7.2、腹径15.4、足径8、高10.6厘米（图一六，1；彩版一八，1）。

标本D：160，盖面平弧。直口，圆唇。肩部施4道凹弦纹。圈足直壁，部分内缘经修刮。施淡黄釉。口径7.2、腹径14.6、足径7.8、通高7.3厘米（图一六，2；彩版一八，2）。

标本D：26，盖面隆弧。直口，圆唇。肩部施3道弦纹。施天青釉。口径6.8、腹径15.8、足径7.8、通高13.8厘米（图一六，3）。

标本D：106，盖面平弧。直口，圆唇外缘稍尖。肩部施3道弦纹。施淡黄釉，部分脱落。口径6.8、腹径15.2、足径7.8、通高13.5厘米（图一六，4；彩版一八，3）。

标本D：71，盖面隆弧，折沿微束腰。直口，圆唇外缘稍尖。肩部施4道弦纹。圈足直壁，内缘经修刮。施天青釉。口径7.2、腹径14.8、足径7.2、通高13.8厘米（图一六，5；彩版一八，4）。

标本D：37，无盖。直口，圆唇外缘稍尖。肩部施3道弦纹。青釉闪灰。口径6.8、腹径14.8、足径7.2、高11.8厘米（图一六，6；彩版一八，5）。

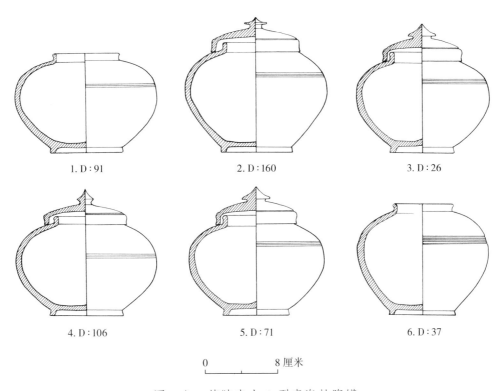

1. D：91          2. D：160          3. D：26

4. D：106          5. D：71          6. D：37

0          8厘米

图一六 德陵出土A型青瓷鼓腹罐

　　标本 D∶57，盖面平弧。直口微敛。肩部施 3 道弦纹。施淡黄釉。口径 7、腹径 14.8、足径 7.2、通高 12.7 厘米（图一七，1）。

　　标本 D∶31，盖面平弧。直口微敛，圆唇外缘稍尖。肩部施 4 道弦纹。圈足直壁，内缘经修刮。施天青釉，冰裂明显。口径 6.7、腹径 13.8、足径 6.8、通高 12.6 厘米（图一七，2；彩版一八，6）。

　　标本 D∶119，盖面平弧。直口微敛，圆唇外缘稍尖。肩部施 3 道弦纹。圈足直壁，内缘经修刮。青釉闪灰。口径 6.8、腹径 13.6、足径 7、通高 12.8 厘米（图一七，3；彩版一九，1）。

　　标本 D∶1，盖面隆弧。直口微敛。肩部施 4 道弦纹。施天青釉。口径 7.6、腹径 14.8、足径 7.4、通高 13.5 厘米（图一七，4；彩版一九，2）。

　　标本 D∶101，盖面平弧。直口微敞，圆唇稍外翻。肩部施 3 道弦纹。施天青釉。口径 6.8、腹径 14.5、足径 7.4、通高 13.7 厘米（图一七，5）。

　　标本 D∶39，盖面隆弧。微敞口。肩部施 4 道弦纹。圈足内缘经修刮。施淡黄釉，有脱落。口径 7.2、腹径 14.8、足径 7.6、通高 14 厘米（图一七，6；彩版一九，3）。

　　另有多件瓷罐肩腹部不施弦纹。

　　标本 D∶47，盖面平弧。直口微敛，圆唇外缘稍尖。施天青釉。口径 7.6、腹径 15.6、足径 7.6、通高 14.2 厘米（图一七，7）。

　　标本 D∶129、153 与 D∶47 造型近同。圈足内缘经修刮（彩版一九，4、5）。

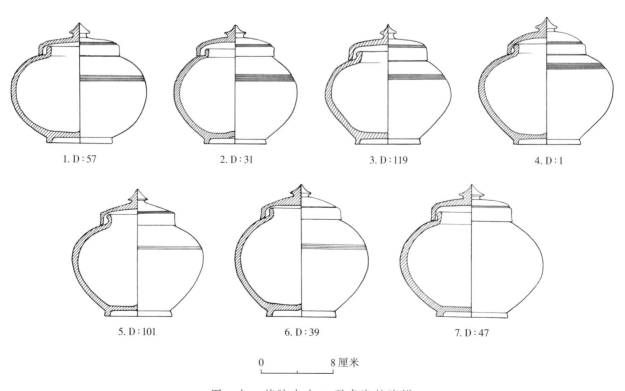

1. D∶57　　　　2. D∶31　　　　3. D∶119　　　　4. D∶1

5. D∶101　　　　6. D∶39　　　　7. D∶47

0　　　　8 厘米

图一七　德陵出土 A 型青瓷鼓腹罐

标本 D：94，盖面平弧。器身稍高，几乎圆腹。圈足直壁，内缘经修刮。施淡黄色釉，脱落殆尽。口径 6.2、腹径 15.8、足径 6.8、通高 14.2 厘米（彩版一九，6）。

B 型　扁腹罐。52 件。短直口，大多数唇外缘经修整，稍尖凸。广肩，最大腹径偏上。无耳。通体施天青釉或淡黄釉，釉面呈细碎冰裂，部分脱落。

标本 D：83，盖面平弧。直口，唇外缘稍尖凸。肩部施 3 道弦纹。圈足内缘经修刮。施青釉。口径 7.2、腹径 14.2、足径 7.6、通高 11.4 厘米（图一八，1；彩版二〇，1）。

标本 D：180，盖面降弧。直口微敛。肩部施 4 道弦纹。圈足内缘经修刮。施天青釉。口径 7.8、腹径 14.6、足径 7、通高 12.2 厘米（图一八，2；彩版二〇，2）。

标本 D：85，盖面微隆，盖釉保存较好。敞口。肩部施 3 道弦纹。施青釉，脱落殆尽。口径 6.2、腹径 13.8、足径 7.2、通高 11.8 厘米（图一八，3；彩版二〇，3）。

标本 D：104，无盖。直口微敛。上腹部施 3 道弦纹。施淡黄釉。口径 7.6、腹径 15.2、足径 8、高 9 厘米（图一八，4；彩版二〇，4）。

标本 D：72，盖面平弧。直口微敛。肩部施 4 道弦纹。圈足内缘经修刮。施淡黄釉。口径 6.2、

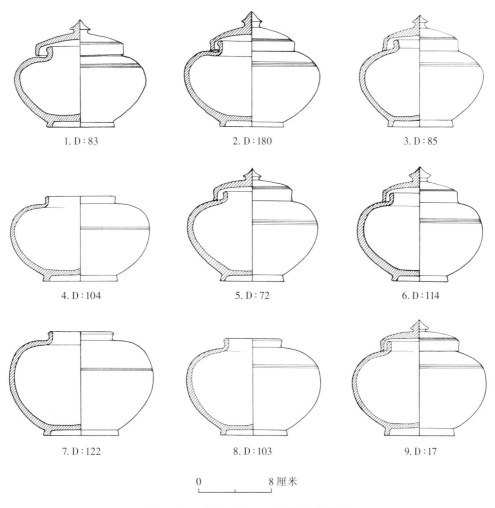

1. D：83　　　　　2. D：180　　　　　3. D：85

4. D：104　　　　　5. D：72　　　　　6. D：114

7. D：122　　　　　8. D：103　　　　　9. D：17

0　　　　　8 厘米

图一八　德陵出土 B 型青瓷扁腹罐

腹径 14.2、足径 7、通高 12 厘米（图一八，5；彩版二〇，5）。

　　标本 D：114，盖面平弧。直口微敛。肩部施 4 道弦纹。施青釉。口径 7.2、腹径 14、足径 6.4、通高 12 厘米（图一八，6；彩版二〇，6）。

　　标本 D：122，无盖。直口微敛。上腹部施 3 道弦纹。圈足内缘经修刮。施天青釉。口径 7.2、腹径 15.8、足径 8.2、高 11 厘米（图一八，7；彩版二〇，7）。

　　标本 D：103，无盖。直口微敞，唇外缘稍尖凸。肩部施 3 道弦纹。圈足内缘经修刮。釉色青灰。口径 6.4、腹径 14.8、足径 7.5、高 10.2 厘米（图一八，8；彩版二〇，8）。

　　标本 D：17，盖面平弧。直口微敛。肩部施 3 道弦纹。施青釉。口径 8.2、腹径 15、足径 7.8、通高 12.2 厘米（图一八，9）。

　　标本 D：186，盖面平弧。罐内有一批蝶螺口盖。

　　C 型　扁圆腹罐。24 件。体形稍大。直口微敛，弧肩，腹部丰满。无耳。

　　标本 D：36，无盖。直口稍短，唇外缘稍尖凸。肩部施 4 道凹弦纹。施淡黄釉。口径 7.2、腹径 16、足径 8.4、高 11 厘米（图一九，1；彩版二一，1）。

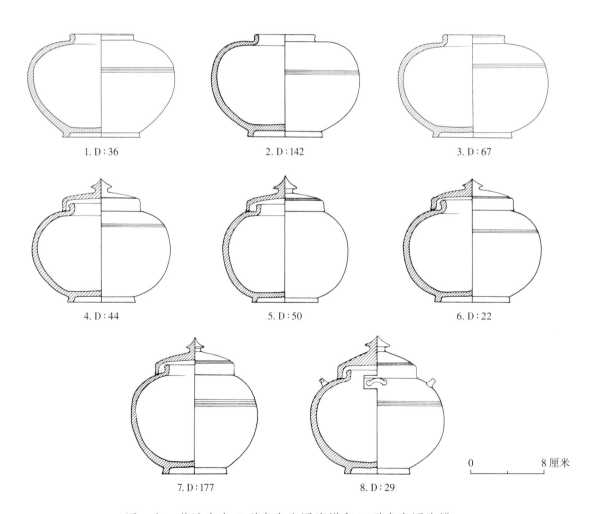

1. D：36　　　　　　　2. D：142　　　　　　　3. D：67

4. D：44　　　　　　　5. D：50　　　　　　　6. D：22

0　　　　8 厘米

7. D：177　　　　　　　8. D：29

图一九　德陵出土 C 型青瓷扁圆腹罐和 D 型青瓷圆腹罐

1~4. C 型　5~8. D 型

标本 D：142，无盖。上腹部施 4 道弦纹。施淡黄釉。口径 6.8、腹径 16.4、足径 8.4、高 10.8 厘米（图一九，2；彩版二一，2）。

标本 D：67，无盖。直口，圆唇。肩部施 3 道弦纹。施天青釉。口径 6.8、腹径 16.4、足径 8.4、高 11 厘米（图一九，3；彩版二一，3）。

标本 D：43，盖面平弧。直口，圆唇稍尖凸。肩部施 4 道弦纹。施淡黄釉，部分釉面脱落。口径 7.2、腹径 17、足径 9、通高 14.4 厘米（彩版二一，4）。

标本 D：44，盖面平弧。直口，唇外缘稍尖凸。肩部施 3 道弦纹。施天青釉。口径 7.2、腹径 15、足径 7.4、通高 13 厘米（图一九，4）。

标本 D：118，无盖。直口较短，平缘，圆弧腹。肩部施 3 道弦纹。口径 7、腹径 16.2、足径 8.2、高 14.2 厘米（彩版二一，5）。

D 型　圆腹罐。9 件。带盖，多数盖面平弧。个别四耳。圆肩，圆腹，腹最大径居中。通施淡青釉，多见细小冰裂纹，部分脱落。

标本 D：50，盖面平弧。直口稍短，平缘。肩腹部不施弦纹。口径 6.4、腹径 14、足径 7.3、通高 13.4 厘米（图一九，5；彩版二二，1）。

标本 D：9，盖面平弧。直口，圆唇外缘稍尖凸。肩部施 4 道弦纹。圈足内缘经修刮。口径 6.6、腹径 14.6、足径 7.2、通高 14.4 厘米（彩版二二，2）。

标本 D：22，盖面隆弧。直口稍敞，唇外缘稍尖凸。肩部施 3 道弦纹。口径 7.2、腹径 15.2、足径 8.4、通高 13 厘米（图一九，6；彩版二二，3）。

标本 D：177，盖面隆弧。直口微敞，圆唇外缘稍尖。肩部施 5 道弦纹。施淡黄釉。口径 7.2、腹径 15.2、足径 8.4、通高 13 厘米（图一九，7；彩版二二，4）。

标本 D：29，盖面隆弧。直口，圆唇外缘稍尖。肩部有 4 个对称的横桥形耳，肩腹部施 4 道弦纹。圈足底见垫烧残痕。口径 6.8、腹径 15、足径 7.2、通高 14.7 厘米（图一九，8；彩版二二，5、6）。

标本 D：105，盖与器均与 D：29 相近。施淡黄釉，脱落较严重。口径 7.6、腹径 15、足径 8.2、通高 14.5 厘米（彩版二二，7）。

标本 D：133，无盖。直口微敛。肩腹部不施弦纹。施天青釉。口径 7.2、腹径 14.3、足径 7.8、高 11.8 厘米（彩版二二，8）。

## 二、釉陶器

包括墓道"器物箱"所出釉陶罐和墓室填土所出釉陶屋残件两类。

1. 釉陶罐　82 件。

个体小。胎质较软，呈灰黄色，外施绿色低温釉，多脱落。均无盖，敞口，圆肩，弧腹，最大腹径偏上，平底，肩部置对称横桥形耳，极少数四耳。器形基本相同，口沿、肩腹和底稍有不同。

**双耳罐**　依口沿的变化，有折沿和卷沿两种，器身有的修长、有的略矮。

标本 D：200，侈口，折沿稍长，尖唇，圆腹，身短，平底微内凹。口径 6.4、腹径 8、底径 5、高 8.2 厘米（图二〇，1；彩版二三，1）。

标本 D：213，侈口，折沿稍长，圆腹，平底内凹。口径 6.4、腹径 8.4、底径 4.8、高 8.4 厘米（图二〇，2；彩版二三，2）。

标本 D：241，侈口，折沿稍短，束颈，圆腹，平底。口径 6.4、腹径 8.4、底径 5.2、高 8.8 厘米（图二〇，3；彩版二三，3、4）。

标本 D：237，侈口，折沿稍长，方唇，圆弧腹，最大腹径偏上，平底内凹。口径 6.8、腹径 8.4、底径 5、高 8.6 厘米（图二〇，4；彩版二三，5）。

标本 D：229，侈口，卷沿，圆唇，微束颈，弧腹，平底微内凹。口径 6.8、腹径 8.6、底径 5、高 8.8 厘米（图二〇，5；彩版二三，6、7）。

标本 D：202，侈口，折沿稍长，尖唇，上鼓腹，最大腹径偏上，平底。口径 6.6、腹径 8.4、底径 4.6、高 9 厘米（图二〇，6；彩版二四，1）。

标本 D：245，侈口，微卷沿，束颈，圆弧腹，矮短，平底微内凹。口径 6.8、腹径 8、底径 4.4、高 7.2 厘米（图二〇，7；彩版二四，2）。

标本 D：261，微侈口，卷沿，束颈，弧腹，最大腹径偏上，平底微内凹。口径 6.4、腹径 8.8、底径 4.8、高 8.8 厘米（图二〇，8；彩版二四，3）。

标本 D：249，直口，卷沿，束颈稍长，上鼓腹，个小，平底。口径 6、腹径 7.8、底径 4.8、高 8.2 厘米（图二一，1；彩版二四，4）。

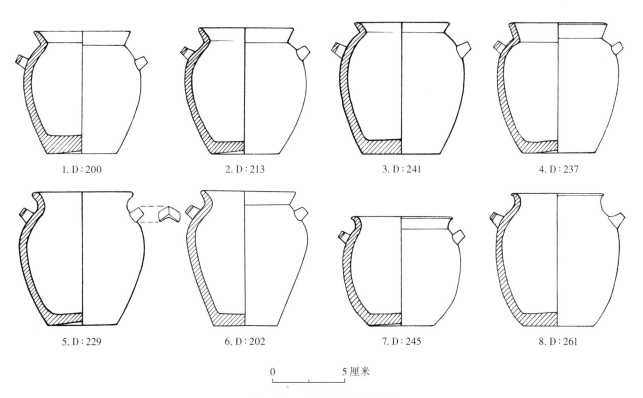

1. D：200  2. D：213  3. D：241  4. D：237

5. D：229  6. D：202  7. D：245  8. D：261

0　　　　　5厘米

图二〇　德陵出土釉陶罐

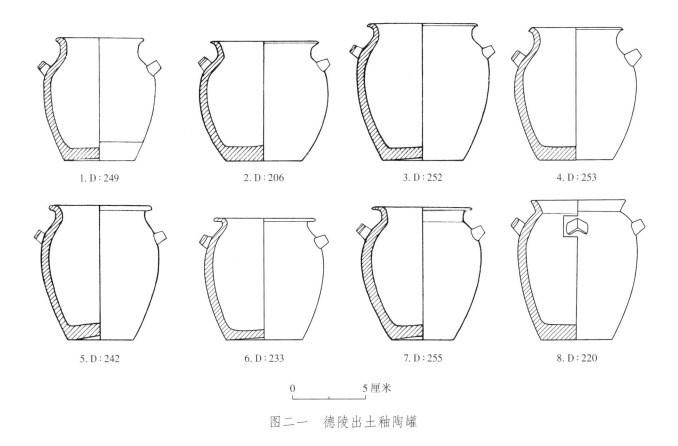

1. D∶249　2. D∶206　3. D∶252　4. D∶253

5. D∶242　6. D∶233　7. D∶255　8. D∶220

0　　5厘米

图二一　德陵出土釉陶罐

标本 D∶206，侈口，卷沿，束颈，圆腹，平底。口径 7.2、腹径 8.8、底径 5、高 8 厘米（图二一，2；彩版二四，5）。

标本 D∶252，侈口，卷沿，束颈，弧腹，平底微内凹。口径 7.6、腹径 9、底径 5.6、高 9.2 厘米（图二一，3；彩版二四，6）。

标本 D∶253，侈口，卷沿，束颈，上鼓腹，最大腹径偏上，平底。口径 6.4、腹径 8.3、底径 5、高 8.8 厘米（图二一，4；彩版二五，1）。

还有一种口沿的变化由卷沿外翻成平沿，束颈，弧腹修长，平底内凹。

标本 D∶242，口径 7、腹径 8.2、底径 4.4、高 9 厘米（图二一，5；彩版二五，2）。

标本 D∶233，口径 6.8、腹径 8、底径 5、高 8.2 厘米（图二一，6；彩版二五，3）。

标本 D∶255，口径 6.8、腹径 8.2、底径 4.4、高 8.8 厘米（图二一，7；彩版二五，4）。

**四耳罐**　数量很少，器形与双耳罐相同。

标本 D∶220，侈口，折沿，弧腹修长，平底，肩部 4 个横桥耳。口径 6.2、腹径 8.2、底径 4.6、高 9.4 厘米（图二一，8；彩版二五，5）。

标本 D∶210，侈口，折沿稍长，弧腹修长，平底微凹，肩部 4 个横桥耳。口径 6.2、腹径 8.4、底径 5.4、高 9.4 厘米（彩版二五，6）。

2. 釉陶屋

均为残片，最小个体只能确定为 1 件。浅灰胎，火候低，质不坚实，施黄绿釉，多脱落。

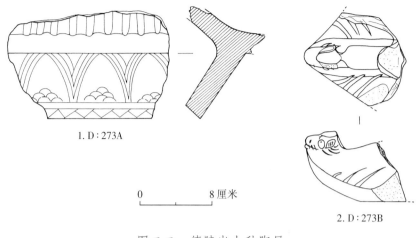

1. D：273A

0　　　　8厘米

2. D：273B

图二二　德陵出土釉陶屋

标本 D：273A，屋檐残片。屋顶施瓦垄，檐下装饰细线花纹。残长 17.4、残宽 8、残高 11.2 厘米（图二二，1）。

标本 D：273B，屋脊脊头残片。似鸟类造型，磨损严重，已不清晰。残长 11、残宽 9.8、残高 7.4 厘米（图二二，2）。

有盖或无盖的罐内都充满纯净黄泥，应是墓道回填土渗淤进去。其中 D：186 青瓷罐内还发现有 10 多枚蝾螺[1]口盖。小海螺盖圆形，平底，底有螺纹。

德陵出土的这批青瓷器，是广州第一次发现的如此众多的五代瓷器，为南汉皇帝宫中用品，属官窑制品无疑。其胎质坚硬，釉色青中闪灰，晶莹透亮，是五代青瓷中的上品，为研究五代十国陶瓷器提供了珍贵的实物资料。

# 第四节　墓主考证

这座位于北亭村青岗北坡的砖室墓，用厚大素面青灰砖结砌，室顶以楔形砖砌四重券拱，规模较大，当地人称为"刘王冢"，相传是南汉帝陵。

刘王冢的墓室虽被盗扰严重，但在墓道南端的器物箱有陶瓷罐 270 余件。从墓葬形制、结构、砖材及出土遗物方面可推断其为五代墓。该墓与南汉康陵、昭陵一样是目前所发现的岭南地区较大的砖室墓，如此大规模的墓葬，又在墓道集中出土近 200 件青瓷器，说明墓主身份非同一般。墓葬为前后双室结构，墓主当属五代南汉国王室成员。

## 一、史文记载的南汉帝陵

《旧五代史》《新五代史》《资治通鉴》等史书都有关于南汉帝系的记载，《新五代史·

---

[1] 蝾螺（turban shell），腹足纲（Gastropoda）前鳃亚纲（Prosobranchia）蝾螺科（Turbinidae）海产螺类。大部分产于热带海域，特别喜欢居住在珊瑚礁附近。蝾螺也常被称为"大眼螺"或是"石头螺""牛眼螺"等。蝾螺的盖板（称为"厣"）特别厚，属于石灰质。

南汉世家第五》载南汉历三世五主，凡六十七年。检阅史书可知南汉国有三陵在广州，即烈宗刘隐德陵、高祖刘岩康陵和中宗刘晟昭陵。刘岩卒于大有十五年（942年），年54岁，谥为天皇大帝，庙号高祖，陵曰康陵。查殇帝刘玢在位一年，为其弟所弑，未载有陵。刘晟卒于乾和十六年（958年），年39岁，谥文武光圣明孝皇帝，庙号中宗，陵曰昭陵。后主刘𬬮为宋所掳，太平兴国初，进卫国公[1]。亦无陵。

南汉开基者刘隐最后封南海王，死时并未称帝。然而，六年后（917年）其弟刘岩在广州称帝，改元乾亨，追尊刘隐为烈宗襄皇帝。《新五代史》卷六十五《南汉世家第五》云："贞明三年，龑即皇帝位，国号大越，改元曰乾亨。追尊安仁文皇帝，谦圣武皇帝，隐襄皇帝，立三庙。"《资治通鉴》卷第二百七十《后梁纪五》"癸巳，清海、建武节度使刘岩即皇帝位于番禺，国号大越，大赦，改元乾亨。……建三庙，追尊祖安仁曰太祖文皇帝，父谦曰代祖圣武皇帝，兄隐曰烈宗襄皇帝。以广州为兴王府。"《新五代史》《资治通鉴》没有明确烈宗襄皇帝山陵的名号。北宋太宗、真宗时人路振撰《九国志·南汉烈宗》云："乾化元年三月丁亥薨，年三十八，谥曰襄。乾亨元年，追尊曰襄皇帝，庙号烈宗，陵曰德陵。"[2]清代史家基本沿用路振的记载。吴任臣《十国春秋》：刘隐"乾亨元年追尊曰襄皇帝，庙号烈宗，陵曰德陵。"[3]清梁廷楠《南汉书》："高祖称尊，追尊曰襄皇帝，庙号烈宗，尊葬地曰德陵。"[4]故南汉在兴王府城外应有三陵，即德陵、康陵与昭陵。

关于南汉帝陵的葬地，历史上基本没有正式记载，多是附在其他事件中一笔带过，有的只书陵名，有的仅及大体方位。《新五代史·南汉世家第五》载："（大有）十五年，龑卒，年五十四，谥天皇大帝，庙号高祖，陵曰康陵。"又云："（乾和）十六年，卜葬域于城北，运甓为圹，晟亲临视之。是秋卒，年三十九，谥曰文武光圣明孝皇帝，庙号中宗，陵曰昭陵。"未说康陵方位，仅说昭陵在兴王府（广州）城北，地点未具。南宋方信孺是较早提及南汉陵墓的，其《南海百咏》"陵山"诗序云："刘氏之墓也，在郡之东北二十里，漫山皆荔子树，龟趺、石兽历历俱存。昔有发其墓者，其中皆以铁铸之。予尝至此地，摩挲断碑，不见始末。但见其词皆是葬妇人墓志，考之伪史，疑是懿陵也。"[5]刘氏墓在郡之东北二十里，地面上还有龟趺、石兽，已经被盗，残留的断碑也看不清楚，他怀疑是女性墓。此墓后来考证为昭陵。稍晚的王象之《舆地纪胜》提到南汉后主刘𬬮墓在今广东韶关曲江[6]。

明末，南汉康陵在番禺北亭被发现。广东番禺人黎遂球撰《吊南汉刘氏墓赋并序》记述了崇祯九年（1636年）刘岩墓被发现、盗掘经过：

"予家板桥，对岸有洲名北亭，当五羊城之东，疑即昌华苑地，先人有田在焉。崇祯丙子秋，田间有雷出，奋而成穴。耕者梁父过而见之，……于是率子弟入，将大发之。

[1] [元]脱脱等撰：《宋史》卷四百八十一《世家四·南汉刘氏》，中华书局，1977年。
[2] [宋]路振撰，连人点校：《九国志》卷九《南汉·世家·烈宗》，第97页，《二十五别史》（13），齐鲁书社，2000年。
[3] [清]吴任臣撰，徐敏霞、周莹点校：《十国春秋》（第2册）卷五十八《南汉一·烈宗世家》，第838页，中华书局，1983年。
[4] [清]梁廷楠著，林梓宗校点：《南汉书》卷一《本纪第一·烈宗纪》，第4页，广东人民出版社，1981年。
[5] [宋]方信孺撰，刘瑞点校：《南海百咏》"陵山"条，第33、34页，广东人民出版社，2010年。
[6] [南宋]王象之撰：《舆地纪胜》卷九十《广南东路·韶州·古迹》云："刘王𬬮墓在曲江县狮子岗。"第2901页，中华书局，1992年。

……今其穴故在，碑文隐隐可读，盖南汉刘氏冢也。"[1]

为考实南汉陵墓的情况，黎遂球还亲赴实地察看，作《观刘氏冢记》：

　　　"予自小时从仙城往还于板桥，所过洲屿崎。……在都门闻乡人后来者称，刘铱先墓为耕者所发，事甚奇。……相与乘舟往而纵观焉。……有一碑犹在，称为《高祖天皇大帝哀册文》，……其所为大帝者，崩于岁壬寅四月甲寅朔越廿四月丁丑，号为大有十五年，葬以光天元年，陵曰康陵。"[2]

其后屈大均《广东新语》卷十九《坟语》道：

　　　"刘龑墓，在番禺东二十里，其地有南亭、北亭。海潮围绕，中不过十余里。墓在北亭洲旁，疑即昌华苑地也。崇祯九年秋，洲间有雷出，奋而成穴，一田父见之，……于是率弟子以入。……邻人觉而争往。遂白邑令。令亟临其地视搜发……。一碑当穴门中立，辞称高祖天皇大帝哀册文，……陵曰康陵。盖刘龑墓也。"[3]

有清一代的史乘关于"康陵碑"著录基本辗转沿袭上述文字。板桥即今广东省广州市番禺区南村镇板桥村，南亭、北亭在番禺区新造镇小谷围街。板桥与南亭隔江相望（珠江后航道）。因此，明崇祯九年被盗的南汉康陵即在小谷围岛上，然而陵墓究竟在北亭村的什么位置则没有记录。

## 二、考古发现的南汉三陵

1954 年，在广州市东部郊区 14 千米的大岭田乡石马村（墓葬清理时属粤中行政公署番禺县，今属广州市黄埔区）清理出一座南汉大型砖室墓[4]。墓葬位于石牛山山麓，墓地高出墓前的小盆地约 3 米，墓室分前室、过道和主室，墓向 195°。主室作南北向长方形，三层券拱。前室作东西向长方形，东、西壁有砖砌器物箱。器物箱分格放置陶瓷器 180 余件，有青瓷夹耳有盖罐、六耳有盖罐、四耳罐和陶六耳罐等。简报执笔者认为该墓墓室建筑过于简单，墓道的石马矮小菱腰、简陋，因而推断"这墓颇有可能是南汉贵族、大臣或宦官的墓葬"。1974 年麦英豪等到石马村调查，采集的墓砖中有一块已碎裂，只保存半块，砖文三行，划写"乾和十六年四 / 兴宁军节 / 好也"等，文字不全。"乾和"是南汉第三个皇帝刘晟的年号。乾和十六年即公元 958 年，刘晟死于此年。另外还有四月和六月烧制的砖，表明墓是在乾和十六年春夏间建造的，与史书记载的南汉中宗"春二月卜葬域""是秋卒"的时间相吻合，石马村墓的建造年份、月份和墓的类型都与史籍所载刘晟的昭陵相一致。这是纪年铭砖所提供的直接证据。此外，该墓已发现有石人、石象、石马，也是南汉陵墓应有的制度。墓葬坐落的方位与史籍所述昭陵的所在位置也是相符的。综上所述，石马村的砖室墓就是南汉刘晟的昭陵[5]。

[1]［明］黎遂球著：《莲须阁集》卷一《吊南汉刘氏墓赋并序》，第 30~31 页，《四库禁毁书丛刊》集部第 183 册，北京出版社，2000 年。

[2]［明］黎遂球著：《莲须阁集》卷十六，第 215 页。

[3]［清］屈大均著：《广东新语》卷十九，第 495 页，中华书局，1985 年。

[4] 商承祚：《广州石马村南汉墓葬清理简报》，《考古》1964 年第 6 期。

[5] 麦英豪：《关于广州石马村南汉墓的年代与墓主问题》，《考古》1975 年第 1 期。

2003 年 7 月至 2004 年 10 月，在小谷围岛北亭村与青岗相距约 800 米的大香山南坡又发掘了一座南汉大型砖室墓。陵墓依山坡地势南北向营建，地面建有陵园和陵台，地下筑玄宫。玄宫筑在陵台正下方，坐北朝南，由墓道、封门、甬道（门洞）、前室、过道、中室和主室组成。墓中出土一通哀册文碑，首题"高祖天皇大帝哀册文"，文中提到高祖刘岩死于大有十五年（942 年）四月，于同年（光天元年，942 年）九月"迁神于康陵"。由此可知，这就是清人记录的于明崇祯九年被盗的南汉高祖刘岩康陵（关于康陵详见本报告第三章）。

当地老百姓称为"刘王冢"或"刘皇冢"的青岗大墓的规模与康陵、昭陵相当，墓室内长 10.43 米，最宽处 3.80 米，顶高 3.45 米；康陵室内长 9.84 米，宽 3.16 米，顶高 3.28 米；昭陵室内长 11.64 米，最宽处 4 米，高 2.2 米。"刘王冢"与康陵一样都是四重券顶，昭陵为三层券拱，券拱顶外都有砖砌夹墙。在形制上，康陵与昭陵为前、中、后三室，"刘王冢"是前、后两室。昭陵器物箱设在前室，"刘王冢"器物箱则在墓道。从墓葬的形制结构，包括墓室砌筑方法与形式、墓砖与封门石板的材质及随葬器物的时代特征来看，这三座墓颇多相同之处。青岗"刘王冢"与康陵南北相距仅 800 米，它们之间的密切关系是显而易见的。"刘王冢"墓道器物箱出土一批青瓷罐，这是广州第一次发现如此众多的五代瓷器。其胎质坚致，釉色晶莹透亮，是五代青瓷的上品，当为南汉皇帝宫中用器，属官窑制品无疑。这批青瓷器的釉色、胎质均与石马村昭陵出土的青瓷罐相似，因而可进一步推断这也是一座帝王陵。由于康陵和昭陵已被确认，殇帝刘玢被其弟刘晟所杀，文献中不见有陵的记载，而后主刘鋹死后被赐归葬于今韶关曲江狮子岗，那么北亭村青岗的这座大墓极有可能是烈宗刘隐的陵墓。

### 三、刘隐德陵的位置推定

《新五代史》《资治通鉴》记载刘岩在番禺即皇帝位，国号大越，改元曰乾亨。建三庙，追尊祖刘安仁为文皇帝，父刘谦为圣武皇帝，兄刘隐为襄皇帝。但都没有明确山陵的名号，而《九国志·南汉烈宗》明确烈宗襄皇帝陵曰德陵，史籍亦有大太监龚澄枢曾任德陵使的记载。《宋史》卷四百八十一《世家四·南汉刘氏》附《龚澄枢传》：阉人林延遇颇预政事，延遇病将死，荐龚澄枢于刘晟。"擢知承宣院兼内侍省，改德陵使兼龙德宫使。"宦官龚澄枢在中宗刘晟时已充任德陵使，现存的南汉遗物也为德陵提供了有力的证据。现置于广州市光孝寺的西铁塔，铸于后主大宝六年（963 年），是龚澄枢与邓氏三十三娘联合铸造的。铁塔铭文记录龚澄枢的头衔有"德陵使"一职："玉清宫使、德陵使、龙德宫使、开府仪同三司行内侍监上柱国龚澄枢同女弟子邓氏三十三娘，以大宝六年岁次癸丑五月壬子朔十七日戊辰铸造。"[1] 现藏于广东省韶关市乳源县云门寺内的《大汉韶州之云门山大觉禅寺云匡弘明大师碑铭并序》记："维大宝七年（964 年），岁次甲子四月丁未朔，列圣宫使、甘泉宫使、秀华宫使、玩华宫使、开府仪同三司行内侍监、上柱国臣李托，玉清宫使、德陵使、龙德宫使、开府仪同三司行内侍监、上柱国武昌县开国男食邑三百户臣

---

[1]［清］梁廷楠撰：《南汉文字略》卷二《西铁塔记》，第 210~211 页，《续修四库全书》第 334 册，上海古籍出版社，2002 年。

龚澄枢奉敕建。"[1]由此可断定德陵确实存在。

关于刘隐襄帝陵,宋代的官修史书均有记述。《新五代史·南汉世家第五》云:"(乾和)二年夏,遣洪昌祠襄帝陵于海曲,至昌华宫,晟使盗刺杀之。"《资治通鉴》第二百八十四卷《后晋纪五》载:"(开运元年三月乙亥,944年)汉主令中书令、都元帅越王弘昌谒烈宗陵于海曲,至昌华宫,使盗杀之。"《新五代史》和《资治通鉴》关于德陵所在的记载大体相同,明确"襄帝陵于海曲"。德陵位于海曲,根据"祠襄帝陵于海曲,至昌华宫"的记载可知德陵与昌华宫相距不远,而昌华宫在从兴王府至海曲的道上。南宋地志开始出现"昌华苑",谓昌华宫在昌华苑内,昌华苑建在荔枝洲上。

关于昌华苑之所在,向来有广州"城西"和"城东"两说。南宋王象之《舆地纪胜》:"荔枝洲。在南海东四十五里,周廻五十里。刘氏创昌华苑于上。"[2]此说本刘宋沈怀远《南越志》所载,北宋乐史《太平寰宇记》辑录江南洲条:"《南越志》:江南洲,周廻九十里,东有荔枝洲,上有荔枝,冬夏不凋。"[3]明代方志始见荔枝湾,明代往后诸方志基本不见荔枝洲的记载,只及荔枝湾。成稿于明嘉靖十四年(1535年)、戴璟主修的《广东通志初稿》荔枝湾条云:"在府城西二里。古《图经》云广袤三十余里,南汉创昌华苑于此。今莫详其处。"[4]昌华苑条则说:"一名显德园,伪刘故址也,在荔枝湾,旧志广四十里,袤五十里。今尽为民居。"[5]嘉靖三十七年(1558年)黄佐主纂《广东通志》与上书所载基本相同[6]。万历二十九年(1601年)郭棐纂《广东通志》,昌华苑条只将"伪刘"改作"南汉"[7]。清雍正朝郝玉麟纂修、道光朝阮元的《广东通志》所记之荔枝湾、昌华苑与前志大同小异,仅稍改个别字眼。自明中晚期起,荔枝湾在城西殆成定论,明代羊城八景就有"荔湾渔唱"一景。

荔枝洲与荔枝湾显然非同一处,荔枝洲很明确在城东。《舆地纪胜》所谓"南海东四十五里",是将刘宋时江南洲之东的荔枝洲解释在南海东。此南海显然是指广州城,而非宋代之南海县[8]。由于后人将荔枝湾与荔枝洲相混,而明清以来洲与湾之变异已不能分辨,南汉昌华苑故址的方位就成了疑问。有学者依据《舆地纪胜》认为昌华苑在广州城东。明末黎遂球所撰《吊南汉刘氏墓赋并序》,记述崇祯九年(1636年)刘䶮墓发现时就认为南汉刘氏家所在地就是昌华苑之所在:"予家板桥,对岸有洲名北亭,当五羊城之东,疑即昌华苑地,先人有田在焉。"[9]清中晚期吴兰修《南汉纪·高祖纪·考异》认为:"南海东"当从《海

[1] 全洪:《广东乳源云门山大觉禅寺南汉二碑校勘记》,广州市文化广电新闻出版局、广州市文物博物学会编《广州文博(玖)》,文物出版社,2016年。

[2] [南宋]王象之撰:《舆地纪胜》卷八十九《广南东路·广州·物景下》,第2846页,中华书局,1992年。

[3] [宋]乐史撰,王文楚等点校:《太平寰宇记》第7册卷一百五十七《岭南道一·广州南海县》,第3015页,中华书局,2007年。

[4] [明]戴璟主修:《广东通志初稿》卷二《山川上·南海县》,第23页,广东省地方史志办公室誊印,2003年。

[5] [明]戴璟主修:《广东通志初稿》卷五《古迹·广州府》,第108页。

[6] [明]黄佐主纂:《广东通志》卷十《舆地志七·古迹》,第463页,广东省地方史志办公室誊印,1997年。

[7] [明]郭棐纂:《广东通志》卷十八《郡县志卷五·广州府·古迹》,二一四页,日本内阁文库藏明万历三十年刻本。

[8] 从秦起,南海郡治番禺县,隋开皇十年(590年)撤南海郡,分番禺县之地置南海县,后番禺县并入南海县。自此南海、广州互称。北宋中叶,南海、番禺二县作为广州附郭同城而治。

[9] [明]黎遂球著:《莲须阁集》卷一《吊南汉刘氏墓赋并序》,第30~31页,《四库禁毁书丛刊》集部第183册,北京出版社,2000年。

录碎事》作"番禺东"耳[1]。有学者对同一地名持两种意见，一时赞同在城西，一时又在城东。明末清初屈大均《广东新语·坟语》云："刘䶮墓，在番禺东二十里，其地有南亭、北亭。海潮围绕，中不过十余里。墓在北亭洲旁，疑即昌华苑地也。"[2]屈大均此语明显承袭黎遂球。同书《宫语》"名园"条曰："其在城西者，曰西畴。……又五里有荔枝湾，伪南汉昌华故苑，显德园在焉。"[3]成书于清道光九年（1839年）的《南汉书·后主纪二》又有"每岁荔枝熟，在昌华苑设红云宴"的说法[4]。此说将明代至清前期的各种说法糅合在一起，但是，红云宴的地点在众家眼里也是游移不定，屈大均所录的红云宴在北园，范端昂因之，而阮元主修《广东通志》则说在城西。

红云宴最初见于北宋初陶谷《清异录·果》："岭南荔枝固不逮闽蜀，刘铱每年设红云宴，正荔枝熟时。"[5]南宋顾文荐《负暄杂录·櫹枝》："南汉刘铱每岁设红云宴，则窗外四壁悉皆荔枝，望之如红云然。"[6]陶谷记载南汉后主每年荔枝熟时设红云宴，顾文荐介绍红云宴的环境，都不涉及设宴的地点。屈大均《广东新语·宫语》将设红云宴的地方系于城北的甘泉苑："北则有芳春园，桃花夹水二三里，东接藟藟之水，可以通舟，一名甘泉苑，其桥曰流花。铱与女侍中卢琼仙、黄琼芝、蟾姬、李妃、女巫樊胡子及波斯女，为红云宴于此。"乾隆时人范端昂撰《粤中见闻》，所记与《广东新语》同[7]。道光时阮元修《广东通志》则说："昌华苑一名显德园，亦伪刘故址也，在荔枝湾，广袤数十里。又芳华苑在千佛寺侧，桃花夹水一二里，可以通舟。刘铱设红云宴于此。今尽为民居。"[8]阮《志》基本依黄佐《志》，然而刘铱设红云宴于此则引自《粤中见闻》。阮《志》将红云宴地改为城西千佛寺侧的芳华苑，与屈大钧所指的城北甘泉苑说不同。梁廷楠《南汉书》取在昌华苑设红云宴说[9]。吴兰修《南汉纪》则不同意昌华苑在城西的说法，引《舆地纪胜》"荔支洲在南海东四十五里"，认为："'南海东'当从《海录碎事》作'番禺东'耳。《广语》以今城西六里荔支湾为昌华苑址，非是。"[10]晚清《白云越秀二山合志》有云："在城东二十里，旧为南汉守冢人住处，刘䶮康陵在焉。其地有蟹泉、蚬子泉、资福寺、水云寺各胜，今易世易人，已成两村矣。"[11]南汉皇帝曾在北亭洲修建御苑和陵区，又在附近的山岗上建哨所，后以"亭"名村，村在亭南称南亭，在北称北亭。北亭村至今仍有地名"昌华市"之称。广州市番禺区小谷围岛北亭

［1］［清］吴兰修撰，王甫校注：《南汉纪》卷二《高祖纪》，第44页，广东高等教育出版社，1993年。
［2］［清］屈大均著：《广东新语》卷十九，第495页，中华书局，1985年。
［3］［清］屈大均著：《广东新语》卷十七，第471页，中华书局，1985年。
［4］《南汉书》卷六《本纪第六·后主纪二》，第30页。
［5］［宋］陶毂撰，孔一校点：《清异录》卷上《果》，本社编《宋元笔记小说大观》（一），第45页，上海古籍出版社，2001年。
［6］［南宋］顾文荐撰：《负暄杂录》卷十八《櫹枝》第十、十一页，［明］陶宗仪纂《说郛》（四），北京中国书店，1986年。
［7］［清］范端昂撰，汤志岳校注：《粤中见闻》卷四"地部一"，广东高等教育出版社，1986年。
［8］［清］阮元修，陈昌齐等纂：《（道光）广东通志》卷二一八《古迹略三，署宅一》，第579页，《续修四库全书》六六九史部地理类，上海古籍出版社，2003年。
［9］［清］梁廷楠著，林梓宗校点：《南汉书》卷六《本纪第六·后主纪二》，第30页，广东人民出版社，1981年。
［10］［清］吴兰修撰，王甫校注：《南汉纪》卷二《高祖纪》，第44页，广东高等教育出版社，1993年。
［11］［清］崔弼初编，陈际清总辑：《白云越秀二山合志》卷六《北亭、南亭》，清道光二十九年楼西别墅刻本，第66页，陈建华、曹淳亮主编《广州大典》第222册，广州出版社，2015年。

村现仍有昌华市的地名，而且小谷围岛四面环水，自古盛产荔枝，时称荔枝洲，正符海曲地望，也是文献记载中的"北亭洲"。我们认为南汉昌华宫（苑）在今小谷围岛。

2012年夏广州市考古人员在北亭村山坟头东南坡上发掘一处南汉遗址，清理出早、晚两期建筑遗迹，其中砖筑的建筑基址，南北走向，用青灰色小砖错缝平砌，构筑十分规整。还发现有很多碎瓦片堆积，出土了一批陶瓷器、铁器、石器和"开元通宝"铜钱和南汉铅钱等生活用品。所见砖瓦形制与康陵陵园建筑相同，出土的青瓷碗碟器形、釉色也与陵墓的相近，显示出皇家专属用器的特征。该处遗址北距德陵约300米，据出土遗物和史料记载分析，推测很可能是南汉"昌华宫"的部分建筑遗迹[1]。

综上所述，我们推断广州番禺小谷围岛北亭村青岗的南汉大墓就是刘隐的德陵。刘隐卒于911年，死后6年其弟称帝，追尊为烈宗襄皇帝。

## 第五节　保护措施

在德陵墓室和墓道的发掘过程中，相继搭建了简易的临时保护大棚（彩版二六，1），保证了考古发掘工作的正常进行。随着墓道器物箱的发现，德陵的价值和重要性突显，文物部门的相关领导和专家很快确定了要力争原址保护这一珍贵文化遗产的指导思想。2003年8月5日，时中央党校副校长王伟光，广州市委副书记、组织部部长苏志佳，广州市委常委、宣传部部长陈建华，广州市副市长许瑞生，广州市规划局党委书记施红平、局长潘安，广州市文化局局长陶诚和副局长陈玉环、张嘉极等，广东省文化厅文物处副处长杨少祥，广东省文物考古研究所所长李岩，广东省副省长雷于蓝，广州市市长张广宁、副市长李卓彬等分别于上下午到发现现场考察，一致认为遗址要原址保护，要尽快划定保护范围。

2003年9月8日至9日，广州市文化局党委书记周素勤同志率领广州市文化局副局长陈玉环、文物处副处长曾志光和广州市文物考古研究所所长冯永驱、副所长全洪等专程赴北京，向国家文物局和中国社会科学院考古研究所的领导、专家报告了广州市文化部门为配合广州地区高校新校区的基本建设，在小谷围岛发现南汉康陵和郊坛遗址等重要遗迹。此后，中国社会科学院考古研究所专家到大学城考古发掘现场指导发掘工作（彩版二六，2），张柏副局长和关强副司长也到现场视察，对下一步的考古工作和保护措施提出指导意见。最终在多方努力和积极协调下，通过了广州大学城华南师范大学新校区教学楼更改建筑设计，为文物挪移位置，原址保护德陵的方案。在考古发掘全面结束后，聘请专业施工队，搭建相对稳固的钢筋水泥材质的封闭式临时保护房，为将来的总体规划保护打下良好的基础。

---

[1] 张强禄：《南汉二陵与昌华苑》，载萧丽娟主编《岭南印记：粤港澳考古成果展国际学术研讨会论文集》，第160~174页，香港历史博物馆编制，2014年。另，发掘简报见本书附录六。

# 第三章　康　陵

## 第一节　调查与发掘经过

### 一、调查

　　康陵位于北亭村东南侧的大香山东南坡，北与青岗德陵相距 800 米，依山而建，占据了大香山南坡的东部（彩版二七）。大香山在明代称为"球璜岗"[1]。在宋代可能称为"陵山"[2]。大香山山形在此一带相对较大，平面大致呈南北长、东西短的"凹"字形，岗顶最大高程为 31.5 米。康陵陵园就建在山岗的环凹处。大香山四周是大小不同的土岗，山岗之间多辟为鱼塘或水田。西侧山体略向南伸，当地人称为"竹子山"，西坡与南坡相对较陡，岗顶高程 35.4 米。大香山东侧正对的财宝岗山势亦稍陡，最大高程 42.9 米，山体也不小。大香山南坡西望阿公庙岗，西南对望先锋顶和姑婆庙岗，东为陡山岗[3]，南坡近邻的几座岗丘山势均较平缓，海拔高程均低于大香山。位于阿公庙岗西北的大深坑与先锋顶西面的北亭岗山头较高，似有屏障之势，尤其是西边面向珠江一侧更显陡峭。康陵南面正对则是一大片低洼地，高程从大香山东南坡脚的 13.5 米，一路东南而下降至姑婆庙岗与青山岗间的 7.2 米，再往南穿过形如阙门的茶元岗和缸瓦岗间的谷地进入珠江岸边的沙田区，海拔高程更降至 6 米以下，其开阔至江，视野一览无余（见图六）。

　　2003 年 3 月考古调查时，在大香山东南坡荔枝林的断坎上发现出露一排青砖，当时认为是唐宋时期的砖室墓，在《广州大学城（小谷围岛）第一次文物调查报告》中编为第 3 地点（彩版二八，1）。后经发掘证实这是康陵陵垣东北角阙外的包砖壁。此处已接近大香山岗顶，由此往西约 80 米、往南约 150 米的范围是大致呈东西走向的三级台地，地表植被茂密，杂草灌木丛生，没有种植果树，但密布近现代墓，其中一部分墓葬尚有后人祭拜，大概长期以来被人们认为是一块风水宝地而作为墓地使用。

---

［1］一座明熹宗天启三年（1623 年）的夫妇合葬墓（2003GXDM6）打破康陵墓道，其墓志记葬于球璜岗。

［2］大香山东南面有一丘岗，名为小陵山，又名横岗山。岗顶南部有一座清道光十九年（1839 年）重修的墓，墓碑写有"夫人姓列氏，……生于宋宁宗嘉定十年……葬于小陵山午丁向之原"。依碑铭所说，南宋时期已有"小陵山"的名称。小陵山西北的大香山或许就是陵山。

［3］北亭村民称其为"小陵山"，南亭村民称其为"横岗山"。

## 二、发掘经过

2003 年 6 月底开始清理这座当初被认为是唐宋时期的"砖室墓"。照例是先清理表土，揭开覆压在上面的耕土。但发掘进入到第三天就发觉所谓"砖壁"的范围越揭越大。调查时出露的略呈南北向砖壁的南端为曲尺状向西折，内填较纯净山岗土，而且覆压砖壁的地层中有大量散砖堆积，还有板瓦、瓦当、滴水等建筑构件。同时，参与发掘的北亭村民告知，这种"砖"在下一级台地灌木丛中多的是，那有一个"瓦渣岗"（彩版二九，1），挖到的砖和这些砖一样，以前村民经常取来砌水渠、盖窝棚，只是近来没人去取，所以荒草荆棘把它们遮盖住看不到了。经过一段时间清理，发现这处砖瓦堆积显然不是砖室墓，显露出的平面呈方形结构，更可能是建筑基址，似有砖砌散水的迹象，可能与南汉皇苑有关。于是分调人员摸查"瓦渣岗"的情况。

在遗迹的外围选点进行小面积试掘后，发现了 3 处砖包土结构的地面式建筑台基，其中较大的圆形台基居南，两处方形台基分居圆形台基的东北和西北，三者呈倒"品"字形分布（图二三；彩版二八，2）。试掘时还发现在 3 处建筑遗迹周围均分布有大量的散乱砖瓦堆积。

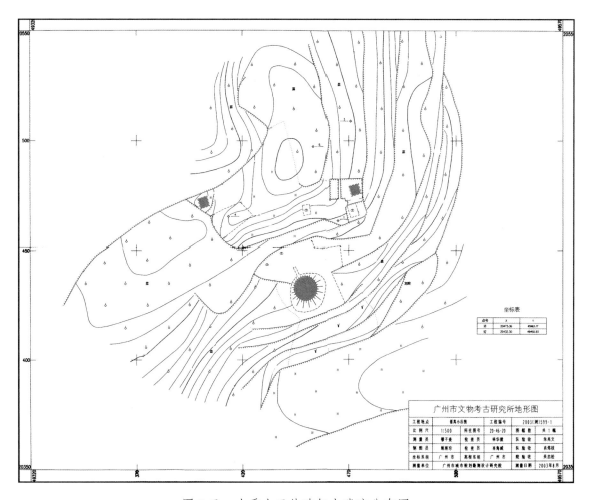

图二三　大香山三处砖包土遗迹分布图

当时对于这些遗迹的性质及内在联系尚不清楚，为了解遗迹之间的关系和构筑情况，2003 年 7 月下旬考古人员清除"瓦渣岗"及其周边的草丛（彩版二九，2），后发现是一个由碎砖杂土堆起的圆丘。"瓦渣岗"所见的砖瓦与其东北方向上一级台地正在揭露的方形建筑基址出土的完全一样，砖与广州晚唐墓小薄砖相近；瓦件也具晚唐、五代特点。因此可以推断这是一组大型南汉建筑类的遗址。由于以往从未见过这种形状的构筑，因此发掘时先选择破坏缺口较大的地方清理，揭取部分表土后得知圆台为砖包土结构，中心以红黄土夯筑，外围包砖。圜壁用长方形灰砖纵横交错叠砌，至高 1.45 米时逐层向上收分，类似"圆坛"的建筑（彩版三〇，1）。这与中国社会科学院考古研究所西安唐城工作队 1999 年发掘的隋唐圜丘造型与结构十分相似[1]，而此"圆坛"又在南汉都城兴王府的南方，因此我们萌生这或许是南汉圜丘的想法。

根据中国古建筑对称原理，我们在圆丘西北部，即与东北部方形建筑基址相对应的地方劈开茂密植被，在耕土层中也发现相同的砖块、板瓦、瓦当等残片，显然是三位一体的建筑。发掘进行到 2003 年 7 月底 8 月初，清表后的"瓦渣岗"呈现出一个砖土结构的圆坛，中间是由纯净山岗土分层夯筑的土芯，外围一周下大上小逐渐内收的包砖壁，砖壁被一层厚厚的夹杂碎砖和少量瓦片的红黄土覆盖。顶部已被破坏，俯视就像内外三层的同心圆，侧面看就似一个覆钵状的砖土坛，形似一个祭坛（彩版三〇，2；彩版三一）。此时所揭露出的 3 个建筑遗存大致呈倒"品"字形布局，为历年来考古发现所不见，而包砖的封土丘的圜顶已被破坏近似平顶，中间夯土外壁包砖的形状类似坛体，令人不免联想到文献中"帝祀天南郊"的记载。南宋方信儒在《南海百咏》里说："一德由来可享天，东隣牛祭亦徒然，荒凉到处游麋鹿，谁识郊坛八面圆。"[2]因此，这个后来被证实为康陵陵台的封土丘，当时被认为是具有祭天性质的"郊坛"，与其北面两组方形基址构成一个祭祀建筑，大致呈倒"品"字形排列。但其怎么构成，如何使用，当时还难以理解。

2003 年 8 月 5 日，时任广州市委副书记、组织部部长苏志佳，广州市委常委、宣传部部长陈建华，广州市副市长许瑞生，广州市规划局党委书记施红平、局长潘安，广州市文化局局长陶诚和副局长陈玉环、张嘉极，广东省文化厅文物处副处长杨少祥，广东省文物考古研究所所长李岩和广州市文物考古专家麦英豪等就广州大学城考古发掘工作遇到的问题提出处理意见：规划局与文化局商量圆坛遗址的发掘步骤，首先要原址保护；要按《中华人民共和国文物保护法》的要求，加大勘探力度，抓紧抢救性发掘，同时加强保护；广州市城市规划勘测设计研究院要测绘遗址地点，大学城规划要作相应调整；要充分考虑市政配套设施，考虑遗址与周围环境的联系；南汉康陵与圆坛两个遗迹先按国家级的待遇保护起来，规划局批出临时的保护范围；要切实解决文物保护的费用，等等。

8 月 13 日，广州市文物考古研究所邀请麦英豪、黎显衡、何民本、吴庆洲、郑力鹏、冯永驱、

[1]中国社会科学院考古研究所西安唐城工作队：《陕西西安唐长安城圜丘遗址的发掘》，《考古》2000 年第 7 期。
[2]［宋］方信儒撰，刘瑞点校：《南海百咏·刘氏郊坛》，广东省出版集团、广东人民出版社，2010 年。

陈伟汉、韩维龙和刘瑞等专家赴发掘现场，实地参观考察。专家们同意考古队关于圜丘（郊坛遗址）的判断，指出南汉康陵[1]和郊坛遗址的发现和发掘都非常重要，尤其是郊坛遗址，目前在国内极为少见，都应该按全国重点文物保护单位的规格对待。

8月中旬，考古队调整发掘部署，制定计划，选择基点，按遗址发掘全面布设探方，由北往南、由东向西渐次揭露。发掘区总共布10米×10米的探方64个，发掘区按照象限法布方，田野编号2003GXD（G代表广州市，X代表小谷围岛，D代表大香山），大部分探方坐落在第一象限，用四位数字表示探方号，探方编号由西向东、由南向北分别为T0101~T0108，T0201~T0208，T0301~T0308，T0401~T0408，T0501~T0508，T0601~T0608，T0701~T0708，T0801~T0808。圆丘和方亭都被纳入发掘探方内（彩版三二，1）。由于对这组建筑遗存的地位和重要性一早就达成共识，一开始我们就抱着以保护、展示为目的，设想要将其作为广州大学城的重要文化遗产原址保护，故而在考古发掘中采用谨慎小心的态度逐步发掘，以尽量不破坏遗址原貌、有利于日后陈列展示的保护性发掘方式进行（彩版三二，2）。发掘期间请广州市城市规划勘测设计研究院测绘遗迹分布地形图，广州骏影航空科技有限公司航拍遗迹分布。

根据发掘进度，"坛体"部分暂时保持不动，先搞清楚外围，尤其是北边东、西两个砖包土的方形建筑基础的结构，再分析三者之间的组合关系。但在确定按遗址发掘、布设西南基点的时候，我们的认识还不够全面，没有意识到遗址分布南界远超我们的预判，所以后来在发掘基点以南又加布探方（探方编号前加"S"表示）。南扩的探方坐落于第二象限，用五位数表示，即在四位数字前多加一个"S"，探方编号由西向东、由北向南分别为TS0101~TS0110，TS0201~TS0210，TS0301~TS0310，TS0401~TS0410，TS0501~TS0512，TS0602~TS0612，TS0702~TS0712。

2003年9月上旬，广州市文化局党委书记周素勤率领陈玉环、曾志光、冯永驱、全洪为成员的"广州南汉郊坛遗址（？）和康陵发现情况汇报小组"专程赴北京，向国家文物局和中国社会科学院考古研究所的领导、专家报告了广州市文化部门为配合广州地区高校新校区的基本建设，在小谷围岛发现南汉康陵和郊坛遗址等重要遗迹。9月8日下午，分别向中国社会科学院考古研究所刘庆柱、白云翔、杨泓、安家瑶、孟凡人、姜波等及国家文物局专家组成员宿白、徐苹芳、张忠培汇报；9日上午，国家文物局张柏、宋新潮、关强、李培松、闫亚林听取汇报。

专家形成如下意见：

（1）圆坛的形制比较特别，不见于以往的发掘。中国的礼制建筑在宋代发生较大的变化，因此这处圆丘的年代断定非常重要，如果确定为五代时期，正是礼制变化承上启下的阶段，对研究唐宋、元明清的郊坛的发展、演变具有重要学术价值。从圆丘形的砖土建筑来看，应该是坛类建筑。但是否天坛，则需在全面考古发掘之后，结合文献再断定。

[1] 此时所谓康陵是指青岗的刘皇冢。

（2）要把遗址的四至搞清楚，为划定保护范围提供依据，然后再对主体进行全面发掘。考古发掘一定要严格按照《田野考古工作规程》执行，应该纳入科学发掘的范畴。对于主体遗迹周围要按照先勘探、试掘，再发掘的步骤进行。尽量探寻其他相关的遗迹，如圆坛与方坛之间的通道或道路，祭坛的壝墙、其他活动场地，等等。

（3）圆坛主体要全面清理，只有把具体的结构弄清楚，才能对其性质做出判断，保护方案的设计也要在结构清楚的基础上进行。全面揭露或许会对遗迹造成一定破坏，但能够修复，复原要以最好的、结构最清楚的部位为依据。

张柏副局长表示，广州大学城的考古发现很重要，广州市政府高度重视，对文物保护非常有利，国家文物局将与省市政府联系，做好文物保护工作。请中国社会科学院考古研究所派专家实地考察。

9月13日，杨泓、孟凡人、安家瑶和姜波等专家到发掘现场指导（彩版三三，1）。由于以往没有见过这类结构的唐宋时期遗存，就现有的考古现象，不能明确其性质。专家们提出了关键性指导意见：对"坛体"进一步大胆揭露，尽可能按照层位关系把晚期的扰乱堆积清理掉。

广州市文物部门根据国家文物局领导、专家和中国社会科学院考古研究所专家的意见，确立广州南汉郊坛遗址"先进行外围调查，后对主体结构全面发掘"的原则。9月15日拟定《广州番禺小谷围岛南汉郊坛遗址发掘方案（初稿）》，发掘工作分试掘和发掘两个步骤。

考古队对"坛体"周边进行全面发掘，逐渐把陵台包砖封土丘、方形砖铺基座、散水面和南面的坡道等地上建筑遗迹清理出来，还清理出陵台北面大方砖铺砌的路面（彩版三四，1）。一个方形基座上为砖包夯土的"圜丘形"建筑就呈现出来：其南面有坡道，北面有砖铺路面，南、北两端对应的有被晚期破坏的缺口，但尚未做清理。

2003年10月29日，国家文物局专家组成员徐苹芳、张忠培、黄景略、傅熹年等先生莅临发掘现场，论证和指导发掘工作（彩版三三，2），认为经过两个多月的发掘还未发现登坛设施，尽管遭受后期破坏，但相关设施也不致彻底毁坏而全无踪迹。专家提出有可能不是"祭坛"而是"陵墓"的意见，并建议将后期扰乱堆积全部揭露，探明埋藏情况。

11月，考古队集中力量清理圆坛上面的晚期堆积，在圆坛南、北两侧相继发现了多个盗洞。首先从"坛体"北侧最大的扰乱坑（后编号盗洞1）入手，用解剖法先发掘一半，便于观察把握。11月18日，该扰乱坑距"坛体"顶部约2米的深度出露洞口，赫然可以看到砖砌的四重拱形券顶，完全是砖室墓的结构（彩版三四，2）。砖室里的淤积土沿盗洞呈漏斗状几乎堆至室顶，仅余不足1米的空间。现场发掘的考古队员按捺不住兴奋，沿盗洞口匍匐进入室内探视，发现南边也有一个盗洞（后编号盗洞3）打穿券顶。据盗洞所见灰黑色砌砖结构与汉唐时期的券顶砖室墓完全一样，由此确认这是"墓室"无疑。

接下来我们就从这两个盗洞着手清理墓室，自上而下逐层发掘，不断地有南汉、宋、明时期的陶、瓷、玻璃器残片被发现，越往下南汉时期的青瓷片、玻璃碎片越多，显然被盗扰多次，且盗扰时间还比较早。清理部分淤土后就发觉其规模、筑法皆与青岗的"康陵"相同，越发感觉其重要性，因此所有泥土过筛处理。

11月23日上午，张柏、关强由陈玉环、冯永驱陪同前来视察发掘工作。指出虽然暂时不可断定是南汉王陵，但很重要，一定要加强管理和保护。

考古队及时调整发掘方案，搭建大棚进行抢救性发掘。随着墓室内浮土清理，高程不断下降，从盗洞3朝南看，可见到限门的石板。此墓规格、大小、用砖都与原先判断为"康陵"的陵墓相近，如今连封门的灰石板都一样，令人怦然心动，莫非是又一座陵墓？该墓与"康陵"南北相距800米，是何关系？

随着发掘不断推进，于12月10日最终确定遗迹的性质，这就是南汉康陵。在前室靠封门处露出了大型石碑，是日清理出露石碑上部6~8列字，首行有"高祖天皇大帝哀册……"字样（彩版三四，3）。明清以来，记载"一碑当穴门而立"的就是此"哀册文碑"，保存完好，志文楷书，自铭为南汉高祖（刘岩）的"康陵"。而之前发掘的"刘皇冢"当是南汉的另一座陵，同时明确原先以为"南汉圜丘"的遗迹是南汉康陵陵坛。

2003年12月14日，康陵高祖天皇大帝哀册文碑基本显露，碑石呈青灰色，出露部分宽154、高95、厚20厘米。考古人员拍摄录像和照片，并抄录哀册文全文。因碑石是挖开墓室铺地砖埋入下部树立，最底几列字被掩埋未读全。

2003年11月底至2004年2月，一方面集中力量清理康陵玄宫，搭建临时保护大棚；另一方面找寻陵墓主体与其北面东、西角砖砌遗存的关系。因此发掘工作主要集中在陵园北部的探方内，清理出夯筑的陵垣墙体和基槽，以及墙基两侧的散瓦护坡。由于遭后期破坏，垣墙与山坡地面平齐，所以当时对这些遗迹尚有是"墙"还是"路"或者"廊"的不同认识。

2004年3月初至8月底，全面发掘陵园南区并廓清陵园大体布局。随着康陵的确认，对整个大香山的遗迹又有新的认识。北部墙体遗迹应是陵园的北垣墙，东、西两角的方形砖砌构筑则是陵园的角亭。这些遗迹的位置和性质认定后，对陵园的整体布局又重新作了思考，在南边对应北垣东、西角亭的位置进行了勘探，确定了东南、西南角亭的存在。故又继续在南区布设探方，开展大面积发掘，并且逐渐向南推进，揭露出东南、西南角亭和南垣墙和陵门，以及陵门南侧的廊式建筑等遗迹，局部留存的东、西垣墙基槽也得以确认，基本搞清了康陵陵区的整体布局。

由于康陵陵坛祭台部位下面的墓道填土已被清理，砖砌祭台可能会因失去填土承托导致下沉移位，因此，2004年6月在墓道坑口上方祭台下安装了一个承托祭台的钢筋混凝土平台。

2004年9月中旬，我们带着发掘图纸赴京向徐苹芳和傅熹年先生介绍康陵发掘情况，并请教关于陵园的问题。徐先生看了图纸之后说，这个陵园结构很清楚，指出陵园四角的构筑是角阙，并强调不可再称"郊坛"。但是陵墓玄宫上部结构确实是坛的形状，称为陵坛也是可以的。提出要搞清楚墓道至陵门之间有无献殿，建议解剖一些部位。

傅熹年先生一边看着平面图一边动手画透视图，解释垣墙穿过小阙的情况。傅先生认为原先称角亭也是对的，徐先生称角阙也问题不大。从没见过这样对角的，不是双阙，应是子母阙，其顶应是悬山或庑殿顶。陵园南部的门不能叫山门，应叫陵门。

2004年9月下旬，我们根据专家意见在陵坛与陵门之间进行试掘，没有发现献殿及其他建筑迹象。此时，广州大学城环境绿化施工，计划在陵园南侧原先低洼处修建人工湖，考古工作人员跟踪施工现场，发现正对陵门位置陵前廊式建筑南边约22米处，有一对磉墩残迹，开口在地表层下，打破生土，残存的深度仅30厘米左右。此处现已属大香山南坡下的鱼塘底，地势很低，其南地势更低，再无任何迹象表明有文化层或遗迹保存。为进一步确认陵园布局，又对康陵所在的大香山东坡进行勘探，没有发现其他与康陵同时期的遗迹。因为康陵已经占据大香山的东南坡，陵园东墙外不远处即为谷地，发掘前是鱼塘，不可能再有其他建筑。所以认为康陵陵园已全部揭露完毕。

康陵考古发掘和临时性的保护工作到2004年10月中旬才告结束，共开挖10米 × 10米的探方103个，实际发掘面积近10000平方米（图二四）。从原来计划的10平方米左右"唐宋砖室墓"的发掘，到最终扩大到约12800平方米整个陵园的全面揭露，可谓是曲曲折折，顺藤摸瓜，由"一角"揭开了一座陵园，这也是发掘者不断发现问题、纠正错误、探明真相的过程。

由于被盗掘多次，康陵出土遗物多不在原位上，但器物编号还是尽量反映发掘出土时的埋藏现状：明确属于盗洞内的遗物归入盗洞（用"盗"表示）统一编号，这其中包括原属康陵玄宫的随葬品和盗洞自身的包含物；位于玄宫最底层的、明确属于玄宫随葬品的遗物，虽然也被扰动，还是当作玄宫原有随葬品编号，用"K："表示；非玄宫底层出土的、填土中的原康陵随葬品则编为"K填："，以说明这部分随葬品的摆放位置已无法推定。陵园地面建筑废弃堆积中的包含物则都归入各探方地层编号。打破康陵或被康陵叠压打破、不属于康陵陵园的其他墓葬按整个大香山墓葬序列号编排。

参加康陵发掘的人员有广州市文物考古研究所全洪、张强禄、廖明全、朱家振、苗慧、常永卿、熊伟、江海珠、田茂生、韩东等。麦英豪先生自始至终关注南汉二陵的发掘与保护工作，并多次亲临现场指导发掘工作。时任国家文物局副局长张柏、文物保护司副司长关强曾到现场视察，国家文物局专家组黄景略、傅熹年、徐苹芳、张忠培，中国社会科学院考古研究所杨泓、黄展岳、孟凡人、安家瑶、姜波等先后莅临发掘现场论证，并指导发掘工作。

康陵考古发掘工作全面结束之后，在陵台和东北角阙上搭建了简易通透式竹木棚作临时展示性保护，其他部分作回填保护（彩版三五，1）。

# 第二节　墓园建造与地层堆积

## 一、墓园建造

康陵陵园坐北朝南，范围南北长约160米，东西宽约80米，面积达12800平方米，南北高差达15米。陵园视野开阔，从陵园北部的岗顶可看到南边的珠江水面，背山面水，显

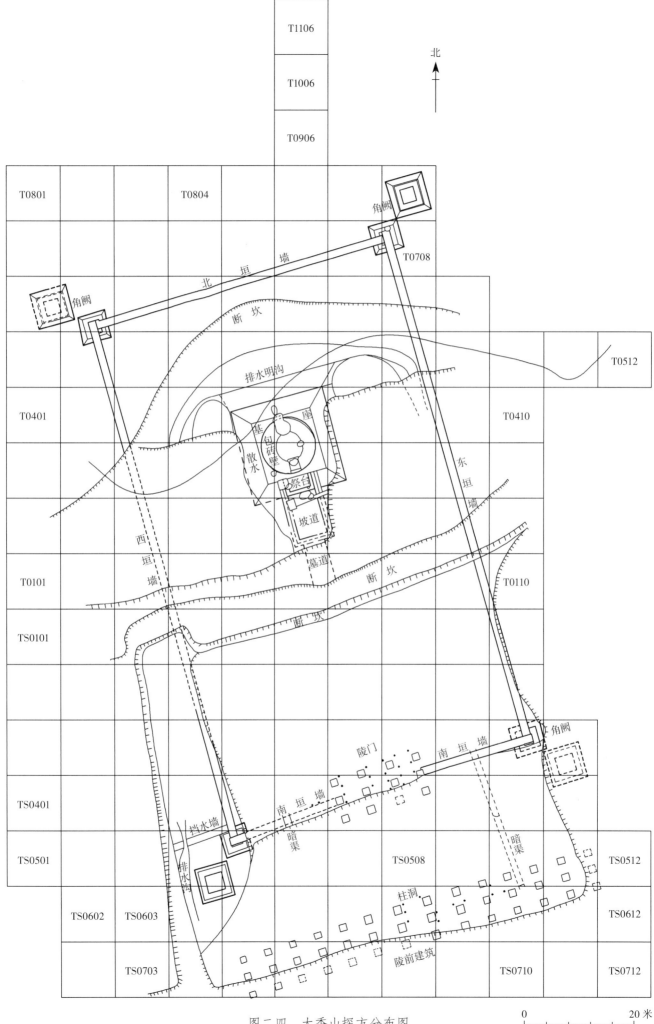

图二四 大香山探方分布图

0             20 米

然经过堪舆、精心选址。大香山及周遭山岗经年开垦、种植庄稼或果树，山体表面发生很大变化，目前多呈梯级状。经考古发掘现场考察并核对 1978 年 10 月航摄、1980 年 4 月调绘的地形图，仍然大体可推测大香山原来的地势和建陵时对山体利用和修整的情况。

康陵陵园以陵台为中心，其所在原为一个大致呈圆形的小山包，顶部海拔高程 26.1 米，陵台北部和南部大约东西 60 米、南北 100 米的范围经修整形成由北向南的三级小台地，地势与周边相比颇显不同，可能就是当年营建陵园时形成的地势。北部原地势保存较好，距陵坛北 15 米有一圆弧形断坎，规整，在陵台与坎之间修整出一个较为平整的地面。可推测建陵时挖掉部分山休，修整陵台外围空间，这样就能突出陵坛的雄伟壮峙。墓道以南，即大香山东南已是山脚，地势明显往下倾斜，还有多道断坎，显然是就着原来的山体营建垣墙及南部建筑，部分断坎则是修挖梯田而成。

大香山与财宝岗间的谷地海拔高程最低为 17.2 米，往南顺势而下降至陂山岗与姑婆庙岗间的 9.4 米；大香山与阿公庙岗间的谷地海拔高程最低约 16 米，往东南而降至正对康陵的大香山东南坡脚下高程也就 12 米左右。考古发掘前，大香山东、南谷地已多被村民开辟成鱼塘，结合周边山形水系看，大香山南部尤其是往东南方向，地势低洼，当分布有古河道直通珠江水面，东、西侧山间谷地有溪流汇入此河道。在大香山南部的调查可见山脚的东南已是豁口，有多口水塘，据村民见告，相传原为古河道，瓦渣岗有船到此，推测有驳岸码头与陵园南界相接。

## 二、地层堆积

发掘区地层堆积的总趋势是随山势西北高、东南低，陵园修建之前先对原地貌进行了平整，现在陵园所在区域的三级台地或多或少与这次平整有关，建造过程中又对局部地方挖高填低，以达到建筑需求。总体上地层堆积比较简单，分为五个大层（图二五、二六）。

百多个探方覆罩整个陵园，由于山体地势高低不同，加上后人破坏，造成土层厚薄差异较大。发掘时为求地层统一划分，因此有些地层在不少探方里缺失不存，其堆积情况在各层介绍中表述。

第 1 层：表土层，灰褐色杂土，质软，含极少量明清时期的陶瓷片及近现代杂物等。厚薄不均，南部堆积厚 20~40 厘米，北部堆积厚 30~60 厘米，可分为 1A、1B 两个小层。属现代垦殖果树形成的耕土层。

第 2 层：明清文化层，黄灰色沙质土，结构紧密，较硬且纯净，内含有明清时期的陶瓷片和极少量的散碎砖瓦等。主要分布在陵台、北垣墙和角阙附近，西南角阙附近也有一小部分，靠近陵台和角阙处的堆积较厚，外围较薄。陵台和北垣墙附近的堆积厚度为 10~30 厘米，角阙特别是东北角阙处堆积较厚，厚达 1.15 米。可分为 2A、2B、2C 三小层。属于明清时期人们在遗迹上活动扰乱遗迹堆积后，由于雨水冲积沉聚而形成的冲积层。

第 3 层：宋代堆积层。分布范围较广，陵台周围堆积较厚，向外逐渐变薄。可分为 3A、3B、3C 三个小层。

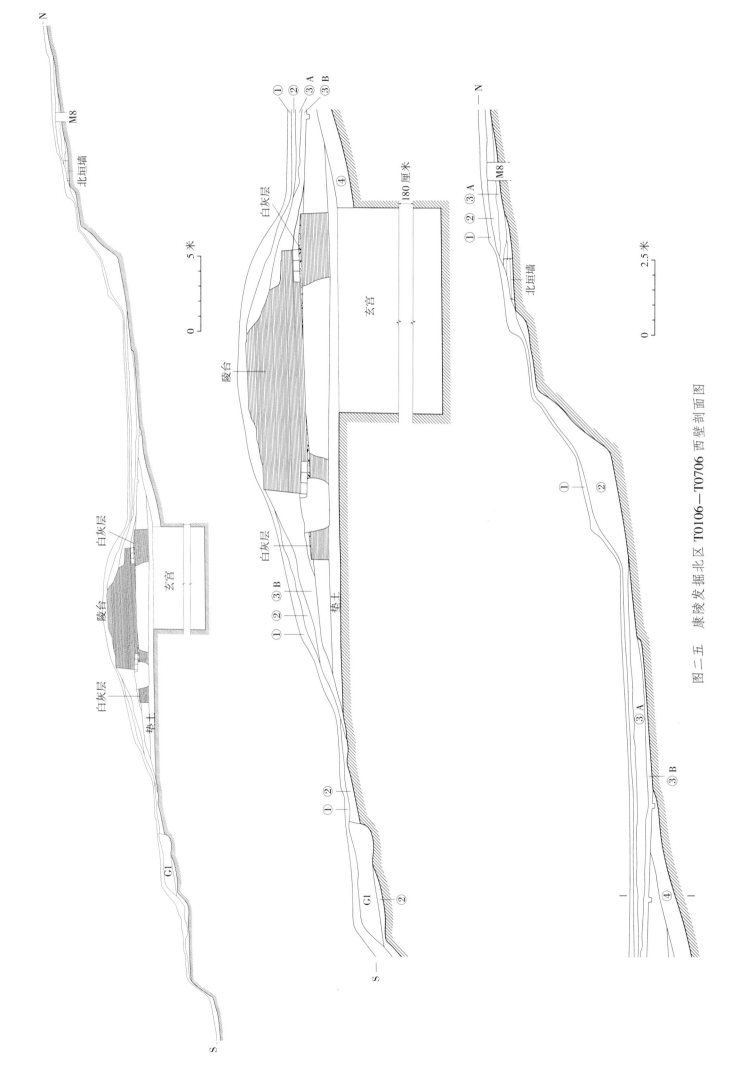

图二五　康陵发掘北区 T0106—T0706 西壁剖面图

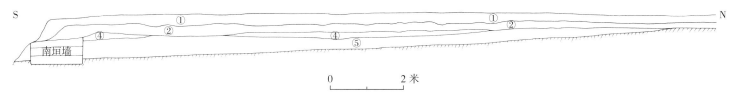

图二六 康陵发掘南区 TS0309—TS0209 西壁剖面图

第 3A 层：红黄色沙黏土，土质较硬，结构紧密，内含有小石子和碎砖瓦等。主要分布在 T0404 至 T0707 等探方，即分布在陵园的北垣墙、陵台和角阙的周围。北边堆积较薄，厚 10~30 厘米；南边堆积较厚，厚 20~45 厘米。出土有少量南汉时期砖瓦片和极少量北宋时期陶瓷片等。属于山岗高处泥土受雨水冲刷向低洼处流失而形成的自然冲积层。

第 3B 层：灰红色沙质土，结构疏松，含大量散碎砖块及瓦片等。分布在 T0205 至 T0407、T0602 至 T0808 等探方，主要覆盖在陵台和角阙的上面及周围，自中部向外围倾斜堆积，最厚达 1 米。近底部出土大量板瓦、筒瓦以及石栏杆等建筑残件，并有极少量釉陶碗、罐等器物碎片。应为北宋时期人为毁坏康陵地上建筑后形成的扰乱堆积，其下多直接叠压康陵遗迹。

第 3C 层：褐红色粗沙黏土，质硬且密，以褐色沙黏土为主，间杂大量小石子和零星散碎砖瓦。主要分布在一级台地中部及二级台地西北部的 T0407、T0505、T0506 等探方，由北往南倾斜，堆积范围较小，厚 10~20 厘米。属山岗高处的泥土受雨水冲刷向低洼处流失形成的自然冲积层，基本不见包含物。

康陵建筑遗迹多直接在第 3B 层和第 3C 层下，所以这两个地层形成的年代就是康陵被大范围破坏的年代，应该不晚于北宋。

第 4 层：黄红土，质地结构紧密，坚硬，含少量的碎砖屑，属人工的建筑铺垫层，局部分布。属修筑陵台和垣墙之前因平整地形而形成的堆积，原地表较低的地方垫土较厚，局部多层相叠，或经夯打，地势较高的地方垫土较薄，基本形成了一个平面。堆积总趋势由北往南稍斜，厚 5~20 厘米，集中于陵台南面和陵园东南部。

第 5 层：褐灰土，细腻有黏性，较硬，含少许灰烬。主要见于陵园的东南部，陵台南面坡道下也有一部分，由北往南倾斜，厚 20~40 厘米，多为第 4 层叠压，其下即为生土。属修建陵园前的原地表层。

第 5 层下是生土，为红色软风化土，以山岗红黏土为主，间杂有碎石子或紫色风化岩斑，土质结构坚硬且紧密，不含任何文化遗物。

## 第三节 陵园

康陵陵园在大香山南坡依山势营建。陵园以陵墓为中心，四周建垣墙，南垣墙开神门，门前有廊式建筑（图二七、二八；彩版三五，2）。现依次介绍如下。

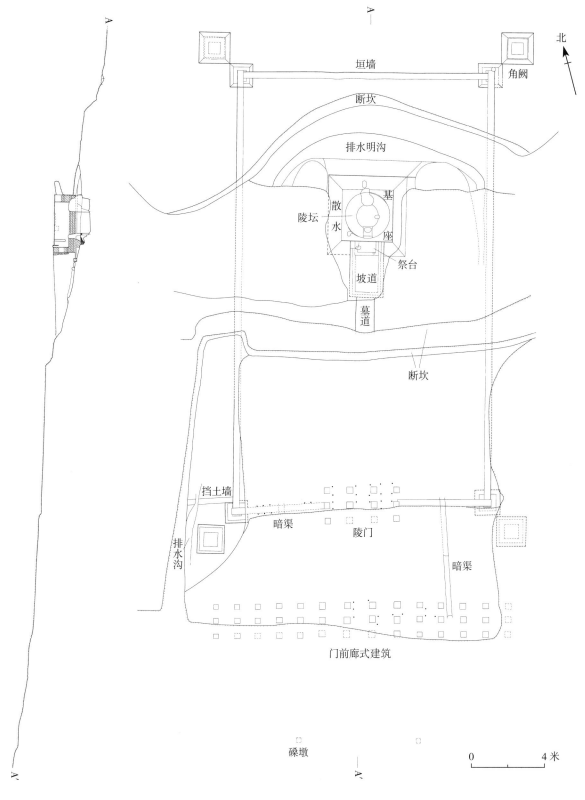

图二七　康陵陵园平、剖面图

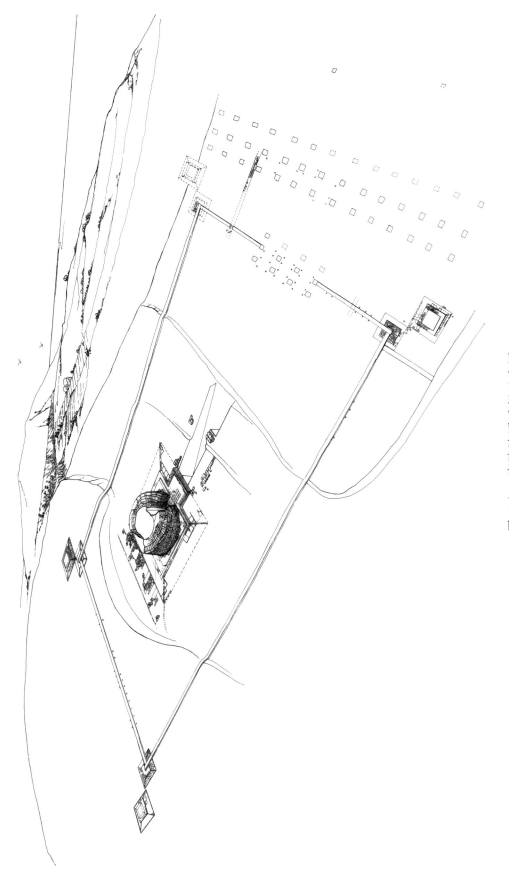

图二八 康陵陵园透视示意图

## 一、陵台

陵墓位于陵园中部偏北，为康陵主体建筑，由地上陵台和地下玄宫组成。

陵台是陵园地面建筑的核心。由砖包土芯圆坛、方形台基与散水，以及南面的神龛、祭台、坡道等组成（图二九；彩版三六，1）。封土圆坛的中心坐标为东经113°22′544″、北纬23°02′986″，现海拔高程为26.1米。台基下有一层厚15~30厘米的垫土，覆盖玄宫墓圹口。

发现时陵台全部被后世的泥土覆盖。陵台各部分构筑大多被宋人毁坏陵园形成的扰乱堆积（第3B层）叠压，部分排水沟叠压在第3C层下。有多个宋代盗洞和明清时期墓葬、灰坑等对陵台和玄宫造成了不同程度的破坏（彩版三六，2）[1]。

现以2003GXDT0206东壁为例说明陵台坡道区域地层堆积的基本情况（图三〇）。T0206探方内有陵台南部和坡道等遗迹，坡道下方为墓道。

第1层，厚约20~35厘米，包含有南汉时期碎砖、少许近现代瓦片等杂物。为现代耕土层。该层下有近代墓。

第2层，厚薄不一，厚约10~20厘米，包含有少许南汉时期碎砖和大量明清时期青花瓷片。为明清时期堆积层。有的地方被近代墓打破。

第3B层，仅分布于探方中部与北部，厚约25~50厘米，包含有大量南汉时期碎砖、筒瓦、板瓦残片，并有少许白石碎片。为康陵废弃堆积。

以T0305和T0306北壁为例显示陵台地层堆积的基本情况（图三一、三二）。T0305与T0306东西相邻，T0305位于陵台西部偏南，清理各叠压层后现方形台基和散水西南角；T0306位于陵台正南，有陵坛、台基、神龛、祭台、坡道和散水等构筑。地层堆积情况与T0206相同，有第1、2、3B层，堆积厚薄随陵台废弃后形成的馒头形高低不同而变化，总的来说，第3B层包围陵坛，堆积较厚，最厚处可达75厘米。

（一）陵坛

建于玄宫墓圹口上方，为砖包土方座覆钵顶圆柱形，中心以红黄土夯筑圆形土台，周围垒砌包砖，逐渐内收，原貌当为圜顶（或近平顶）覆钵状（彩版三七，1、2）。底部包砖外径10.2米，夯土芯内径5.9米；顶部被毁，近平，现残高2.2米（图三三）。坛芯用较纯净的山岗土分层夯筑，土质坚硬，结构紧密；夯层清晰，厚10~15厘米，夯窝不显（彩版三八，1）。包砖壁的砌法是在夯土芯外围底部横向丁砌三周直砖，其上采用平摆顺砌和平摆横砌或横顺相间的组合形式垒砌（图三四；彩版三九，1），砖缝间有泥浆黏接，外壁抹有2~5厘米厚的白灰，多已脱落（彩版三八，2）。外包砖厚2.3~2.7米。

陵坛遭后期破坏严重，夯土坛芯东部被盗洞2[2]打破。包砖壁东部被村民拆去一部分，

---

[1] 关于对康陵造成破坏的遗迹将以专章集中说明（详见本书附录四），以了解陵墓遭受各时期的盗扰及损坏的过程。

[2] 该坑位于T0306东北部，被第1层覆盖，深约80~90厘米。与其说是盗洞不如说是扰坑，发掘时编为盗洞2，此处保留原始编号。时代不明，或许与第2层年代相当。

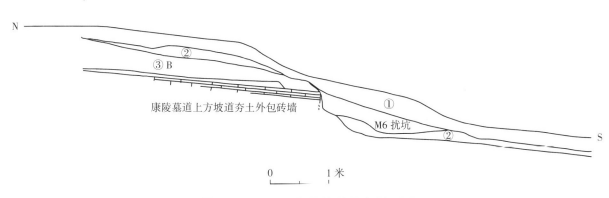

图三〇　T0206 东壁地层堆积剖面图

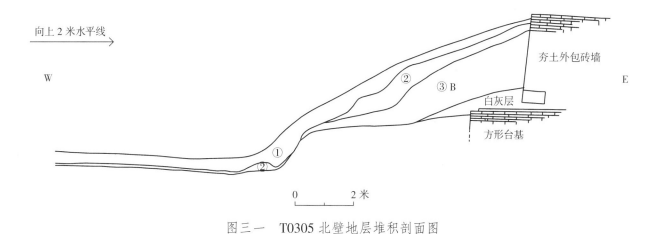

图三一　T0305 北壁地层堆积剖面图

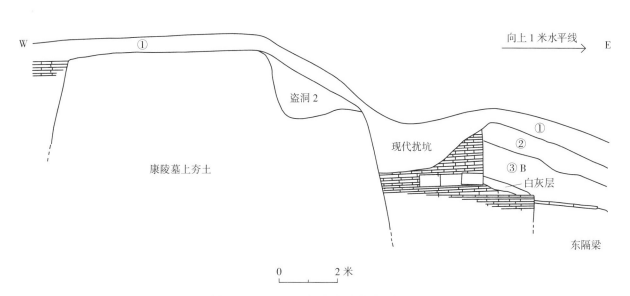

图三二　T0306 北壁地层堆积剖面图

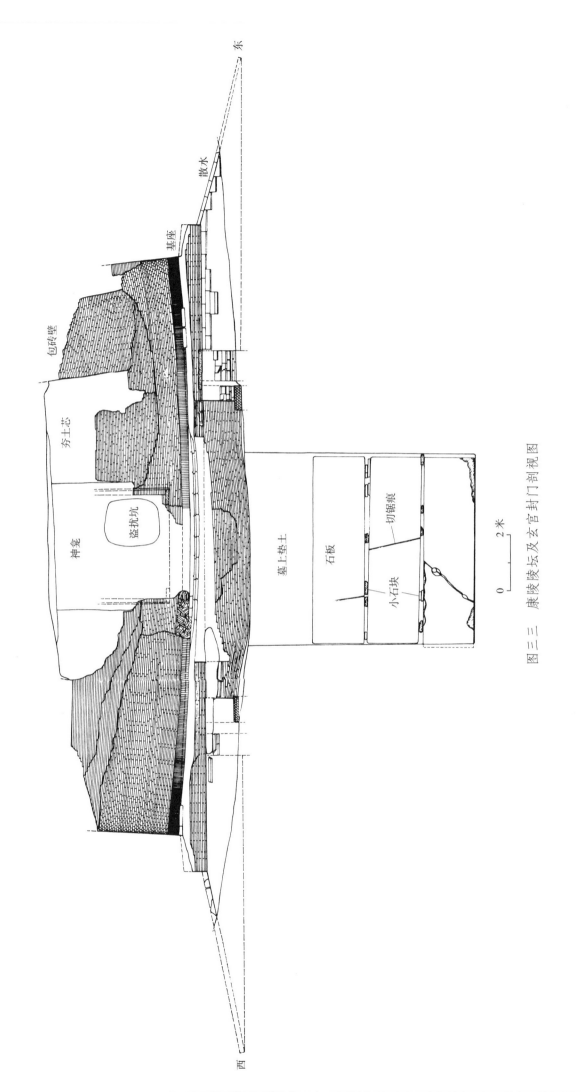

东

西

散水

基座

包砖壁

夯土芯

神室

盗扰坑

墓上垫土

石板

切锯痕

小石块

0 2 米

图三三 康陵陵坛及玄宫封门剖视图

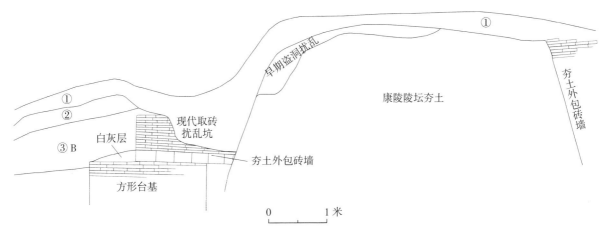

图三四　T0406 南壁地层堆积剖面图

南、北边都被盗洞破坏。陵台北部第 2 层下有盗洞 1（D1）打破陵台和玄宫，凿穿后室券顶和后壁直接进入墓室。所有盗洞以此洞口最大，对陵墓的破坏也最严重（彩版三九，2、3）。从 D1 开口层位、洞内填土堆积及出土遗物分析，北宋时期已经开挖盗洞，明代又有盗扰，清代晚期仍有扰动。

此包砖封土丘被当地村民称"瓦渣岗"，人为破坏和自然风化比较严重，发掘前被茂密的荒草和灌木杂树掩盖。清理完地表植被后，地层平面呈现出由里到外大致三个同心圆：夯土、包砖、碎砖杂土堆积。顶部近平，颇似一个"坛"类建筑遗址，所以发掘之初以为此属南汉郊坛遗址。

（二）方形台基

陵坛下为砖石方形台基，其下有厚约 30 厘米的垫土层直接覆盖于墓口上。台基为砖包夯土结构，包砖壁厚 1.85~2.05 米，为平砖错缝结砌，外壁陡直规整，内壁自下而上略向内收（彩版四〇，1）。边长 11.4 米，高 15~25 厘米（彩版四〇，2）。台基台面里高外低，向南倾斜，高差约 20 厘米。台面用边长 35 厘米、厚 6 厘米的方形白石板铺砌，石板下还铺垫有厚约 5~10 厘米的白灰层。大部分石板已被拆毁，仅存下面的压印痕迹（彩版四一，1）。

方形台基被盗洞 1、盗洞 6 打破。盗洞 1 位于陵台北部，盗洞 6 在陵台西南处，沿陵坛包砖墙打穿方形台基（彩版四一，2、3）。

（三）台基散水

台基四周为方形砖铺砌的散水地面，大致呈方形，边长 17.8~18 米。散水面里高外低，高差为 10~38 厘米（彩版四二，1）。方砖边长 40~45、厚 4 厘米（彩版四二，2）。

四幅散水砖面相接处呈对角线，以立砖为边。四边及对角线处均挖筑有宽 15、深 10 厘米的沟槽，槽内埋砌两排立砖做栏，使四面散水对角相隔，布局颇为工整。散水面多已被毁，局部残存破碎方砖。散水下面有垫土层、墁白灰。铺设散水时先将垫土地面进行修整，使散水面呈中间高外围低的倾斜状。

为了保护陵台，在散水的北边加铺地砖，其北又挖有排水沟。

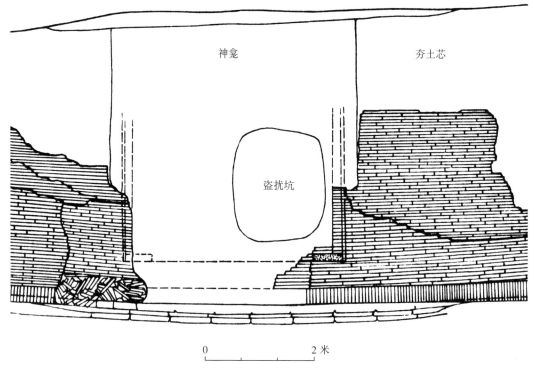

图三五　康陵陵台南壁神龛正视图

　　方形台基北侧散水面分别被盗洞 1、盗洞 7 以及明清时期的冲沟（G1）打破。盗洞 1 打破部分台基散水和玄宫后室券顶。盗洞 7 打破北侧的散水砖面及下部垫土，但未进入地宫。南边散水和铺砖面被宋代水沟（G3）打破。

　　（四）神龛

　　陵坛封土圆丘南壁正中有一大龛，设在台基之上，砖壁砌出一凹口，如同嵌入壁中。长方形，坐北朝南，估计是祭奠用的神龛，因被宋代盗洞（D3）和明代灰坑（H7）破坏，上部结构不明（图三五；彩版四三，1、2）。宽 1.8 米，进深 1.9 米，残高 65 厘米。龛口台面高出祭台台面 40 厘米，东侧残留一块灰黑色石门枢，一部分嵌于龛壁下（彩版四四，1）。石门枢长方形，残长 30、宽 20、厚 6 厘米，中间门臼直径 14 厘米，深 5 厘米。门框宽 2.1 米，进深 40 厘米，其做法是将龛两壁前端各向外扩宽 8 厘米，形成一个向外的折角，如果有木门，则只能向外开启。龛后壁是将夯土芯修直，在夯土芯与外包砖壁之间加砌一道直墙，双隅砖错缝平砌。龛后壁厚 35 厘米，残高 53 厘米。

　　盗洞 3 打破神龛，进入玄宫（彩版四四，2）。

　　（五）祭台

　　陵坛南部正中设有祭台。祭台砌筑于圆坛方形台基基座南部散水砖面上，长方形，砖包夯土结构，高与台基相当。东西长 5.2 米，南北宽 3 米，高 40~60 厘米（图三六）。该平台的筑造方法是：先在方形台座的南侧中部用夯土构筑土台，外围即东、西、南三面包砖，错缝平铺（彩版四五，1）。包砖厚 65~80 厘米，高 40~60 厘米。台面上铺砌白石板，与方形

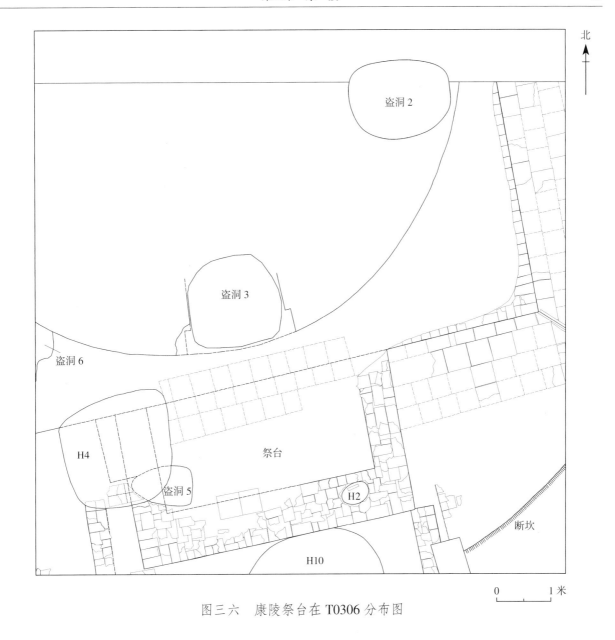

图三六 康陵祭台在 T0306 分布图

台基的台面相连，形成祭台与神龛之间的过道。现存台面由北而南稍斜，台面北部与基座相接处用方形白石板墁地，石板下铺垫厚 5~12 厘米的白灰（彩版四五，2）。此长方形平台应是同神龛配套使用，进行祭奠的一个活动区间，因此将其称之为祭台。祭台南接砖砌坡道，呈两级状。

在祭台台面废弃堆积中出土大量板瓦、筒瓦、瓦当和少量石质建筑构件（彩版四六，1、2），估计原有门亭类顶盖建筑。但其台面上及周边未发现柱础或柱洞等其他遗迹现象，台上顶盖或门楼的结构无法考证。

祭台西南部的包砖和土台被盗洞 5（D5）打破。盗洞沿墓道封门石板的左侧经甬道进入墓室（彩版四六，3）。盗洞内填土为翻动过的墓道填土，仅含极少量的碎砖，甚为纯净，表明盗洞 5 形成的时间较早。盗洞 5 被一宋代灰坑（H4）打破。

（六）坡道

祭台之南设坡道，筑于墓道上方，为长方形砖包土台阶，现存南北长 9.2 米，东西宽
7.5 米，土芯宽 6.7 米（见图二九；彩版四七，1）。在地面上夯土构筑长方形土台，土台的
北边与陵坛祭台相接，呈两级状，高差 20 厘米，抬步可上。东、西两侧结砌双重包砖，南
面也有砌砖，因残破过甚，结构不明。由于坡道所处地势为北高南低的山坡，故其表面也由
北而南往下倾斜，高差约 1.9 米。南距祭台边缘 7 米处，陂道路面水平相差 1.55 米。中间为
青灰色沙黏土或灰红色山岗夯土，直接夯筑在墓道填土上，夯层清晰，土质坚硬，结构细腻
致密、内含单纯，夯层厚 5~12 厘米。外包砖双隅，以一横一纵错缝平铺，其中内重包砖墙
基宽为 60 厘米，外重宽为 70 厘米，高与夯土面平。墙体有维修迹象。由于夯土路面宽与祭
台外包砖对应，其东、西两侧砌筑的包砖与祭台的砖墙衔接后，又在祭台的东、西两侧一直
向北垒砌，再与方形台基的包砖相接，东北角与台基衔接处放置有一块长方形石条。登上祭
台的坡道东、西两侧接砖铺散水。坡道上零星有墁砖残迹，因被沟坎破坏，残缺严重（彩版
四七，2）。在南部有三重呈东西向的砌砖，现存 6 层。两端遭后期墓葬破坏，虽然与两侧
包砖缺乏交接结构，但从其位置及砌砖的方式看，应该是坡道的南侧包边。砖壁南约 1 米
处另有一道铺砖面，东、西侧遭近代墓破坏，南面是梯田断坎。断坎以南的陵园活动面已无
存（彩版四七，3）。

在坡道北端即靠近祭台处发现一批残瓦件，有筒瓦、瓦当（彩版四八，1）和少量脊头瓦，
应属祭台顶盖的废弃物。还有一些可能属于栏杆的石构件（彩版四八，2），估计祭台或坡
道设有栏杆。

坡道表面大多被毁，仅存零星砖块等基础部分，其上被宋代地层（第 3B 层）叠压，曾
遭宋明时期的灰坑（H9、H10）、墓葬（M6）、沟坎（G3）及一些近现代墓打破，原台面被毁，
高已不可知。

（七）排水设施

陵台位于陵园中部偏北的大香山南坡上半部，也就是现存的二级台地上。雨天自山顶而
下的流水可由陵园北墙阻挡向两侧泄出，但陵园内三级台地部分雨水仍将依势而下，对陵台
造成威胁，同时陵台北侧的积水也需排出，因此在陵园陵台北部共营建有三组排水设施，一
是为建陵台修整的弧形断坎，二是砖筑排水沟，三是挡水铺砖地面。

1. 弧形断坎

为获取足够空间营建陵台，在大香山的二级台地上平整山体，将一级坡地南缘开挖一道
呈半环状的断崖。在方形台基以北约 15 米处形成的弧形断坎，又成为主体建筑北边的排水
设施，避免坡上来水直接冲向陵台。

2. 砖筑排水沟

为减少北侧山上雨水的冲力，在陵台北部距台基砖砌散水面约 9 米处，挖筑了一条平面
呈扇状的排水沟，使山坡上流下来的雨水经排水沟向东、西两侧排出。

排水沟系地面开挖明沟，呈中间阔、两端窄的扇形环绕陵台。其做法是平整地面后，直

接在生土面上挖筑，沟底和沟壁经过修整，沟口宽，沟壁内斜，底部平缓。其中部即与散水北铺砖地面相对应的部分沟体最宽，东、西两端向南折的弯口收窄，保留原山岗土，形成顶部圆弧形的台地以加固排水设施。东西长 51.2 米，中部最宽达 5.5 米，两端较窄，宽约 2.2 米，底深 30~50 厘米。

砖砌排水沟西段保存状况稍好。在靠近生土台边铺有铺地砖，残存少许。排水沟底有大量铺地砖碎块。由于被后期破坏，出水口形状和位置不明。

陵园东垣墙内侧局部也发现有水沟残迹，表明这条明沟的两端应沿陵台外围顺着围墙内侧往南延伸。由于破坏过于严重，往南延伸的长度和结构不详，是否与南垣墙下的两条暗沟相通亦不可知。可以判断园内的雨水最后是通过陵园南垣墙的暗渠排向园外。

排水沟开口在第 3A 层下，沟内填满第 3A、第 3C 层填土，东段打破一座唐代晚期砖室墓（M1）（彩版四八，3），东北部被明代魂瓶墓（M9）打破，东、西两端被近代梯田断坎破坏。

在大香山坡顶靠近东北角阙和北垣墙探方的明清时期扰乱层中发现一件多棱陶水管（T0706 ②：1）。沟口两端经陵台两侧向南延伸，因已残断，全貌不明。向东、西两侧逐渐下斜并收窄，延伸至两端则呈沟状。据此可推测该陶水管应当是排水沟的构件，砖砌排水沟向南收窄，出水口也许由砌砖改为陶水管。出水口设施被破坏后，水管遗弃于后期地层中。

3. 挡水铺砖地面

在陵台散水北侧加设一道铺砖地面，应是专门为减缓陵坛台基散水压力而设，与排水沟同时挖筑，同样起散水作用。陵台散水和铺砖地面西侧仍保留原生土台以加强阻水力。土台东侧边缘修整后是散水的竖砖边界，西侧是砖砌排水沟，土台北部被修整呈弧形。铺砖地面的西界也是贴着土台修砌。排水沟与地面相连，流水可直接排入沟中。墁地的大方砖与散水砖相同，紧贴散水北缘，砌筑方式也与散水相同。平面略呈倒梯形，东西边缘与散水对角线相连接，也是砌竖砖分界。东西长 22 米，南北宽 3.3 米。砖面略呈南高北低状，中部稍隆起，与散水平行但长于散水，向东、西两端逐渐下斜并收窄，延伸至两端则呈沟状（彩版四九，1、2）。

陵台的排水设施多遭后期破坏。

## 二、垣墙

陵墓四周筑有平面呈长方形的夯土墙垣，四隅各设一组对角相连的方形角阙，每组角阙都由内侧较小、外侧较大的子母阙构成，内侧的四个角阙之间均有夯土墙相连，形成陵垣（见图二七）。

陵园垣墙南北长 96.8 米，东西宽 57.3 米，均是版筑的夯土墙（夹板墙），墙基宽 1.2~1.4 米，残存最高处 50 厘米。四道垣墙在四个角阙内呈直角相交，由于有砖墙包边得以较好保存。东垣墙和西垣墙依山势南北纵跨三级台地，高低落差 12 米左右，因受开垦农地和雨水冲刷等剥蚀，东、西垣墙墙体已毁无存，在靠近角阙位置仍有局部墙体、护坡以及柱洞等遗迹。

南垣墙中部开缺口，设置陵门；北垣墙因位于高处保存较好（彩版五〇，1）。

（一）东垣墙

东垣墙被多道断坎和近代墓葬打破，垣墙被毁无存。农事活动中为找平地面，高出耕地表面的其他堆积都被铲除，凸出地表的垣墙自然不存。靠近陵园北部（T0608）残存一小段夯土墙，在第 3B 层下，南北向，墙体东、西两侧有护坡。探方中部墙体被一近代墓打破，西南角至东南边缘有一断坎，打断墙体。陵园中部（TS0210 等）因地势低、断坎多，基本不见夯土墙迹象。东南角阙子阙除东北角和包砖南壁保存外，其余部分已拆毁，东垣墙隐埋地下。

（二）西垣墙

西垣墙北端仅在西北角阙的子阙（T0602）处南北向残留 2.4 米，南侧被断坎破坏。中部遭断坎破坏严重，在陵园中南部第 3 道大断坎处（TS0304）墙体已无存，只有 3 个直径 20~25 厘米的柱洞。根据柱洞位置、分布情况推测，柱洞位于西垣墙西侧，应该是建夯土墙时所留下。柱洞在第 3A 层下，打破生土。第 3A 层是北宋冲积层，这意味着，这个部位的墙体在北宋的某个时期就已经被毁。

靠近西南角阙子阙处（TS0404、TS0405）有一道断坎，此处西垣墙被断坎破坏。残存夯土墙宽约 1.2~1.4 米，南北残长约 5.5 米。筑墙前先平整地面，夯土墙下有垫土（此层未发掘，厚度不详），未见墙槽。夯土墙由一层层山岗沙黏土夯筑而成，夯层厚 20~25 厘米，每一夯层两侧均用南汉时期瓦片砌成条状。在西南角阙子阙里的夯土墙侧砌砖包边，砖墙与夯土墙应为同时建造。

（三）南垣墙

南垣墙地处山脚的第三级台地上，因正中设有陵门，故分为东、西两段（图三七；彩版五〇，2）。西段墙体破坏严重，仅剩西南角阙内围筑的一小段墙基，由西向东与中间陵门磉墩遗迹相接，墙宽 1.2~1.4 米。夯层厚 20~25 厘米，夯层两侧均用碎瓦砌成条状。

在靠近西南角阙子阙的墙基南侧残存由大量碎瓦堆积而成的碎瓦护坡，起散水及防止水土流失作用。南垣墙以南约 50 厘米为东西向断坎，与墙体相对应，似为一级台阶，为巩固垣墙因而加筑碎瓦护坡。

柱洞对称分布于 TS0405 南部夯土墙两侧，开口于碎瓦护坡下，打破生土。北侧 3 个，南侧 3 个。东西中心间距 1.45~1.5 米，南北中心间距 1.5~1.7 米。柱洞直径 20~25 厘米，均为圆形，有圜底和平底两种。但在地势较低、墙体已被破坏处，只在墙北侧发现少量柱洞。

南垣墙东段墙基的做法与西段不同，为先垫土，在垫土面上开挖墙槽，然后夯土筑墙。垫土层土质较实，土色浅红；含大量南汉时期碎筒瓦、板瓦，厚约 10~15 厘米。依地势不同，沟槽深浅不一，靠东部的较深，靠西部的较浅。槽宽 1.4 米，深 20~40 厘米。在沟槽内以红黄色山岗土、碎石和南汉时期筒瓦、板瓦碎片相叠夯筑，夯层厚约 20~30 厘米，夯土墙宽 1.2~1.4 米，高不详。与墙基相接的陵门磉墩遗迹打破了墙槽，可知筑墙在先。

陵园南垣墙的东、西两段墙体下都有砖砌排水暗渠。西侧排水暗渠位于 TS0406 西南角，

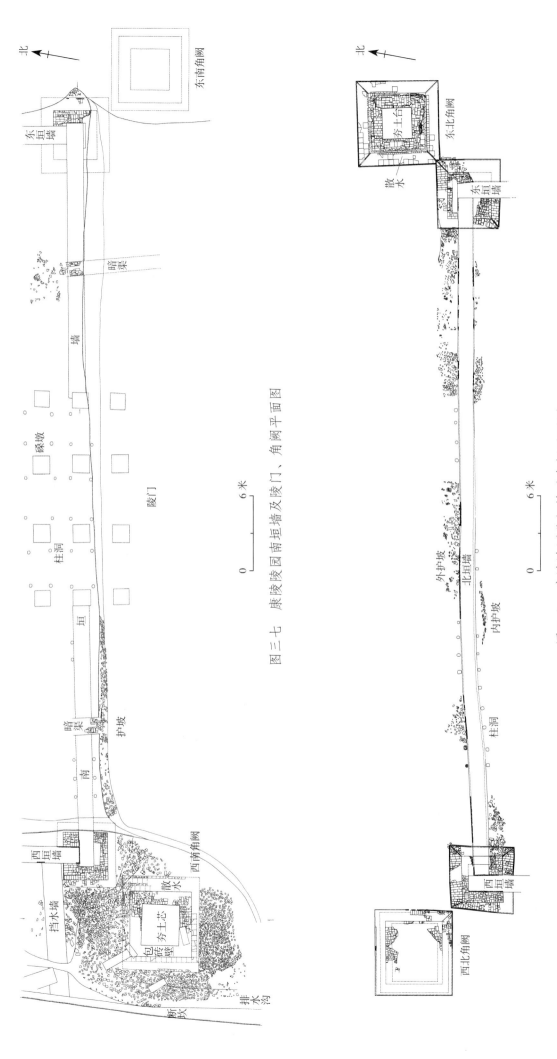

北

陵门

柱洞

磉墩

东垣墙

东南角阙

墙

暗渠

垣

暗渠

护坡

南

西垣墙

西南角阙

挡水墙

散水

包砖壁

夯土芯

排水沟

断坎

0        6 米

图三七　康陵陵园南垣墙及陵门、角阙平面图

北

东北角阙

夯土台

散水

东垣墙

北垣墙

外护坡

内护坡

柱洞

西垣墙

西北角阙

0        6 米

图三八　康陵陵园北垣墙及角阙平面图

开口在第 1 层下，打破生土。此处夯土墙墙体已基本无存，仅余一些印痕和两侧的柱洞。在夯土墙下，有一组沟状砖墙，南北向，应为墙下阴沟。水沟上部全毁。东侧砖砌暗渠保存比西段长（详见本章本节"陵园南部排水设施"）。

（四）北垣墙

四幅垣墙中以北垣墙保存稍好，位于山岗高处一级台地的斜坡上，在陵台北约 33.3 米处。垣墙呈东西向与两端角阙连接，东端和西端均伸入子阙内，并在子阙中部分别与东、西垣墙直角相交（图三八；彩版五一，1）。东、西垣墙往南延伸部分已遭毁坏。北垣墙被多座近现代墓和扰乱坑打破，局部被毁。发掘清理部分为高出原地面 10~50 厘米的夯筑墙基（图三九；彩版五一，2）。墙垣为红黄土或灰红土相杂夯筑而成，土质坚硬、结构紧密，内含有碎石子和少量碎瓦砾。夯层清晰，厚 10~15 厘米（彩版五一，3）。墙壁平直规整，墙基边缘，陵园原地面上用专门敲碎的瓦片竖立摆砌成条状花边，形成两侧边线。

墙基内外两侧均有大量散碎瓦片，以板瓦为主，也有瓦当，当属原墙头上的废弃堆积（彩版五二，1、2），估计墙头上面应有"人"字形顶盖，两坡砌板瓦，中间起脊，以防雨水冲刷。

墙基两侧有墙体护坡，用褐红色的沙黏土夹碎瓦片分层垫筑，由墙体向两侧倾斜，垫土表面铺设有大量瓦片，基本呈左右对称均匀分布，起到了承接墙檐滴水并向外排泄的作用，也就相当于墙基散水（彩版五二，3）。

经局部解剖护坡堆积后发现，在墙基内外两侧各有一排柱洞，左右对称，均开口于护坡垫土下，打破生土；排列较为整齐，间距 1~1.7 米，形状有圆形、椭圆形和方形等（彩版五三，1）。圆形柱洞口径一般为 20~30 厘米，深 7~35 厘米，以直壁、平底为多，斜壁、圜底者较少；椭圆形柱洞口径一般在 12~38 厘米，深 18~34 厘米，以斜壁、圜底者为多，直壁、平底者较少；方形柱洞的边长一般为 22~25 厘米，深 28~38 厘米，均为直壁、平底。

根据这些柱洞的开口层位、尺寸和间距等分析，垣墙是用夹板夯筑的版筑墙，即先平整地面，然后定位挖两排柱洞，洞内立桩，桩上固定夹板，而后在夹板内分层垫土夯筑墙体，墙体筑好后，将立桩和夹板移开，最后在墙基两侧修筑护坡。由于筑墙时两侧夹板的作用，使墙垣的两边陡直且规整，夯层边界碎瓦也整齐摆砌成线（彩版五三，2）。

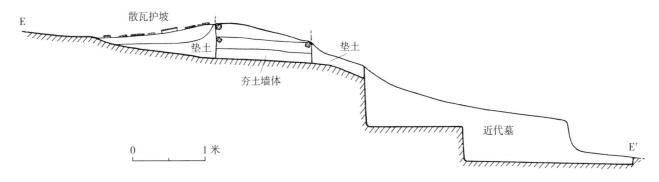

图三九　康陵陵园北垣墙墙基剖面图

墙体破坏严重，两端伸入角阙部分被第3B层叠压，中段大部分被第2层覆盖，其下直接打破生土。这一带近现代墓较多，对墙体也造成相当程度的破坏。

在陵园南部，有些地方可见平整地面的垫土。垫土层土质稍实，土色淡红，少量浅黄色黏土，分布均匀，掺入大量南汉碎砖、瓦片。由于上部经历次耕种平整地面，这种垫土堆积的分布比较零散，不同位置的厚薄不同，一般在局部低洼处仍存，现存厚约10~20厘米。根据分布位置及包含物推测，应是建陵前平整地面后的垫土。

### 三、角阙

陵园四隅各设有一组角阙，均由一小一大两个子母阙构成。子、母角阙方向一致，地面有散水对角相连。上部已塌毁，现存方形阙台基座，可能是楼阁式建筑。大小角阙结构和建筑方式基本相同，均为砖包土结构，中间为夯土台芯，外脸为砖砌台壁，向上逐渐收分，四周地面设有方砖墁地的散水。较大的母阙处于陵垣墙角外侧，较小的子阙在内侧，与墙垣相连接，两道不同方向的墙体相交于子阙中心，与夯土台芯连为一体。角阙方形台基外脸涂抹白灰，脱落殆尽。

阙台周围的废弃堆积内出土不少建筑构件，有莲花纹瓦当、双凤纹瓦当、筒瓦、双唇瓦、陶脊兽等，表明阙顶原有颇具规模的顶盖。角阙基址四周散落数量庞大的砖块，足见角阙包砖用量大，由于仅存基础，角阙的高度不详，然则从砖块数量来看，应该不矮。角阙包砖墙的砌法，虽然不可能有规定，但大体还是能看出匠人之倾向意念，即用长方形砖作外脸，纵横交叉平铺；内部因就基槽，很多砖被折断甚至砸碎用以填充。

现将四组角阙详细情况介绍如下：

（一）东北角阙

保存最好的一组角阙，位于大香山近坡顶第一级台地的东部，分布于探方T0708、T0709和T0809（图四〇；彩版五四，1）。

东北角阙外侧之较大者（即母阙）是最早发掘的康陵遗迹，当时仅发现南包砖壁的边缘，对它的性质和布局认识不明确，调查时曾被当作唐代墓葬。最初发掘以局部解剖的方式进行。角阙遗迹上面被宋代废弃堆积第3B层覆盖，被几座近现代墓和北宋时期的灰坑（H8）打破，其下为生土（彩版五四，2）。

1. 子阙

内侧的小角阙为子阙。子阙的台基包筑墙垣，即陵园东北角的墙垣修筑在子阙中间。台基四个转角先砌好包砖壁，在包砖和墙垣之间的空隙内填筑夯土。夯土以黄红色山岗土分层夯筑而成，土质坚硬、结构紧密、纯净。夯层清晰，厚6~10厘米。外包砖为横顺相间错缝平砌而成，厚约70~80厘米。由于子阙所处的地面由北向南下斜，其台基依地势筑造，北边地面较高，故包砖下挖有墙槽，南边的包砖则直接砌筑在原地面上。

子阙方形，为夯土芯外包砖结构，四周有方形散水。边长3.7米，残高55厘米（彩版五五，1）。其修筑方法及步骤如下：在坡顶略平整地面，在生土上夯筑垣墙，有的部位底

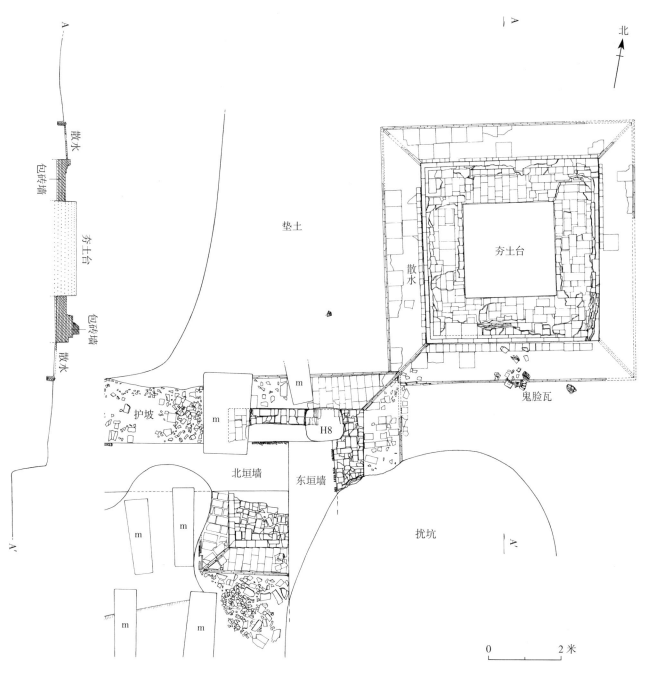

图四〇　康陵陵园东北角阙平、剖面图
（"m"为近代墓，不编墓号）

部铺垫一层碎砖瓦。陵园的北、东两道夯土垣墙在阙内相交形成直角，墙壁较直（据子阙外垣墙主体的修筑方式推测应该是版筑，因未解剖开挖未详其技），夯土以黄红色山岗土分层夯筑而成，土质坚硬，结构紧密、纯净。夯层清晰，夯层厚10~15厘米，各夯层层面有碎瓦渣，墙边缘码砌碎瓦片。墙厚1.3米左右，残高45~60厘米。从观察到的迹象看，夯土垣墙同时夯筑，东西向的北垣与南北向的东垣在子阙内的交接处未见分筑的界面。先夯筑墙体，

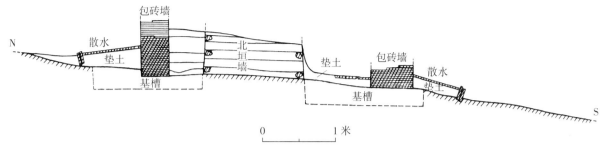

图四一　康陵陵园东北角阙子阙剖面图

然后砌包边砖（彩版五五，2）。

以 T0708 东北角阙南北剖面图（图四一）为例：在北垣墙两侧开挖南、北两个基槽，平底。北基槽底宽 1.46 米，口宽 1.5 米，深 20~30 厘米；原坑土回填，夹杂零星碎砖瓦，可分两层夯层。在夯土上起砌砖墙，砖墙厚 40 厘米，残高 75 厘米。北垣墙以外（北侧）与砖墙之间约有 40 多厘米宽的空隙，用夯土填实，夯层较薄，厚 8~10 厘米；包砖墙外（北）侧也夯实，夯层厚 12 厘米左右，其上铺设散水砖，外侧竖两层夹边砖。南基槽宽 1.6 米，深 10~25 厘米，就坡面略呈北深南浅。与北基墙一样，夯实后起砌砖墙，砖墙厚 58 厘米，残高 30 厘米。北垣墙与南侧包边砖墙相距约 90 厘米，以泥土夯实。包边砖墙外（南）侧垫土上铺设散水砖，也挖凹槽竖两层夹边砖。

东垣墙东、西两侧直接砌筑包边砖壁。北垣墙与东垣墙交接形成的直角内侧西南角则仍残留砌砖，底部垫有一至三层砖，与墙砖连成一体。

子阙方形夯土台的外侧砌砖包边。西壁与南壁因有北垣墙、东垣墙，故不闭合。子阙包边砖墙厚度不同，砌法亦不同，北、西、南三墙厚 45~50 厘米，一横二纵铺砌；东墙厚 60~70 厘米，纵横交错铺砌。

子阙东北包边砖墙被 H8 打破。东南部有一个大扰坑，东垣墙南向出子阙以南部分基本被大坑所坏，2 座近代墓直接打破东南包边砖，子阙西北角被近代墓打破，西南包边砖仅余底砖。

台基底面四周有散水，经修整垫土后形成中间高外围低的斜面，再以长方形砖铺砌。四幅散水相交处呈对角线，布局颇为对称。四角之间均挖小沟槽，槽内砌置双排立砖为栏（彩版五五，3）。边长 5.4 米，宽 0.75~1.05 米。

2. 母阙

外侧的大角阙为母阙，与子阙呈对角相接。母阙边长 4.8 米，残高 76 厘米（彩版五六）。两阙台包砖外壁对角相距 2.5 米。母阙处在墙垣角外（T0808），基本是一个独立的结构，保存相对完好。由夯土台、外包砖和散水构成。台基周围的地表较为平缓，修筑前略作平整，基本上是在原地面上修建。先用较纯净的红色山岗土夯筑中间的方形土台，周围垒砌外包砖。中间夯土台边长 2.5 米，高 70 厘米。夯土台周壁陡直、规整，版筑而成。夯筑时四周应放置有固定的夹板，因下部未挖，地面上是否有柱洞不太清楚。夯土结构紧密、坚硬，含少量的小石子。夯层清晰，厚5~10厘米。土台外包砖，一层横砖一层竖砖相互错缝叠压垒砌。包砖墙厚1.15~1.2米，残高72厘米。砖墙外壁由下而上递收为3级小台阶，第一台阶离散水面高32厘米，宽10厘米；第二台阶高于第一台阶12厘米，宽9厘米；第三台阶高于第二台阶15厘米，因被破坏宽不详。

台基四周铺设散水。散水以两行方形砖铺成斜面，内高外低便于排水，在靠近阙体包砖部位再以半截砖填补方砖与阙体包砖之间的空隙。散水边缘及四幅散水相交处挖有沟槽，内竖两重砖以为边栏。方形散水边长6.8米，宽1米。方形砖边长40厘米。

角阙北边的散水面明显高于南边，子、母两角阙散水对角相交处地势颇低，这一区域的积水可由此往南泄出。子阙所处地势西北高东南低，东南部散水面依地势低于西北部的散水面约50厘米。根据垣墙结构和子阙散水地面打破母阙散水地面的现象分析，母阙修筑在先，子阙建筑在后。

东北角阙废弃堆积较厚，保存的遗物也较多，上层以残砖占绝对多数，下层紧贴散水面和地面分布数量众多的瓦件，残砖很少。这些建筑瓦件多数是角阙顶盖构件，少量应为垣墙瓦顶铺面。出土大量板瓦、筒瓦、双唇瓦，瓦当有莲花纹瓦当和双凤纹瓦当，还有瓦脊饰、兽面瓦等（彩版五七，1~3）。

（二）西北角阙

位于大香山近坡顶一级台地西部，分布于探方T0601、T0602和T0502，与东北角阙相对，两子阙中点相距约56米。布局和结构与东北角阙基本相同。

角阙所在一级岗地西南部已被挖成断崖，受水土流失和人为毁坏，保存状况较差，上面被废弃堆积第3B层覆盖（彩版五八，1），并被一些近现代墓打破，遭严重破坏，仅剩基础部分。子阙台基边长3.7米，残高26厘米；母阙台基边长4.8米，残高20厘米；两角阙台基外壁对角相距2.45米，散水面也对角相接（图四二；彩版五八，2）。

1. 子阙

子阙包筑西、北垣墙交角的内外两侧，先夯筑墙体，后砌筑包边砖壁（彩版五九，1）。夯土台芯与西、北垣墙相连，版筑夯土台芯和垣墙时，在两侧分层放置碎瓦片为界。建筑方法：底部垫一至二层砖，其上再一层瓦粒、一层土夯筑而成。西垣墙南部被毁，子阙外仅得2.4米残留。

包砖墙破坏严重，局部仅剩下部的墙槽及垫土。砖墙包住中间夯土，砖墙底有一层夹瓦粒夯土，夯平后再一层横砖、一层竖（纵向）砖相互叠压错缝垒砌。中部夯土底砖与包砖墙连成一体，或同时建筑。南、北两侧包砖墙宽50~55厘米，南北长3.4米；西侧包砖墙宽80~85厘米，东西长3.7米（彩版五九，2）。

散水绕砖墙一周，因就地势，不方正。东西长5~5.4米，南北长5.4米。散水内高外低，便于排水。散水角与砖墙角立一道双层砖，下挖沟槽，立砖错缝紧贴于槽内。立砖略高出散水砖。散水砖错缝竖铺（彩版五九，3）。

散水面修筑因地制宜，宽窄各有不同。因西边的散水西北角与外侧大角阙的散水相接，

图四二 康陵陵园西北角阙平、剖面图

（"m"为近代墓）

故而铺砌成了南宽北窄状，与台座不相平衡。南边最宽为 1 米，西边最窄为 50~80 厘米。该角阙所处的地面为西北高东南低的缓坡，其角阙又依地势构筑，东南部的散水面低于西北部的散面约 70 厘米。

以 T0502 和 T0602 西北角阙子阙的南北向剖面为例观察角阙的修建。此处地势北高南低，试由北往南描述之（图四三）：

（1）开挖基槽：北垣墙（其他陵垣没发掘，故只说北垣墙）北侧和南侧包边墙先挖基槽。基槽底部分两级，砌砖处下跌一级；夯土墙体与包边砖墙之间的填土则抬高一级，形成基槽

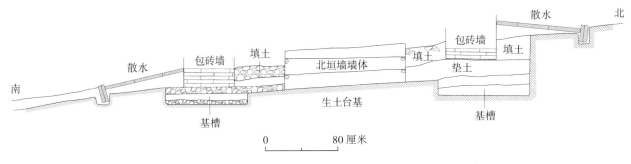

图四三　康陵陵园西北角阙子阙剖面图

底部二级台阶状。槽底因地势和承重所需力量不同，各部位挖深不同：北侧包砖墙基槽宽约98厘米，深70~76厘米；夯土垣墙下生土台基宽2.1米，高10~20厘米，距地表深30~40厘米；南侧包砖墙基槽宽90厘米，深20厘米。

（2）夯筑垣墙：修整完基槽后，在原先预留的生土台基上夯筑垣墙。从可观察到的迹象看，应该为版筑。先在墙基两侧埋设木桩，夹板逐层夯土，每夯筑一层即在层面沿木板以碎瓦片叠码成线状。墙体宽1.3米，夯层厚10~15厘米。

（3）夯筑垫土与砌墙：基槽里夯填垫土，至一定厚度后在其上砌筑砖墙，南、北侧包砖墙基槽垫土的做法略有不同。北侧包砖墙基槽垫土为山岗沙黏土，有的夯层掺有零星碎瓦片，至40厘米高处开始砌墙。南侧包砖墙基槽由于地势稍低，挖深较浅，底部夯层掺入大量碎瓦粒，其上再夯筑一层纯泥土和一层碎瓦，至20厘米高处砌砖墙。

（4）砖墙两侧填土：砖墙与夯土垣墙及基槽之间的40~50厘米空隙用夯土填实。北垣墙南侧面填土里掺杂的碎瓦块大且多，起加固护坡作用。

（5）铺设散水：基槽坑口填平后，即在其上铺垫土，为便于排水，垫土略为倾斜。然后铺设散水砖。

2. 母阙

母阙中部被现代坑打破，仅剩东南角和北部包砖墙基和部分散水。外包砖墙厚1.1米，残高30厘米。由于母阙中间的夯土台和外包砖墙已被拆毁，其下的墙槽显露，槽宽90厘米，深约50厘米。槽内为红色山岗土和碎砖瓦相叠垫筑的夯土层，外包砖壁砌筑在该夯土面上（彩版六〇，1）。母阙所在的地面较为平缓，略经修整，即可在平整的地面上挖槽并垫土，而后构筑夯土台、台基和散水。铺砖做法并不相同。残存的东、南散水面宽90厘米，都以立砖夹边。东侧散水偏外部分铺长方形砖，砖长38~40厘米；靠砖壁处铺方形砖，砖边长38~40厘米；南侧散水则相反，靠砖壁处铺长方形砖，外侧铺方形砖。

母阙遭严重破坏，只在子阙东侧和北垣墙南侧的第3B层和第2层有较多的残瓦废弃堆积，以板瓦为主，还有筒瓦、双唇瓦和瓦当、瓦脊饰，应多属角阙和垣墙的顶盖构件（彩版六〇，2）。

（三）东南角阙

位于大香山东南坡脚第三级台地的低洼处，分布于探方TS0310、TS0311和TS0411。是

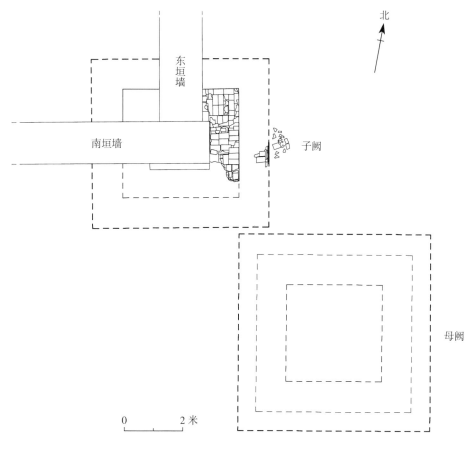

图四四 康陵陵园东南角阙平面图

保存状况最差的一组角阙，母阙已被现代鱼塘破坏殆尽，子阙也被破坏一半，仅剩局部包砖、垫土和散水（图四四）。

子阙台基边长 3.8 米，残存陵园东垣墙和南垣墙直角相交部分，一道向北，一道向西（被土坎打破）。先挖沟槽，再逐层填土夯筑。夯层内夹有碎瓦，夯层厚 20~30 厘米。残存东北角包边砖壁，纵横错缝叠砌，东西残长 1.3 米，南北残长 3.05 米，砖墙宽 1~1.1 米（彩版六一，1）。砖墙下也有基槽，未往下清理。

在砖墙东侧仍存一小段双层立砌砖，南北残长 70 厘米，即散水边缘夹边砖。散水铺砖已失，与包砖墙边相距 1 米，可推断散水宽 1 米。

东南角阙处同样散布大量碎瓦及瓦饰构件（彩版六一，2）。

（四）西南角阙

位于大香山东南坡偏西的第三级台地，分布于探方 TS0504、TS0505、TS0604 和 TS0605。破坏严重，子母两角阙对角相接的散水地面几乎无存。其上被废弃堆积第 3B 层覆盖，并被近现代墓打破（彩版六二，1）。由于子阙南侧与陵园南垣墙南边是一条坎阶，母阙与子阙不在同一水平面上，这与其他诸阙不同。子阙所处的位置较高，母阙较低，二者高差将近 1 米。子阙边长 3.6~3.9 米，残高 82 厘米；母阙边长 5.2 米，残高 20~25 厘米；二者对角

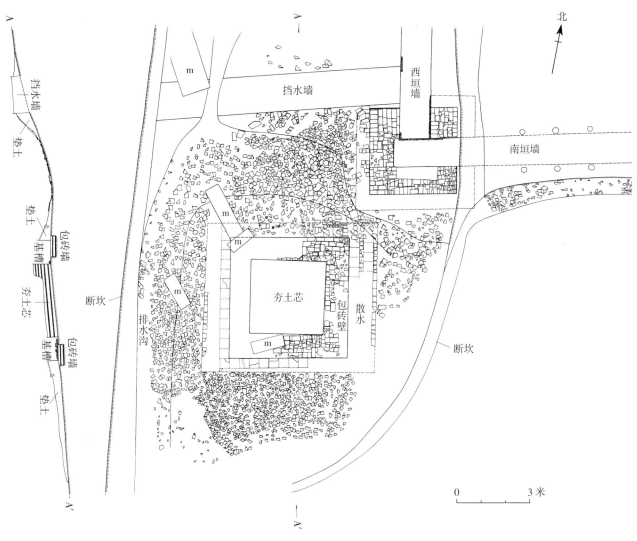

图四五　康陵陵园西南角阙及排水沟平、剖面图

（"m"为近代墓）

相距 1.9 米（图四五）。

　　子阙仍存少量包砖外壁，厚 1.1~1.2 米。仅剩的底部数层砖是西南角阙子阙的东北角包边砖，与夯土垣墙间没有空隙，直接贴着土墙砌筑。夯土墙宽 1.2~1.4 米，夯层厚 20~25 厘米。每一夯层两侧均用南汉瓦片砌成瓦片条（彩版六二，2）。砖墙与夯土墙应同时建造。砖墙下有基槽和垫土，为原址保存未往下发掘。

　　母阙夯土台芯仍存基座，边长 3.1 米。四周包砖仅剩底部的极少量砌砖，厚 0.9~1.1 米（彩版六三，1）。砖墙下亦有基槽和垫土，未发掘。残存的散水铺砖规整，做法稍与东北角阙不同，先铺砌靠墙方形砖，再以半截砖铺砌与夹边砖之间的空隙。散水面上附近出土板瓦、筒瓦和瓦当等瓦件（彩版六三，2）。

　　西南角阙处在陵园西南部的低洼地带，角阙台体下的垫土较高，所以周边的散水地面倾斜坡度大，散水面坡度 8°。子阙散水面宽 60 厘米，母阙散水面宽 1.2 米（彩版六三，3）。

子阙南侧清理出一段以残瓦为主的铺垫层，呈北高南低堆积的垫层斜度较大，呈西高东低的垫层斜度平缓（彩版六四）。应属有意为之，或许起护墙防止雨水冲刷的作用。

西南角阙位于大香山东南坡偏山坡中间的位置，山上冲下的水来势较猛，因此做特别的挡水和排水措施。在西垣墙南端紧靠子阙散水北缘还夯筑一堵东西向的土墙，这是其他各处没有的。后来还设排水明沟，开挖在子阙与母阙之间及侧边（详见本章本节"陵园南部排水设施"）。

### 四、陵门及门前廊式建筑

（一）陵门（神门）

在陵园南垣墙正中设有一处神门，主要分布于 TS0407、TS0408、TS0409 等探方，因地处低洼，遭历次破坏严重，地面遗迹全无，仅残存打破生土的磉墩。

陵门在陵园南垣墙居中位置，将南垣墙分为东、西两段，循"一门三洞"格式（见图三七；彩版六五，1）。陵门磉墩分布东西长 16.4 米，共 12 个，东西 3 排，南北 4 列，东西向中心间距 5.3~5.5 米，南北向中心间距 3.2~3.4 米（图四六；彩版六五，2）。

磉墩规格大小不等，陵门中轴线两旁的两列磉墩较大，两侧靠外的稍小。大磉墩边长 1.4~1.45 米，小磉墩边长 1.1~1.2 米。磉墩筑在方形基坑里，墩体布土为褐红色的山岗土和

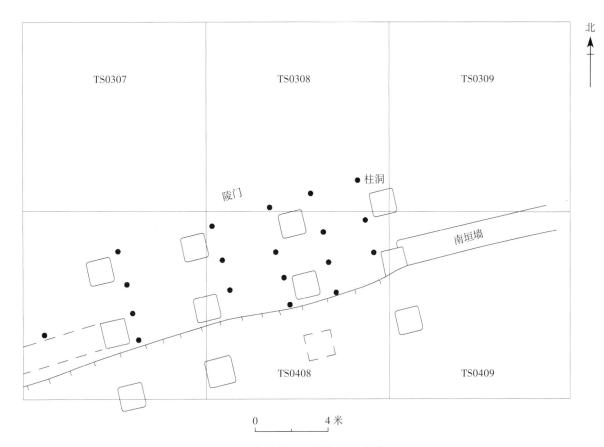

图四六 康陵陵门磉墩平面分布图

碎砖石逐层相叠夯筑，夯层厚 15~20 厘米，基坑残深 80~90 厘米（彩版六六，1、2）。磉墩四角外都有柱洞（彩版六七，1），柱洞直径约 25 厘米。

这些磉墩大多开口在第 1 层下，有的开口第 2 层下，打破生土，仅在有磉墩分布的探方土坎上残留少量第 3 层土，表明明清时有过较大规模的清表，宋代以来陵园毁坏的残迹已被清理。

根据门口磉墩的布局情况观察，中轴线两侧各有 6 个，中间两列磉墩较大，并且间距也大，两侧的磉墩较小，间距也小。推测陵门是面阔三间、进深两间，中间稍大、两侧稍小的门楼建筑。

（二）陵门前廊式建筑

陵门以南约 20 米处有 3 行磉墩，与南垣墙平行排列。除东南部个别磉墩被现代鱼塘完全毁坏外，大部分保存有残迹。依其对称布局的特点还原为 42 个：东西成排，每排 14 个；南北成列，每列 3 个。分布范围东西长 64 米，南北宽 8 米（图四七；彩版六七，2）。磉墩大小不一，与陵门对应的中轴线两旁的四列磉墩稍大，边长 1.2~1.4 米；其余的略小，边长 1~1.2 米。磉墩东西向中心间距 4.8~5 米，南北向中心间距 3.1~3.3 米。磉墩筑在基坑内，用一层红色山岗土、一层碎瓦相叠夯筑，夯层厚约 12~15 厘米。因未往下清理，磉墩的深度不详。磉墩四角有残存柱洞分布。

这组东西 3 排、南北 14 列的磉墩，其东西范围长过陵园南垣墙，推测应是一处面阔十三间、进深两间的廊式建筑。

正对康陵陵门、南距陵前建筑约 23 米处，还发现一对磉墩残迹，较小，边长仅 1 米，埋藏很浅，开口在第 1 层下，打破生土，残存深仅 30 厘米左右。墩心东西间距 26 米。

这对磉墩所在的位置地势很低，接近大香山东南坡坡脚的较低点，也就是在村民开辟的

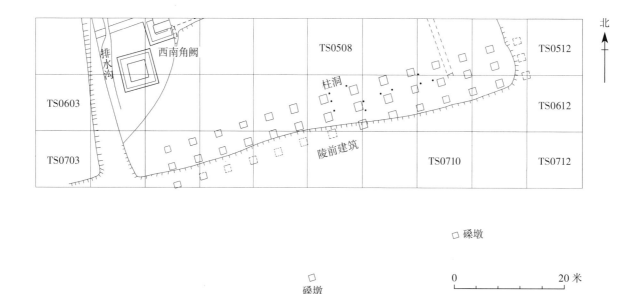

图四七　康陵陵门前廊式建筑磉墩平面分布图

鱼塘北边。鱼塘的挖建对原地貌造成一定的破坏，鱼塘往南不远接姑婆庙岗西北缓坡坡脚，整个地势南北横截面呈缓"U"形谷地。经考古勘探，在这对磉墩四周再无其他遗迹发现，是原来就没有，还是都被破坏无存则不可得知。按唐宋陵寝制度来说，陵前有神道，排列石翁仲、瑞兽等，有的还有阙台（宋代称鹊台或乳台），但因开挖鱼塘、平整土地等，对原地貌破坏较大，相关迹象均无发现。

陵园南部的南垣墙、陵门以及门前廊式建筑都仅存磉墩，上部已无存，但在其范围仅见瓦片残件，表示建筑不用砖。磉墩四周多有柱洞，陵园南部建筑为木结构，顶上覆瓦。

## 五、陵园南部排水设施

由于陵园依山而建，北高南低、西高东低，所以要充分考虑雨水的排泄和分流，因此陵园园区内外及南、北部都有排水设施。陵园北部的排水设施已在本章本节"陵台"部分介绍，于此着重讲述陵园南部的排水设施。发掘揭露陵园南部残存的排水设施有暗渠和明沟两类，暗渠是与垣墙同时建筑，明沟则是后来开挖。

（一）排水暗渠

在陵园南部设置有南北向的砖砌暗渠，穿过南垣墙墙基下。东、西两边各有一条砖砌暗渠伸向陵园外侧，呈对称分布，距陵门中轴线约 17 米，沟底北高南低。

1. 西侧排水暗渠

陵门西侧南垣墙下暗渠仅剩墙基下一小段，以砌砖筑，向南延伸部分被毁无存。此处（TS0406）的南垣夯土墙因垦田基本无存，水渠开口在夯土墙下，打破生土，砖壁明显呈沟状。渠宽 1.2~1.25 米，排水道因破坏严重，砖壁散乱，其深不可知（图四八；彩版六八，1、2）。

砖砌水沟之南是农田断坎，坎壁上仍保存垣墙南侧碎瓦护坡。沟北段的砌砖被拆毁无存，因此排水暗渠的进、出水口皆无迹可寻。

2. 东侧排水暗渠

东侧排水暗渠保存遗迹比西侧多，残存南、北两段，断续见于 4 个探方（TS0309、TS0409、TS0410 和 TS0510）。北面（TS0309）残存一小段砖砌暗渠，开口在南垣墙下。渠宽 1~1.1 米，排水槽宽 50 厘米。

至南垣墙外约 10.5 米处（TS0410、TS0510）还有一段砖砌水沟，开口于第 1 层下，打破生土。略呈西北—东南向，基本与南垣墙垂直，有一截伸入陵前廊式建筑磉墩处。从方位、沟宽窄及结砌方式判断，其与北段应是陵园东部同一条由墙内往墙外排水的暗渠。渠壁以条砖一横一竖相互错缝叠压垒砌，两侧砖墙向中间逐级内收至完全拢合，沟底错缝平铺。沟口残长 13.5 米，底宽 1~1.1 米，残深 40~60 厘米（图四九；彩版六九，2）。

距现存砖渠南端 4.2 米处挖筑一沙井，在沟渠底部下挖一个方形土坑，沙井北侧竖立三层砖为限坎，另外三面不砌砖。沙井长 50 厘米，宽 55 厘米，深 40 厘米左右。

从残存的排水暗渠结构看，沟外壁陡直规整，内壁叠涩收分，其上平铺砖为顶盖。因陵园南部的排水设施地处低洼，经历次耕种平整地面，砖砌暗渠的入水口和出水口皆无迹可寻。

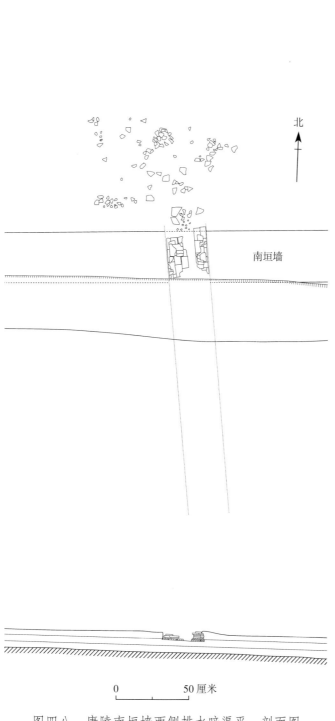

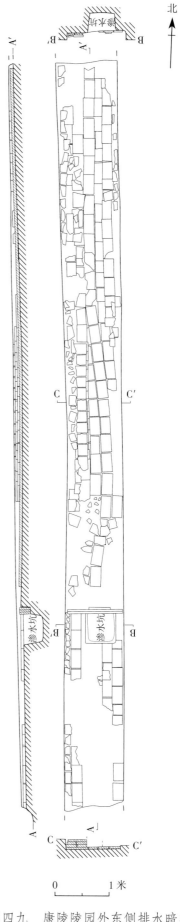

北

南垣墙

0            50厘米

图四八　康陵南垣墙西侧排水暗渠平、剖面图

0            1米

图四九　康陵陵园外东侧排水暗渠
平、剖面图

暗渠底部平铺条砖，依地势由北向南存在一定斜度，应当顺着地势往南在山坡处自然露头以为出水口。但沟渠南端却在陵门前廊式建筑的磉墩之间中止，不知此排水暗渠是否穿越陵园南侧的廊式建筑后再一直往南延伸。

在陵门东、西两侧的墙下暗渠沟面与沟底都发现筒瓦、板瓦和瓦当等残片（彩版六九，1）。这类瓦件当属垣墙墙头的构件，由此可推测南垣墙与其他构筑物一样在北宋时期就遭到破坏。

（二）排水明沟

西南角阙外设有一道用于挡水的夯土墙和一条排水明沟。从西南角阙各种遗迹的位置及层位关系看，排水设施是在角阙修建完成后加建。

夯土墙位于西南角阙子阙西包边砖壁的北侧，与砖墙呈水平分布，与西垣墙垂直相交。开口于第2层下，打破生土，由红色沙黏土夯筑而成。其西端遭破坏，长约9.5米，宽1.2米。夯土墙南、北两侧均有筒瓦、板瓦堆积的碎瓦护坡。

在西南角阙母阙的西侧开挖一条南北向的排水沟，北高南低，开口于第3B层下，打破挡水夯土墙西端（彩版七〇，1）。沟体不太规整，宽0.7~1.8米。北边入水口略呈喇叭状，北端稍宽，沟壁较缓，沟底较浅，与地面相平。排水沟经过挡水夯土墙处较小，向南分叉成东、西两股。向东的沟在子阙西、母阙北，沟壁较缓，在母阙北侧宽可达3米。至子、母两阙间窄如瓶颈，宽约70厘米，穿过二阙。西沟向南，贴近山坡断坎壁，挖沟较深，沟底呈斜坡状，有的部位断面呈直角梯形。沟内均为红色冲积土，沟壁和沟底铺大量碎砖瓦，起护壁作用（彩版七〇，2）。排水沟南北残长18米，宽0.7~1.8米，深0.9~1.5米。沟口北端被毁，南端被现代水冲沟打破。夯土墙、排水沟上面部分已被毁，局部被一座明代墓（M8）打破。

由于西南角阙处于大香山南坡坡脚，本身地势较低，母阙散水地面又低一级，子阙的西边还有一道平整地面和修建角阙时挖成的断坎，这样自山坡而下，北边和西边的水都会流向这一区域。为避免山水直接冲击角阙，特在子阙北侧修筑土墙以挡土、挡水。或许由于山坡上来水依然较猛，因此在角阙西侧土坎加筑碎瓦堆积的护坡，利用土坎壁开挖排水沟。可能排水仍然不畅，在子母阙之间另有疏导，在母阙的北、西、东三侧都有水沟的痕迹，水沟还切断了子母阙散水的对角铺砖。

## 六、建筑材料

陵园内出土大量建筑用材，以砖瓦为大宗，还有石板、石块和石构件等。在基址的废弃堆积中也有发现。

（一）砖材

数量众多，以厚大、素面的长方形青灰砖为主，方砖次之。个别砖面上有文字，极少部分砖侧面有菱状网格纹（彩版七一，3）。

1. 长方形砖

按形制差别分为两种。

A 类：青灰色，素面无纹，烧制火候稍高，边角较整齐。此类砖数量最多，用于陵台的圆坛、方形台基、祭台和坡道等包砖。长 36、宽 20、厚 3.2~3.4 厘米。

B 类：胎面青灰泛白，以素面无纹者居多，少量侧边有菱纹，烧制火候不高，边角略显凸棱。仅见于角阙的外包砖。长 30~36、宽 20、厚 3 厘米。

南垣墙外排水沟有长方形砖（TS0404：4），顶侧面模印菱形纹，一面划写一字，形近“事”字，不可识读。长 39.4、宽 21、厚 6 厘米（图五〇；彩版七一，1~3）。

西北角阙子阙废弃堆积层出土一块长方形残砖（T0603②：7），砖面模印瓦当纹，中

图五〇　康陵陵园出土有字及纹饰砖（TS0404：4）拓本

图五一　康陵陵园出土模印瓦当纹砖（T0603②：7）拓本

心主体纹已磨损，周有弦纹和联珠纹（图五一；彩版七一，4）。

2. 方形砖

规格较大，青灰色，素面。主要用于陵台和角阙散水以及陵台散水北面起阻水作用的铺砖地面（彩版七一，5），角阙基座也有部分使用。边长40~45、厚4厘米。

（二）瓦件

主要用于祭台、角阙、陵园、垣墙和坡道等上盖，有筒瓦、板瓦、瓦当、瓦脊饰等，筒瓦和板瓦最多，瓦当次之，瓦饰较少。绝大多数为灰瓦，部分施釉，于祭台、坡道和角阙等位置发现有少量绿色琉璃瓦。

由于南汉灭国后的康陵在北宋时期就遭到严重破坏，此后历代又都有不同程度的破坏，或耕作，或拆取，能够保留下来完整的建筑材料不多。我们在采集遗物标本时尤其关注瓦当，因残破过甚，基本不具统计意义，只凭借可获取的器物进行特征观察。

1. 筒瓦

半圆形，有厚胎和薄胎两种，以灰陶为主。大多数出土于角阙和陵垣，因保存状况缘故，以西北角阙和东北角阙南侧最多，有不少保存完好。陵台南部的祭台和陂道北端以及陵门等处也有发现，多为残件。另有少量灰白胎绿釉陶残片，烧制火候较高，胎质坚硬，仅见于陵台及坡道北端。

筒瓦多为轮制，先制成圆形瓦筒，在瓦筒内相切成两个对称的半圆形筒瓦，这种制法比较多见。瓦舌一般较短，舌内面和瓦内的布纹比较清晰，外为素面，部分有拍打痕迹。另有极少一部分为轮制和手制相结合，先制好瓦筒，而后手制瓦舌和瓦筒对接。这种制法的筒瓦，瓦舌一般较长，舌内面无布纹，瓦筒内的布纹也不清晰，瓦舌和瓦筒相接处常有抹痕。

**厚胎筒瓦**　依形体差异可分两种。一种体形较大且厚重，以青灰陶为多。轮制，半圆形，方唇短舌，头窄底宽。瓦舌长一般为3.3~3.5厘米，舌面较平，舌口直径10.2~10.5厘米。肩部内折呈直角，有凸棱。瓦身中间肥厚、两端变薄，正面无纹，内面布纹十分清晰。标本T0306③B：3，瓦长30、宽12~14、厚1.2~1.6厘米（图五二，1；彩版七二，1）。

另一种体形稍小，以灰陶为多。舌面较平或微翘。瓦舌两边长度不齐，一般为3.5~4厘米，舌口直径9~10厘米。肩部内折呈直角，折棱不很突出。标本T0306③B：2，瓦长29.8、宽11.5~12.5、厚1.1~1.8厘米（图五二，2；彩版七二，2）。

**薄胎筒瓦**　灰白胎为主，体形稍小且薄。手制和轮制相结合，半圆形，方圆唇，长舌，舌面略下斜，内切外缘磨平，头底宽度基本相同，瓦舌长4~5厘米，舌口直径9~10厘米。手制瓦舌和轮制瓦筒套接，舌肩相接处微斜且厚，向后变薄。标本TS0404③B：1，瓦长29.5、宽11~11.5、厚0.8~1.3厘米（图五二，3；彩版七二，3）。标本T0306③B：8，瓦长30、宽11.6~12.5、舌长3.8、厚0.9~1.2厘米（图五二，4）。标本T0306③B：22，红黄胎，较硬，瓦面施绿釉。下半残缺。残长11.8、残宽8、厚1.2厘米。

2. 板瓦

多与筒瓦伴出，长方形弧状内切。以灰陶无釉者为主，灰白陶带釉者较少，后者坚硬，

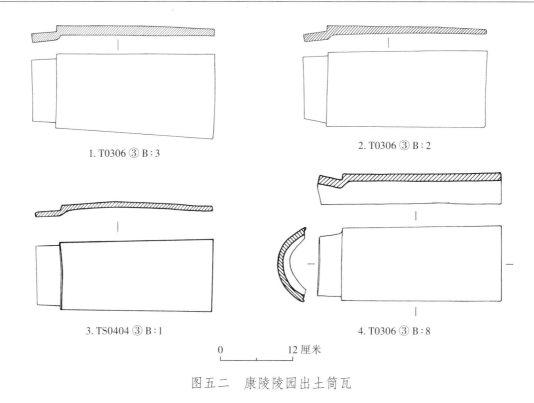

1. T0306 ③ B：3　　　　　　　　　　　2. T0306 ③ B：2

3. TS0404 ③ B：1　　　　　　　　　　4. T0306 ③ B：8

0　　　　　12 厘米

图五二　康陵陵园出土筒瓦

烧制火候较高，绿釉多已脱落。制法以轮制为主，部分为轮制和手制相结合。正面无纹，部分有拍打痕迹，内面为布纹。

板瓦数量较多，但能复原者很少，出土于陵台、角阙等处。

标本 TS0404 ③ B：3，灰陶。长条形弧状，瓦身瘦长，头窄底宽，两边切痕不太明显，正面凹凸不平，内面布纹不清晰。瓦长 61、宽 20~25、厚 1.4 厘米（图五三，1；彩版七二，4）。

标本 T0306 ③ B：14，长方形弧状，残缺，两端及侧边切痕明显，正面无纹，内面有布纹。瓦长 34.5、残宽 20、厚 1.4 厘米（图五三，2）。

标本 T0504 ③ B：3，长方形弧状。瓦长 36、宽 20~25、厚 1.4 厘米（彩版七二，5）。

标本 T0206 ③ B：6，红黄色胎，较硬，通体施绿釉，多已脱落。梯形弧状内切，头窄底宽，头端的两角抹平斜，侧边未见切痕。正面无纹，内面布纹并有等宽模槽痕。瓦长 31.4、宽 16.4~23.6、厚 1~1.4 厘米（图五三，3；彩版七三，1、2）。

另有一种双唇瓦，即"滴水瓦"或"重唇板瓦"，主要出于陵台祭台及坡道北部（T0306 南部和 T0206 北部）[1]，使用于屋顶的椽头。制法为轮制和手制相结合，先轮制板瓦，而后用手捏制连弧纹附加堆纹叠筑于瓦唇外。多数素面，也有相当数量施绿釉。

标本 T0306 ③ B：17，青灰陶，素面。长方形弧状，手制和轮制相结合，先轮制瓦身，再用泥条捏制成方圆唇和双重连弧纹于一体，而后将其叠筑在原瓦唇上，唇瓦相接处的抹痕明显，两侧边的切痕也很清晰。正面无纹，内面有布纹和模槽。残长 19、残宽 21、厚 1.6 厘

[1] T0306 南部和 T0206 北部有陵坛、台基、散水、神龛、祭台、坡道和步阶等遗迹。

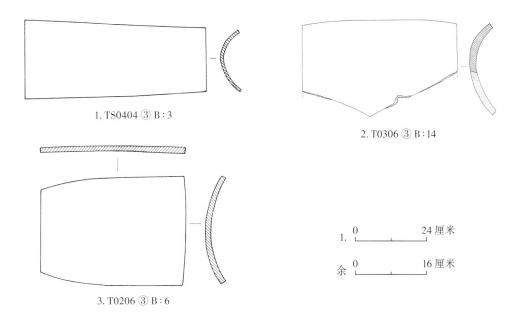

1. TS0404 ③ B：3

2. T0306 ③ B：14

3. T0206 ③ B：6

1.　0 ——————— 24 厘米

余　0 ——————— 16 厘米

图五三　康陵陵园出土板瓦

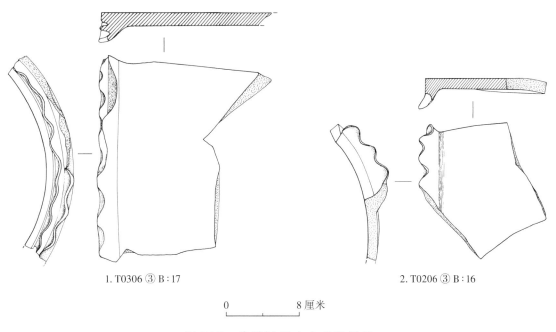

1. T0306 ③ B：17

2. T0206 ③ B：16

0 ——————— 8 厘米

图五四　康陵陵园出土双唇板瓦

米（图五四，1；彩版七三，3）。

标本 T0206 ③ B：16，青灰陶，素面。长方形弧状，侧边切痕不明显，方唇，唇上端贴筑一周用手捏制的单重鸡冠状花纹，与原瓦唇相接处有抹痕。正面无纹，内面布纹。残长13.5、残宽14.5、厚1.3厘米（图五四，2）。

标本 T0206 ③ B：17，浅灰白陶，素面，可见绿釉痕迹。长方形弧状，侧边切痕不明显，方唇，唇上端贴筑用手捏制的双重鸡冠状花纹。残长8、残宽19.5、厚1厘米（彩版七三，4）。

3. 瓦当

均圆形。以灰陶为主，胎质青灰，较硬，烧制火候较高；灰黄陶次之，胎内多掺杂有细沙，火候不高；带釉瓦当很少，胎质灰白坚硬，烧制火候稍高，外施绿色低温釉。制法以模制为主，辅以慢轮修整。部分为模制和手制相结合，具体可分为两种：第一种是将模制好的圆瓦当直接附于已切开的瓦筒上，这种制法较为常见，在瓦与当之间留有抹痕，当的背面不见切痕和棱角痕迹；第二种是在瓦坯圆筒上手工贴筑当面花纹，再将瓦筒切去一半，两侧瓦边均有切痕，当与瓦之间没有抹痕，这种制法极为少见。纹饰以莲瓣纹为多，双凤图案次之，花鸟图案较少。依其花纹不同分为三类。

**莲花纹瓦当** 以七瓣莲花和九瓣莲花数量为多，另有少量十瓣、十一瓣等。七瓣莲花纹瓦当均为青灰陶或浅灰陶，质地相对坚硬；九瓣莲花纹瓦当则多为浅黄陶或浅灰陶，质地相对轻薄，花纹也多磨损，不甚清晰。边轮与当面持平或稍高，边轮内有两圈凸棱，间饰一周联珠纹，中间有一小圈凸棱，内有 5 枚莲子。中间凸棱和外围凸棱间的当面上模压莲瓣，花纹凸起，高于当面，花瓣间凸起略呈 "T" 状的莲蕊纹。

七瓣莲花纹瓦当 数量较多。于此选择若干较完整标本。

标本 T0307 ③ B：2，青灰陶。直径 12、边轮宽 1、厚 1.2 厘米（图五五，1；彩版七四，1）。

标本 T0306 盗 6：1，青灰陶。直径 12、边轮宽 1、厚 1.2 厘米（图五五，2）。

标本 T0307 ③ B：3，青灰陶。直径 12、边轮宽 1、厚 1.2 厘米（图五五，3）。

标本 T0307 ③ B：1，青灰陶。直径 11、边轮宽 0.6、厚 1 厘米（图五五，4；彩版七四，2）。

标本 T0306 ③ B：15，青灰陶。直径 12、边轮宽 0.6、厚 1 厘米（彩版七四，3）。

标本 T0405 ③ B：2，青灰陶。直径 11.8、边轮宽 0.8、厚 1.3 厘米（图五五，5；彩版七四，4）。

标本 T0406 ③ B：2，灰陶。完整。直径 12、边轮宽 1、厚 1.2 厘米（彩版七四，5）

九瓣莲花纹瓦当 出土情况及数量与七瓣莲花纹瓦当相近。

标本 T0708 ③ B：8，浅灰陶。直径 11、边轮宽 1、厚 1 厘米（图五五，6；彩版七五，1）。

标本 T0708 ③ B：3，浅灰陶。直径 10~12、边轮宽 1.2、厚 0.7 厘米（图五五，7；彩版七五，2）。

标本 TS0310 ①：1，灰陶。直径 11、边轮宽 1、厚 1.4 厘米（彩版七五，3）。

标本 T0708 ③ B：4，灰陶。当的周边略大于瓦面。直径 10.5、边轮宽 1、厚 1.2 厘米（图五五，8；彩版七五，4）。

标本 T0602 ③ B：5，浅黄陶，施绿釉。直径 11、厚 0.8 厘米（图五五，9）。

十瓣莲花纹瓦当 1 件。

标本 T0206 ③ B：4，浅黄胎，烧制火候不高。当面及边轮残损，瓦筒已失。当面内外皆施绿釉，多脱落。当心莲房 5 颗莲子，当面饰 10 瓣莲花，瓣间饰 "T" 形莲蕊，外绕两周凸弦纹和联珠纹。直径 10.6 厘米（彩版七五，5）。

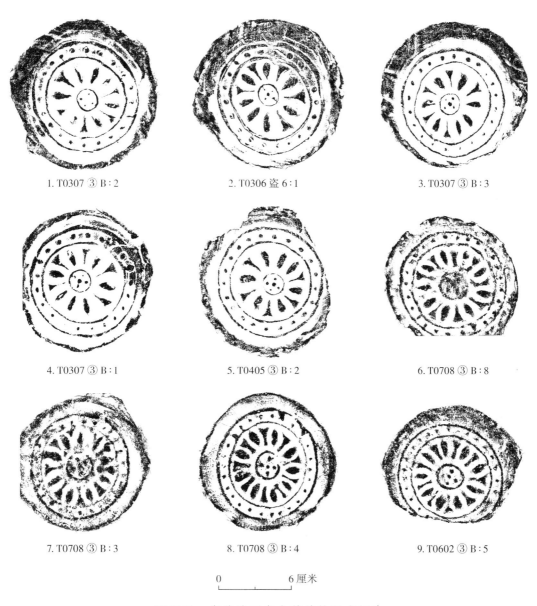

1. T0307 ③ B：2　　　　　2. T0306 盗 6：1　　　　　3. T0307 ③ B：3

4. T0307 ③ B：1　　　　　5. T0405 ③ B：2　　　　　6. T0708 ③ B：8

7. T0708 ③ B：3　　　　　8. T0708 ③ B：4　　　　　9. T0602 ③ B：5

0 ⊢——————⊣ 6厘米

图五五　康陵陵园出土莲花纹瓦当拓片

1~5. 七瓣莲花纹瓦当　6~9. 九瓣莲花纹瓦当

十一瓣莲花纹瓦当　1件。

标本 T0206 ③ B：3，当面及瓦筒已残，胎质与纹饰皆和前述瓦当相近。虽然当面有残损，比照南汉王宫遗址同类瓦当，可知当面饰 11 瓣莲花。直径 12、边轮宽 1.2、厚 0.8 厘米（彩版七五，6）。

**双凤纹瓦当**　边轮低于当面，内侧有两圈凸弦纹，弦纹间饰有一周联珠纹，当面模印一对首尾相衔飞翔的凤鸟，纹饰凸起，高于当面。制作比莲花纹瓦当精良。

标本 TS0604 ③ B：3，略残。夹细砂灰陶，肥大厚重，瓦与当之间有抹痕，无釉。图案清晰。直径 16、边轮宽 0.7、厚 2 厘米（图五六，1；彩版七六，1）。

标本 TS0404 ③ B：2，当面弧凸，较厚。直径 13.2、边轮宽 1、厚 2.7 厘米（图五六，2；

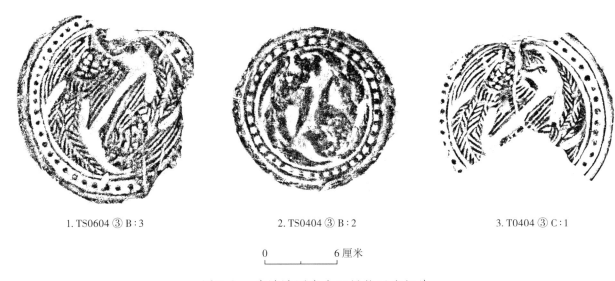

1. TS0604 ③ B：3    2. TS0404 ③ B：2    3. T0404 ③ C：1

0 —————— 6 厘米

图五六　康陵陵园出土双凤纹瓦当拓片

彩版七六，2）。

标本 T0206 ③ B：15，残存一半，形体小。胎质灰白且硬，施绿釉。瓦与当之间抹痕不太明显，图案精细且清晰。直径 11、边轮宽 0.6、厚 1 厘米（彩版七六，3）。

标本 T0404 ③ C：1，残。灰陶。当面纹饰不全，但图案清晰。直径 14.4、边轮宽 1、厚 1 厘米（图五六，3；彩版七六，4）。

**花鸟纹瓦当**　浅灰陶或灰白陶，掺有少量细沙。边轮低于瓦当平面，内侧有两圈凸棱，凸棱间饰有较密的小乳丁，当面饰一枝荷叶，荷下站立二鸟，展翅相对。图案较为清晰，纹饰略凸起。

标本 T0808 ③ B：3，边轮略残，纹样不甚清晰。直径 12、边轮宽 0.8、厚 1 厘米（彩版七六，5）。

标本 T0808 ③ B：4，纹样较为清晰。经修复。直径 13 厘米（图五七，1；彩版七六，6）。

标本 T0708 ③ B：7，残。体稍厚重，边轮残损，不完整。直径 11.6、边轮宽 0.5、厚 1.7 厘米（图五七，2，彩版七六，7）。

标本 T0602 ③ B：1、T0708 ② ：9 等残瓦当，均为灰陶，纹样磨损严重，模糊不清，隐约可判为花鸟纹（彩版七六，8）。

4. 脊饰

均为陶制的屋脊装饰构件，数量不多，保存不好，有兽面瓦（或称"鬼脸瓦"）、垂兽、蹲兽等。在角阙、陵门和陵台祭台、坡道一带都有发现，尤以东北角阙出土者保存相对较好，数量较多。

**兽面瓦**　1件。

标本 T0808 ③ B：15，出土于东北角阙母阙南侧，基本完整。浅灰胎，灰色，无釉。平面呈长方形，背面平直。正面堆塑衔环兽面，似龙似猪，所衔之环象征张开的大口，上为翘

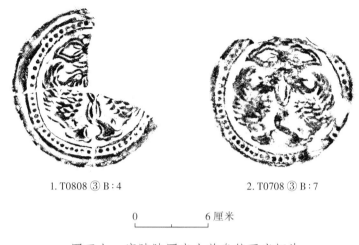

1. T0808③B：4　　　　　　　　　2. T0708③B：7

0 ———— 6厘米

图五七 康陵陵园出土花鸟纹瓦当拓片

鼻并有鼻孔，旁有圆形大眼，其上为两只招风耳及凸起的额头。高20、宽17、板厚1.2厘米（图五八，1；彩版七七，1）。

这类建筑饰件或称为鬼面瓦或脊头瓦。但其形为长方形板状，或许为壁挂类。因此这种脊头瓦又称脊头砖。

**垂兽** 最小个体数4件，均不可复原。参照广州市中山四路南汉国宫殿遗址所出同类器，可分为龙首形和象首形两种。屋脊上的兽件，或是戗脊、垂脊上的兽件，或是檐口套兽。戗兽是戗脊上的兽件，垂兽是垂脊上的兽件。

龙首形垂兽 较为成型的有3件，均出自东北角阙。原应安置在角阙顶盖正脊两端。浅灰胎，施灰黑色陶衣，无釉，形体厚重，但烧制火候并不是很高。

标本T0808③B：16，多半可复原。形状大致为长方形箱体，内空，无底。为龙首形，顶部、面部等大部残损；正面张口露牙，两侧面捏塑和刻划眉、眼、齿、舌，颊部还刻出形象的鳍鬣，在眼部后上方残存一个模印圆形花纹。通长35、宽21、残高30、壁厚2厘米（图五九；彩版七七，2、3）。

标本T0707③B：1，残存面部眼睛、牙齿等。残长25、残宽13.8厘米（图五八，2；彩版七七，4）。

标本T0708③B：11，只余飞扬的尖状鳃鳍。残长22、残宽15、厚约2厘米（图五八，3；彩版七七，5）。

此外，还有若干残片出于北垣墙和西南角阙。

象首形垂兽 1件，出自陵台祭台附近，不可复原。

标本T0206②：2，红黄胎，烧制火候较高，器表施浅绿釉，多脱落。由两块类似瓦筒的椭圆形弧面泥片组成，一半已残，造型类似一卷曲象鼻。残长15.5、宽11、胎厚约2厘米（图五八，4；彩版七七，6）。

还有若干脊饰残片，不可拼合成型。从残片可以看到龙纹的眼、眉、齿和鳃、鳍等，还

1. T0808 ③ B：15

4. T0206 ②：2

2. T0707 ③ B：1

5. T0808 ③ B：1

3. T0708 ③ B：11

1~4. 0        8厘米

5、6. 0        12厘米

6. T0708 ③ B：10

图五八　康陵陵园出土陶脊饰

1.兽面瓦　2、3.龙首形垂兽　4.象首形垂兽　5、6.鸱尾

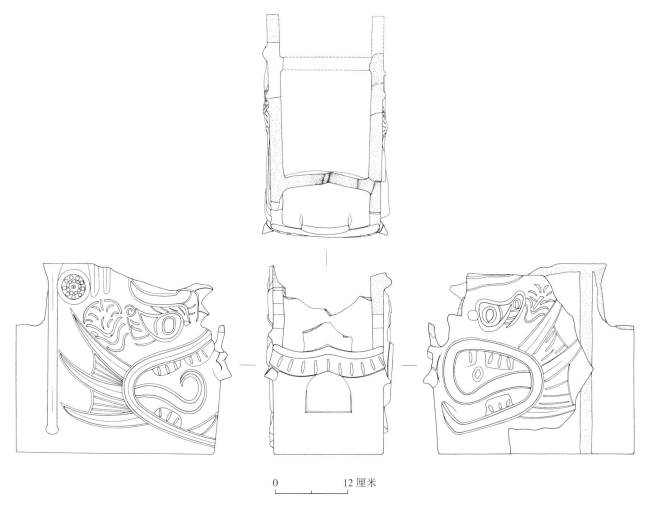

图五九　康陵陵园出土陶龙首形垂兽（T0808 ③ B：16）

有独具特征的饰有珠纹的圆形图案。

标本 T0808 ③ B：1，残长 36、残宽 22、厚约 2 厘米（图五八，5；彩版七八，1、2）。

标本 T0708 ③ B：10，残长 36、残宽 29、厚约 2 厘米（图五八，6；彩版七八，3、4）。

标本 T0602 ③ B：3，残长 18、残宽 15、厚约 2 厘米（彩版七八，5）。

标本 T0603 ③ B：7，残长 19、残宽 14、厚约 2 厘米。

标本 T0603 ③ B：8，长 18.5、宽 14 厘米。3 块同出西北角阙左近，或许是同一件。

这些脊饰残片造型及构件部位皆与龙首形、象首形垂兽不同，很有可能是鸱尾的残片。

**兽头**　亦称蹲兽。至少个体数 5 件，出自角阙附近，不可复原。均灰胎，灰色，无釉，施灰黑色陶衣，烧制火候较高。应为屋脊上的兽件。

标本 T0603 ③ B：11，出自西北角阙。兽头保存基本完好，造型似虎，又似狮（狻猊），脑后刻划出鬃毛。堆附于筒瓦拱背上。瓦残长 28、兽面宽 19、通高 15、瓦厚约 1.5 厘米（图六○，1；彩版七九，1）。

标本 TS0308 ③ B：1，出自陵园西南部的废弃堆积中。残缺，仅存兽头，造型接近

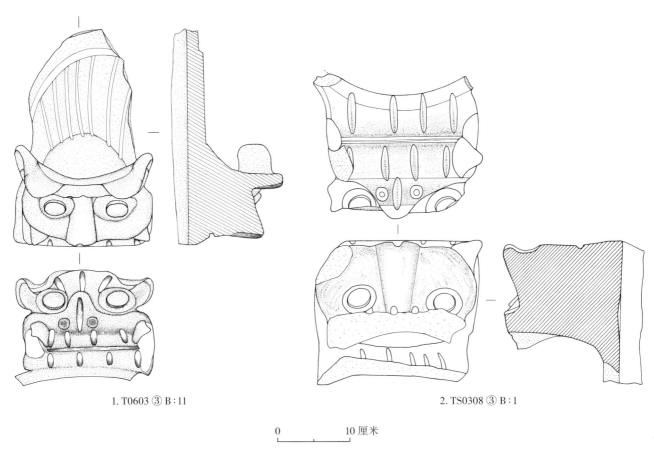

1. T0603 ③ B：11　　　　　　　　　　　　　　　　　　2. TS0308 ③ B：1

0　　　　10 厘米

图六〇　康陵陵园出土陶兽头

**T0603 ③ B：11**，但个体要大。残长 19、兽面残宽 23、高约 20 厘米（图六〇，2；彩版七九，2）。

此外，在西北角阙、东北角阙和北垣墙也有残件发现。

广州市中山四路致美斋和儿童公园南汉国宫殿遗址也曾发现这类脊兽[1]，保存更为完好，不少施青釉，在胎质和烧制火候等方面都要高于康陵陵园所出者。

（三）石构件

陵园地面建筑所用石材不多，陵台基座和祭台用白石板铺地，祭台一带可能还使用了石栏杆等其他构件。

1. 方形石板

白色云石，色泽纯正，纹理规整。仅使用于陵坛神龛前部，即祭台北部与方形台基相接处，应是祭台与神龛之间的过道铺装。边长 35 厘米左右，厚 6 厘米。

2. 长方形石板

白色云石，边角不甚规整，素面，加工粗糙。仅在祭台东南角外侧，即坡道的包砖与基座相接处使用。

---

[1] 广州市文物考古研究所：《铢积寸累——广州考古十年出土文物选萃》，第 201~203 页，文物出版社，2005 年。南越王宫博物馆筹建处、广州市文物考古研究所：《南越宫苑遗址——1995、1997 年考古发掘报告》，第 230~233 页，文物出版社，2008 年。

标本 T0305 ③ B：2，长 31.5、宽 13、厚 4.6 厘米（彩版八〇，1）。

另有一种青灰色石。标本 T0507 ③ A：1，残。近砖形，一面磨光，另一面未磨，留有凿痕。长 11.5、宽 4.8 厘米（彩版八〇，2）。

3. 栏杆构件

有青灰色石灰岩和灰黑色石灰岩两种。大多残断，主要出土于祭台附近，角阙的废弃堆积内也有少量出土。青石材质多用作祭台护栏等部位的建筑构件，出土时均已残断，无一完整，但加工多规整且精细，有长方形和如意形蜀柱、长条形寻杖（？）、"工"字形勾片等。灰黑色石灰岩硬度较低，是南汉时期最常使用的石材，康陵和德陵的封门石板以及哀册文石碑、门臼石等都是这种材质，但较少用作建筑构件。

**蜀柱** 有长方形和如意形两种。

长方形蜀柱 仅 1 件。

标本 T0406 ③ A：1，上端残。四周磨平，双面对称减地刻凿，留出直线边框，下端中间凿有凸出的榫头，便于嵌入卯槽。残长 15.5、宽 8.3、厚 4.4 厘米（图六一，1；彩版八一，1）。

如意形蜀柱 仅见 3 件。为青石条加工而成，形状相同，大小相近。上部均残断。下部呈上小下大方形台座状，底座中部切凿有凸出的榫头，有切痕和凿痕。中部束腰圆弧腹，形似亚腰葫芦，制作圆滑，线条流畅，前后对称。明面磨制平滑，有少许磨痕，不见凿痕。

标本 T0306 ③ B：5，残长 15、宽 8.5 厘米（图六一，2；彩版八一，2）。

标本 T0306 ②：16，边缘磨斜。残长 14、宽 8.5、厚 4 厘米（彩版八一，3）。

标本 T0306 ③ B：1，方形台座一面的两下角切凿。残长 14.5、宽 8.3 厘米（彩版八一，4）。

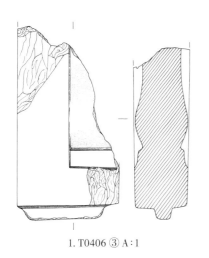
1. T0406 ③ A：1

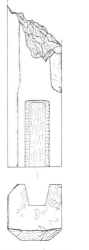
2. T0306 ③ B：5

3. T0206 ③ B：5　4. T0206 ③ B：8

0　　　6 厘米

图六一　康陵陵园出土石构件

1、2. 蜀柱　3、4. 寻杖（？）

**寻杖（？）**　仅 2 件。柱状，皆残断。

标本 T0206③B：5，柱状，边角磨成七棱状，下部两个斜面有砸痕和凿痕，正面和两侧磨制平滑。明面下端开凿卯槽，卯槽为口大底小长方形，槽壁及底面均不平滑，有凿痕。槽长 5.3、深 1.7 厘米。残长 13、宽 4.5、厚 4.5 厘米（图六一，3；彩版八二，1、2）。

标本 T0206③B：8，六棱形柱状，正面中部凿一卯槽，下部两角磨成弧状。下端有一圆形短榫。残长 11.2、宽 5.1、厚 4.3 厘米，凸榫长 1.5 厘米（图六一，4；彩版八二，1、2）。

**勾片**　此类构件较多，亦均残断。其制法是先将青石板切割成厚约 2 厘米的薄片，中间再切割呈"工"字状的格棱，而后将切痕磨平，上、下两端嵌入卯内部分均磨成斜角或凿成凸状榫头。

标本 T0206③B：12，残件呈"h"形。明面磨平，上端两面抹角，斜面不太平滑，有凿痕。正面一端刻有一"用"字。残长 10、宽 7.8、厚 1.9 厘米（图六二，1；彩版八二，3）。

标本 T0206③B：9，残件呈"Z"形。上端两侧边角磨斜，留有凿痕，正面磨平。残长 16、宽 11.7、厚 2.2 厘米（图六二，2；彩版八二，4）。

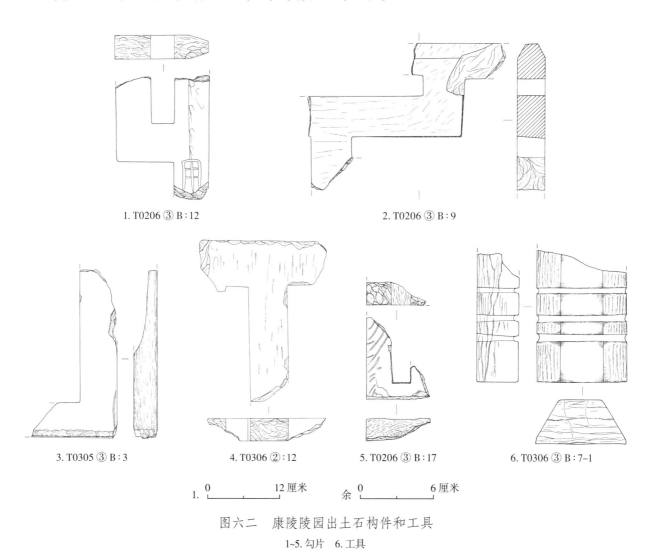

1. T0206③B：12　　　　　　　　2. T0206③B：9

3. T0305③B：3　　　4. T0306②：12　　　5. T0206③B：17　　　6. T0306③B：7-1

1. 0 ——————— 12厘米　　余 0 ——————— 6厘米

图六二　康陵陵园出土石构件和工具

1~5. 勾片　6. 工具

标本 T0305 ③ B：3，残件呈曲尺形。一端两角磨斜，并在中间凿出一长凸状小榫头，明面磨平。残长 13.3、宽 7、厚 2 厘米（图六二，3；彩版八二，5）。

标本 T0306 ② ：12，残件呈"T"形。横向石片下侧修薄，留下凿痕。残长 12.7、残宽 10.8、厚 1.8 厘米（图六二，4）。

标本 T0206 ③ B：17，长方形，如框，中间透空。表面錾凿痕明显，未磨光。残长 12.8、宽 10.5、厚 3.9 厘米（图六二，5；彩版八二，6）。

（四）石工具

陵台处还有一种玄武岩质灰黑色残件，无一完整。

标本 T0306 ③ B：7-1，长方形，一端残。断面呈梯形，正面两侧边磨斜微弧，明面开凿至少 4 道横向细凹槽，背面较平，粗糙无纹。正面有雕花为饰，由于崩缺一截，残存雕琢三朵梅花，中间与下部的花朵上下相对，浮雕三瓣，减地琢出如意形外框；上部花瓣已经模糊难辨，估计上面还有一朵，也是上下相对。四道凹槽对花朵有所破坏。残长 22.5、宽 15.5、厚 7 厘米（图六二，6；彩版八三，1）。

同类石质，正面有几道凹槽的石块还有 2 件，编号 T0306 ③ B：7-2、7-3，分别长 11.5、宽 6 厘米和长 10、宽 5 厘米（彩版八三，2）。这种长方形石块，正面有凹槽，背面则无，可知只用其一面，用途不明。几道凹槽或许是绳索磨勒的印痕，石块是用以减缓拉绳滑动速度的砥石，也有可能是拴绳子定线的垂石。总之，应不是建筑构件，可能用作某种工具。

（五）其他

陵台周围的废弃堆积内还出土一些自然石块，因无加工痕迹，性质不明，可能是废料或损毁后的残块，如 K 填⑤：13（彩版八三，3）。

此外，有一灰坑（H4）位于陵台南侧的祭台西北部（T0306），开口于第 2 层下，打破第 3B 层，并打破祭台台芯夯土、包边砖壁和散水。坑内填土中出有板瓦、筒瓦、瓦当和少量的石构件等建筑废弃物。H4 打破盗洞 5，应为宋代扰坑。这个灰坑形成时，祭台上的建筑构件仍存，掉落坑回填土里。

坑里的 4 件陵台栏杆构件，与地层所出者同质同形。有 1 件截面呈六角形的寻杖和 3 件"工"字形勾片（彩版八三，4、5）。

# 第四节 玄宫

玄宫处于陵台下方，为带墓道的长方形竖穴土圹砖室墓，坐北朝南，方向 172°，中轴线与整个陵园的中轴线基本一致，由墓道、封门、甬道、前室、过道、中室和后室组成。墓室内长 10.65 米，宽 3.16 米，顶高 3.3 米，前、中、后室同券同高（图六三、六四；彩版八四）。墓壁用长方形青灰砖错缝结砌，厚达 1.5 米。顶为四重券拱，厚 1.45 米，下面三层券顶为单隅，最上面一层为双隅（图六五；彩版八五，1）。墓壁和券顶的砖缝间均用白灰胶结，结构十分坚固。墓室两壁有壁龛，在壁面上设白灰腻子（墙皮）（图六六；彩版八五，2）。

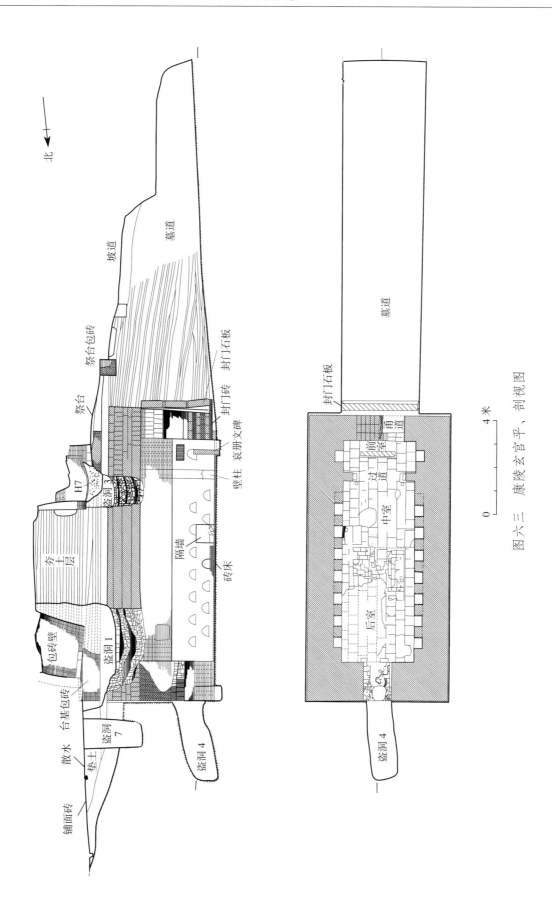

图六三　康陵玄宫平、剖视图

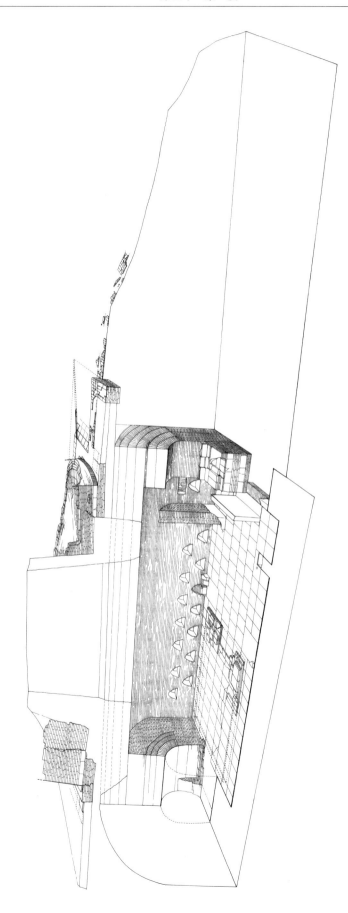

图六四　康陵玄宫透视示意图

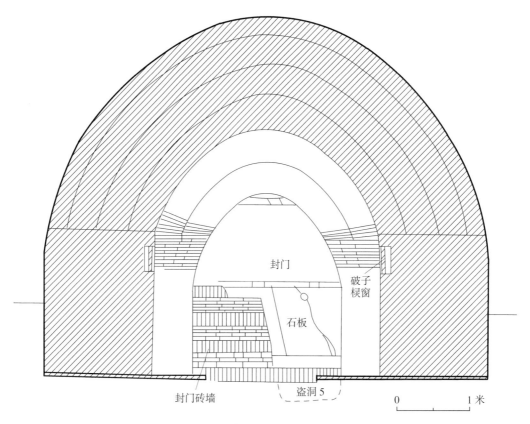

图六五　康陵玄宫前部剖视图

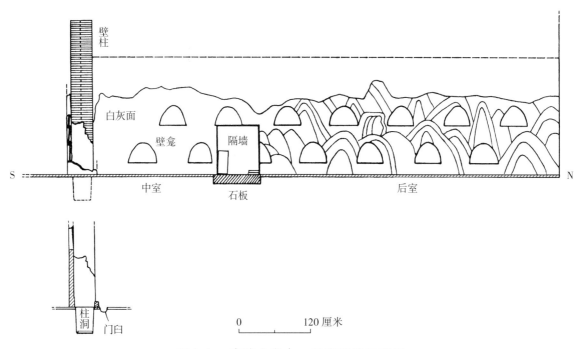

图六六　康陵玄宫中、后室西壁正视图

前、中、后三室都有门，但做法各异（图六七）。有 4 个盗洞打破墓室及封门。

## 一、墓道

墓道开口于陵台及坡道垫土下面，为长方形竖穴斜坡，坑口平面略呈前（南）宽后（北）窄，口大底小，坑壁稍内斜，壁面规整，底部由南往北略向下倾斜。墓道口被后期断坎打破，现存口长 17.5 米，宽 3.3~4.4 米；底长 18.4 米，宽 3.0~4.2 米；深 0.94~5.15 米。墓道南北高差为 98 厘米，坡度 2° 左右。墓道中北部因上部有包砖陂道，为保存陂道西部及西侧包砖墙基（按：陂道东侧包边砖在墓道范围以外），采取解剖式发掘，故沿墓道东壁向西开挖 2 米宽（彩版八六，1、2；彩版八七，1）。

墓道里填土用灰红土和黄土相杂夯打，夯层厚薄相间，较薄层多为褐色，质地较为坚硬，夯打力度强，土质致密，厚 4~10 厘米；较厚层多为灰红色花土夹石子和黄褐色斑土，质地不太坚硬，夯打力度不高，结构疏松，厚 15~25 厘米。夯面基本清晰，未见夯窝（彩版八八，1）。偶有散碎砖块，不见陶片。

墓道里的填土由于功能和工序的原因，在不同地段及深度有不同的堆积情况。南边夯层的夯筑情况普遍好于北边，陵台底下的垫土与陂道垫土有所不同。玄宫上方是陵台，垫土没有夯打，但含碎砖瓦较多。而陂道有行走要求，故垫土夯实。墓道上部填土以 G3 为界分为南、北两大块。南边为褐色夯土堆积，较硬，土质致密，夯面基本清晰，局部夯层下垫零星碎砖，未见夯窝。夯土多为褐红色或青褐色，间夹黄白色沙黏土，表面及夯层层面不平，夯层厚 10~15 厘米。该层由北而南往下倾斜，当系坡道下的垫土层。北边夯土呈灰红色泛黄，夹杂散碎砖和小石子，质地不如南边夯土坚硬。夯层一般较厚，最厚的可达 40 厘米，似堆垫而成。主要分布于陵台以南及左、右两侧，祭台在其上。

墓道中段至距墓道口 2.6 米深时土色为灰红色花土，质地不及上面的夯层坚硬。而在南部，即 M6 南侧，在夯土间有一层碎砖铺垫面。大约南北长 2.5 米、东西宽 2 米的范围，表面不平，自南而北向下稍斜。碎砖较散乱，铺垫较为均匀（彩版八七，2）。墓道局部铺垫碎砖屑和炭灰（彩版八八，2）。

墓道遭受后期破坏严重，北边靠近祭台处有两个宋代灰坑（H9、H10）和一条水沟（G3）打破墓道和坡道。南边被一座明天启三年（1623 年）的夫妇合葬墓（编号 M6）打破。另有 6 座近代墓打破墓道和坡道（见彩版八七，1）。

墓道北端是长方形墓圹，形制规整，南北长 12.4 米，东西宽 6.4 米，深 4.8 米。

## 二、封门

墓道北端尽头当中有封门石板。玄宫封门由内、外两重构成，外封门由三块长方形大石板上下横置封堵在砖室门洞外，宽与高均超过门洞（彩版八九，1）。三块石板均为青灰色，素面，表面平滑，凿痕不显，石板长 3.36、宽 0.96、厚 0.3 米。每块石板的上部均凿有一个圆孔，直径 6 厘米，应是安装封门时穿绳用。石板间均用小石块支垫出 10 厘米左右的缝隙，

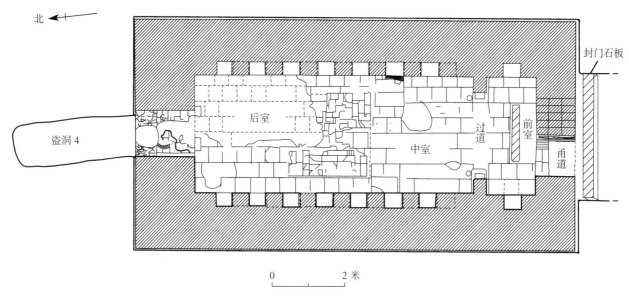

图六七  康陵玄宫分室平面图

便于起落或拉绳。最下边的石板内面之左侧有一道竖向的小沟槽，应是切割留下的痕迹（彩版八九，2）。该石板被盗洞5破坏，已断裂，并向外错位。石板封门外侧直接由墓道填土封堵，内侧与内封门砖墙有20厘米的间距。

内封门是在前室甬道的门洞里砌砖，将甬道堵实。以青灰砖五顺一丁结砌，构筑成三重砖墙，砖间用白灰黏合。封门砖墙的西半部被破坏多半，东西残存宽1.15米，南北厚约1.2米，残高1.1米（彩版九〇，1）。从残存的迹象看，封门砖墙只砌到墓室直壁的高度，券拱部分未砌砖。复原宽2米，高1.1米。

盗洞5打破墓道夯土，向下沿封门石板的左侧，进入墓室。推测是最早形成的盗洞。在第三块封门石板下的扰乱层发现一残断石俑（彩版九〇，2）。

### 三、甬道

在封门以内，墓道与墓室之间有一短甬道。两侧砖墙和券顶的高度与墓室相同，两壁则加筑两层券拱形成门洞，壁上抹有白灰（彩版九〇，3）。底部低于前室地面约10厘米，无铺地砖。进深1.1米，宽2.15米，内高2.35米。

甬道在葬礼完成后以砖块封堵。甬道内现存填土与墓室相同，都是被盗后的淤土，遗物相对较少。

### 四、前室

南接甬道，北通中室，两侧墓壁和券顶与后室贯通砌构，后部左、右两侧对称砌筑壁柱，与后室区隔。横长方形，短浅。长1.34米，宽3.16米，内高3.3米。

前室东、西两壁中部对称设置有破子棂窗和小龛各一个（彩版九一，1、2）。破子棂窗宽 68 厘米，高 35 厘米，为半块直立砖竖直斜砌，半嵌入壁内，距墓底高 1.35 米；壁龛位于破子棂窗下，距墓底高 80 厘米，为塔形叠涩顶，口宽 48 厘米，进深 36 厘米，高 44 厘米。

前室两侧壁白灰面多已剥落，大多厚 1 厘米，局部厚达 2 厘米。白灰面只涂抹于墓壁下部，自破子棂窗以下可见，上部起券部分未见。前室墙壁白灰脱落后，露出壁龛原形。

前室底部错缝平铺边长 40 厘米的方形砖，砖下铺垫厚约 20 厘米的白灰层。

前室中部近甬道处横立哀册文石碑一通，保存完好，宽 1.54 米，高 1.15 米，厚 20 厘米（彩版九二，1、2）。青灰色，加工精细，表面平滑，四侧边刻缠枝蔓草纹（彩版九三，1）。志石表面浅画界格，格内楷书志文，首题"高祖天皇大帝哀册文"，共 38 行，满行 35 字，共 1062 字，自铭为南汉高祖（刘岩）的"康陵"。刘岩崩于大有十五年（942 年）四月，于同年（光天元年）九月"迁神于康陵"。哀册文用成熟的墓志铭文体，在叙述中夹入骈列的赞颂之辞，最后是四字体的骈文，内容详见本节"哀册文碑"。

哀册文碑放置前，将前室铺地砖凿开，挖成一个长 1.65 米、宽 70 厘米、深 24 厘米的狭长地槽。槽内填土为红灰色，质软且纯。碑石放置后，碑南侧用原坑土掺杂碎砖和白灰块回填，导致哀册文碑下部有 5 列文字被埋入地下（见彩版九二，2）。

## 五、过道

前室与中室相接处的墙壁上砌筑砖柱以为分隔，并形成过道。壁柱以条砖砌成小直墙，顶端收窄嵌入券顶内（彩版九三，2）。其做法与德陵相同，修建时与墓壁同时结砌。壁柱内侧过道原设木质门框，已朽。过道长 40 厘米，宽 2.36 米，高 2.47 米。壁柱宽 40 厘米，厚 36 厘米，高 2.47 米。

过道门框后建，以壁柱为依托，先凿开铺地砖，再开挖长方形柱洞，底部垫一块残砖。柱洞口长 27 厘米，宽 16 厘米，深 35~40 厘米。推测应是放置长方形木柱后，外围加筑白灰及瓦片以保护木桩（彩版九三，3）。柱子已朽，仅存外包的板瓦和白灰壁残迹，形如长方形空心墙，宽 44 厘米，厚 26 厘米，残高 1.3 米（彩版九三，4）。上部已坍塌，结构不明。白灰壁面厚达 10 厘米。

在木门框的内侧即北侧各凿挖一圆孔以为门臼，两门臼相距 1.94 米。门臼直径 12 厘米，深 6 厘米。推测此处安置木质门扉，应为两扉对开。

过道上有一条横向的白灰块形成门槛的堆积，宽 40~50 厘米，厚 5~15 厘米，其上东部残留两个釉陶四耳罐和汉白玉洗、"开元通宝"铜钱等（彩版九四，1）。

据遗迹可推测，过道门框枋木边长 25~30 厘米，门宽约 1.8 米，底设有木质门槛，高已不可知。

## 六、中室

呈横长方形，前后有门分别与前、后室间隔。长 2 米，宽 3.16 米，高 3.3 米。与前、后室同券，两侧壁各有 3 个龛，一上二下呈"品"字形分布。室底铺方形砖，形式与前、后室一样。与前室过道处有木门相隔，从门臼位置看，木质门扉设在中室。

墓底有一个圆形扰坑，破坏铺地砖，直径约 80 厘米，深 40 厘米（彩版九四，3）。券顶被北宋时期的盗洞 3 打破。室内填土为后期扰乱土，仍有釉陶六耳罐、四耳小罐以及陶水果像生、玻璃碎片和铜钱等残留（彩版九四，2）。

## 七、后室

后室是主棺室，为正寝。长方形，长 5.10 米，宽 3.16 米，顶高与前、中室齐平，后壁厚 1.7 米（彩版九五，1、2）。后室与中室之间有门相隔，过道宽 2.24 米。中室与后室之间过道当有砖木结构的门框，贴着墓室两壁有砖砌基础，砖外还残留白灰墙皮，可知应该是砖砌柱状门道，外表抹白灰面，与墓室两壁连成一体。贴东壁墙根残留竖置青灰砖，一横向长方形砖、一方形砖平丁相间结砌间柱；西壁长方形砖纵向竖立，方形砖平铺。间柱残宽 80 厘米，厚 44 厘米，高 78 厘米（彩版九六，1）。砖基上原有木质门框结构，因木朽不存，只留下间柱砖基。

砖基底下预先埋置一块边长 80 厘米、厚 17 厘米的方形大石块垫底，石面与铺底砖齐平（彩版九六，2）。

中室和后室东、西两壁原分别设置 14 个小龛，上下两层，每层 7 个，略错位相间分布（彩版九七，1、2）。龛口呈壶形，宽 43~48 厘米，进深 35~38 厘米，高 32~35 厘米。上层龛底距墓底高 78 厘米，下层龛底距墓底高 18 厘米。因砌筑中、后室之间间柱，间柱对应位置的下层壁龛各有一个被砖封堵再抹白灰（彩版九八，1），两壁各实际出露 13 个壁龛。外观如圆锥形，其实是砖砌收分的壶形。

后室后壁有大龛，为长方形直壁券拱，共三重。龛壁被盗洞破坏。后龛口宽 2.3 米，进深 1.06 米，高 1.3 米（图六八；彩版九八，2）。

康陵玄宫前、中、后室均用大方砖对缝平铺，地面齐平。大方砖边长 40~42 厘米。但多数地砖已被揭取，仅留砖印（彩版九九，1）。砖下垫有厚约 2 厘米的白灰。整个墓室的墙壁上都抹有白灰，因人为破坏和自然剥蚀，白灰壁面已脱落，且大多因潮湿而霉变发黑，部分白灰壁表面还勾勒弧线和直线纹，非常简练，并不构成图画，只是线条，如云海状，线条内不填色（彩版一〇〇，1）。

后室中部有砖砌棺床，宽 2.25 米，残长 2.3 米。从残存情况判断，棺床是在墓底砖上用砖垒砌，平顺相间结砌，高 20 厘米。上面的三层砖缝间有白灰，下面两层砖用泥土黏结。前端台壁上有厚约 1 厘米的白灰，两侧壁上也见零星白灰面。棺床最上面的两侧平铺边长 40 厘米的大方砖，内侧用小砖错缝平铺（彩版九九，2）。

棺床居后室中轴线上，仅存前半部，中部及后部均被破坏。棺床边缘至墓壁 45 厘米左右。

后室券顶连同陵台基座和封土丘均被盗洞 1 自上而下挖穿，后室后壁大龛龛口券顶被盗洞 1 破坏掉一部分，后壁被盗洞 4 打穿，还挖有一个椭圆形的盗扰坑与盗洞 4 通连。棺床上及前端墓底上出土一些被扰乱散布的器物碎片，有釉陶罐、器盖及玻璃碎片，还有铁棺钉和铜棺钉。棺床前边有陶马蹄、木瓜、香蕉、菠萝等陶像生器（彩版一〇〇，2、3）。

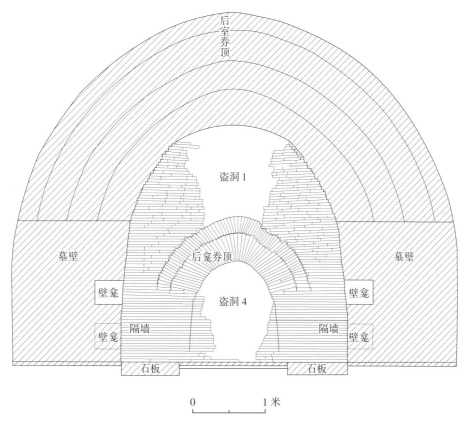

图六八　康陵玄宫后室后部剖视图

康陵玄宫前室、中室与后室同时砌筑，同一侧壁，但前、中室之后结砌入墙的壁柱，与德陵一样，分隔墓室功能甚为明确。然而中、后室的分隔与前、中室间的分隔不一样，中室与后室的分隔是加筑木质门框，为后来临时加建。建筑墓室墙壁时，在壁上砌壁龛，两侧壁上下两行各 7 个壁龛。由南往北下行第 3 个、上行第 2 个壁龛被后来加建的门柱封堵，由此可知，中室与后室原来在平面和立面上是不分隔的，为同一室，后来才临时加建木门以分隔成前、中、后三室的帝陵格局。

### 八、随葬器物

（一）随葬品

康陵玄宫曾遭多次盗扰，前后有两个大盗洞（盗洞 1 和盗洞 3），劫后余存的完整器物很少，大多是残片，主要出土于盗洞和中、后室被扰乱的填土中（图六九）。经过不同孔目筛子筛土，采集有瓷、釉陶、陶、玻璃、铜、银、铁、石、玉器等随葬品，以瓷器、釉陶器和玻璃器残片数量最多。

墓底已被盗墓时彻底扰乱，除了在中室右前端有 2 件完整随葬品外，其余均为碎片，散于墓底各处，分布较零星。最多的是釉陶四耳罐，器底、器盖皆分离。另有一些破碎玻璃器，以第 5 层、6 层填土中为多，主要集中于棺床右前部及后室中前部。像生类陶器见于第 5 层、

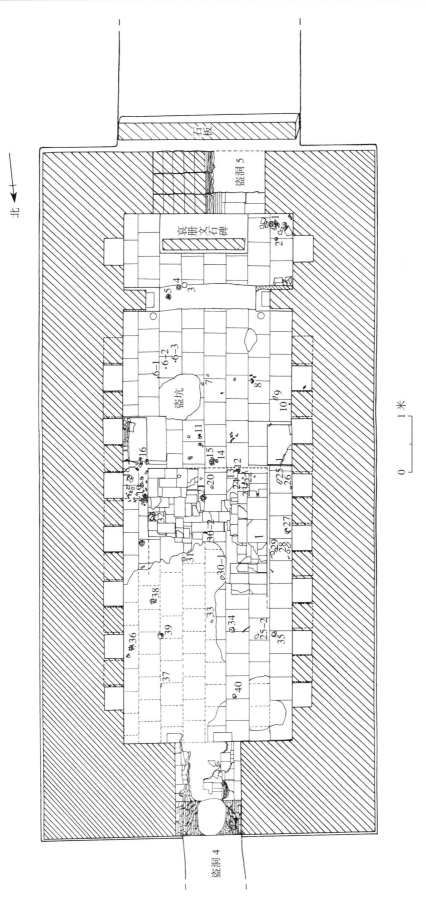

北↙

图六九 康陵玄宫玄官残存随葬器物出土位置图

0 1米

1、8、32. 釉陶六耳罐 2、31. 陶慈姑 3、9. 玉洗 4、5、15、17、18、21、29、32. 釉陶四耳罐 6、10、22. 铜钱 7、16、19. A型玻璃瓶口沿 11. 陶柿子 12. 陶香蕉 13、24、37. 陶木瓜 14. 陶马蹄 20. 青瓷盒 23. 青瓷盒盖 25. 铁刀 26. 陶波萝 27. B型玻璃瓶口沿 28、35. 釉陶瓶底 30. 青瓷盒盖 33. 玉片 34. 铜饰件 36. A型玻璃瓶底 38. 绿釉陶四耳罐 39. 绿釉陶盆 40. 铜环形饰

6层填土和墓底砖上，多在后室前部及棺床前端，后部及前室有个别发现。珠饰类有玻璃珠等，均发现于第5层、6层中。后室棺床附近还有铜环形饰、铁刀残片、玉片、玻璃扣饰等。

在发掘过程中对采集器物标本进行田野编号，因遗物位置不同采取不同的方式表示：玄宫最底层的、能判断属于随葬品的遗物，虽然也属扰动后遗留，仍当作随葬品编号，冠以"K"表示；从盗洞中被扰乱过的填土当中拣出的、能判断属随葬品的则编为"K填"；在盗洞口下对应位置发现的遗物编为"K盗"。

1. 瓷器

有盒、碗、罐等。灰白胎，施青釉、青灰釉等。

**盒**　多数仅存盒盖，统计个体数不少于8件，其中一盒带盖，另一仅有盒身。内外施青灰釉或淡青釉，釉色晶莹透亮。

标本K盗1⑤：98，带盖。盒为子母口内敛，弧腹，近平底下附圈足，底中心稍凹。盖为直壁、平顶，顶中部内凹，顶周1道凹弦纹。口径10.7、腹径12、足径6.4、通高8厘米（图七〇，1；彩版一〇一，1~3）。

标本K：20，缺盖。子母口微敛，深弧腹，近平底下附圈足。口径10.7、腹径12、足径6.4、高8厘米（图七〇，2；彩版一〇一，4、5）。

盖形基本相同，口微敛，直壁，顶面或平弧或微隆，顶周或腹部1道弦纹，有大小之别。

标本K盗1⑤：87，盖面平顶，直口。釉色青灰。口径11.2、高2厘米（图七〇，3）。

标本K盗1⑤：99，口径11、高2厘米（图七〇，4）。

标本K盗1⑤：102，个体较小，盖面平弧。口径8.6、高1.5厘米（图七〇，5；彩版一〇一，6）。

标本K盗1⑤：100，盖面微弧，口沿处有1道凹弦纹。釉色青灰。口径11.6、顶径5、高2.6厘米（图七〇，6；彩版一〇二，1）。

标本K盗1⑤：101，盖面隆弧。釉色青灰。口径9.8、高1.8厘米（图七〇，7；彩版一〇二，2）。

**粉盒**　3件，疑为2套，均施青褐釉。1件为盒身，残，不可复原；另2件疑为一套，釉色、尺寸几乎安全相同，但盒身与盖扣合不紧密。盒身（标本K：30）子母口微敛，近直腹，平底。施青褐釉，釉色灰暗。口径5.7、底径4.5、高1.8厘米（图七〇，8；彩版一〇二，3）。盖（标本K盗1⑤：103），平顶微凹。口径6.6、高1.4、盖面径7厘米。盒、盖通高约3厘米（图七〇，8；彩版一〇二，4、5）。

小盒（标本K盗1⑤：88），残破严重，仅存底部，外底稍内凹。残腹径6.5、底径3.2、残高1.3厘米。

**碗**　5件（以底部统计最小个体数），其中3件可复原，2件为碗底。

标本K盗1⑤：104，敞口，口呈十六花瓣状，浅腹，腹壁局部稍有棱，小平底接矮圈足。施粉青釉。口径12.4、足径6、高4厘米（图七〇，9；彩版一〇二，6、7）。

标本K盗1⑤：86，敞口，斜腹，圜平底，矮圈足。灰白胎，施青釉，釉色泛黄。口径

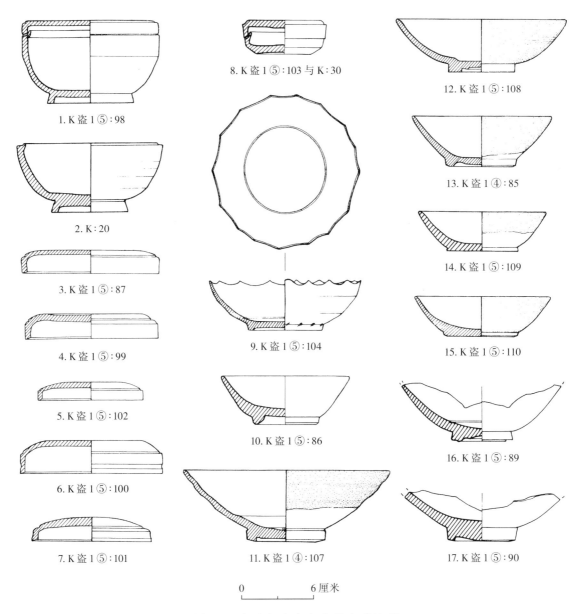

1. K盗1⑤:98
2. K:20
3. K盗1⑤:87
4. K盗1⑤:99
5. K盗1⑤:102
6. K盗1⑤:100
7. K盗1⑤:101
8. K盗1⑤:103与K:30
9. K盗1⑤:104
10. K盗1⑤:86
11. K盗1④:107
12. K盗1⑤:108
13. K盗1④:85
14. K盗1⑤:109
15. K盗1⑤:110
16. K盗1⑤:89
17. K盗1⑤:90

0　　　　　　6厘米

图七〇　康陵玄宫出土瓷器和釉陶器

1、2. 青瓷盒　3~7. 青瓷盒盖　8. 青瓷粉盒　9~11. 青瓷碗　12~15. 釉陶碗　16、17. 青瓷碗底

10.6、足径5.6、高3.8厘米（图七〇，10）。

　　标本K盗1④:107，敞口，斜壁，圜底接矮圈足。内外施半釉，釉色青灰，略厚并有光泽。口径17.2、足径6.7、高5.6厘米（图七〇，11；彩版一〇二，8）。

　　另2件仅存碗底。

　　标本K盗1⑤:89，弧腹，圜底，矮圈足。灰白胎，内施淡黄釉，外壁下腹无釉。足径5.2、残高4.4厘米（图七〇，16）。

　　标本K盗1⑤:90，斜腹，圜底，圈足，足心乳凸。灰黄胎，青釉不及底。足径5.6、残高4厘米（图七〇，17）。

**罐**　2件。口沿和器底各1件。胎质灰白细腻，青釉偏黄，釉色晶莹透亮，黏附力强。

标本K盗1④：91，仅存口沿残片。圆唇，卷沿，近直口，广肩。肩腹交界处施有一周凹弦纹。施青黄釉。残高2.2厘米（图七一，8）。

标本K盗1⑤：92，上部缺。弧腹，内圜底，下接矮圈足。内壁下部有螺旋状轮痕。施淡青色釉，有冰裂。足径8.4、残高4.2厘米（图七一，9）。

2. 釉陶器

以罐类居多，还有碗类。

陶罐数量众多，器形、大小、装耳等有所差别。有六耳罐和四耳罐，胎质、釉色与德陵墓道器物箱出土的釉陶罐很相似，胎质软，多呈红黄色或灰黄色，外施绿色低温釉，多脱落。另有少量日常用器。

**六耳罐**　14件（根据口沿统计最小个体数）。泥质红黄胎，表面施青绿釉。形体较四耳罐大，有5件可看出整体器形，形制基本相同，尺寸大小略有差别。圆唇，卷沿，圆腹，平底，肩上横置六耳。釉色基本可分两类，一类为青釉或青灰釉，泛银色光泽，釉层厚，但易脱落；一类是绿釉或浅绿釉，哑光，釉层薄，黏附力较强。

标本K：32，敞口，束颈，圆腹，平底内凹。青釉厚而透亮，多脱落。形体周正，尺寸略大。口径11.2、腹径15.4、底径9、高12.4厘米（图七一，1；彩版一〇三，1）。

标本K：8，形体略显矮扁，鼓腹，最大腹径偏上，下腹斜收，平底微凹。青绿釉，釉色泛黄，局部脱落。口径10.6、腹径14.6、底径7.8、高11.6厘米（图七一，2；彩版一〇三，2）。

标本K盗1⑤：62，器形与K：8相近，尺寸略小。内外施灰绿釉，多脱落。口径10.8、腹径14、底径7.8、高9.8厘米（图七一，4；彩版一〇三，3）。

标本K：1，侈口，平折沿，尖唇，束颈，鼓腹，平底内凹。青灰釉，有细冰裂纹，多脱落。口径10.4、腹径14.4、底径8.8、高10.4厘米（图七一，3；彩版一〇三，4）。

**四耳罐**　87件（根据口沿统计最小个体数）。形体相对小，形制基本相同，大小稍有差别。侈口，卷沿，束颈，溜肩，平底饼足。内外施青釉或青灰釉，泛银色亮光，釉层厚，青釉多脱落。有的四耳罐器表玻璃质的银灰釉脱落后，底色即为哑光的浅绿釉，属二次上釉。

标本K：4，圆唇，微鼓腹，平底接饼足。青灰釉多脱落。口径7、腹径8.6、足径6、高8厘米（图七一，5；彩版一〇三，5）。

标本K：15，圆腹，平底接饼足，微内凹。绿釉剥落严重。口径6.2、腹径8.4、足径5.6、高8.2厘米（图七一，7；彩版一〇三，6）。

标本K：18，溜肩，弧腹，平底接饼足，微内凹。施青灰釉，多脱落。口径6.4、腹径8.5、足径5.2、高8.4厘米（图七一，12；彩版一〇四，1）。

标本K：17，唇缘微修成尖圆唇，弧腹，平底接饼足，微内凹。口径6.6、腹径8.4、足径5.5、高8.4厘米（图七一，6；彩版一〇四，2）。

墓室和盗洞填土里发现不少四耳罐的残片，以口沿和罐底为例分别介绍如下。

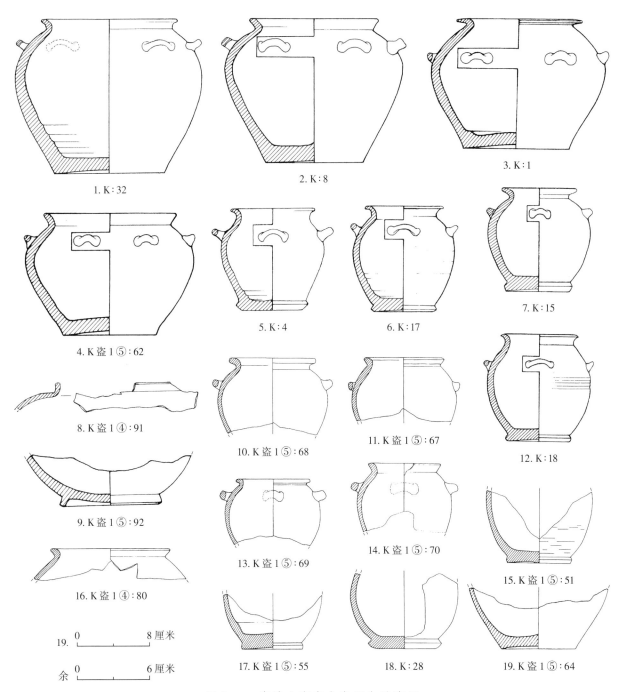

1. K:32
2. K:8
3. K:1
4. K 盗 1⑤：62
5. K:4
6. K:17
7. K:15
8. K 盗 1④：91
9. K 盗 1⑤：92
10. K 盗 1⑤：68
11. K 盗 1⑤：67
12. K:18
13. K 盗 1⑤：69
14. K 盗 1⑤：70
15. K 盗 1⑤：51
16. K 盗 1④：80
17. K 盗 1⑤：55
18. K:28
19. K 盗 1⑤：64

19. 0 ____ 8 厘米

余 0 ____ 6 厘米

图七一　康陵玄宫出土瓷器和釉陶器

1~4. 六耳罐　5~7、10~14. 四耳罐　8. 无耳罐口沿　9. 无耳罐底　15、17~19. 四耳罐罐底　16.（双耳？）罐（8、9 为瓷器，余为釉陶器）

**口沿**　可见 17 件个体。

标本 K 盗 1⑤：68，圆唇，圆腹。口径 7.2、腹径 9.2、残高 6 厘米（图七一，10）。

标本 K 盗 1⑤：69，近直口，平折沿，束颈，圆腹。青灰釉，部分脱落。口径 6.2、腹径 8、残高 5.2 厘米（图七一，13）。

标本 K 盗 1⑤：67，厚沿，外卷不明显，圆腹。口径 6.6、腹径 8.6、残高 5 厘米（图七一，11）。

标本 K 盗 1⑤：70，侈口，微卷沿，束颈，圆腹。口径 6、腹径 7.8、残高 5.5 厘米（图七一，14）。

**罐底** 最小个体数统计为 28 件。有饼状足和平底微凹两种，均红黄胎。

饼足罐底，约 16 个体。饼足在平底外黏结而成。

标本 K 盗 1⑤：51，饼足底微凹。施青釉。足径 5.2、残高 5.7 厘米（图七一，15）。

标本 K 盗 1⑤：55，饼足底微凹。施淡青釉，底釉层厚。足径 5、残高 4.3 厘米（图七一，17；彩版一〇四，3）。

标本 K：28，饼足底平整。施青灰釉，多脱落。足径 6、残高 6 厘米（图七一，18）。

平底，约 5 个体。

标本 K 盗 1⑤：64，平底微凹。施绿釉，黏附力稍强。底径 8、残高 6.4 厘米（图七一，19；彩版一〇四，5）。

标本 K 盗 1④：61，斜腹，下腹壁有轮痕，平底微内凹，底面有螺旋纹。底径 4.6、残高 2、底厚 1 厘米。

小六耳罐、四耳罐以外还有其他釉陶罐。

**（双耳？）罐** 4 件（根据口沿统计最小个体数）。仅残存口沿部位，未见装耳痕迹，推测双耳的可能性较大。卷沿，侈口，束颈。器壁施绿釉或浅绿釉，釉层相对较薄，但黏附力强，厚薄不均，釉色深浅不一，多数口沿至上腹部施釉厚而透亮，甚有光泽，下腹至底部哑光。标本 K 盗 1④：80，口径 10、残高 2.5 厘米（图七一，16）。

**绿釉陶四耳罐** 1 件（标本 K：38）。器身不周正。侈口，卷沿下翻，立领，束颈，圆腹，平底内凹。肩上粘贴四横耳，两耳相邻，对称分布。施绿褐釉，不及底，釉面保存好。口径 10.4、腹径 15.6、底径 11.5、高 14.3 厘米（彩版一〇四，5）。

**绿釉陶盆** 1 件（标本 K：39）。碎片拼复。平沿，尖唇外翻，斜壁，大平底，腹外壁贴四横耳。内壁施青绿釉，厚薄不均，黏附较强。外壁涂紫色陶衣，底不施釉。口径 40.1、底径 33.1、高 14.5 厘米（彩版一〇四，6）。

**小碗** 1 件（标本 K 盗 1⑤：105）。或可称盏。浅腹，台形小平底。胎色黄红，釉已完全脱落，仅可见印痕。口径 7.8、底径 3、高 2.2 厘米（彩版一〇五，1）。

**碗** 可复原的 5 件。制作不规整，造型基本相同，敞口，斜壁，内底略圜，外足稍有不同。施釉不匀，表面不光滑。

其中一件稍大，标本 K 盗 1⑤：108，胎色黄红，黄褐釉。圈足。口径 14.3、底径 5.7、高 4 厘米（图七〇，12；彩版一〇五，2）。

标本 K 盗 1④：85，黄褐釉。圈足。口径 11.7、底径 5.5、高 4 厘米（图七〇，13；彩版一〇五，3）。

标本 K 盗 3⑤：1，施青褐釉，釉面斑驳，附着较好。圈足。口径 12.7、底径 5.6、高 3.5 厘米（彩版一〇五，4）。

标本 K 盗 1 ⑤：109，施青褐釉，碗口釉层较厚。璧形底，足底有旋刮痕，但未挖成圈足，中心有垫烧芯残留。口径 11.3、底径 6、高 3 厘米（图七○，14；彩版一○五，5）。

标本 K 盗 1 ⑤：110，施黄绿釉。璧形底。口径 10.7、底径 6、高 3 厘米（图七○，15；彩版一○五，6）。

3. 陶器

均为像生的蔬果模型，集中发现于后室前部和棺床前端，后室和前室也有少数。种类有香蕉、木瓜、菠萝、柿子、桃、慈姑、马蹄等 7 种，共有 27 件（彩版一○六，1），质地坚实，为岭南本地常种品种。这批陶水果像生皆手制，造型和大小相近，仅个别差异。

**木瓜** 5 件（彩版一○六，2）。

标本 K：13，红黄胎。椭圆形，柄残断。残长 5.2、最大径 2.4 厘米（图七二，1）。

标本 K：24，造型匀称。残长 5.1、最大径 2.4 厘米（彩版一○六，3）。

标本 K 填⑤：30，仍存瓜蒂，下半部收窄。长 5.2、最大径 2.5 厘米（彩版一○六，4）。

**香蕉** 10 件。均红白胎，略有大小之别（彩版一○七，1~3）。

标本 K 填⑤：15，长 8.2、最大径 2 厘米（图七二，2；彩版一○七，2 左）。

标本 K 填⑤：33，长 8.6、最大径 1.8 厘米（图七二，5；彩版一○七，2 右）。

标本 K：12，长 6.9、最大径 1.8 厘米（彩版一○七，3）。

**慈姑（茨菇）** 3 件（彩版一○七，4）。

标本 K 填⑤：14，红白胎。尖残断，平底。腹部有间断凹弦纹，底部有旋削痕迹。高 3.7、最大腹径 4、底径 2.4 厘米（图七二，9；彩版一○七，5）。

标本 K：31，形与上件相近。高 4.1、最大径 4.5 厘米。

标本 K：2，柱状蒂，中心微凹，底有尖突。高 3.9、最大径 3.7 厘米（图七二，8；彩版一○七，6）。

**桃** 3 件（彩版一○七，7）。

标本 K 填⑤：9，红白胎。腹面由上而下竖向施一道凹槽，顶面中心有一小浅孔可装蒂。高 3.1、最大径 2.5 厘米（图七二，4）。

标本 K 填⑤：8，高 3、最大径 3 厘米（彩版一○七，8）。

标本 K 填⑤：28，高 3.2、最大径 2.8 厘米（彩版一○七，9）。

**菠萝**[1] 2 件（彩版一○八，1）。

标本 K 填⑤：1，通体刻划弧线网格。正面有竖向间隔，浅刻两条平行的断线。长 3.4、最大径 2.4、底径 1 厘米（图七二，3）。

标本 K：26，长 3.8、最大径 2.6 厘米（彩版一○八，3）。

**马蹄（荸荠）** 2 件（彩版一○八，2）。

---

[1]《广州南汉德陵、康陵发掘简报》（《文物》2006 年第 7 期）发表后，有读者表示疑问，这种原产于南美洲的热带水果 16 世纪才传到中国，这种陶像生可能是另一种果实。

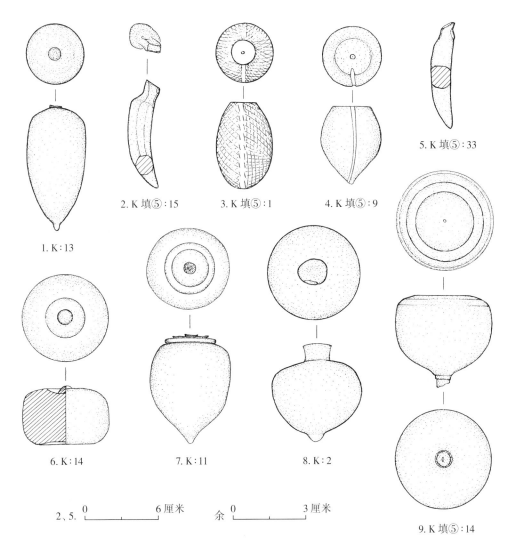

图七二　康陵玄宫出土陶像生
1. 木瓜　2、5. 香蕉　3. 菠萝　4. 桃　6. 马蹄　7. 柿子　8、9. 慈姑

标本 K：14，红黄胎。顶面有短柱形蒂，底微凹。直径3.5、高2.3厘米（图七二，6）。

标本 K 填⑤：6，直径3.7、高2.2厘米（彩版一〇八，4）。

**柿子**　2件，岭南俗称"鸡心柿"。

标本 K：11，红黄胎。顶面做出两层柿蒂，茎残断。高4.4、最大径3.2厘米（图七二，7；彩版一〇八，6、7）。

标本 K 填⑤：40，浅灰胎。茎保存。高3.9、最大径3.7厘米（彩版一〇八，5）。

4. 玻璃器

康陵玄宫劫后残余的随葬品中玻璃制品数量不少，分为器皿和装饰品两类。

（1）玻璃器皿

经筛检的玻璃器皿碎片有200多片，颜色有绿色、黄绿色、蓝色和无色透明，可见小气泡（彩版一〇九，1）。基本为瓶类，可判断为瓶类的残片有141片，有口沿和器底，器壁外有打磨痕。可复原器仅 1 件。下面主要以个体标本形状差异分型。

**口沿** 最少个体数 24 件。有侈口束颈、侈口长颈和直口长颈三种。

A 型 8 件。形制基本相同。侈口，圆唇，折沿或卷沿，束颈，广折肩，深腹斜壁，多数起瓜棱。唇沿外缘可见打磨痕。颜色以半透明的湖水绿或浅黄绿为主。

标本 K：16，可修复。湖水绿色。腹部到颈部装饰有 11 条竖棱。平底内凹，外底结突。模吹成形，壁棱处呈墨绿色。整器不十分周正，口、肩、底稍厚，壁甚薄，约 0.1 厘米。口径 5.3~5.5、底径 4.7~5、高 12.2 厘米（图七三，1；彩版一〇九，2）。

2 件缺底。

标本 K：7，湖水绿色。肩腹部均匀分布 12 条筋道，凸棱处呈墨绿色。口径 6.5、肩径 9.6、残高 9.4 厘米（图七三，2；彩版一〇九，3）。

标本 K 填⑤：5，浅黄绿色。口沿花瓣状，肩腹部 10 条筋道，壁棱处颜色较深。口径 5.8、肩径 10.4、残高 5.8 厘米（图七三，3；彩版一〇九，4）。

另 5 件仅存口、颈部，口径大小有别。4 件有凸筋为饰。

标本 K 填⑥：59，黄绿色。口径 6.2、残高 2.2 厘米（图七三，4；彩版一一〇，1）。

标本 K 填⑥：52，浅黄绿色。口径 6.1、残高 2.1 厘米（图七三，5；彩版一一〇，2）。

标本 K 填⑥：60，蓝色。筋道较疏，起棱平缓。口径 5.4、残高 1.3 厘米（图七三，6；彩版一一〇，3）。

标本 K 填⑥：58，浅黄绿色。筋道较密，起棱较平缓。口径 4.2、残高 1.5 厘米（图七三，7；彩版一一〇，4）。

标本 K 填⑤：32，无色透明。素面，残存的口沿和颈部没有起棱迹象。口径 6.2、残高 1.9 厘米（图七三，8；彩版一一〇，5）。

B 型 7 件。侈口，圆唇，折沿上翻或折沿近平呈喇叭形，细长颈，颈壁微弧。口径大小接近，但器壁厚薄有别。本色为浅蓝色或浅绿色，半透明。器表附着氧化水银状薄膜（俗称蛤蜊光），白色或黑色，不透明，易脱落。壁甚薄，最薄处仅 0.1 厘米。

标本 K 填⑥：54，口径 3.7、残高 4.5 厘米（图七三，9；彩版一一〇，6）。

标本 K：27，口径 3.4、残高 3.5 厘米（图七三，10；彩版一一〇，7）。

标本 K 填⑥：55，口径 3.4、残高 3.1 厘米（图七三，11；彩版一一〇，8）。

标本 K 填⑥：61，口径 3.5、残高 2.7 厘米（图七三，12；彩版一一〇，9）。

C 型 9 件。直口，圆唇，直颈，广（折）肩。口径略大，其大小和器壁厚薄有别，外壁有打磨纹。2 件为淡蓝色，余为浅黄绿色或湖水绿色。素面，器表附着一层水银状薄膜。肩部壁厚最薄处仅 0.1 厘米。

标本 K 填⑥：51，口径 4、残肩宽 8.3、残高 4.4 厘米（图七三，13；彩版一一一，1）。

标本 K：19，口径 3.5、残高 4 厘米（图七三，14；彩版一一一，2）。

标本 K 填⑥：45，口径 4、残高 4.8 厘米（图七三，17；彩版一一一，3）。

标本 K 填⑥：56，口径 4、残高 3.6 厘米（图七三，15；彩版一一一，4）。

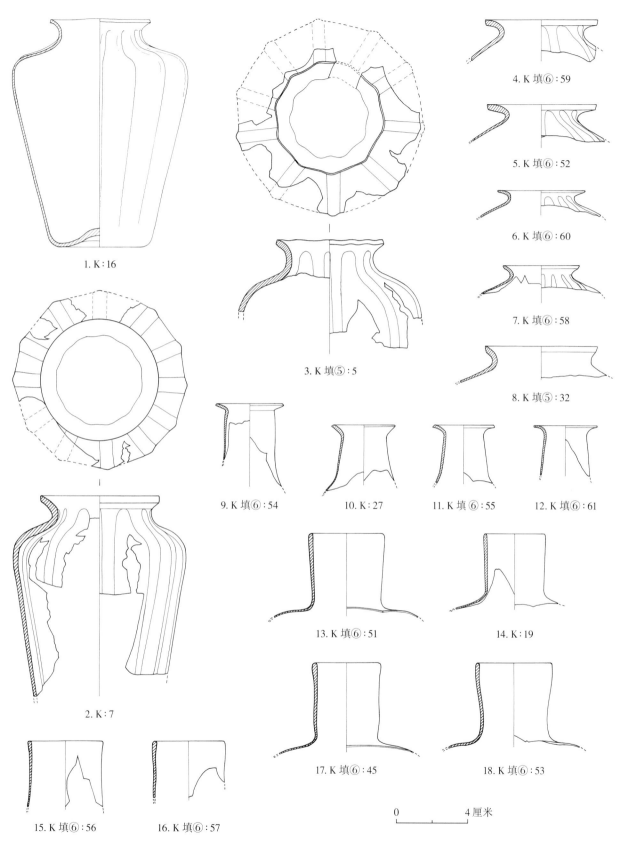

1. K:16

3. K填⑤:5

4. K填⑥:59

5. K填⑥:52

6. K填⑥:60

7. K填⑥:58

8. K填⑤:32

2. K:7

9. K填⑥:54

10. K:27

11. K填⑥:55

12. K填⑥:61

13. K填⑥:51

14. K:19

17. K填⑥:45

18. K填⑥:53

15. K填⑥:56

16. K填⑥:57

0            4厘米

图七三 康陵玄宫出土玻璃瓶

1~8. A型 9~12. B型 13~18. C型

标本 K 填⑥：57，口径 4、残高 3 厘米（图七三，16；彩版一一一，5）。

标本 K 填⑥：53，口径 4.2、残高 4.5 厘米（图七三，18；彩版一一一，6）。

**瓶底**　26 件。分为二型。

A 型　1 件。标本 K：36，仅存底部，近无色透明。形如花瓣，共 10 瓣，厚重，平底内凹，外底心有制瓶时留下的结突，边缘有 19 个圆形小凸点。器壁棱呈浅绿色，隐隐可见筋道迹象。底径 5.5、残高 2.2 厘米（图七四；彩版一一二，1）。

B 型　25 件。内凹底，形如现今葡萄酒瓶底。底径大小和器壁厚薄有差别，外底心或多或少都有制瓶时留下的结突及修整旋刮痕。半透明，多为浅绿色或淡蓝色，少数深蓝色，同瓶身一样，也多附着一层水银状薄膜。器壁最薄处仅 0.2~0.5 厘米。

部分瓶底内凹弧度很大。标本 K 填⑥：46，青绿色。制作规整，器底外壁可见打磨痕。底径 5.2、残高 3 厘米（图七五，1；彩版一一二，2、3）。

标本 K 填⑥：62，蓝色。制作规整。底径 4.4、残高 1.5 厘米（图七五，2；彩版一一二，4）。

标本 K 填⑥：63，青绿色。制作基本规整。底径 5、残高 1.4 厘米（图七五，3；彩版一一三，1）。

标本 K 填⑥：67，残片。青绿色。底径约 5、残高 2.2 厘米（图七五，4）。

还有部分底心留有较厚的结突。

标本 K 填⑥：50，黄绿色。底径 5.2、残高 1.5 厘米（图七五，5；彩版一一二，5、6）。

标本 K 填⑥：65，黄绿色。底径 5.6、残高 1.4 厘米（图七五，6；彩版一一三，2）。

标本 K：5，黄绿色。底径残约 5.2、残高 1.2 厘米（图七五，7；彩版一一三，3）。

标本 K 填⑥：66，绿色。残底径 4.9、残高 1.1 厘米（图七四，8；彩版一一三，4）。

部分瓶底内凹弧度较缓。

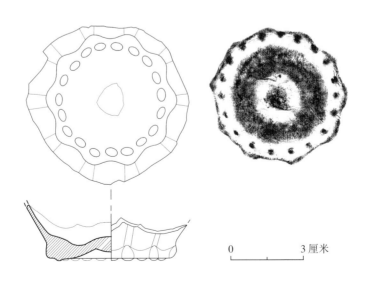

图七四　康陵玄宫出土 A 型玻璃瓶底（K：36）

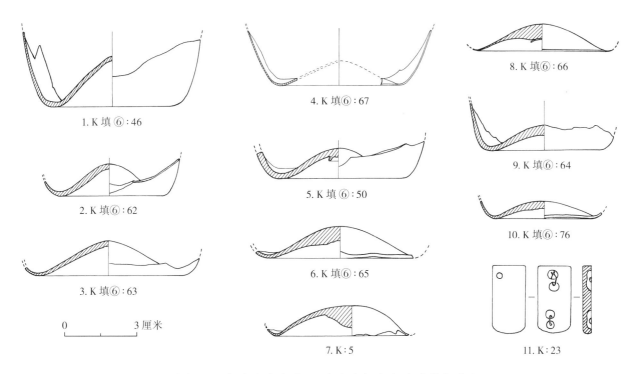

1. K 填⑥：46
2. K 填⑥：62
3. K 填⑥：63
4. K 填⑥：67
5. K 填⑥：50
6. K 填⑥：65
7. K：5
8. K 填⑥：66
9. K 填⑥：64
10. K 填⑥：76
11. K：23

0　　　　　3厘米

图七五　康陵玄宫出土 B 型玻璃瓶底和玻璃带扣饰

1~10. B 型玻璃瓶底　11. 玻璃带扣饰

标本 K 填⑥：64，黄绿色。制作基本规整。底径 4.6、残高 1.9 厘米（图七四，9；彩版一一三，5）。

标本 K 填⑥：76，黄绿色。底心微有结突。底径 4.2、残高 0.7 厘米（图七四，10；彩版一一三，6）

经成分分析及器物比较观察，这批玻璃器是典型的伊斯兰玻璃[1]。

（2）带扣饰　2 件。

标本 K：23，发现于后室棺床附近。片状，长方形，一侧边圆弧。一面平素，背面有两组穿孔。每组由两个相邻小圆孔组成，圆孔之间钻线眼，两两相通，孔内仍存铜丝相连。风化严重，边缘残损，外表灰白，初以为石质。以便携式 X 射线荧光光谱仪测，为玻璃质。当系模制，背面的穿孔后钻，以系丝线，应该是缝缀在织物或皮革上。2 件大小相近，其一长 2.7、宽 1.4、厚 0.5 厘米，另一长 2.6、宽 1.3、厚 0.5 厘米（图七五，11；彩版一一四，1、2）。

（3）串珠

在玄宫主棺室砖砌棺床附近发现一批珠饰，有玻璃珠、玛瑙珠、料珠等，均在下层填土（第 5 层、6 层）里找到，墓底贴铺地砖未见一颗。依发掘记录统计共 53 枚，有水晶珠 2 颗、玛瑙珠 1 颗、料珠 5 颗、玻璃珠 45 颗。后经整理检视，所谓料珠即是有颜色的玻璃珠，水

[1] 见本书附录二《广州南汉康陵出土玻璃样品检测报告》。安家瑶：《南汉康陵出土的伊斯兰玻璃器》，载《考古一生——安志敏先生纪念文集》编委会编《考古一生——安志敏先生纪念文集》，文物出版社，2011 年。

晶珠是无色透明玻璃珠，玛瑙珠为黄褐色玻璃珠。

康陵发掘期间，在小谷围广州大学城建设工地同时进行汉代和明清时期墓葬的抢救发掘。由于工作疏忽，误将康陵出土的珠子与一座西汉晚期墓葬（广州番禺小谷围北亭村港尾岗 2003GXBGM4）的珠子相混。据当时在发掘工地驻地拍摄的照片，康陵出土带颜色的珠子有 7 枚，即黄色瓜棱形珠 2 颗，白色、蓝色瓜棱形珠各 1 颗，褐色白带纹圆形珠 3 颗（彩版一一四，3）。

经过核对出土实物，统计珠子数量，确认康陵玄宫出土的珠子被错误归入 2003GXBGM4：054[1]（彩版一一四，4），包括上述 7 颗珠子以及棕黄色圆柱形玻璃珠 1 颗、白色夹银玻璃珠 45 颗，这些珠子后经检测为植物灰型钠钙玻璃[2]。发掘记录中的水晶珠、玛瑙珠为现场发掘人员误判，其实均为玻璃珠。白色夹银玻璃珠在《广州出土汉代珠饰研究》一书统计时将联珠按单珠计数，如二联珠算 2 颗，三联珠算 3 颗，因此得出 59 颗的数据[3]，应以不分离的个体计，其数量实则是 45 颗。

珠子保存基本完整，计有：

**瓜棱形珠** 4 颗。有三种颜色，不透明。灰蓝色，长 8.63、直径 8.74、孔径 1.54 毫米，重 0.71 克；白色，长 6.6、直径 7.27、孔径 1.64 毫米，重 0.35 克；黄色，2 颗，长 7.31、直径 8.99、孔径 1.9 毫米，重 0.57 克。

**圆形条带纹珠** 3 颗。褐色，不透明，施一道白色条带。最大长 6.62、直径 6.86、孔径 2.24~2.6 毫米，最小长 4.67、直径 7.02、孔径 2.08~2.51 毫米；最重 0.66 克，最轻 0.25 克。

**圆柱形珠** 1 件。棕黄色，不透明。长 3.56、直径 4.98、孔径 1.63 毫米，重 0.12 克。

**圆形夹银珠** 45 颗。透明无色，在玻璃中夹银箔为饰。有单珠、二联珠、三联珠和四联珠，最大长 5.19、直径 6.62、孔径 0.77 毫米，最小长 4.22、直径 4.01、孔径 1.47~1.64 毫米；最重 0.24 克，最轻 0.04 克。

5. 玉石器

玄宫内残存的玉石器有青玉（铐）片和汉白玉洗。

**玉（铐）片** 2 片。完整，均长方形直角，周边切割规整[4]。

标本 K 填⑤：29，青白色，白中泛青透亮。两面磨平光滑，中部钻两个小穿孔。长 4.5、宽 4、厚 0.4 厘米（图七六，1；彩版一一五，1）。出土于后室中部西侧。

---

[1] 2016 年广州市文物考古研究院对出土汉代珠饰进行系统整理与研究，2003 年番禺小谷围港尾岗 M4 西汉后期墓葬有 7 个珠饰器物编号，分别为 2003GXBGM4：045 玻璃耳珰 1 颗、046 深蓝色圆球形玻璃珠 5 颗、047 浅绿透明扁平六方桶形玻璃珠 1 颗、049 红玉髓珠 19 颗、050 浅绿透明七棱柱形玻璃珠和扁平六方桶形玻璃珠各 1 颗、051 红色扁圆形不透明玻璃珠 88 颗和 054 白色半透明夹银珠 59 颗、各色珠子 8 颗共 67 颗。详见广州市文物考古研究院：《广州出土汉代珠饰研究》第二章"广州汉代珠饰出土情况"，第 52 页，表 2.5 "1970~2016 年广州两汉墓葬出土珠饰情况一览表"序号 31，科学出版社，2020 年。本报告编者认为上述串珠是汉墓的，与康陵出土珠无涉。

[2] 见广州市文物考古研究院：《广州出土汉代珠饰研究》第六章"广州汉代珠饰的科技分析"，第 243 页，图 6.8。

[3] 见广州市文物考古研究院：《广州出土汉代珠饰研究》，第 52 页，表 2.5 "1970~2016 年广州两汉墓葬出土珠饰情况一览表"序号 31；第 68 页，图 2.26。

[4] 康陵玄宫所出玉片应属铐带之物，前蜀王建墓和五代冯晖墓均见有此物，尤其王建墓所出保存较好。冯汉骥先生考证认为唐五代及北宋的革带形制均相似（参见冯汉骥：《前蜀王建墓发掘报告》"玖 棺中随葬器物之一、大带"，文物出版社，2002 年）。

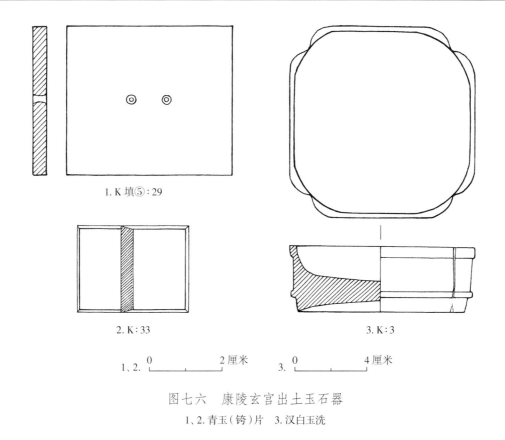

1. K 填⑤：29

2. K：33

3. K：3

1、2. ⊢—————⊣ 2厘米
　　　0

3. ⊢—————⊣ 4厘米
　　0

图七六　康陵玄宫出土玉石器
1、2. 青玉（锛）片　3. 汉白玉洗

　　标本 K：33，青白色。四个边缘磨成斜面，正面磨光，背面中间刻一道纵向槽。长 3.05、宽 2.9、厚 0.5 厘米（图七六，2；彩版一一五，2）。出土于棺床后中部。

　　**汉白玉洗**　2 件。形制、大小相同，1 件残。其中一件出土于前室与中室之间的过道处，其旁为一件釉陶四耳罐。

　　标本 K：3，石质纯白柔润，致密坚硬。平面呈圆角"亞"字形，直口微敞，外壁直，平底，外底面稍凹。口沿外和近底部有 2 道凸棱。口边长 10、底边长 9.3、高 3.5 厘米（图七六，3；彩版一一五，3）。

　　标本 K：9，残破。残长 9.8、残宽 2.8、高 3 厘米。

　　6. 金属器

　　质地有铜、银、铁等。

　　（1）铜器　有 3 件，估计是木门上的构件和饰件。另有铜钉、铜钱等。

　　**合页**　1 件。标本 K 填⑤：43，圆形，分两片，中间有连接的圆柱状穿条，每片均呈半圆形，制成花边。每页沿边钻三个钉孔，并有带帽的铜钉。长 4.5、宽 4、厚 0.1 厘米（图七七，1；彩版一一六，1）。

　　**饰件**　2 件。

　　标本 K 填⑤：42，方形条带状，已残断。素面。残长 2.35、宽 0.7、壁厚 0.1 厘米（图七七，2）。

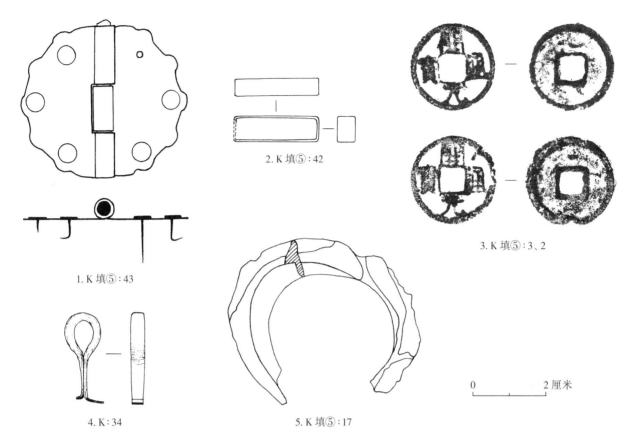

图七七　康陵玄宫出土铜、银器

1. 铜合页　2、4. 铜饰件　3. "开元通宝"铜钱　5. 银环形饰

标本 K：34，环形柄，下部残断。残长 2.4、宽 1、胎厚 0.2 厘米（图七七，4；彩版一一六，2）。估计为钉类，出于后室棺床附近。

**钉**　标本 K 填⑤：10，长条方角锥形，钉帽下錾一小凹槽，钉身上部弯曲，呈弧状，尖部残断。长 12.2、钉帽 1 厘米 ×1.4 厘米。其形状、大小与铁棺钉相近。

**钱币**　20 枚。均为"开元通宝"，以直径 2.5 厘米和 2.4 厘米的数量为多，也有直径 2.3 厘米和 2.6 厘米的，厚 0.1 厘米（图七七，3；彩版一一六，3~6）。2 枚背面有月痕，"元"字上横笔画有长有短。

（2）银器　1 件。

标本 K 填⑤：17，环形饰。残锈变形，估计为镯类。外直径 5.4、宽 1.2、厚 0.4 厘米（图七七，5；彩版一一六，7）。

（3）铁器　16 件。以铁钉为主，还有铁刀等物在后室棺床附近出土。

**钉**　12 件。大部分锥形钉发现于后室及棺床附近，推测可能是棺钉。

标本 K 盗 1⑤：47，残，且锈迹斑斑。销钉，条形，两头呈 90° 弯折。残长 6、宽 0.8、厚 1 厘米（图七八，1；彩版一一六，8）。

标本 K 填⑥：95，环形柄。锈蚀严重，钉部有木痕。长 6.3、宽 0.1~0.6、帽宽 2.5 厘

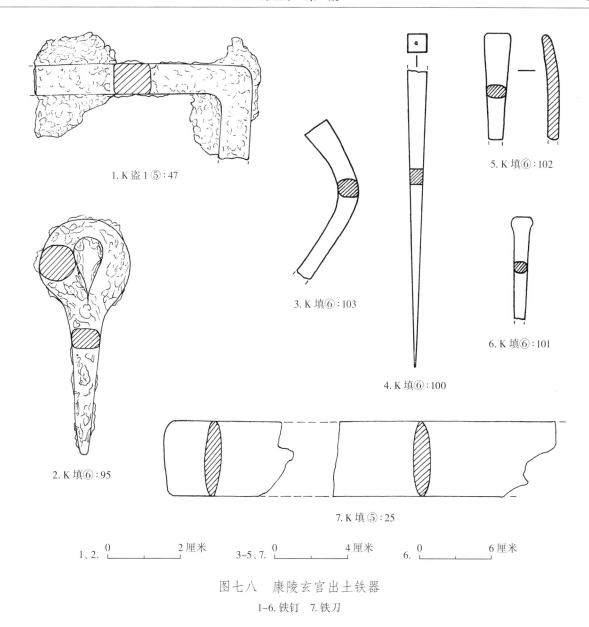

1. K盗1⑤：47

2. K填⑥：95

3. K填⑥：103

4. K填⑥：100

5. K填⑥：102

6. K填⑥：101

7. K填⑤：25

| 1、2. | 0 ———— 2厘米 | 3~5、7. | 0 ———— 4厘米 | 6. | 0 ———— 6厘米 |

图七八　康陵玄宫出土铁器
1~6. 铁钉　7. 铁刀

米（图七八，2；彩版一一六，9）。

　　钉子皆残断，可供观察的有钉头、钉身和钉尖。

　　一种有钉帽。

　　标本 K 填⑥：103，截面呈圆角长方形的锥形钉，钉帽扁平方形，钉身往下收窄，尖段残。
残长 8.4、钉帽边长 0.6 厘米 ×1.2 厘米（图七八，3）。

　　一种平顶，方形或圆角长方形。此类数量较多，共有 7 件。

　　标本 K 填⑥：100，截面呈方形的长锥形钉，保存完整。残长 15.2、顶面边长 1 厘米（图
七八，4）。

　　标本 K 填⑥：102，截面呈长方形的长锥形钉，尖段残。残长 5.6、顶面边长 0.8 厘米 ×
1.4 厘米（图七八，5）。

还有一种钉身与上述相同，但上部或下部呈弯曲状。

标本 K 填⑥：101，截面呈圆角长方形的弧形钉，尖段残。残长 8.4、顶面边长 0.9 厘米 ×
1.2 厘米（图七八，6）。

标本 K 填⑥：106，弯曲呈"S"形。残长 10.6、宽 1.2、厚 0.6 厘米。

**刀**　1 件。

标本 K 填⑤：25，出土于棺床左前端。残断。长片状，一端已残，中部断开。横截面略
近菱形，中间厚，上、下脊薄。两截分别长 7 厘米和 12 厘米，宽 4、厚 1~1.4 厘米（图
七八，7）。

7. 石制品　3 件。

标本 K 填⑤：13，出于甬道。门臼石，原状约呈方形，一角崩断。青灰色，坚硬。不规
则的长条状，周边不太规整，有凿痕。门臼为斜壁、平底，壁面有錾道。边长约 30、厚 7.2~8.8
厘米，臼窝直径 8.5 厘米（图七九，1）。

标本 K 填⑤：27，后室后半部西侧出土。石俑头（？），残。石灰岩。似为面部被毁或
未雕琢成型的石俑头，颈部有 5 道錾痕。残高 20、宽 8.4、厚 9 厘米（图七九，2）。

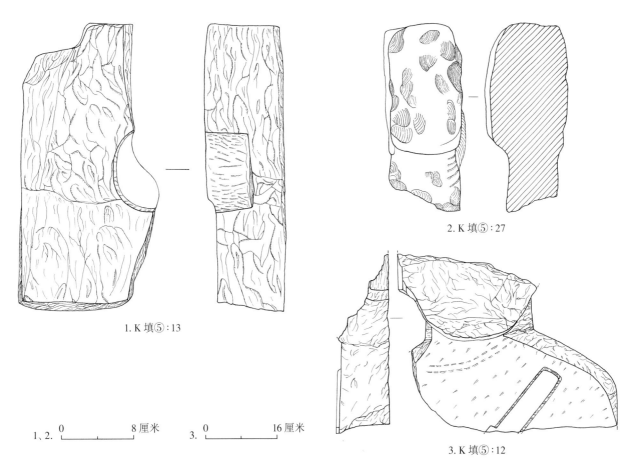

1. K 填⑤：13

2. K 填⑤：27

3. K 填⑤：12

1、2. |0———8 厘米|　3. |0———16 厘米|

图七九　康陵玄宫出土门臼石和石俑
1. 门臼石　2、3. 石俑像

标本 K 填⑤：12，出于封门第三块石板下。石俑，残。石灰岩。青石块刻凿而成，仅存下颌与左肩部，制作略显粗糙，（双）手执一长条状物件斜贴于左胸前，当系笏板。背面为自然断裂面，未见修凿痕迹。残高37、残宽48、厚15厘米（图七九，3；彩版一一四，5）。

这几件石制品的材质与哀册文碑、封门石板等相同，为南汉常用石材。从其体量及出土位置不知是否为墓室内随葬物。标本 K 填⑤：12残俑发现于封门内甬道的盗洞3填土中，距墓底铺砖面近40厘米。从尺寸看，大小与真人一般，估计不算基座，原件高可能在1.6~1.8米。这类持笏的文官俑应当是神道上像生石俑残件，或许陵墓遭破坏后被扔进墓室内。

（二）哀册文石碑

康陵发掘出土最重要的文物无疑是"哀册文碑"，保存完好，宽1.54、高1.15、厚0.2米。侧边刻缠枝蔓草纹，中间浅划界格，楷书志文，首题"高祖天皇大帝哀册文"，共38行，满行35字，共1062字（图八〇、八一；彩版一一七，1、2）。康陵历经多次盗扰，碑文竟无一字破损，甚为神奇。

哀册文全文如下：

高祖天皇大帝哀册文

　　　　　　翰林学士承　旨银青光禄大夫行尚书左丞知　制诰上柱国范阳县

　　　　　开国男食邑三百户臣卢应奉　　　　勅撰并书

维大有十五年岁次壬寅四月甲寅朔二十四日丁丑

高祖天皇大帝崩于　　正寝粤光天元年九月壬午朔二十一日壬寅迁

神于　　　　康陵礼也符卯金而叶运绍斩蛇之　开基覆同乾建载并坤维法成周而

垂范稽　　　　世祖而作则构大业而云终偃巨室而不惑

嗣主仁孝僶俛祚阶抑情　　　登位感结疾怀动遵　遗诏讵蹑俄顷六府三事肃然

修整亿兆义谧　　家国钟庆痛深茹慕　　启引神皋衔恤颁　诏命臣摛毫伏惟

高祖天皇大帝日月孕灵星辰诞圣爰本玄符式隆景命经天纬地武库文房搓尧拍舜

迈禹超汤　君临万国星躔三纪四海镜清九州风靡开物成务知机其神光宅寓县司

牧蒸民惠施五车葛洪万卷听朝之余披览闽倦损益百氏笙簧六经东西飞阁周孔图

形命鸿儒以临莅选硕生而雠校鄜束皙之补亡陋郑玄之成学奋藻兮魏文收誉挥毫

兮齐武藏名品量舛谬别白重轻禁暴戢兵讴歌狱讼龙韬虎韬七擒七纵扼腕北顾中

原多事吊伐在怀未伸　　睿志炅炅　王业巍巍　　皇猷三王可拟五帝难俦

天纵聪明凝情释老悉簶渊微咸臻壶奥谭玄则变化在手演释乃水月浮天神游阆菀

智洞竺乾若乃阴阳推步星辰历数仰观俯察罔失常矩此外留情药品精究医书或南

北臣庶或羽卫勤劬疾瘵所萦　御方救疗名医拱手稽颡神妙将　圣多能视民如伤

朝野抃蹈亿兆欢康多才多艺允文允武戡难夷凶栉风沐雨呜呼哀哉天机秀异韫藉

风流缮营苑囿想象十洲鹤立松巅莺穿花坞水石幽奇楼台回互万机之暇　翠华爰

处花朝月夕嬉游辇路灾缠阳九　不裕中春针石药饵备尽精臻晨昏问竖拱默而退

有加无瘳导扬　遗制爰命

图八〇　康陵玄宫出土哀册文石碑碑文拓本

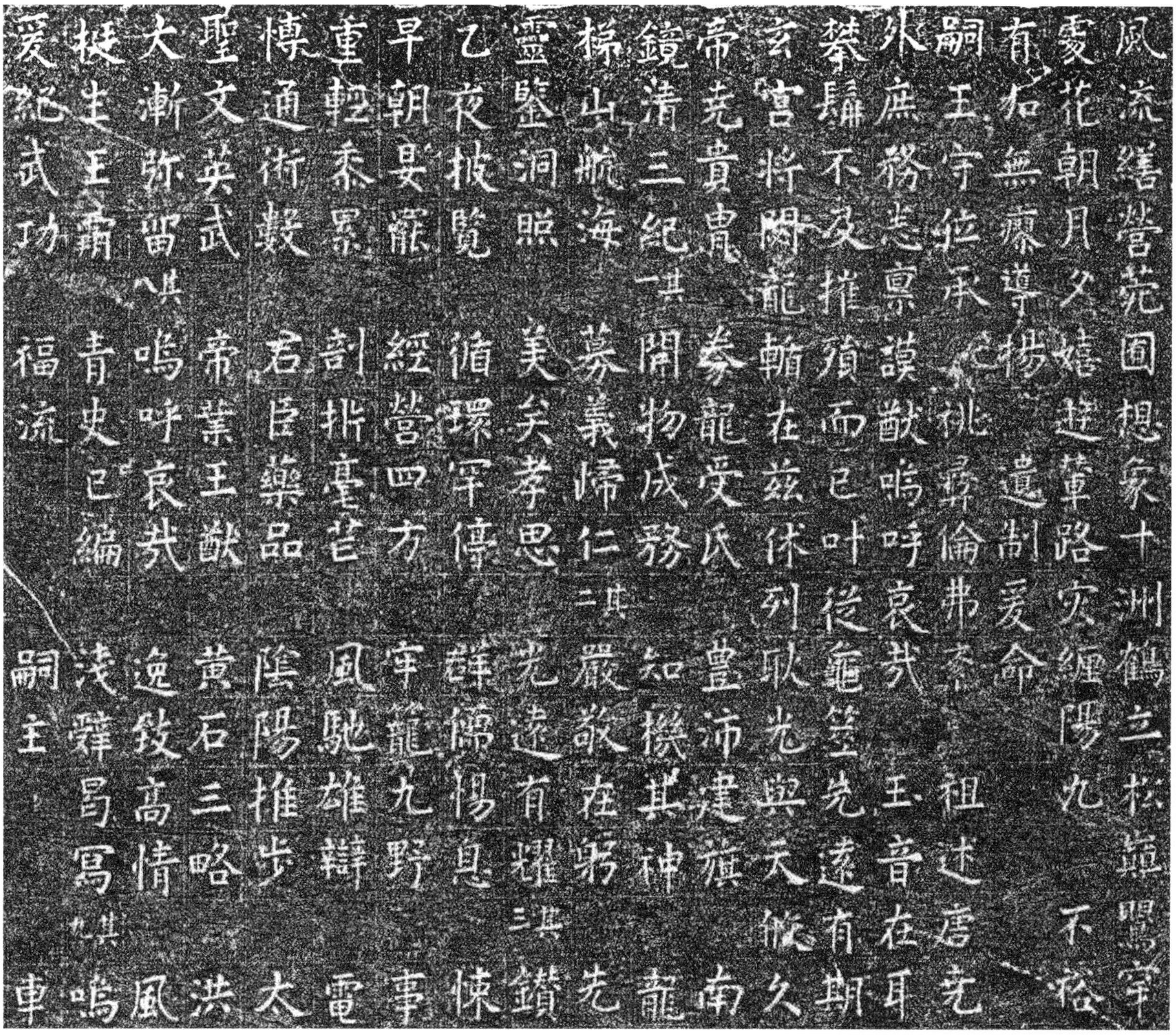

图八一　康陵玄宫出土哀册文石碑碑文拓本局部

嗣王守位承　　桃彝伦弗紊　　祖述唐尧远法成周近遵　孝惠懿范具存丕训罔替中
外庶务悉禀谟猷呜呼哀哉　　玉音在耳　　　　大渐弥留亿兆号天如丧考妣
攀髯不及摧殒而已叶从龟筮先远有期
玄宫将闷龙輴在兹休列耿光与天攸久刻诸贞珉万年不朽其词曰

帝尧贵胄　　蒙龙受氏　　丰沛建旗　　南阳倔起　　代不乏圣　　乾亨绍位　　泽被八埏
镜清三纪其一开物成务　　知机其神　　龙飞绍汉　　虎视窥秦　　励兵秣马　　睿志未伸
梯山航海　　募义归仁其二严敬在躬　　先敦柴燎　　列圣立祠　　礼同九庙　　祖考来格
灵鉴洞照　　美矣孝思　　光远有耀其三钻研百氏　　蹂躏六经　　对峙飞阁　　周孔图形
乙夜披览　　循环罕停　　群儒惕息　　悚惧靡宁其四王业艰难　　开基定霸　　栉风沐雨
早朝晏罢　　经营四方　　牢笼九野　　事出机先　　策无遗者其五损益三代　　商较百王
重轻黍累　　剖拆毫芒　　风驰雄辩　　电疾雌黄　　至鉴罔测　　至智难量其六将圣多能

| 博通术数 | 君臣药品 | 阴阳推步 | 太史胆折 | 和缓色沮 | 宣召敷扬 | 拱默无语<sup>其七</sup> |
|---|---|---|---|---|---|---|
| 圣文英武 | 帝业王猷 | 黄石三略 | 洪范九畴 | 志期席卷 | 收马休牛 | 睿志未就 |
| 大渐弥留<sup>其八</sup> | 呜呼哀哉 | 逸致高情 | 风流韫藉 | 齐武藏名 | 魏文减价 | 不世英才 |
| 挺生王霸 | 青史已编 | 浅辞曷写<sup>其九</sup> | 呜呼哀哉 | 龙輴启引 | 将閟玄宫 | 式扬文德 |
| 爱纪武功 | 福流 | 嗣主 | 车书混同 | 刻石献颂 | 永播无穷<sup>其十</sup> |

# 第五节　陵墓构筑程序蠡测

按唐代礼制，皇帝驾崩后朝廷委任官员主持修建山陵。南汉皇帝亦循此丧葬制度，《高祖天皇大帝衰册文》云："维大有十五年岁次壬寅四月甲寅朔二十四日丁丑、高祖天皇大帝崩于正寝，粤光天元年九月壬午朔二十一日壬寅迁神于康陵，礼也。"南汉太子刘弘度于大有十五年（942年）四月刘岩驾崩后即皇帝位，更名刘玢，改元光天元年。于当年九月葬天皇大帝于康陵。亦即是年4月至9月五个月时间完成陵园修建和安葬。根据发掘情况及现场观察，大体可以推测南汉康陵陵园的营建次序：

## 一、平整陵台地面

相地确定后，在大香山南坡偏东的山腰部平整坡面。将山坡挖去部分山土，理出一片约2500平方米的平地，用以建筑砖砌陵台和陵坛，其下修筑玄宫。由于陵园所在山坡历来各种人为破坏、开辟梯田，地表破坏严重，已非原貌，很多细节不可观察。从现存的地势看，在陵坛平铺砖面北面相距约15米，修出一道弧形断坎[1]，在其北山体5米又修一道断坎，略似二层台，以防土壁塌垮。

## 二、开挖墓道与竖穴墓圹

在地面平整后向下开挖墓道与竖穴墓圹。虽然我们发掘只解剖清理了墓道，对墓圹情况了解不多，但从东汉以来岭南地区的竖穴土坑砖室墓的营造看，墓圹的大小与砖室相仿，大多数砖壁沿贴墓圹边砌筑。其做法很可能与德陵相同，墓圹与最外重砖壁留有约10~15厘米的空间，原坑土回填。

## 三、修筑墓室

康陵玄宫四重券顶不分室一体建筑，全墓甬道、前室、过道、中室、后室的左、右侧壁与后壁、侧壁的衬柱同时结砌。

前室两侧壁各一个壁龛，距墓底高80厘米。中室和后室两侧壁分别设置14个小龛，上下两层，每层7个。上层龛底距墓底高78厘米，下层龛底距墓底高18厘米。两壁小龛上方

---

[1] 修整平地时，在陵台东北部挖掉一座唐代晚期砖室墓（M1）的上部。

砌破子棂窗。后室后壁砌筑长方形大龛，先砌三重直壁券拱，然后以双隅砖砌龛壁。

甬道与诸墓室同券，券顶之内两壁加筑两层券拱形成门洞。

前室与中室之间结砌壁柱以为分隔。壁柱以条砖砌成小直墙，上半部至起券处渐收窄，顶端嵌入券顶内。

室壁及券顶完成后即进行室内装饰。首先墓室底以白土敷设地面，其上平铺方形砖。

墓底不分室，但在各室之间以装饰划分。前室与中室过道有门框，在砖砌壁柱前的砖面开凿一长方形的柱洞，以埋设木柱。门框底部有木质门槛。门框朝里侧打破中室铺地砖，开挖门臼柱洞，安置木质门扉。木柱外壁涂抹白灰并敷贴板瓦以保护门框。

后室与中室之间也有木门结构，其装饰方法与前室过中室的门框不同。在中、后室之间安置方形垫石，与铺底砖齐平。在其上以青灰砖平丁相间结砌作为分隔门框，砖基紧贴墓壁。外表抹白灰面，与墓室侧壁连成一体。

后室中部为正寝，紧靠后室门口砌筑砖床，棺床与两侧室壁间留有一砖位。棺床以砖层层垒砌，大部分用条砖相错叠砌，最上层平铺大方砖以为床面。砖床无座，可能因室高所限，不能砌筑须弥座之类构造。

整座墓室砖作完成后，于各壁面部分涂抹白灰。墓室两侧壁和后壁涂抹至上层壁龛上端，墁面不作彩绘，勾画波浪状弧线和直线纹。砖床外脸也涂白土。

梓宫（棺枢）由龙𬨎移至棺床。遣奠诵读哀册文后，将哀册文碑竖立在前室中部近甬道处。石碑厚20厘米，凿前室铺地砖，开挖一个长条形沟槽以置碑石。立石后以原坑土回填沟槽。

龙𬨎退出羡道，将掩玄宫。掩闭玄宫分两个步骤：先垒砌砖墙封闭甬道，在砖室门洞外用3块长方形大石板作为封门石。三块青灰色石板从露天的墓道垂吊，由下到上横置将墓室券顶封堵。

## 四、回填墓圹

墓室券顶之上砌多重外拱券，外拱券大多砌到墓壁一半，不及底。室外券顶下两侧用条砖垒砌夹墙，拱卫墓室。由于未作解剖发掘，夹墙高度不明，不确定是否砌到坑底。从外拱券砌筑方式看，夹墙可能亦不及底，下部当为原坑土回填。

墓道回填土经层层夯打，纹理清晰。夯土层中局部铺垫碎砖屑和灰烬层。

当回填至墓圹原地表平齐时，即在其上建筑陵台等砖结构。

## 五、建筑陵台

建好玄宫后，以山岗土回填，修整出平台地面，在其上砌筑陵台及其他构筑。其工序是：一、先筑方形台基，在包边砖墙里夯土；二、夯筑陵坛土芯，砌筑土芯包边砖壁；三、陵台面铺砌方形石板，涂抹白灰；四、铺砌砖面散水。

由于夯层不明显，不能据此推测夯土工序的先后。估计台基夯土与陵坛土芯同时夯筑，土芯与包边砌砖也是同时进行，即夯筑到一定高度就在外围包边，逐层往上建筑。

（一）垫土

以原山岗土覆盖玄宫坑圹上部作为建筑陵台垫土。垫土厚1米许，为使垫土更加结实，夯土层里夹有碎砖块。但墓圹和墓道等回填部分仍出现下沉凹陷状况。

（二）陵台方形台基和散水

方形台基为砖石结构，其下有厚约30厘米的垫土层直接覆盖于墓口上。先砌筑基座，台基为夯土芯，外砌包边砖，共计10层，外缘呈直线，条砖面上敷一层白泥。基座里夯填红黄土，夯土面铺设方形石板。

基座四周为斜面散水，外缘砌竖砖拦边，与台基对角线立砖将砖面散水砌成四幅式。散水面以方形砖铺砌。

基座散水北部与陵山山腰的断坎之间有一砖面，以方砖铺砌。应是为保护台基免受山坡泄下泥水冲刷的设置。

陵台四周散水铺就后，在东、西两侧散水1米开外开挖排水沟，使山上来水南北向流出，在墓道以南修成东西向的断坎，以利保持陵坛地势高亢和土壤干燥。

（三）陵坛

基座之上砌筑陵坛。圆形土芯，外围包砖，即在圜形砖壁内夯填坛芯黄土，收分成圜丘状。在基座上先以一层丁砖为基础[1]，其上以条砖错缝平砌，砌砖逐层垒砌加高，收分。虽然祭坛顶部已坏，其结构不明，但从秦汉以来的礼制，应当是土芯以通天地。祭坛外表涂敷白泥。

（四）神龛

陵坛南壁正中设一龛。在封土圆丘圜壁预留缺口，后壁处将陵坛夯土芯修直，与两侧壁包砖一道以双隅砖错缝平铺，砌成南北向长方形龛。龛底面比祭台面高，但未见铺砖痕迹。龛口紧贴两侧壁置灰黑色门砧石，设可向外开启的木质双叶门。

（五）祭台

神龛之南设有长方形祭台。祭台贴附在基座南缘，二者分别砌筑，砌砖无咬合。祭台砌筑于基座散水砖面上，呈东西向长方形，东、西、南三面砌筑砖壁，砖框内填土。台面与整个基座面同铺方形石板，祭台与神龛之间呈斜面，形成过道。

祭台修筑台榭楼阁类建筑。木质台榭顶盖铺瓦，周边设石栏杆。

（六）坡道

祭台南面、墓道上方修建砖砌坡道，是由山脚上陵台的阶道。坡道东、西壁和南壁砌砖拦边，与祭坛同宽，即东、西边与祭坛两侧壁对齐。两侧包砖，中间泥土夯实。因地表破坏严重，路芯未见明显阶级，仅有散砖，未能确定登坛的坡道是斜坡道抑或是分级而上的步阶。

（七）排水沟

为减缓陵坛台基散水压力，陵台散水北侧加设一道铺砖地面，在其北设置排水沟。

---

[1] 盗洞1在后室顶上，盗洞挖开陵坛土芯，打破土芯包边砖和陵台基座砌砖。从两侧断口可以看到陵坛和台基砌砖的结构及方式：陵坛包边砖最底层竖砌砖不是整层垒砌的，只是外侧才砌立砖，内侧是平铺。

　　排水沟及铺地砖之东、西两侧仍保留原生土台以加强阻水力。土台北部被修整为弧形。为保留土台完整，铺砖地面的西界贴着土台修砌。土台东侧边缘先挖沟槽竖立两重砖为散水的竖砖边界；铺砖地面的界线本当与散水对角线对接，却被修改向东偏移。东面也是相近的做法。

　　排水沟在两土台之北呈弧形修筑，其形状是中间宽两端窄，中部即与散水北铺砖地面相对应的部分沟体最宽，可达 5 米。东、西两端向南折的弯口收窄，保留原山岗土形成顶部圆弧形的台地。排水沟中段原先无砌砖，后来在东、西两头加砌竖砖为边，铺底砖。

　　陵园的其他设施可在修筑玄宫和陵坛时同时进行，其工序已在各部分叙述，此不赘。

# 第四章　研究与讨论

五代十国时期，刘岩于后梁贞明三年（917年）称帝于广州（兴王府），国号大越，次年改为汉，史称南汉。大宝十四年（971年），南汉亡。南汉立国55年，历三世四主。经过几次考古发掘并结合史书记载，可推知南汉国有三陵在广州，即襄帝刘隐德陵（刘王冢）、高祖刘岩康陵、中宗刘晟昭陵。

刘晟昭陵已于1954年发掘，2003年至2004年德陵、康陵的发掘，使我们对南汉和五代十国陵墓有了更多认识。南汉二陵是广州考古进入21世纪头十年的一项重大发现，也是五代十国考古的重大发现，具有重要的历史、艺术和科学价值，对于研究南汉国的历史和社会具有重要意义。就中国古代而言，五代十国的史料相对较少，研究成果比较薄弱，关于南汉史研究就更少；就岭南地区而言，关于南汉的文献以及金石文字相对于明清以前的其他朝代较为丰富。南汉德陵、康陵发掘简报发表后，我们曾就陵墓墓主、陵寝制度和历朝关于陵墓的文献记载等进行过梳理和考证[1]。

不少学者对南汉二陵相关问题展开的研究，大多是以哀册文作为新材料对南汉历史进行研究，涉及刘氏家世和籍贯、哀册文文体及哀册文的著录流布，以及陵寝、礼制，等等。尽管南汉陵墓遭严重盗掘，仍出土一批青瓷器和玻璃器等珍贵文物，广州市文物考古研究所（院）请科研机构和高等院校合作对标本进行测试分析，检测其成分，探索其来源。在此综合介绍一些研究成果，采撷诸说，分在各部内容中叙述，随文补入。我们试图在这个基础上以陵墓和出土器物为基本资料，对南汉陵园制度以及其他折射出的问题略作探讨，敬祈方家指正。

## 一、南汉陵墓的制度与等级

2003年发现的德陵与康陵，是南汉国的标志性史迹，也是目前国内发掘为数不多的五代十国时期王陵。这次考古发掘的主要收获是发现南汉康陵和德陵，加上1954年发掘的石马村中宗刘晟的昭陵，确认南汉有三座陵墓在广州。这三座南汉大墓的结构、规模及建造形制基本相同，都是多重券拱的砖室墓，分室，两壁砌出成列壁龛，用大石板加砖墙封门。但是三座墓葬存在葬制上的等级差别，即双室的王墓及前、中、后三室的帝陵。康陵陵园平面

---

[1] 全洪：《南汉德陵考证》，《文物》2006年第9期。张强禄：《南汉康陵的陵寝制度》，《四川文物》2009年第2期。张强禄：《文献记载中的德陵与康陵》，广州市文化广电新闻出版局、广州市文物博物馆学会编《广州文博（肆）》，文物出版社，2011年。

为长方形，只设南门的做法也反映其等级。陵园中建筑砖表土芯覆钵状的方座圆丘颇为特别，与窣堵波即佛塔有紧密关联。下面拟从陵墓选址方位及规制、陵墓墓室形制及等级、陵园形制及规格和陵坛形制及渊源探讨南汉陵墓的制度与等级。

（一）陵墓选址方位及规制

位于广州市番禺区新造镇北边小谷围岛北亭村大香山南坡的大墓出土一通完整的"高祖天皇哀册文"石碑，表明这是五代十国南汉皇帝高祖刘岩的陵墓，墓主身份和墓葬年代非常明确[1]。刘岩卒于大有十五年（942 年），年 54 岁，葬于光天元年（942 年），谥为天皇大帝，庙号高祖，陵曰康陵。

1954 年在广州市东部郊区大岭田乡石马村清理一座南汉时期大型砖室墓[2]。墓葬位于石牛山山麓，墓室分前室、过道、中室和后室，三层券拱。20 世纪 70 年代中期，调查发现在残墓砖上刻有"乾和十六年……"纪年，经考证，判断其为南汉中宗刘晟的昭陵[3]。刘晟卒于南汉乾和十六年（958 年），谥曰文武光圣明孝皇帝，庙号中宗，陵曰昭陵。

广州番禺小谷围岛北亭村青岗的南汉大墓民间称为"刘王冢"，相传是南汉康陵[4]。"刘王冢"是目前所发现的岭南地区墓室规模最大的砖室墓。其规模与康陵、昭陵相当，从墓葬的形制结构，包括墓室砌筑方法与形式、墓砖与封门石板的材质及随葬器物的时代特征来看，这三座墓颇多相同之处，我们推断青岗的南汉大墓是刘隐的德陵[5]。

刘隐卒于后梁乾化元年（911 年），刘岩称帝时（917 年）追尊其父、祖、兄三庙，刘隐为襄皇帝，庙号烈宗，尊葬地曰德陵。

南汉三陵在北宋以后已不知其所处，但毕竟是岭南地区为数不多的帝王陵墓，虽南宋后已湮灭无闻，方志史乘仍多有著录。转相抄录，众说纷纭。南宋方信儒在广州任职时，曾到刘氏墓地访查。《南海百咏》"陵山"序曰：

> 刘氏之墓也，在郡之东北二十里，漫山皆荔子树，龟趺、石兽历历俱存。昔有发其墓者，其中皆以铁铸之。予尝至此地，摩挲断碑，不见始末，但见其词皆是葬妇人墓志，考之伪史，疑是懿陵也。他尚有数处，如南海县宜风乡及番禺黄陂、新会上台、玉环、了簪山等处皆有之。[6]

方信儒说刘氏墓"在郡之东北二十里"，令人自然联想到《五代史·南汉世家》所载南汉中宗刘晟"卜葬域于城北，运甓为圹，晟亲临视之"。明清方志多以为此"陵山"即"兴王府城北"。1954 年在广州东北郊石马村发现南汉大型砖室墓后就将此墓与旧志记载联系起来。商承祚发表简报讨论墓主身份时引《番禺县志》卷二十四："五代南汉刘氏墓在县东境，谓之陵山；一云在郡东北二十里……"，但他认为此墓非帝陵，颇有可能是南汉贵族、

[1] 广州市文物考古研究所：《广州南汉德陵、康陵发掘简报》，《文物》2006 年第 7 期。
[2] 商承祚：《广州石马村南汉墓葬清理简报》，《考古》1964 年第 6 期。
[3] 麦英豪：《关于广州石马村南汉墓的年代与墓主问题》，《考古》1975 年第 1 期。
[4] 麦英豪：《关于广州石马村南汉墓的年代与墓主问题》，《考古》1975 年第 1 期。《番禺县文物志》"南汉刘䶮墓"条，1989 年编印。
[5] 全洪：《南汉德陵考证》，《文物》2006 年第 9 期。
[6] ［宋］方信儒撰，刘瑞点校：《南海百咏·陵山》，第 33、34 页，广东人民出版社，2010 年。

大臣或宦官的墓葬[1]。麦英豪经调查获得"乾和十六年"纪年残砖，据此考证在广州市区东北面约 20 千米的石马村发现的五代南汉砖室墓的建造年份、月份和墓的类型都与史籍所载刘晟的昭陵相一致[2]，进而推定这就是南汉中宗昭陵。经考古发掘验证，石马村南汉墓为昭陵殆无疑义，然则这里是不是方信儒所谓陵山呢？方氏摩挲断碑，考之伪史后说："他尚有数处，如南海县宜风乡及番禺黄陂、新会上台、玉环、了簪山等处皆有之。"今昭陵所在的石马村正是番禺黄陂[3]，方氏以陵山与其对举，显然是两个不同的地方。方信儒所谓"郡之东北二十里"会不会是东南之误，或者方氏不误，他以为陵山在城东[4]。经过考古发掘和调查可确认康陵和昭陵都有陵园建筑，神道有石人、石马，两个陵都是"龟趺石兽俱存"，方信儒到访的陵山可能不是番禺黄陂，或许是指河南之洲北亭的陵山[5]。大香山东南面有一横岗山，岗上有一座清道光时重修的墓，墓碑上刻写墓主列太夫人为南宋时人，葬于小陵山（土名）。据此，南宋时期就已经有了"小陵山"的名称，此时距南汉康陵可能被毁的时间并不太远。小陵山得名是否与陵山对应？旧志"在县东境，谓之陵山"的刘氏墓会不会指的就是康陵？

　　明末崇祯九年（1636 年）刘岩墓被发现，黎遂球撰文记述了刘岩墓盗掘经过[6]。后来屈大均编写《广东新语》"刘龑墓"条也引用黎文[7]。历代地方文献对康陵的记载传抄很多，清同治《番禺县志》卷二十四《古迹略二》载刘岩墓，基本引自黎、屈二氏。《羊城古钞》"刘龑墓"条也是类似的记述，估计都是源于同一版本[8]。《番禺县志》"刘王墓"条："然其上因山为之，初不封树，近年为风雨所圮，方洞见其中。识者亦疑为赵佗墓，墓在县东二十余里。"所谓的"赵佗墓"，从其地理位置及地表出露洞口的情形看，颇疑与德陵近似。考古发掘表明，德陵出露的盗洞口就是拆毁上部封门墙和最上层的封门石板形成的洞口，地表可以比较清楚地看到。"刘皇冢"或"刘王墓"的称谓在当地也流传已久，看来被盗以后就未再被掩埋，一直不离世人的视野。到清代引起士人注意，但是他们把德陵与康陵混淆了。

　　北宋时的史文不涉及南汉陵墓的具体地点，南宋以来关于南汉帝陵的记录，目前所见是《舆地纪胜》《南海百咏》等，尤其是方信儒曾到墓地考察，其咏"陵山"序谓"昔有发其墓者，其中皆以铁铸之"，方氏对南汉帝陵在南宋以前就已被盗有所听闻。通过考古发掘对

［1］商承祚：《广州石马村南汉墓葬清理简报》，《考古》1964 年第 6 期。

［2］麦英豪：《关于广州石马村南汉墓的年代与墓主问题》，《考古》1975 年第 1 期。

［3］黄陂，今为广州市黄埔区联和街道黄陂社区。隋置番禺、南海二县，番禺境包括州城东、北、南，一直延续至民国时期，今黄埔属旧番禺县。番禺黄陂是一个自宋代以来留存千年的古老地名。

［4］方信儒所记的景物方位往往与现代地理的方位相去较大，如石门"在州西南二十里，或谓十五里"。其实石门在广州城之西北，不止二十里。琵琶洲"在郡东三十里"，以现在地理观之则是在东南方。

［5］［清］朱彝尊《曝书亭集》记述南海陈元孝告知：南汉主刘龑葬番禺县治东二十里北亭，明崇祯丙子秋九月，土人发其墓。梁廷楠即采此说"葬兴王府东二十里北亭"。见［清］梁廷楠著，林梓宗校点：《南汉书》卷三《本纪第三·高祖纪二》，第 14 页，广东人民出版社，1981 年。

［6］［明］黎遂球著：《莲须阁集》卷一《吊南汉刘氏墓赋并序》，第 30~31 页，《四库禁毁书丛刊》集部第 183 册，北京出版社，2000 年。

［7］［清］屈大均著：《广东新语》卷十九《坟语》，第 495~496 页，中华书局，1985 年。

［8］［清］仇巨川纂，陈宪猷校注：《羊城古钞》"刘龑墓"条："在番禺东二十里。其地有南亭、北亭，海潮围绕，中不过十余里。墓在北亭洲旁，疑即昌华苑地也。"广东人民出版社，1993 年。

康陵玄宫盗洞清理可知，北宋中晚期确定发生过规模较大的盗发。

　　刘岩登基称帝，追封其先，按唐制当追封四世，由于其前世不明，刘氏先祖只能追宗到其祖刘安（或记为安仁、仁安），但其墓不详；其父刘谦（之谦）为封州刺史，未见有追葬记载，即使有也应不在广州，与刘隐辈为不同陵区。有学者探讨过南汉刘氏王室的籍贯和祖茔问题，据《唐故燕国明惠夫人彭城刘氏墓志》，南汉清远公主刘华"家于五羊，今为封州贺水人也"，说明封州就是南汉王室所确认的在岭南的籍贯。南汉刘氏应该曾经徙家于封州。刘仁安定居封州，并葬于此。故封州就成为刘氏茔地，刘仁安子刘谦死后归葬祖茔。到南海王刘隐移居广州，封王，故以广州为家，另建茔地。按王礼葬于海曲，而非归葬封州祖茔。刘岩称帝后则造山陵于广州[1]。其说甚是，刘氏兄弟发迹于封、贺（唐末五代封州、贺州，约今广东封开、广西贺州地），建功于广州，占据岭南大部，以广州为兴王府，没有归葬祖茔。

　　刘隐德陵（建于 911 年）与其弟刘岩康陵（建于 942 年）同在广州城东南的小谷围岛上，兄墓在北，弟陵在南，南北相距约 800 米。刘岩子刘晟昭陵（建于 958 年）在广州城东北，在康陵北偏东 20 千米左右。据研究，中国古代每一个王朝建立后，开国皇帝都会追封其父或某位先世祖为太祖，而不是视所谓的开国皇帝为太祖。在同一陵区中，辈分最高者的陵寝应即是该陵区所谓祖陵（祖穴）[2]。刘岩称帝，葬在其兄刘隐墓的东南方，恐怕无"祖穴"可言。沈睿文指出五代无明文记载兄弟相继为君的昭穆异同问题，兄弟昭穆同位与否的情况在陵地上并未能如实地表现出来。唐中宗、睿宗兄弟同为皇帝，在宗庙中为昭穆异位，可在陵地上却是以排葬形式入葬。兄弟昭穆同位的原则在中国历史上最先得到中央皇权的认可是在唐宣宗时才确定下来。唐十八陵中年代最晚的一座帝陵靖陵则缺乏相应的穆位。揆以史情，南汉王室世系只能上溯至三世，刘氏始祖祖陵方位已不可知，德陵、康陵之墓主为兄弟，可视为昭穆同位。若中宗刘晟即以其父康陵为祖陵，按照关中唐陵陵地秩序，昭陵应当在康陵的左方，即东或南方向，而昭陵实置于其东北方向，隐约亦可见合乎昭穆。然则南汉陵墓仅两代人三座墓，实难探究其排位。不知是否以昭穆意识选择葬地，特提出来以俟识者。

　　德陵（刘王冢）位于青岗北坡，墓向朝北，与唐代帝陵（包括高规格墓葬）取南向不同。五代十国诸帝王陵墓除吴越钱元瓘妃马氏康陵处东北坡外[3]，其余皆在山南麓。青岗低矮且平缓，刘氏兄弟择此地为茔，不知出于什么原因？或者以堪舆理念相地。刘氏兄弟起自封州，到广州经营数年，与后梁关系正常化，与邻国联姻。刘隐是后梁清海军节度使，集军政大权于一身，又有唐遗臣相辅，刘隐卒于南海王位上，此时岭南局势已稍稳，为什么会选这样的地势建陵？既在广州营造陵墓理当选择胜地，可是却择此低平的青岗，且墓向朝北。南海王薨时 38 岁，正值盛年，史不载其死因。《资治通鉴》卷第二百六十八《后梁纪三》：乾化元年（911 年），清海、静海节度使兼中书令南平襄王刘隐病亟，表其弟节度副使岩权

　　[1] 王承文：《再论南汉王室的族属和来源》，《历史研究》2018 年第 3 期。
　　[2] 沈睿文：《唐陵的布局：空间与秩序》贰"关中唐陵陵地秩序"，北京大学出版社，2009 年。
　　[3] 杭州市文物考古研究所、临安市文物馆：《五代吴越国康陵》，文物出版社，2014 年。

知留后。丁亥（三月）卒。后世相传刘氏在小谷围岛上建苑囿，置警亭，故有北亭、南亭地名遗留，又置昌华苑，设红云宴于岛上，会不会刘隐暴卒于岛上，仓促之际留葬小岛？这只是一个假设，并无证据，有待识者考证。

刘岩称帝执政 26 年，选择在与青岗南北相距约 800 米的大香山南坡营建山陵，号康陵，基本遵循唐以来的帝陵朝向，陵园的修筑也按一定规制。大香山地处小谷围岛南部的土丘群中，虽然相对独立，但地势依然显得低矮，这是由岛上地形地貌所决定的。南汉三陵当中以昭陵相地最为讲究。山陵位于都城东北部约 20 千米的黄陂石马村，此地群山环绕，周边有水成岩石罗叠的大山坳。陵园建于石牛山南麓，左右有山岗环抱，"自墓南望，阡陌平衍"。昭陵显然侧重于地理形势的选择。

康陵哀册文云：高祖（刘岩）于大有十五年（942 年）四月崩，于光天元年九月"迁神于康陵"。宋人修纂史书也记载刘岩崩后建陵，基本遵从唐制死后修建山陵的制度。然而《新五代史·南汉世家》却记载有刘晟曾到墓地察看筑坟事。难道南汉主生前预建寿陵？唐朝有三位明确记载生前选址的帝王，即唐太宗、武则天（生前给高宗营建乾陵）和玄宗。玄宗之后，诸帝都是崩后方始营陵[1]。《新五代史》卷六十五《南汉世家》载："十六年，卜葬域于城北，运甓为圹，晟亲临视之。是秋卒，年三十九。"《旧五代史》卷一百三十五《僭伪列传二》："周显德五年秋八月，晟以疾卒。……是岁，晟以六月望夜宴于甘泉宫。"《资治通鉴》卷第二百九十四《后周纪五》：显德五年（958 年）"辛巳，南汉中宗殂。辛亥，南汉葬文武光明孝皇帝于昭陵。"可知刘晟于南汉乾和十六年（958 年），即后周显德五年秋八月卒，同年十一月葬于昭陵。按《旧五代史》有"六月望夜宴于甘泉宫"句，那么刘晟卜葬域，亲临视之，是年二月至六月之间都有可能。黎金对此有考证，引《十国春秋》和《南汉春秋》所记"卜葬域"的时间是"乾和十六年春二月"。昭陵采集砖文的第一行有"乾和十六年四□"，"四"字以下残缺，应为四月无疑。又有"六月十三日张□□"的砖文，表明有四月和六月烧制的砖，墓当是乾和十六年春夏间建造的[2]。由上可知，昭陵是刘晟生前选定并营建。

史文记载有刘岩马氏为皇后，但刘隐妻和刘晟后史皆失载。《资治通鉴》卷第二百七十《后梁纪五》：贞明五年（919 年）汉主岩立越国夫人马氏为皇后，殷之女也。卷第二百七十九《后唐纪八》：清泰元年（934 年）辛巳，汉皇后马氏殂。《新五代史》卷六十五《南汉世家》仅载：乾亨三年（919 年），册越国夫人马氏为皇后。马氏，楚王殷女也。清梁廷楠《南汉书·后妃列传》云：乾亨三年春，册为皇后。大有七年（934 年）冬，殂。祔葬于康陵[3]。不知其所由。由于昭陵 1954 年发掘后残余的墓砖亦全被拆去[4]，后来广州市文物管理委员会、广东省博物馆专家曾到遗址调查，采集到墓砖和陵园建筑构件，除了墓前的石象、石马外，对陵园地面遗迹没有记录。在发掘德陵、康陵期间，对陵墓所在的山

［1］沈睿文：《唐陵的布局：空间与秩序》贰 "关中唐陵陵地秩序"，北京大学出版社，2009 年。

［2］《广州文物志》编辑委员会：《广州文物志》萝岗石马村昭陵条，第 129 页，岭南美术出版社，1990 年。

［3］［清］梁廷楠著，林梓宗校点：《南汉书》卷七《列传第一》，第 24 页，广东人民出版社，1981 年。

［4］广州市文化局、广州市地方志办公室、广州市文物考古研究所：《广州文物志》萝岗石马村南汉昭陵条，第 70 页，广州出版社，2000 年。

岗进行了全面勘探调查，青岗由于被后世破坏，德陵陵园情况不明，但青岗上有东汉墓发现，另有明清时期小墓，如有南汉时期墓葬当不致遗漏；大香山康陵周围也发现东汉墓、唐五代墓、宋墓以及大量明清墓葬，但没有可明确断定的南汉时期墓葬，因此也可以说康陵无同坟异穴的合葬墓，更无武将文臣的陪葬墓。如果马皇后与高祖合葬的话，只能同葬于康陵玄宫。

南汉康陵玄宫后室宽 3.16 米，砖砌棺床宽 2.25 米，长度虽然被毁不详，但棺床占据棺室的比例显然过大，放置单棺似显得有点过宽。和陵是后蜀孟知祥夫妇合葬墓，圆形主墓室直径 6.7 米，室内横置须弥座式棺台，棺床的长宽比也显得宽度较大，长 5.1 米，宽 2.75 米，高 2.1 米[1]。前蜀王建墓中室宽 6.1 米，棺床长 7.45 米，宽 3.35 米[2]，棺床宽度占到中室宽度的 1/2 多一点，放置单棺比例适中。闽王王审知之妻、梁魏国尚贤夫人任氏墓墓室长 6.46 米，宽 2.44 米。棺床平面呈长方形，长 4.68 米，宽 2.04 米，高 0.14 米[3]。以此类推，康陵棺床放置双棺是合适的。此外，南汉昭陵后室长 6 米，后部有一长 4.95 米、宽 1.52 米的砖砌棺床[4]，只适宜放单棺。我们或许可做这样的推测，康陵是棺床放置双棺的合葬墓，那么高祖皇后马氏卒于大有七年（934 年），刘岩卒于大有十五年（942 年），也就是说皇后马氏死后先停厝葬于某处，待高祖死后一同合葬于康陵玄宫内。但目前还缺乏实证材料。

（二）陵墓墓室形制及等级

五代十国各国既遵循唐制又依所处地旧俗，还有按照墓主家世等因素营建帝王陵墓，并无一定规制，各施其法，但大原则还是不能超脱当时的礼制和社会习俗。南汉三陵的结构、规模及建造形制基本相同，都是多重券拱的分室砖室墓，两壁砌出成列壁龛，用大石板加砖墙封门。其墓室结构的形式具有浓厚的南朝气息，南汉三陵不但未沿用关中地区唐代高等级墓葬形制，而是越过隋唐之制，直接承用南朝墓葬的形制，估计当朝有儒生深谙此道，因而选用南朝样式。当然另一方面则是遵循当地营墓习惯，体现出墓葬区域性特点。刘氏三世居岭南，刘氏先祖墓室到刘氏兄弟时已不知，故不能有所依，不会采取籍贯或者原籍地的葬制、习俗，因而以当地最流行、熟悉的墓室结构营建。

南汉三陵在墓室规制上存在着王葬与帝葬的区别。由于德陵（刘王冢）建陵时刘隐为后梁所封南海王，以王礼葬，故其规模大小基本按唐制王礼的规制[5]。德陵为带墓道竖穴土圹砖室结构，由封门、前室、过道和后室组成，前、后室之间有一简短过道，以砖砌壁墙分隔前、后室。后室券顶结构与前室相同，都是四层券拱，后室高出前室两层券。是典型的前、后双室王礼规制。

康陵玄宫筑在陵台正下方，为带墓道的长方形竖穴砖室结构，由封门、甬道（门洞）、前室、过道、中室和后室组成，前室近甬道处立石质碑形哀册一通，保存完好。前室与中室

［1］成都市文物管理处：《后蜀孟知祥墓与福庆长公主墓志铭》，《文物》1982 年第 3 期。

［2］冯汉骥：《前蜀王建墓发掘报告》柒"中室·棺床"，第 26 页，文物出版社，2002 年。

［3］福建省博物馆、福州市文物管理委员会：《唐末五代闽王王审知夫妇墓清理简报》，《文物》1991 年第 5 期。

［4］原简报称中室后面有一长方形"阶台"，阶台铺砖是用土填高而后铺上的，台两旁铺小砖。我们推测当是棺床。参见商承祚：《广州石马村南汉墓葬清理简报》，《考古》1964 年第 6 期。

［5］关于刘隐王号，诸书稍异。《旧五代史》进封南海王。《资治通鉴》南平襄王。《新五代史》先封南平王，进封南海王。

相交处的过道，墓壁砖砌小直墙，后室与中室之间用砖砌矮墙相隔，为前、中、后三室帝制。

原简报将昭陵地宫分为前室、过道和后室，即两室结构[1]。然而我们重新审视墓室的结构和功能，墓室过道与后室有级差，是前、后室的分界无疑。关键在于后室，简报记录此主室长8米，在前部（实为中室）"东西壁各有承柱，作为支持巩固券拱用"，中室东壁前部有盗洞，东壁承柱被毁，余15厘米。因墓室上部已遭破坏，剖面图只绘底部，文字交代不清。这种承柱的上部结构有两种可能，一是如东晋南朝常用的沿墓壁以楔形砖发券砌筑成"车轮拱"；另一种是如德陵、康陵那样做壁柱，沿墓壁码砌至发券处直上渐收窄，最后没入墙壁中。该柱正是分室的界线，可将主室区分为中室与后室。简报道：主室铺底砖南端入口处有四列长宽各40厘米的正方形砖。其实是五列，分隔中室与后室的承柱就是建在第五列砖上。这样，昭陵就是前、中、后三室，正是帝陵的规格。

南汉陵墓玄宫室内通过局部变化表示王礼与帝陵规制。特别是昭陵在前室的东、西两侧壁下又设地下"器物箱"，与德陵墓道设置"器物箱"相近似，康陵则无此制。南汉帝陵虽然都是三室规制，但与关中帝陵并不相同，与同时期相同级别的墓葬也有诸多异同。

多壁龛是南汉帝王陵的特点，延续了中原地区唐墓形制。德陵与康陵玄宫规模虽不大，但壁龛却不少，昭陵简报没有提及壁龛。从唐五代墓葬的发现情况看，这类壁龛都是用来放置随葬品的，尤以放置陶俑居多。如唐惠庄太子李㧑墓[2]和节愍太子李重俊墓[3]，在第一、二、三天井的东、西两壁上各有2个壁龛，分为上、下两层，均放置陶俑。建于五代后周末年的冯晖墓墓室内有10个小龛，其中东、西两壁各4个，分布在东、西侧室南北两侧，每侧2个。由于盗扰厉害，壁龛内随葬品放置情况已不清楚[4]。而后梁时期的王处直墓在甬道南部东、西两壁各分布1个凸字形壁龛，前室四壁上共分布14个壁龛，后室东、西壁南部下方各分布1个长方形壁龛，这些壁龛内都镶嵌有汉白玉生肖及人像浮雕[5]。然而南方十国帝王陵墓却情况各异，有的有壁龛，有的则无。身份较低者龛少，身份高的龛多。吴越王钱镠父母钱宽墓（临M23）及水邱氏墓（临M24）后室平面略呈船形，两侧壁各有耳室、壁龛2个，后壁有壁龛4个[6]。杭州、临安发现的三座吴越国王室土坑石椁墓，分别是吴越国二世国王钱元瓘墓（杭M27）及其次妃吴汉月墓（杭M26）和武肃王钱镠十九子钱元玩墓（临M20），后室四壁下部浮雕十二生肖神像，每像各居一龛[7]。吴越国二世国王钱元瓘之王后马氏康陵的形制结构与钱元瓘墓完全相同，后室三壁和门背中部分别浮雕青龙、白虎、朱雀、玄武四神，四神下的12个壶门形龛内雕刻十二生肖神像。南京杨吴宣懿皇后墓墓室四壁设有接地壁龛，尚存6个，推断这种圭顶或拱顶壁龛共有12个，壁龛内未发现遗物[8]。南汉

[1] 商承祚：《广州石马村南汉墓葬清理简报》，《考古》1964年第6期。

[2] 河南省文物考古研究所：《北宋皇陵》，第283页，中州古籍出版社，1997年。

[3] 陕西省考古研究所：《唐惠庄太子李㧑墓发掘报告》，科学出版社，2004年。

[4] 咸阳市文物考古研究所：《五代冯晖墓》，重庆出版社，2001年。

[5] 河北省文物研究所、保定市文物管理处：《五代王处直墓》，文物出版社，1998年。

[6] 浙江省文物考古研究所、浙江省博物馆、杭州市文物考古研究所等：《晚唐钱宽夫妇墓》，文物出版社，2012年。

[7] 浙江省文物管理委员会：《杭州、临安五代墓中的天文图和秘色瓷》，《考古》1975年第3期。

[8] 邵磊、贺云翱：《南京铁心桥杨吴宣懿皇后墓的考古发掘与初步认识》，《东南文化》2012年第6期。

德陵与康陵玄宫壁龛会不会放置十二生肖像或人物俑像已不可知，但亦不能排除。

图饰壁画是帝后陵墓等高等级墓葬的装饰仪制，中原地区汉唐以来墓室就多绘有壁画。康陵玄宫内壁四面都涂抹有白灰面，德陵由于被盗扰破坏严重，看不出墓室内壁面有无涂抹白灰，昭陵没有涂抹白灰记录。南唐二陵及吴越国众多陵墓，不少在墓室内壁刷涂白色粉浆或石灰面的做法，系作为墓室壁画的底色衬托，也有未绘壁画的。江苏邗江蔡庄五代杨吴疑为寻阳公主墓的墓室内壁涂有深红色和绿色粉浆，未绘壁画[1]。闽国闽王王审知夫妇墓[2]和前蜀永陵王建墓[3]则不见有壁画；闽国刘华墓墓室周壁抹有白灰（多剥落），但不见有壁画[4]。由于地处多雨潮湿地带，南方地区的丧葬习俗本身就没有墓室装饰彩绘壁画的做法，所以推测南汉三陵墓室壁上也不会绘有壁画。

此外，流行于唐末五代杨吴、南唐王室墓葬的天文星象图，也不见于南汉三陵。康陵墓壁上墁泥浆，石灰粉刷，但只有弧形线条而无彩绘，尚说不上象征"日月经天，江河行地"。

已发掘的五代十国王室、贵族、高官墓葬的大小差别很大。前蜀王建永陵和南唐李昪（高祖）、李璟（中宗）二陵的规模远大于南汉帝陵。王建永陵墓室为红砂岩建筑，十四道券，全长30.8米，内长23.4米，分前、中、后三室，每室之间以木门相隔，高度分别为5.45米、6.4米、5.5米[5]。南唐二陵有前、中、后三个大小相似的主室，两旁各附侧室。钦陵全长21.48米，宽10.12米，高5.3米；顺陵全长21.9米，宽10.45米，高5.42米[6]。然而南汉陵墓与其他五代十国陵墓相比也不算小，德陵墓圹南北长26.47米，东西宽3.4~5.82米；墓室内长10.43米，宽3.14~3.77米，高3.04~3.45米；康陵墓室内长9.84米，宽3.16米，内顶高3.28米；昭陵墓室内长11.6米，宽2.54~4米，高2.2米。五代冯晖墓墓室内甬道长7.9米，宽2米；长方形墓室长6.1米，宽5.2米；穹隆顶高7.14米[7]。五代王处直墓由墓门至后室全长12.5米；前室方形，边长4.8米，顶高4.25米；后室长方形，长4.5米，宽3.8米，顶高3.4米。吴越文穆王钱元瓘墓分前、中、后三室，长约11.3米。钱元瓘之王后马氏康陵形制结构与钱元瓘墓相同，亦为前、中、后三室，总长为11米，宽2.10米，高2.55~3.05米。钱元瓘次妃吴汉月墓则是长方形前、后两室，长7.6米，宽2.87米，高3.10米。五代闽国闽王夫人刘华墓也是长方形前、后两室，全长8.4米。

五代十国陵寝规模不大的原因很大程度上是时代形势造成，一是因袭唐末以来帝陵的风尚，因经济力量所限规模缩小，晚唐帝陵与中唐之前的陵墓相比，不论因山为陵还是积土为陵，规模都要小得多；二是政局不稳，有的父子兄弟残杀，致使诸国陵墓在王礼、帝礼之间切换。已发掘的五代十国帝王陵墓规模都不大，既有按当时王制治陵墓室为两室的，也有称帝的三

————————————————
[1] 扬州博物馆：《江苏邗江蔡庄五代墓清理简报》，《文物》1980年第8期。
[2] 福建省博物馆、福州市文物管理委员会：《唐末五代闽王王审知夫妇墓清理简报》，《文物》1991年第5期。
[3] 冯汉骥：《前蜀王建墓发掘报告》，文物出版社，2002年。
[4] 福建省博物馆：《五代闽国刘华墓发掘报告》，《文物》1975年第1期。
[5] 冯汉骥：《前蜀王建墓发掘报告》，文物出版社，2002年。
[6] 南京博物院：《南唐二陵发掘报告》，文物出版社，1957年。
[7] 咸阳市文物考古研究所：《五代冯晖墓》，重庆出版社，2001年。

室，陵园的占地面积和地面设施都缩小。与京畿地区同时期同等身份的墓葬相比，其规模显然较小，与同时期同地域的墓葬比较则是很大规模，体现出墓主的高等级身份。此外，害怕被盗掘也是其陵规模缩小的原因之一。《资治通鉴》卷二百六十七《后梁纪二》载：后梁太祖开平二年（908 年）冬十月，"华原贼帅温韬聚众嵯峨山，暴掠雍州诸县，唐帝诸陵发之殆遍。"唐帝陵惨遭盗掘，海内尽知。《资治通鉴》卷二百九十一《后周纪二》载："帝屡戒晋王曰：昔吾西征，见唐十八陵无不发掘者。此无他，唯多藏金玉故也。我死当衣以纸衣，敛以瓦棺，速营葬，勿久留宫中。圹中无用石，以甓代之。"后周太祖郭威因唐陵被盗是"多藏金玉"的缘故，生怕其陵墓因财宝被盗掘，所以要柴荣为他薄葬。

南汉三座大墓的墓室可明显看到其规模大小的一致性，然而其规制却有差别，刘王冢（后尊为德陵）为王制，康陵与昭陵是帝制。刘隐卒于后梁乾化元年（911 年），受梁封为南海王，薨时以王礼葬之，其墓前、后两室，是典型的唐代王级规格。刘岩留后袭南海平王，是在其兄刘隐的基础上巩固实力后称帝，刘岩称帝时（917 年）追尊其兄为襄皇帝，庙号烈宗，尊葬地曰德陵。或许出于对王兄的尊重，刘岩崩后虽按帝皇礼安葬于康陵，但其规模大小不想超越刘王冢（德陵），故康陵玄宫的规模大小与之相仿，只是营造出前、中、后三室的帝陵规制，其余部分都相似。而晚一辈的中宗刘晟昭陵也按此规格和规模大小、建筑方式循前二陵之规，所以现在南汉三座陵墓大小相近，外观相同。

南汉陵墓因盗扰严重，随葬器物种类、数量及组合完全丧失，葬制不清。德陵在墓道封门处设置"器物箱"很特别，昭陵前室东、西侧壁下设暗格放置陶瓷器，与常见随葬品放置于玄宫室内地面或壁龛差异很大，或许是刘氏的一种措施，各有不同的意图。我们认为德陵墓道前器物箱应是当时"墓前设奠"之礼仪。这个墓前设奠的时间不是刘隐下葬时（911 年），即筑墓葬仪结束后所设，而是刘岩称帝时追尊刘隐为襄皇帝、其陵为德陵时的祭奠（917 年）。刘岩称帝后，刘王冢由墓为陵，但墓室结构不变，没有按帝陵规格重葬，保持原样。故刘岩等在追尊德陵时重开墓道，不进入墓室，在封门前的墓道里设奠致祭，从而留下此"器物箱"。

《南汉书》等史书中还有康陵"熔铁锢其外，使不可启"的记载，明显是误传。康陵发掘中封门内外没有发现任何铁质遗物，德陵的发掘中也不见熔铁加固封门的线索。《旧唐书》卷一百九十一列传第一百四十一《严善思传》云："臣又闻乾陵玄阙，其门以石闭塞，其石缝隙，铸铁以固其中，今若开陵，必须镌凿。"唐高宗与则天武后合葬的乾陵有用石条封闭墓穴，用铁细腰嵌住石条，再用铁浆灌注在石条与铁细腰之间的现象[1]；唐德宗李适的崇陵隧道以方形和长方形青石块叠砌，嵌凿石槽，卡以铁栓板，并以生铁汁浇灌[2]。看来，为了防止盗掘，墓道或封门用石砌筑，以铁栓板套接，并浇注铁或铅浆的做法在唐代比较常见，后人也因此附会南汉康陵亦有此做法。

[1] 刘向阳：《唐代帝王陵墓》，三秦出版社，2003 年。
[2] 刘随群：《唐崇陵调查简报》，《文博》1997 年第 4 期。

（三）陵园形制及规格

由于德陵所在的青岗早年已辟为果园，地表变化比较大，墓圹口之上尚存残高 80 厘米的封土。发掘时对墓室四周进行勘探，未见有墓上建筑痕迹，墓前不见神道或石人、石兽、石马等立像，文献也无石人、石马的记载。在青岗东坡距离德陵东南约 300 米的白岗的东北坡，调查发现一尊石人立像，石材与德陵及康陵封门石材相同，是南汉习用的石材，或许与德陵甚或康陵有关。虽然刘隐卒时为南海王，即使葬以王礼，人臣墓前也应有神道石刻，所以我们推测白岗发现的石俑应是德陵的石刻。

据昭陵的发掘简报记述：墓地高出墓前的小盆地约 3 米。这里没有描述形状，是不是像康陵陵坛及陵台被泥土掩埋后形成一个土包？是否可以理解为玄宫上部有地面建筑？从其出土陵园建筑构件和神道石刻等可知昭陵建有陵园，因此这个小高台是昭陵地面建筑的可能性很大。昭陵除了发掘时仍存的石马、石象外，还有石俑。简报将后来混入墓室的石俑视为墓内随葬物，不确，其大小与神道石刻相若，当是陵前石像。如是，则可以确定昭陵神道两侧置石马、石象及石俑等，基本与同时代的帝王陵墓相当，或有增减而已。我们可以推测南汉三陵基本还是遵循唐代山陵制度，因受地理环境、当地习俗等各种因素限制，因陋就简，因地制宜选取适合己意的部分营建陵墓。下面我们重点讨论康陵的陵园。

南北朝帝王陵墓以及王侯、贵戚墓葬地表上有石刻群雕，唐代帝陵神道两旁置石刻成为定制。按照唐宋时期的陵园制度，康陵陵园前面应该设有神道。康陵玄宫甬道与前室之间的盗洞 3 填土内发现一具残文臣石俑头像。这个残的石俑不大可能放置在原本就不大的玄宫内，理应是神道上的石刻残件。南宋方信孺在《南海百咏》"陵山"条云："刘氏之墓也，在郡之东北二十里，漫山皆荔子树，龟趺、石兽历历俱存。"[1] 方信孺在陵山所看到的石马，未必是黄陂石马村之石马，而可能是清人所说的北亭洲陵山的石马。无独有偶，明末黎遂球亲自到北亭洲纵视，撰《观刘氏家记》："其藏已空，淤泥之所汇，蛙蠚蛇蚓之所与处，石断裂从衡而卧，立于草潦者不知凡几。"[2] 在番禺小谷围岛大香山康陵所在地看到陵墓的石刻倒卧在草丛中。宋、明时人的调查记录，可与墓中扰乱层发现的石俑相印证，表明康陵神道原有石人石马。

位于黄陂石牛山南麓的昭陵墓前有石马、石象等石刻，另有 2 件石俑，简报称"发掘前已移至墓外，原位置不明"。一件身高 150、宽 40、厚 18 厘米，一件身高 160、宽 40、厚 20 厘米。长衣阔袖，两手高拱似执笏[3]。此类石俑像常见是放置在陵前神道两旁，王审知夫妇墓墓前神道两侧依次排列文武石瓮仲各两对，石虎、石羊、石狮各一对[4]。昭陵陵园建筑构件砖瓦、脊饰等与康陵完全相同，因此昭陵陵园亦有门、阙等楼阁式建筑无疑，陵前设神道置石人石马，这是相当完整的陵园建置。由此逆推，康陵也应有神道，且神道两侧当

[1]［宋］方信孺撰，刘瑞点校：《南海百咏·陵山》，第 33、34 页，广东人民出版社，2010 年。
[2]［明］黎遂球著：《莲须阁集》卷十六《观刘氏家记》，第 215 页，《四库禁毁书丛刊》集部第 183 册，北京出版社，2000 年。
[3] 商承祚：《广州石马村南汉墓葬清理简报》，《考古》1964 年第 6 期。
[4] 福建省博物馆、福州市文物管理委员会：《唐末五代闽王王审知夫妇墓清理简报》，《文物》1991 年第 5 期。

有石刻。按唐制,神道在南门外,然而康陵陵园南门前却另建廊式建筑,再前(南)还有两个小磉墩,那么神道的位置与尺度如何?石刻又如何安置?

由于康陵石刻无存,尽失原位,因此放置石像生的神道的位置亦不可知。在陵门以南约20米处为廊式建筑,正对康陵陵门、南距陵前建筑约23米处,还发现一对磉墩残迹。两组基址都是南北长20米左右,这样局促的空间似不足放置常规的石像生,是否可能康陵的神道更在两磉墩之南?从地势判断,这对磉墩所在的位置已接近大香山南坡坡脚的最低点,往前不远就接陈岗北坡,地势呈平缓的"U"形谷地,已经近于水面,似不能安置石刻。西夏王陵在月城缩短神道长度的做法可为参考。以西夏3号陵陵园为例,将石像生基址置于月城,在通往陵城御道两侧各摆放2~3列石像生群,改变了唐宋陵墓将石像生群列于阙台(乳台)到南神门两侧,一字排开的做法[1]。如果康陵有神道并放置石像生的话,只能在陵门以南与廊式建筑之间,或者是陵前廊式建筑与磉墩残迹之间,各类石刻分行安置在缩短的神道两侧。

陵门以南约20米处,有3排磉墩,与南垣墙平行排列。依其对称布局的特点还原为42个:东西成排,每排14个;南北成列,每列3个,分布范围东西长64米,南北宽8米。磉墩大小不一,与陵门对应的中轴线两旁的四列磉墩稍大,其余的略小。从磉墩观其柱网,其空间是中间开间稍大,两侧的稍小。这种长廊式建筑显然不是传统意义上的献殿。这组磉墩基础所表现的建筑形制显得很特别。

在陵前廊式建筑南约23米处的一对方形磉墩,边长1米,墩心东西间距26米。这两个处于陵园南门以远的磉墩由于体量太小,恐怕不是象征外陵园南门的双阙。如果是放置双狮或对柱,则更为合理。关中唐十八陵神道两旁都有一对石柱竖立在石刻群之前作为神道的标志,至乾陵形成定制[2]。陵园四门外较远处各立一对石狮,是帝陵重要组成部分,陵墓前石柱(华表)仅可用于帝王及嫡系宗亲。笔者以为南汉康陵的神道和石刻可能在陵门前廊式建筑与两磉墩之间,而且可能不只两行。两个磉墩是石柱或石狮的基址,至于是否以此昭示陵园范围,即外缘及兆域,还有待更多材料考证。

康陵不仅是南汉三陵中陵园布局最为完整的一处,而且是目前所发现的五代十国时期陵园建制最为完备的一处帝王陵寝。唐宋陵墓除"因山为陵"之外,也多沿用汉代陵墓以方形为贵的制度,在平地上起建正方形的陵台(坟丘),呈上小下大覆斗形。方形陵台四周围护有墙垣,墙垣开有神门,四隅设角阙的布局是基本不变的。康陵陵园布局也大体采用这一形式,但规模小得多,而且因地制宜又有所减省。五代十国陵园规模及配置都发生重大变化,比唐代有所减省,这在晚唐之后有迹可循,唐末的帝陵制度逐渐走向衰微。然而南汉康陵陵园采取长方形平面与唐帝陵的方形不同,不符合帝陵标准,并不一定是五代十国的局势影响陵园的形制与规模,而是与建陵时所采取的山陵等级有关。

太宗李世民葬昭陵之后,唐代帝王陵寝制度确定了以山为陵为最高级别,封土为陵次之,故

[1]宁夏回族自治区文物考古研究所、银川市西夏陵区管理处:《宁夏银川市西夏3号陵园遗址发掘简报》,《考古》2002年第8期。
[2]刘向阳:《唐代帝王陵墓》,三秦出版社,2003年。

唐陵大多采用因山为陵葬制。南汉康陵选择积土为陵且形体较小就显示出与帝陵有所差别。

据张蕴的研究[1]，唐代之帝后陵及号墓为陵的帝王至亲墓葬的形制与规模，即陵园和封土梯次缩小。帝后陵墓以山为陵，周围设内、外双城，内城近方形，有城围绕，开四门。号墓为陵者择北高南低之处封土造，冢呈方形覆斗式，陵墓周围设矩形单城。亲王、公主墓绝大部分使用方形覆斗式封土，单陵园呈长方形。

懿德太子陵与其他大多数太子、公主等贵族墓（新城公主墓为特例）墓园形制相同，陵园平面为南北长、东西窄的长方形，仅开一南门，明显有别于唐帝陵。王小蒙引宿白研究指出懿德太子墓也并非完全按照帝陵制度修建，而是兼具帝陵与太子陵之制度。提出太子陵自身有许多共性："陵园规模大于品官墓，陵园形制级别低于帝陵，使用哀册而不用墓志；而地上陵园、石刻这些标志鲜明的地方依然是太子陵制。"[2]关中唐十八陵的最后一个皇帝僖宗李儇的靖陵，系封土为陵，方形、四门仍然是帝制标准。

南汉康陵建制与唐帝后陵不相符，却与让皇帝惠陵、懿德太子墓等号墓为陵者存在诸多相同因素，如陵园为长方形，而不是方形，仅开南门，填土为陵，覆斗形封土位于陵园偏北，等等。虽然南汉康陵与唐惠陵和懿德太子墓等盛唐时期陵墓在时间上相差较远，未必有直接关联，虽表现出与唐帝陵的差别，但更近似准帝陵之制。由此折射出十国诸帝王最初并不敢使用唐帝山陵规制，一方面固然与政局不稳、经济力量不足有关，但未尝不与当时社会舆论和个人心理压力有关。刘岩在岭南称帝，常"扼腕北顾，中原多事，吊伐在怀，未伸睿志"（哀册文语）。充其量只是不奉后梁、后唐正朔，刘岩号称"今中国纷纷，孰为天子！安能梯航万里，远事伪庭乎！""自言家本咸秦，耻王蛮夷，呼唐天子为'洛州刺史'。"但也自知偏安一隅，显然建陵选择不按唐帝陵标准配置。此外，康陵西边大香山西坡下发现有晚唐五代墓葬，仅一座同坟异穴并列砖室墓，不能确定是否为陪葬墓。经勘探，陵园周边没有壕沟或墙垣迹象，至于是否植松柏为栏亦不可知。

据研究，中国古代帝陵的平面布局模仿都城。西汉帝陵及陵园的修建模仿了汉长安城。隋文帝泰陵也模拟了大兴城的某些因素，陵园垣墙外围的围沟象征护城河，南北向长方形墙垣模拟大兴城郭城，大体居中的封土及墓室象征宫城，祠庙象征礼制性建筑及大兴城的寺院等[3]。对唐代帝陵产生很大影响。与此同时，唐代帝陵陵园的布局也模仿唐代长安城的布局，而长安城内遍布寺院的情形也有可能影响到陵园的建设[4]。

南汉都城兴王府（广州）及陵园的规模自然不可与隋唐都城比拟，但从康陵陵园的布局来看，也受到隋唐帝陵中都城布局与寺院布局等因素的影响。前面说过，南汉康陵的平面布局更接近唐代次于帝陵的体量和制度，除了等级差别外，康陵不像是对都城兴王府的模拟，在陵中建塔式陵坛更像寺院布局。

［1］陕西省考古研究所：《唐李宪墓发掘报告》第八章"结语"，第244~269页，科学出版社，2005年。
［2］陕西省考古研究院：《唐懿德太子墓发掘报告》第六章"结语"，第399~412页，科学出版社，2016年。
［3］冉万里：《隋代帝陵制度研究》，《考古与文物》2021年第1期。
［4］冉万里：《帝陵建寺之制考略》，西北大学考古学系、西北大学文化遗产与考古学研究中心编《西部考古》第一辑（纪念西北大学考古学专业成立五十周年专刊），三秦出版社，2006年。

　　佛寺制度传自印度，以供奉舍利的塔为中心建置。东汉以来，以佛塔为主的佛寺布局，在东晋南北朝时期前段仍占优势[1]。其基本格局是前塔后殿，有的甚至不建殿。北魏平城时代灵图遗址内除思远佛塔塔基以外，别无其他殿堂遗迹，原因是该寺的主要建置就是佛塔。迁都洛阳后，永宁寺寺院中心略靠南处建方形塔基的高大佛塔，塔的北面有一座大型殿堂。永宁寺的总体布局是前塔后殿、以塔为主的配置。犍陀罗佛教建筑最重要的创新之一是佛寺基本由寺院中庭和供奉佛塔的塔院及供僧众修行的僧院组成。到了唐代，寺院的布局发生很大变化，在中原地区兴建的大型寺院，大多以佛殿为主，其布局除具备重楼复殿云阁修廊等壮丽的建筑外，佛塔已不居于佛寺主院的主要位置，很多变成了殿前塔后的格局[2]。天竺佛寺大型多院落的形制，通过天竺僧人或求法唐僧的传播，成为唐朝佛寺模仿的对象[3]。

　　至唐代，佛寺主体已经中国化。然而南汉并未取这种复杂的多院落形制，而是采纳其原始、简略的样式。南汉康陵单设塔院之制已非盛唐以后所遵循的规制，应另有所本。我们认为更接近犍陀罗地区和北朝以塔为主制度，这种布局一直延续到 10 世纪的五代时期，中国、印度以及印度化国家都有留存，继续使用。其中虽有变化，且也存在地域差异，但基本的格局犹存。南汉康陵将陵园按寺院格局修建，与时贤研究隋唐陵园仿照都城、寺院，将陵园修筑成城市、宅院、寺院的布局完全是同样的理念。康陵陵园乍一看就是一个普通的长方形院墙、陵寝置于院内的山陵结构，可是仔细对照，从汉唐帝陵到五代十国帝王陵墓无一座相似者，并不像两汉隋唐帝陵参照都城布局。显然不是单一来源，而含有刻意复古，仿照北魏的意味。因受到佛教建筑的巨大影响，形成将陵塔置于主要位置的塔院格局。塔形建筑设在陵园中，省略犍陀罗佛寺基本组成部分的僧院，同时又摒弃了唐宋陵园诸多烦冗之处，为我们探索康陵陵园之制，考察唐代城市布局与寺院布局对中国陵墓的影响，推及南汉以及十国的寺院布局提供重新审视的角度。

　　（四）陵坛形制及渊源

　　康陵主体建筑在长方形陵园中部偏北，地面建筑的核心是陵台。由包砖土芯圆坛、方形基座与散水，以及南面的神龛、祭台、坡道等构筑组成。陵坛为砖包土方座覆钵顶圆柱形，中心以红黄土夯筑圆形土台，周围垒砌包砖，逐渐内收，顶部被毁，近平，原貌当为圜顶（或近平顶）覆钵状。底部包砖外径 10.2 米，夯土芯内径 5.9 米，现残高 2.2 米。陵坛下为砖石方形基座，基座为砖包夯土结构，边长 11.4 米。基座四周为方形砖铺砌的散水地面，亦呈方形，边长 17.8~18 米。陵坛南部正中设有神龛和祭台，陵坛封土包砖壁正南有一大龛，设在基座之上，大龛宽 1.8 米，进深 1.9 米。祭台砌筑于陵坛方形基座南部散水砖面上，长方形，东西长 5.2 米，南北宽 3 米。祭台之南设坡道，筑于墓道上方，为长方形砖包土台阶，现存南北长 9.2 米，东西宽 7.5 米。这样在山坡上就形成一个方形基座砖砌圆塔形建筑。方座漫圆

[1] 宿白：《东汉魏晋南北朝佛寺布局初探》，原载田余庆主编《庆祝邓广铭教授九十华诞论文集》，河北教育出版社，1997 年；后收入宿白著《魏晋南北朝唐宋考古文稿辑丛》，文物出版社，2011 年。

[2] 宿白：《试论唐代长安佛教寺院的等级问题》，原刊《文物》2009 年第 1 期；后收入宿白著《魏晋南北朝唐宋考古文稿辑丛》，文物出版社，2011 年。

[3] 龚国强：《唐朝佛寺中的天竺影响》，李崇峰主编《犍陀罗与中国》，文物出版社，2019 年。

顶的包砖圜丘的封土形式甚为特殊，唐陵除大多数"因山为陵"外，几座积土为陵的帝陵沿用汉代陵墓以方形为贵的制度，在平地上起建正方形的上小下大覆斗形陵台。我们在发掘时就明显感觉到康陵陵坛砖包土的方座圆丘，形如塔基状的独特性。发掘简报发表后即有学者响应可能是覆钵状的圆顶，类似传统"窣堵波"（stupa）的塔身的形制[1]。李清泉根据汉明帝改变秦汉陵墓的"方上"传统，将显节陵封土做成圆丘形，并于墓上"作佛图像"这种圆丘形墓上树塔的做法，提出曾受到西域佛教古代印度所流行的那种覆钵式墓塔的影响或启发[2]。

东周以来，中国古代陵墓存在积土为陵和因山为陵两大体系。韩国河从帝（王）陵封土的角度分析："东周至西汉为方形封土时期，东汉至南北朝为圆形封土时期，隋唐至北宋为方形封土时期，明清为圆形封土阶段，这一方一圆的阶段性更替，彰显出中国古代陵寝文化变化的特征。"[3]

冉万里从隋唐帝陵的角度研究认为，东汉帝陵、北魏孝文帝长陵及西魏元宝炬永陵等的封土呈圆丘形或者圆锥形，与隋泰陵的封土完全不同。隋泰陵的覆斗形封土，显然是对秦汉帝陵封土呈覆斗形旧制的恢复，并为此后的唐高祖献陵所继承，又显示了唐承隋制的一面[4]。

韩国河说光武帝改革西汉的"山陵"是"方上"的覆斗形封土，汉明帝选取"天圆"状的封土正暗合了东汉承袭西汉火德的正统性，北魏与东汉的陵寝制度有很大的相似性，其在仿制东汉陵寝制度的基础上，创造出新的北魏（朝）陵寝模式。陵寝与佛教文化结合的典型首推永固陵。大同北魏方山思远佛寺为北魏冯太后时修建，北距永固陵直线距离约80米，西南约100米是北魏斋堂遗址，陵寺结合的形式反映出冯太后本人笃信佛法，体现与平城所立思燕佛寺等同的意愿。永固陵和万年堂的封土都是上圆下方，仿东汉帝陵的圆丘形封土，又融合明堂灵台的形制。

实质上，光武帝原陵由汉明帝主持修建，不做成西汉"方上"的覆斗形封土形制的山陵，而是将封土改方为圆。汉明帝显陵的封土也呈平顶圜丘形，这固然有"东汉承袭西汉火德的正统性"，但另一侧面反映了受印度佛塔的影响。《洛阳伽蓝记》卷四《白马寺》云："明帝崩，起祇洹于陵上。自此从后，百姓家上或作浮图焉。"祇洹就是寺院。虽然伽蓝记晚出，所记或非东汉初事，然而汉明帝则是重视佛教的，永平十一年（68年）遣蔡愔、秦景等到印度拜求佛经、佛法、佛像，于次年在洛阳建立白马寺。《魏书》志第二十《释老十》："帝遣郎中蔡愔、博士弟子秦景等使于天竺，写浮屠遗范。愔仍与沙门摄摩腾、竺法兰东还洛阳……明帝令画工图佛像，置清凉台及显节陵上，经缄于兰台石室。……自洛中构白马寺，盛饰佛图，画迹甚妙，为四方式。凡宫塔制度，犹依天竺旧状而重构之。"画工图佛像于清凉台及显节陵上，圆丘形封土等显然也是浮屠的因素。宿白指出魏收记录虽较晚出，但

[1] 刘文锁：《南汉〈高祖天皇大帝哀册文〉考释——兼说刘氏先祖血统问题》，台湾《汉学研究》2008年第26卷第2期。
[2] 李清泉：《从南汉康陵"陵台"看佛教影响下的10世纪墓葬》，杨泓先生八秩华诞纪念文集编委会编《考古、艺术与历史——杨泓先生八秩华诞纪念文集》，第339~358页，文物出版社，2018年。
[3] 韩国河：《东汉北魏陵寝制度特征和地位的探讨》，《文物》2011年第1期。
[4] 冉万里：《隋代帝陵制度研究》，《考古与文物》2021年第1期。

主要事迹皆有来源。北魏思远佛塔所以又名思远灵图者，盖以该寺之主要建置即此佛塔的缘故[1]。

纵观东汉、南北朝到五代十国帝王陵墓的形制变化，圆丘形制是受印度公元前后早期窣堵波的影响，尤其具有印度早期佛塔半球形、圆形基座的特征。列为世界文化遗产名录的印度桑吉大塔、吠舍离（Vaishali）佛塔和斯里兰卡无畏山寺塔等，这些佛塔多数初建于阿育王时期，原本并不是特别高大，经巽伽王朝和贵霜王朝以及后世改造扩建，才高达数十米，直径过百米[2]。

吠舍离是古印度佛陀时代最大且最为繁盛的城市之一[3]。佛陀留下钵作为纪念，这也是后来印度佛塔都建成覆钵形的原因。这里除了阿育王柱和佛塔遗址外，还有吠舍离古塔遗迹，舍利佛塔已被确定为包含佛陀肉体遗骸的八座佛塔之一。K.P.Jayaswal 研究所在1957~1958年对该遗址进行的挖掘表明，最初它是一座较小尺寸的泥佛塔，由佛陀时代梨车（离车，Lichavis）统治者在公元前5世纪左右在佛陀遗物上竖立。在孔雀王朝（Maurya，公元前3世纪）、巽伽王朝（Sunga，公元前2世纪至3世纪）和贵霜王朝时期（Kushan，1至3世纪），佛塔得到了扩大，佛塔的直径增加到17.1米[4]。

桑奇大塔（The Great Stupa at Sanchi）最初在公元前250年左右由阿育王修建，那时桑奇是著名的佛教中心。大塔为半圆形覆钵，直径约为36.6米，高约16.5米，原为埋藏佛骨而修建的土墩，后在巽伽王朝时代扩建，在覆钵形土墩上又加砌了砖石。

斯里兰卡无畏山寺（Abhayagiri Viharaya）建于公元前1世纪，在2世纪曾经扩建，4世纪时中国僧人法显所著的《佛国记》中称其为"大塔"。斯里兰卡西古城阿努拉特普拉（Anuradhapura）在公元前3世纪到10世纪一直是斯里兰卡的都城。斯里兰卡的佛教源头，阿努拉特普拉塔建于公元前377年。斯里兰卡的几座佛塔经后世改建，基本上保持一个形状。都是半球形覆钵状，顶部有方座，座上立刹。现存的无畏山寺塔底直径97.2米，高72.6米。

目前已清理的五代十国陵墓采取东汉圆丘状封土的至少有5座，即前蜀王建永陵、后蜀孟知祥和陵、南唐李昪钦陵、南唐李璟顺陵和南汉刘岩康陵。王建墓陵台现高约15米，直径80余米，圆形封土丘经夯打，基部周围界以石条，并有砌砖[5]。从结构及筑法方面看，永陵与桑吉大塔最为相似，不过桑吉大塔为实心，而永陵建于塔芯夯土内。和陵是孟知祥夫妇合葬墓，位于磨盘山南麓，地面有高大的坟丘，下部围砌青石，周长77.4米[6]。南唐二陵是五代十国时期规模最大的帝王陵墓，先主李昪及其妻宋氏的钦陵在高山的南麓，封土为高约6.5米、直径约30米的圆形土墩，当地百姓称之为"太子墩"。中主李璟及其妻钟氏

[1] 宿白：《东汉魏晋南北朝佛寺布局初探》，宿白著《魏晋南北朝唐宋考古文稿辑丛》，第230~247页，文物出版社，2011年。
[2] 关于印度佛塔信息大部分取自网络，部分取自篠原典生著：《西天伽蓝记》，兰州大学出版社，2013年。
[3] [唐]玄应《众经音义》四曰："正言吠舍厘，在恒河南，中印度境，七百贤圣于中结集处所也。"
[4] 毗舍离 Vaishali，采自丝绸之路世界遗产数据库（http://www.silkroads.org.cn）。
[5] 冯汉骥：《前蜀王建墓发掘报告》叁"陵台的外形及建筑"，文物出版社，2002年。
[6] 成都市文物管理处：《后蜀孟知祥墓与福庆长公主墓志铭》，《文物》1982年第3期。笔者按：简报未描述高大坟丘的形状，墓葬平面图绘制的封土外形与前蜀王建永陵相同，亦呈圆形。

的顺陵位于钦陵西北，相距 50 余米，土墩的形状不如钦陵的显著[1]。发掘者已经注意到这个问题，在发掘报告中称："自秦汉以来，皇帝陵墓上的封土，多作方形层台状，唐代和北宋还是如此。二陵虽然仿唐代制度，但封土成圆形。"但将其大致归结于受地理环境和经济条件所限制[2]。

　　五代十国陵墓包含众多佛教元素，五代南方各国在帝陵旁建立寺院是延续隋唐上自帝王、下至官吏陵园及坟地建寺的风气。隋李静训墓长方形竖井坑埋在一座夯土台基下面，台基残存长 50 米，宽 22 米，当是一座建筑物的遗址。据墓志所记，推测夯土台基是重阁的遗迹[3]。墓志称：瘗于京兆长安县休祥里万善道场之内，即于坟上构造重阁。遥追宝塔，欲仿佛于花童；永藏金地，庶留连于法子。徐松《唐两京城坊考》卷四载：休祥坊在朱雀街西第四街，坊东南隅有万善尼寺。李静训为贵族少女，幼为外祖母周皇太后所养。西安市西郊出土《大唐朝议郎行内侍省宫闱局丞上柱国公士杜君墓志并序》，记载杜玄礼于"开元七年（719 年）岁次庚申，于京城西开远门外七里临皋驿前，予修砖堂塔一所。"杜玄礼与夫人黄氏于开元十五年（727 年）就葬在这座砖堂塔[4]。冉万里研究认为，夫为妻、子为父母立寺之事在隋代屡见不鲜。唐昭陵和建陵的寺院中有"瑶台寺""宝国寺"共同的名称，可能是在规划陵园时已经形成了一定的制度[5]。唐代一些帝陵在陵域之内建寺院，但并没有直接在封土上或前后建佛堂或佛塔。南汉国之前的 8~9 世纪渤海国的陵墓上建佛塔或佛殿，其后 11 世纪的西夏王陵在墓上或墓前建塔。

　　吉林和龙市龙海墓区是渤海国 8 世纪后半叶至 9 世纪前半叶重要的王室陵寝。目前发掘大型砖室塔墓和大型夯土建筑台基下同封异穴砖椁木棺墓两种。1980 年在 V 号台地发掘的贞孝公主墓（M1）为带墓道的长方形砖室墓，是贞孝公主夫妻二人的合葬墓，墓顶用长方砖在甬道和墓室盖顶石上面砌筑近方形塔基[6]。2004 年在 Ⅵ 号台地发掘的 M10 由墓上砖塔和塔身下的墓葬构成，塔基平面呈回字形。2005 年在 Ⅷ 号台地发掘一座同封异穴砖椁木棺墓（M13、M14），台地中央有大型夯土建筑台基，其上可见排列有序的础石，周边散存大量的建筑瓦件等。在建筑基址中央的夯土台基之下筑墓室。发掘者认为 M13、M14 墓上建筑形制与渤海上京城北 9 号佛寺如出一辙，墓上建筑采取佛寺风格建筑形式[7]。渤海国王室陵墓分处不同陵区，据目前发掘资料可知，贞孝公主等墓上建方形佛塔，渤海王及王后（墓志称皇后）墓上有佛堂建筑，虽然各王及后和王室成员选择墓上建筑方式有别，但墓上造塔或建殿，总与佛教建筑有直接关系。渤海第三代王大钦茂的尊号为"大兴宝历孝感金轮圣法大王"，也充分体现渤海王室生前崇尚佛教。

[1] 南京博物院：《南唐二陵发掘报告》第一章"地理环境及发现和发掘的经过"，第 2 页，文物出版社，1957 年。

[2] 南京博物院：《南唐二陵发掘报告》第二章"二陵的建筑"，第 39~40 页，文物出版社，1957 年。

[3] 中国社会科学院考古研究所：《唐长安城郊隋唐墓》贰"隋代李静训墓"，第 3~28 页，文物出版社，1980 年。

[4] 李健超：《唐长安临皋驿》，《考古与文物》1984 年第 3 期。

[5] 冉万里：《帝陵建寺之制考略》，西北大学考古学系、西北大学文化遗产与考古学研究中心编《西部考古》第一辑（纪念西北大学考古学专业成立五十周年专刊），三秦出版社，2006 年。

[6] 延边朝鲜族自治州博物馆：《渤海贞孝公主墓发掘清理简报》，《社会科学战线》1982 年第 1 期。

[7] 吉林省文物考古研究所、延边朝鲜族自治州文物管理委员会办公室：《吉林和龙市龙海渤海王室墓葬发掘简报》，《考古》2009 年第 6 期。

　　宁夏银川市西夏 3 号王陵陵台（陵塔）位于陵城内西北部。陵台（陵塔）现为圆锥形，用黄土夯筑而成的实心土台为八面七级，底面呈相当规整的圆形，内部由夯土充实，外部有砖瓦木檐建筑的攒尖顶佛塔。发掘者总结：西夏陵改"方上"封土台为不起土冢作用的塔式建筑，表现了一种中国帝王葬制与佛家瘗葬仪轨完美的结合形式[1]。八号陵灵台位于内城偏西北处，基部平面呈八角形，每边长 12 米[2]。西夏陵起塔，乃是西夏"皇室"笃信佛教的反映。佛塔意译为坟，源于对佛陀舍利之崇拜[3]。

　　李清泉追溯东汉时期中国丧葬建筑当中就已经出现了模仿佛塔的迹象，唐代密教经典、五代十国时期佛教陀罗尼信仰业已开始对丧葬习俗产生深刻的影响，成为推动世俗墓葬向佛教坟塔方向发展的动力[4]。南汉刘氏王室不免受此宗教观念、文化意识的影响。但是康陵的陵塔（或称陵坛）既不同于大直径的圆丘形封土，又不类于楼阁式的层塔。南汉偏居华南一隅，首都兴王府又设在中西文化交流甚为发达的广州，康陵陵塔独特的造型有时代的因素以及地域的特色，没有完全按唐制度安排，虽有众多形制受唐影响，更多的却是根据自己的需求加入自己的理解和意识创造出具自身特色的陵寝。

　　在中国隋唐五代陵墓中找不到与南汉康陵陵塔相类的造型，但同类母题却在印巴和中亚地区大量可见。虽然说陵塔可能取自印度，但经过比较，仅从外观而言，与成熟典型的犍陀罗塔身并不相同。根据考古调查，孔雀王朝时期创建的佛塔有桑奇佛塔、塔克西拉的法王塔、斯瓦特的布特卡拉Ⅰ号佛塔等。现存的印度佛塔大部分都经过多次重修，塔内部往往包含早期的佛塔[5]。早期印度佛塔一般是半圆球形，贵霜时期的佛塔结构发生了显著变化，新特征为方形基台、佛塔上开龛供奉佛像、覆钵增高等。稍后一个时期，佛塔建造出现另一个发展趋势，小佛塔取代大佛塔成为主流，佛塔形状进一步改变，高塔取代低塔成为更加普遍的样式[6]。

　　犍陀罗地区集中保留着几种佛塔[7]。塔克西拉（呾叉始罗）达摩拉吉卡（Dharmarajika）法王塔，大窣堵波平面为圆形，覆钵（dome）及塔身（drum）高 14 米，东、南、西、北四面各置踏道，整个大塔周匝铺砌礼拜道。大塔周围密布不计其数的还愿塔。大塔直径，包括塔基和踏道，东西为 46 米，南北为 45 米，大塔覆钵直径 35 米。斯瓦特地区布特卡拉Ⅰ号（ButkaraⅠ）主窣堵波位于中央，周围置还愿塔。大窣堵波平面为圆形，类似于达摩拉吉卡窣堵波。斯瓦特地区具有代表性的窣堵波由基座、塔基、塔身和覆钵构成。主塔是一座窣堵波，塔基平面呈方形，圆柱形塔身分作三层，顶为覆钵。如位于赛度谢里夫（Saidu Sharif）西南的什纳沙阿窣堵波（Shna-shah Stupa），塔基平面方形，边长 22 米，高达 17 米。

［1］宁夏回族自治区文物考古研究所、银川市西夏陵区管理处：《宁夏银川市西夏 3 号陵园遗址发掘简报》，《考古》2002 年第 8 期。
［2］宁夏回族自治区博物馆：《西夏八号陵发掘简报》，《文物》1978 年第 8 期。
［3］孟凡人：《西夏陵陵园形制布局研究》，《故宫学刊》2012 年第 1 期。
［4］李清泉：《从南汉康陵"陵台"看佛教影响下的 10 世纪墓葬》，《考古、艺术与历史——杨泓先生八秩华诞纪念文集》，文物出版社，2018 年。
［5］篠原典生：《西天伽蓝记》，第 138~139 页，兰州大学出版社，2013 年。
［6］穆罕默德·阿什拉夫·汗（Muhammad Ashraf Khan）：《丝路上的犍陀罗佛教建筑和艺术》，《光明日报》2019 年 5 月 7 日第 12 版。
［7］阿泽姆（AbdulAzeem）著，苏玉敏译：《犍陀罗佛教考古综论》，第 11~59 页，李崇峰主编《犍陀罗与中国》，文物出版社，2019 年。

纳吉格拉姆窣堵波（Najigram Stupa，一作 Tokardara）主塔可能是这一地区保存最好的，覆钵半球形，塔身二层，塔基方形，下置基座，边长 22 米，塔高 15 米。这两种方座覆钵佛塔形制风格差异很大。如果南汉康陵陵塔即如《魏书·释老志》所说的："宫塔制度，犹依天竺旧状而重构之"，那南汉之重构不是采取犍陀罗稍后期流行的圆柱形塔身，而是更接近早期孔雀王朝及巽伽王朝覆钵圆丘状的样式。也可说是两者结合，因仍保留了残高 2.2 米的塔身。

这样的方形台基，覆钵顶塔身，南壁正中辟有神龛的陵上构筑是怎么样、依据什么样式被建造？又是通过什么途径接受这种与汉化楼阁式（方形或多边形多层）砖木佛塔大不相同的造型？

7 世纪玄奘游历印度时，佛教已渐从鼎盛走向衰落。《大唐西域记》对不少佛教圣地的描述多是伽蓝数百，多已圮坏，僧徒稀少。笈多王朝后期，印度教势力逐渐增大，密教传统渗入佛教体系，8 世纪中期兴起的帕拉王朝时期，密教成为最大的佛教势力。传统的佛塔及寺院多已破损，不得多见。婆罗门教建筑在印度大行其道，天祠数十，异道寔多。各地方性王朝大多信奉了印度教，兴起大建神庙热潮。南北方都吸收佛教建筑的精华样式，最初是方形基座与圆形窣堵波结合构成，后来演变成金刚宝座。印度文明传播到东南亚地区形成了一大片泛印度文化圈，以梵文为官方文字，许多王朝的称谓、国王的名字取印度式的命名，有些甚至将其王室源流上溯到印度。世界文化遗产印度尼西亚婆罗浮屠即是类似金刚界曼荼罗造型的婆罗门佛塔。婆罗浮屠大约建于 9 世纪，为当时统治爪哇岛的夏连特拉王朝（Çailendra Shailendra Dynasty）统治者萨马拉藤迦（Sarmaratunga）为供奉佛陀舍利所建，被称为"山顶的佛寺"[1]。当时室利佛逝扼守东西海上交通要冲，转口贸易兴盛，中国、印度和波斯往来商船汇集于此。

1940 年，罗香林考察中国广东桂林唐代佛教造像与印度及爪哇等地佛教造像关系时指出，西山观音峰初唐（高宗调露元年，679 年）之阿閦佛像及伏波山还珠洞毗卢遮那佛造像作风与大同云冈、洛阳龙门之造像不同，而与印度菩提伽耶大觉塔古遗大佛像及爪哇佛楼大佛像（即今译婆罗浮屠）大致相近，与中国西北各地及中原之造像适成另一系统，认为中国广东桂林佛像造型受印度、南洋佛教影响，中国桂林是佛教从印度循海道传入越南及两粤的重要通道[2]。从外观上看，南汉康陵的陵塔是方形基座圆塔形，与印度佛教样式更为接近，因此，南汉康陵将佛塔移植到陵坛不是来自室利佛逝夏连特拉王朝，而直接来自印度的可能性更大。

帕拉（Pāla）王朝又称波罗王朝，是 8 至 12 世纪时统治印度东北部的一个重要王朝。摩醯波罗一世（地护王，977~1027 年）曾下令修复及建造那烂陀寺和菩提伽耶的佛教建筑。波罗王朝与中国多有交流，北宋朝曾派遣使者西行求佛法，辽朝、西夏朝也有印度僧的记载。1881 年英国考古学家亚历山大·康宁汉（Alexander Cunningham）与贝格勒（J.D.Beglar）在

---

［1］亚齐尔·马祖基、托蒂·赫拉蒂编：《婆罗浮屠》，雅加达，桥梁出版社，1989 年。（Yazir Marzuki, Toeti Heraty, *Borobudur, Penerbitan.* Jakarta: Djambatan, 1989.）
［2］罗香林：《唐代桂林摩崖佛像之发现》，见《唐代桂林之摩崖佛像》，中国学社，1958 年。

印度菩提伽耶（Bodh-Gayā）摩诃菩提寺（Mahabodhi Temple）发现多方汉文碑刻，其中一件七佛与弥勒雕像的基座刻有"大汉国僧志义，先发愿劝三十万人修上生行……"的题记。沙畹与冯承钧考证碑文的"大汉国"为五代的北汉，笔者更倾向于七佛与弥勒雕像及题记为南汉国僧人所建[1]。七佛与弥勒造像是佛教艺术十分流行的题材，帕拉（Pāla，波罗）美术的佛立像仍然保留秣菟罗（萨尔纳特）笈多古典风格的特点。笔者认为这块七佛与弥勒雕像是典型的中印结合的作品，由印度工匠雕刻（其他几座宋代塔碑亦然），中国僧人刻写题记。南汉国僧人归宝、志义等赴印度摩揭陀国礼佛、修行，他们往返广州与菩提伽耶的路程应该与唐代义净（635~713 年）记载唐朝僧侣往返那烂陀和大菩提寺的行程相同。唐代高僧多由广州、佛逝（今苏门答腊东）、末罗瑜（今苏门答腊西）、羯荼（今马来西亚吉打）、裸人国（今尼科巴群岛），而达东印度恒河入海口耽摩立底（西孟加拉邦）着陆，转赴中印度[2]。南汉僧众欲往菩提伽耶可能也是循此海路行。

我们前面将康陵陵塔与大印度地区不同时期、不同形状的佛塔试作比较，发现印度塔院及塔身各有异同，而康陵塔院完全放弃廊房僧院，塔的形状也经改造。康陵陵坛外形既与公元前后孔雀王朝、巽伽王朝等早期佛塔不同，又与犍陀罗时期佛塔不同。在印度或印度化的东南亚找不到完全相同的形状，并非可以对应的单一来源。南汉僧侣西行求法，虽然可能带回样本，但为什么又不是以当时流行的印度教样式为蓝本呢？或许受刘岩个人或其身边高僧的意见影响，也有可能与当时工匠的见识、理解和执行力有关，使最终建造出来的佛塔走样。

（五）小结

康陵陵园的形制布局是以唐陵模式为基础，又吸收一些其他因素而发展变化。唐代城市布局与寺院布局对南汉康陵也有较大影响。康陵陵园呈长方形，开南门，门前筑廊式建筑，显然可比拟于城市。在陵园北部居中仿西域窣堵波形制建造砖表土芯佛塔，又具有寺院的因素。陵塔与陵城相结合，体现隋唐陵园仿照都城、寺院建筑的大趋势。天竺佛寺塔院制度东传中土，东汉魏晋南北朝时期形成以塔为中心、前塔后殿的定式。后经初唐改造，形成以殿为中心、塔居次的格局，唐中后期这种形制已大为减弱。五代十国南汉帝陵又忽然冒出以塔为中心的布局，其来源必不是循长安、洛阳等中原地区。

南汉康陵在方形台基上建覆钵形包砖圜丘的佛塔造型，与印度佛教建筑有紧密关联。古代印度人与中国人一样，认为天是圆的，地是方的，这是古代东方的宇宙观。佛陀时代以窣堵波代表佛教，窣堵坡的圆顶象征天宇。因此，南汉通过某种途径仿照佛塔形制营造陵墓是有可能的。中国古代帝陵建寺制度滥觞于南北朝，唐代初期帝陵陵园就与佛教发生了密切联系。8~9 世纪渤海国的陵墓上建佛塔或佛殿，11 世纪的西夏王陵在墓上或墓前建塔，但在中原未见这样的方形台基的圆塔形坟堆，南汉康陵的塔状陵坛却不循魏晋以来汉化的楼阁式建筑，而是更接近犍陀罗不分层的覆钵形。康陵哀册文记载刘岩"凝情释老"，他在大量兴建

────────────────

［1］全洪：《印度菩提伽耶出土南汉北宋碑刻再研究》，《考古学集刊》第 21 集，社会科学文献出版社，2018 年。
［2］［唐］义净原著，王邦维校注：《大唐西域求法高僧传》，中华书局，1988 年。

佛教寺院之余，将山陵的营建与印度窣堵波的建筑形制联系起来，其来源最大可能是南汉僧侣经海路从印度带回佛塔的样本。

## 二、哀册的承袭与形制独创

南汉康陵在前室当门横立哀册石碑一通，保存完好，宽154、高115、厚20厘米。碑侧刻缠枝蔓草纹。志文楷书，首题"高祖天皇大帝哀册文"，38行，满行35字，共1062字。志文明确记载：高祖（刘岩）于大有十五年（942年）四月崩，于光天元年九月"迁神于康陵"。哀册文用成熟的墓志铭文体，在叙述中夹入骈列的赞颂之辞，最后是四言的韵文。哀册是帝、后入葬日举行遣奠时所读的最后一篇祭文，刻于册上，埋入陵中，称哀册。唐代成为定制，懿德太子墓、五代前蜀王建墓、后蜀孟知祥墓与南唐二陵的哀册，皆作玉石策册形状。然而康陵此哀册却呈碑形，这是目前所见年代最早的石墓志状哀册。

这篇哀册文，有的内容可与南汉史及广州现存的南汉遗址相印证。如文称刘岩"缮营苑囿，想象十洲……水石幽奇，楼台回互"，概述南汉离宫苑囿之盛。至今，南汉园林地望可考的在广州市内尚有仙湖、药洲和北亭的昌华苑。册文又言刘岩"凝情释老""留情药品，精究医书"，显示刘岩钟情佛、道，笃信方士。南汉皇帝在都城兴王府四方各建七座寺院以应二十八宿，今教育路的药洲遗址即是南汉方士炼丹药的地方。

《文物》2006年第7期《广州南汉德陵、康陵发掘简报》发表南汉康陵哀册文全文后引起学者广泛关注，有的学者对录文的个别字提出改正，主要的研究是依据哀册文的内容及信息考稽南汉国史事、典制和文风，探讨刘氏先祖血统、族属和来源，哀册文体之渊源及明清地方史乘的误记等。

### （一）关于刘氏家世

关于哀册文释文校正主要有：一，文字误释；二，字序颠倒；三，字为异体而未改正[1]。

刘文锁在探讨哀册文时提到"符卯金而叶运，绍斩蛇之开基"的符命，以"卯金"（刘）和"斩蛇开基"印证刘岩在岭南开国。南汉皇族追尊先祖的用意，除了自抬身价、标榜血统以与中原敌手抗衡外，实际上暗含着祖先血统的问题[2]。他追溯前贤对南汉皇族刘氏血统问题的研究，援引日本学者藤田丰八所作《南汉刘氏祖先考》，认为刘氏乃阿拉伯人后裔。藤田之后，陈寅恪考证刘蜕（字复愚）血统问题，其着眼点和藤田氏相同。刘文锁认为高祖《哀册文》里表达的追尊两汉创始人为先祖，与实际不立庙祭祀，表达对中国传统礼制的敷衍态度，可以推论包含刘氏先祖非华夏血统的因素，到刘安仁辈已经华化，刘谦父子为华化异族的后裔。进而推测南汉刘氏先祖可能是唐代入华、定居的贾胡，不是自海道入华的阿拉伯或波斯后裔"蕃客"，提出南汉刘氏先祖可能是安氏"九姓胡"后裔。从史料和哀册文里，尚未见到刘氏信仰伊斯兰教的迹象。

[1]李发：《南汉〈康陵地宫哀册文碑〉释文补正》，《文物》2007年第8期。吕蒙：《南汉〈康陵地宫哀册文碑〉释文校正》，《宜宾学院学报》2007年第8期。

[2]刘文锁：《南汉〈高祖天皇大帝哀册文〉考释——兼说刘氏先祖血统问题》，台湾《汉学研究》2008年第26卷第2期。

　　王承文撰文介绍近百年来国内外学界围绕南汉王室的族属和来源已有的阿拉伯人或波斯人后裔说、北方家族说，又检索河原正博提出的岭南俚獠"蛮酋说"[1]。王承文指出《哀册文》称刘岩"天纵聪明，凝情释老，悉箧渊微，咸臻壶奥"反映了南汉王室与佛教和道教关系均非常密切，推断南汉王室都是典型的本土儒道佛三教的信仰。南汉皇帝以及王室成员对佛教和道教的信仰，也说明南汉刘氏家族与信仰伊斯兰教的大食人或波斯人无关。他认为史籍中有关南汉王室源于北方家族的记载是可信的。

　　由于哀册文功能是"褒德序哀，载之于策"，所以并无追述家世。关于刘氏家世（籍贯），北宋时人就已经有上蔡、闽中、潮州等不同说法。后梁南海王刘隐之女刘华墓志自序"其先世居彭城"[2]。史文载刘氏先祖始于刘仁安。《旧五代史·刘陟传》记载："刘陟，即刘龑，初名陟。其先彭城人，祖仁安，仕唐为潮州长史，因家岭表。"[3]《隆平集》："刘铱，五世祖仁安，唐潮州刺史，其子孙因家岭南。"[4]《新五代史·南汉世家》则载："刘隐，其祖安仁，上蔡人也，后徙闽中，商贾南海，因家焉。"[5]《宋史·南汉刘氏》亦云："南汉刘铱……高祖安仁，仕唐为潮州刺史，因家岭表。"《唐故燕国明惠夫人彭城刘氏墓志》称"曾祖讳安，……祖讳谦，字内光，皇考讳隐，字昭贤。"由此可知，刘隐、刘岩兄弟祖父名有仁安、安仁和安三种。同样的，刘谦又名知谦。《旧五代史·刘陟传》《资治通鉴》《隆平集》《宋史》等记刘隐父为刘谦，而《新唐书·刘知谦传》却称其为刘知谦，在《新唐书·韦宙传》又作刘谦。仁字在唐代人名中是用字频率极高的字，刘仁安或刘安仁都有可能，唐人流行的单名和双名，常是单名加一个字成双名，即单名与双名同时使用。

　　刘文锁在考证南汉太祖刘安仁姓名来历时推测他的本姓为安，名仁，是安氏胡出身的贾胡，但已经华化。刘姓是后来所改的汉姓，加在其本姓前[6]。从现有材料看，刘安又有仁安和安仁二名，未必能说明其本姓安，要论断其为华化的安氏胡仍需更多证据。

　　墓葬中原有人骸骨残留，黎遂球《吊南汉刘氏墓赋并序》记述"其中一棺即为掘者所糜，骨齿稍有存者。"可惜在明末盗发时再一次被毁灭，今不能再做体质人类学检测。总之，南汉皇族刘氏先祖族属、血统、郡望等仍然是未解之谜，但其先无品阶、地位卑微是可以确定的。

　　此外，陈鸿钧以哀册文记载刘岩得病及死亡的时间证诸籍之误[7]。宋路振《九国志》卷九载："高祖……大有十五年三月丁丑薨。"清梁廷楠《南汉书》卷三载："大有十五年春三月，帝不豫。"册文称"灾缠阳九，不裕中春。""中春"，指二月，以一春得三月，二月为中。据册文，刘岩得病于大有十五年（942 年）二月，四月二十四丁丑崩。陈认为上述两说都有小误。

[1]王承文：《再论南汉王室的族属和来源》，《历史研究》2018 年第 3 期。
[2]郑昌士：《唐故燕国明惠夫人彭城刘氏（华）墓志并序》，吴钢主编《全唐文补遗》第 7 辑，第 179~180 页，三秦出版社，2000 年。福建省博物馆：《五代闽国刘华墓发掘报告》，《文物》1975 年第 1 期。
[3][宋]薛居正等：《旧五代史》卷一百三十五《刘陟传》，第 1807 页，中华书局，1976 年。
[4][宋]曾巩撰，王瑞来校证：《隆平集校证》卷十二《伪国》，第 357 页，中华书局，2012 年。
[5][宋]欧阳修撰，徐无党注：《新五代史》卷六十五《南汉世家》，第 809 页，中华书局，1974 年。
[6]刘文锁：《南汉〈高祖天皇大帝哀册文〉考释——兼说刘氏先祖血统问题》，台湾《汉学研究》2008 年第 26 卷第 2 期。
[7]陈鸿钧：《广州出土南汉＜高祖天皇大帝哀册文＞考释》，《东南文化》2012 年第 6 期。

（二）哀册文的文体及形制

哀册文为了解南汉国的典章制度及文风提供了实物依据。有学者撰文分析哀册礼仪的发展，并讨论文体[1]。"哀策"始于汉景帝时期，此后历朝都很受重视，到南朝齐时专重哀策文，唐代犹沿此制。有关哀册仪礼，从汉代至隋代未见记载，碑文揭示，唐代所见的哀册仪礼应是沿袭南朝古法，而偏居岭南的南汉国，由于其上层统治阶层以流寓岭南的中原人士为主，其典章制度基本上承袭唐朝，南汉康陵"哀册入玄宫"的做法应是沿袭南朝古法。

哀册文的文风以"丽、美"见称，即南朝文学流行的骈骊文风。从唐朝至五代十国时期，哀册文的撰写均是采用南朝的骈骊文体。这也显示了南朝文学的影响十分久远，及至偏居岭南的南汉国朝廷依然行用南朝文风。

哀策出现很早，赵翼《廿二史札记》卷十二"哀策文"条："周制，饰终之典以谨诔为重。汉景帝始增哀策。"[2]东汉时皇帝有哀策、谥策之制，魏晋时有哀策文。冯汉骥据南唐二陵的玉册考证：帝王竹质谥册之制始于汉，沿用到隋，唐初改以玉册随葬[3]。根据文献记载和出土实物，唐至五代的哀册都是玉册形制，哀册刻在玉简上，然后用金丝、银丝穿连成册，放于石函之内，埋入陵寝中。哀册为唐宋帝陵习用，而南汉康陵这种碑形哀册（也有人称为石碣形）完全改变传统的简册形式，是目前全国首次发现。

碑形哀册既无文献资料记载，考古发掘也极为罕见。其渊源如何？我们推测碑形哀册或许与承置哀册的石函有关。1995 年，在陕西乾县唐僖宗靖陵（营建于文德元年，即 888 年）中清理出土汉白玉质哀册残片和装册所用石函[4]。汉白玉质的哀册（或谥册）残片有两件带字，其中一件上残留有"圣恭"两字和一个宝盖头，后半字应为"定"字。检索唐代皇帝谥号，唐僖宗谥号为"惠圣恭定孝皇帝"，据此可断定该墓确为唐僖宗靖陵。由墓室里棺床、垫木位置及遗迹遗物种类证实，该陵为唐僖宗李儇和惠圣安孝皇后的合葬陵，由此可推测两件石函可能分别承放皇帝与皇后的哀册。

靖陵两个石函置于棺床与北壁之间，一大一小。"哀册石函"外观上如案如几，面有边栏，须弥座，下开壶门，素面无纹。在陕西考古博物馆展览中将哀册残块相间平置函面。据此可推测将玉册依次并列置于石函中，省去玉册，将册文直接刻于石函上就形成碑状哀册。前蜀王建永陵册匣可完整地看到册简在匣中的摆放情形，哀册和谥册以银丝贯联成册平铺放置于册匣中。两匣相似，各长 2.25 米，宽 45 厘米，高 25 厘米[5]。南唐李昪陵出土的第一石函长 1.59 米，宽 43 厘米，第二石函长 1.25 米，宽 41.5 厘米[6]。我们推测南汉康陵哀册制成碑状可能是由此转化而来，这样的做法并非南汉康陵孤例。

南京祖堂山 M3 出土两合铭石，其中甬道顶部盗坑中发现的铭石（M3：1）体量尤大，

[1]程存洁：《广州南汉康陵的发现与南汉国的哀册仪礼》，《广州文博（壹）》，第 57~71 页，文物出版社，2007 年。

[2][清]赵翼著，王树民校证：《廿二史札记校证》，中华书局，1984 年。

[3]冯汉骥：《论南唐二陵中的玉册》，《考古通讯》1958 年第 9 期。

[4]唐僖宗靖陵，见陕西帝王陵数据库（http://sxlib.org.cn）"唐代帝陵"。

[5]冯汉骥：《前蜀王建墓发掘报告》，第 82、86 页，文物出版社，2002 年。

[6]南京博物院：《南唐二陵发掘报告》，第 82、88 页，文物出版社，1957 年。

且其形制与以往所见墓志等石刻不同，有可能正是刻有李煜挽辞的石诔。而砖室甬道内出土的铭石（M3：13）形制类同当时一般墓志，推测可能是周氏的石哀册[1]。研究者依南汉康陵出土的石质碑形哀册推测五代时期的哀册并无固定样式，既有南唐二陵玉石哀册那样的简状条形，也可有外形与祖堂山 M3、南汉康陵这样的碑（墓志）形。

有学者认为南汉康陵哀册的形制可能受佛教影响，指出康陵除了陵台砌筑方法可能模拟佛塔外，玄宫内设置哀册文碑的做法，也与佛塔地宫立石宫碑的做法相似[2]。如法门寺，置于墓道第二道门（前室门）前的物账碑，其形制与康陵哀册文碑相似。山西临猗双塔寺北宋塔基地宫出土石宫碑形制也与康陵哀册文碑相似。进而推定南汉的陵墓制度深受佛教的影响，这和当时佛教影响日渐深入人们日常生活的时代特征也是相符的。

数十年后，相距千里之外的辽朝中后期三代帝后哀册，共十五石，分为册盖和册石两部分，分别镌刻契丹、汉两种文字。哀册以墓志的形式出现，这是辽朝首创[3]。宋代帝后陵继承唐代制度，回归册版形的基本形式。

（三）哀册文流布及相关问题

康陵哀册文自明末崇祯九年（1636 年）发现以来，清代学者转录传抄，录文各有错讹。清儒记述康陵哀册文大多不讲出处，只有朱彝尊明确说是陈元孝告知。有清初学人寻胜访古，最后竟无知者。我们根据目前所见资料简要比较清儒诸著录互异，纠核史实，并就康陵哀册文流布等相关问题略作探讨。

刘文锁、程存洁、陈鸿钧等撰写的文章都介绍康陵和哀册文的发现经过，刘文锁揭示最早记录刘氏墓盗发的是明黎遂球。黎遂球著《莲须阁集》，其中《吊南汉刘氏墓赋并序》《观刘氏冢记》两文，是目前所知关于该墓和碑的最早记录。屈大均、朱彝尊、翁方纲、吴任臣各家都不曾亲睹康陵原碑，唯一目睹原碑的应是黎遂球[4]。

从现存清代史志著录看，至少清乾隆年间南汉康陵及其碑铭就已湮没不为世人所知了。后人转抄碑文的错讹源自黎遂球《观刘氏冢记》。为讨论方便，将康陵哀册文碑文及黎遂球录文转抄如下。

康陵哀册文碑文：

高祖天皇大帝哀册文

翰林学士承旨银青光禄大夫行尚书左丞知制诰上柱国范阳县/开国男食邑三百户臣卢应奉敕撰并书/维大有十五年岁次壬寅四月甲寅朔二十四日丁丑/高祖天皇大帝崩于正寝粤光天元年九月壬午朔二十一日壬寅迁/神于康陵礼也

黎遂球录文：

有碑一犹在，称为高祖天皇大帝哀册文，翰林学士、知制诰、正议大夫、尚书右丞、

[1] 王志高、夏仁琴、许志强：《南京祖堂山南唐 3 号墓考古发掘的主要收获及认识》，《东南文化》2012 年第 1 期。
[2] 崔世平：《唐宋之际：五代十国墓葬研究》，第 81 页，上海古籍出版社，2022 年。
[3] （记者）吴限：《辽帝后哀册堪称"契丹王朝的地宫档案"》，《辽宁日报》2023 年 3 月 8 日。
[4] 刘文锁：《南汉〈高祖天皇大帝哀册文〉考释——兼说刘氏先祖血统问题》，台湾《汉学研究》2008 年第 26 卷第 2 期。

上紫金袋臣卢应敕撰并书。其所为大帝者，崩于岁壬寅，四月甲寅，朔越廿四日丁丑，号为大有十五年，葬以元光元年，称康陵。其文若今之四六制词，而语多不伦，书法亦陋。[1]
黎遂球自称"予能读其碑字"，但他并未录全，且节录时脱字不少。清初学者屈大均、王士禛、朱彝尊等抄录册文，除了原录文错讹外，也有几点略有差异，出现若干新词，显然另有所本。关于清儒诸本的传抄讹失，翁方纲予以归纳，在《粤东金石略》"光孝寺铁塔识"条写道：

又按竹垞书铁塔铭后记刘䶮冢碑事与王文简《皇华纪闻》所载颇有错互。余甲申（1764 年）秋将出都时，钱辛楣（大昕）学士首以此托为考订。比抵粤，访诸官吏与土人，问其所谓北亭者，在番禺城东二十里许。而刘䶮之冢与碑，则竟无知者。盖二先生亦皆非得自亲睹，所以传写或有讹失。即如竹垞所记，系光天元年，而文简则疑光天无五年，而所据载者乃作五年（《广东新语》亦作元年）。又卢应下，文简所记是"初"字，《广语》所记是"敕"字，俱无"奉"字。而竹垞所记，则多一"奉"字。安知"初"字非即"敕"字之误乎？竹垞称"陈元孝语余"云云，则是竹垞既得自口传，而元孝复出自记忆，无怪乎王、朱两先生传闻异辞矣。[2]

屈大均《广东新语·坟语》有"刘䶮墓"条[3]，碑文部分多与黎遂球《观刘氏家记》文同，最重要的是将黎遂球录文之"元光元年"，纠正为"光天元年"。其中陵墓奋而成穴、田父率子弟以入、邻人觉而争往、令呕临其地视搜发等情节则是改写自黎遂球《吊南汉刘氏墓赋并序》，但是诸如珠帘半壁、金人十二、旁有学士十八、旁有便房、令得玉枕金人、承棺有黄金砖等他珍异物部分则异于黎文，当是屈大均听闻他人所描述，是否到原地察看则不知。

康熙二十三年（1684 年）十月，王士禛（士正）到广州，在其《皇华纪闻》记录南汉康陵[4]。若以援引碑文观之，似王士禛在后，增补黎遂球与屈大均之未见，当别有版本。值得注意者有三个方面：一是"文曰：维大有十五年岁次壬寅四月甲寅朔廿四日丁丑，高祖天皇大帝崩于正寝。越光天五年癸未朔十四日丙申，迁神于康陵，礼也。"出土册文为"维大有十五年岁次壬寅四月甲寅朔二十四日丁丑高祖天皇大帝崩于正寝。粤光天元年九月壬午朔二十一日壬寅迁神于康陵礼也。"王录前句与册文仅"廿四日"与"二十四日"之微小差异，其余尽同，这是黎遂球、屈大均录文没有的。然而下句王录文年月时辰误差很大，"越光天五年癸未朔十四日丙申"不知何来，与"粤光天元年九月壬午朔二十一日壬寅"相去甚远。尤其是"光天五年"，王按语考证："光天，乃䶮子玢年号。玢立仅二年，为弟晟所杀，即改光天二年为应乾元年，无光天五年。"进而指出"《十国春秋》称殇帝光天元年八月葬天皇大帝于康陵，与碑皆不合。"二是文中所记述珍宝光动四邻、邻人觉而争往、遂白之官等情节与黎遂球、屈大均所记相类，还说"有司亲临，发之，隧道如城，高五尺余，深三丈，中有碑，乃伪汉刘䶮冢也。"此所谓"隧道"是考古发掘的砖筑墓室，即因雷雨奋而成穴，

————————

[1]　[明]黎遂球著：《莲须阁集》卷十六《观刘氏家记》，北京出版社，2000 年。
[2]　[清]翁方纲著，欧广勇、伍庆禄补注：《粤东金石略补注》卷一《广州府金石》，广东人民出版社，2012 年。
[3]　[清]屈大均：《广东新语》卷十九《坟语·刘䶮墓》，第 495 页，中华书局，1985 年。
[4]　[清]王士禛撰：《皇华纪闻》卷四，第 229 页，《四库全书存目丛书上》子部第 245 册，齐鲁书社，1995 年。

田夫率子弟由大盗洞进入康陵玄宫。三是王士禛录撰碑者结衔"翰林学士、知制诰、正议大夫、尚书右丞、赐紫金鱼袋臣卢应初撰并书",并对碑文关于撰文者卢应的名字及职衔有所辩证。这个问题下面专门讨论,暂且不表。

康熙三十一年(1692 年),朱彝尊重游岭表。次年正月,在光孝寺听友人南海陈恭尹(元孝)说南汉康陵事宜[1]。在引述前人关于墓中他珍异物外,还增以己意"一冕而坐,一笋而坐,殆马后也",有碑一具,书"翰林学士、知制诰、正议大夫、尚书右丞、上紫金鱼袋臣卢应奉敕撰。文曰:维大有十五年岁次壬寅四月甲寅朔念四日丁丑,高祖天皇大帝崩于正寝。越光天元年五月癸未朔十四日丙申,迁神于康陵,礼也。"云云。朱彝尊录文又比黎、王的准确一点,"越光天元年"就纠正了黎遂球的"葬以元光元年"和王士禛的"光天五年"。但却又将九月误为五月,"越光天元年五月癸未朔十四日丙申",虽与王文近,却有所纠正,将光天五年正为元年。

比较明末清初记录哀册文的几种著录可以看到,虽然诸本转相抄袭,但又各有差异。经考证,最初是黎遂球下穴观睹碑文,由于碑石下部被土掩埋,只看到哀册文上部,因此王士禛说"文多阙,不尽载"。屈大均、王士禛、朱彝尊等关于康陵遭盗发的情景基本是采自黎遂球《吊南汉刘氏墓赋并序》,但关于哀册文的内容则又不同于黎氏《观刘氏冢记》一文。王士禛比黎遂球《观刘氏冢记》又多了刘岩下葬时间和迁神于康陵等原碑内容。朱彝尊录"上紫金鱼袋臣卢应奉敕撰",又比王士禛更接近碑文。上述"高祖天皇大帝崩于正寝,……迁神于康陵"的碑文不见于黎遂球、屈大均所录,可知黎遂球未必是唯一目睹原碑者,明末清初应该还另有人抄录康陵哀册文的上半部分。

明末清初儒生记录南汉康陵的发现及哀册文部分碑文,虽然多有错误,毕竟为南汉史提供了第一手材料。据考古发掘所获可知,所谓争夺宝物是土人臆说,黎遂球记述的金人如翁仲之属、玉鱼游动的宝砚、光动邻舍的宝镜都不存在。但从其《吊南汉刘氏墓赋并序》云:"田间有雷出,奋而成穴。梁父投以巨石,空空有声。"则是墓室的淤土只至玄宫下半部,上半是空的,这与考古发掘的情形相符。

经过正式考古发掘,康陵玄宫前后有两个大盗洞,北宋到明清时至少发生过四次盗扰。其中两次规模较大,第一次是北宋中晚期,凿开玄宫券顶,泥土自然倾入墓室形成第 5 层堆积,盗掘后形成的淤填土厚约 70 厘米,淤土面距墓室券顶 2.5 米的空间,正好形成空洞。正是明崇祯九年(1636 年)发觉墓穴"空空有声"的状况。康陵北宋时被破坏、盗掘,后回填有一层泥土,将哀册文碑的下部埋住。

第二次就是明崇祯九年秋一场大雨过后,原来覆盖在洞口的薄层塌陷,露出洞口,"奋而成穴"的洞指的就是康陵前后的这两个盗洞,起先是耕父进入,后来大批村民涌入,大肆劫掠。据黎遂球记述"其中一棺即为掘者所糜,骨齿稍有存者"[2]。可见棺木距墓底较近,

[1] [清]朱彝尊撰:《曝书亭集》卷四十六《跋五·续书光孝寺铁塔铭后》,《钦定四库全书·集部七·别集类六》。
[2] [明]黎遂球著:《莲须阁集》卷一《吊南汉刘氏墓赋并序》,北京出版社,2000 年。

正好是 30 厘米光景，泥土遮住哀册文碑下部的文字。明末村民下去时并没有将这些泥土挖开，由于哀册文碑下半部的部分文字被泥土掩埋，黎氏看不到。加上黎氏兄弟当年往观康陵墓穴及碑刻时，对碑文未做拓录，他所记录的碑文字句不完整，关于撰碑文者的结衔也有错误。

撰碑者卢应姓名与职衔仅见于《吴越备史》和《资治通鉴》[1]，但北宋文献将其记作卢膺。黎遂球记录作"翰林学士、知制诰、正议大夫、尚书右丞、上紫金袋臣卢应敕撰并书"，其目睹原碑，所记卢应姓名准确。揆诸碑文，黎氏看到的应该是"翰林学士承旨、银青光禄大夫、行尚书左丞、知"及另行的"开国男、食邑三百户臣卢应奉敕撰并书"，虽然"书"字下"制诰上柱国范阳县"等 9 字被泥土掩埋看不到，然而他以"知"字即可推断为"知制诰"。但是黎遂球不录原文，却又依唐官制增加"正议大夫、尚书右丞、上紫金袋"等，不知其故。其中卢应官衔中的"行尚书左丞"误作"尚书右丞"，且漏"行"字；"奉敕撰并书"脱一"奉"字；高祖葬年亦误。录文尚有错误多处，此不赘言。可以推测，黎遂球在墓穴中匆忙浏览碑文，又据唐代官制而度之，造成与原文不符。

### 三、玻璃器的产地及来源

康陵玄宫出土一批残存的玻璃器皿，其器形独特，经成分检测分析可确定为伊斯兰玻璃，见本书附录二、三。安家瑶、冯永驱撰写专文讨论[2]，马文宽在文章中也论康陵玻璃器的产地[3]。专家认为这些玻璃器应该来自伊斯兰世界，可能产自地中海东岸或美索不达米亚平原地区。

康陵玄宫经筛检的玻璃器皿碎片有 200 多片，可判断为瓶类的残片有 141 片，大部分为弧形器壁，部分为口沿和器底。口沿最少个体数 24 件，可分侈口束颈、侈口长颈和直口长颈三种。瓶底共 26 件，分为二型。其中内凹底，部分瓶底内凹弧度很大的占绝大多数，共 25 件。另 1 件形如花瓣，共 10 瓣，厚重，平底内凹，外底心有制瓶时留下的结突，边缘有 19 个圆形小凸点。

五代十国时期的玻璃器发现数量不多，福州闽越王墓有出土伊斯兰玻璃碗的记载，但器形不明。发现多处北宋早期即 11 世纪的玻璃器，以及辽国也有相同造型的玻璃器皿，显然是同一产地。这些玻璃器皿与印尼海域沉船出水的一批玻璃器十分相似。目前同时代的吴越国佛塔地宫出土的玻璃器皿有两处。与南汉康陵玻璃器形制有几分相似的是浙江东阳吴越国中兴寺塔出土的绿色玻璃瓶（东阳 0636）[4]，瓶呈圆球形，瓶颈以上残损，底部凸；器壁较薄，外表呈绿色，半透明；素面，无纹饰。据《简报》彩插八：1 可见另两件玻璃瓶残片显然与上述圆球形绿玻璃瓶不同，其内凹底和长颈与康陵玻璃瓶相似。另一件扁圆腹绿玻璃瓶（东阳 0687），瓶身肩部平缓，腹扁圆，底微凸；瓶口为管状，口部微外侈，口颈有残缺。

［1］［清］梁廷楠著，林梓宗校点：《南汉书》附《南汉书考异》卷十二《卢膺传》，第 168 页，广东人民出版社，1981 年。
［2］安家瑶、冯永驱：《南汉康陵出土的伊斯兰玻璃器》，《考古一生——安志敏先生纪念文集》，第 474~487 页，文物出版社，2011 年。
［3］马文宽：《读〈广州南汉德陵、康陵发掘简报〉后引发的一些思考与收获》，《2007'中国·越窑高峰论坛论文集》，第 208~213 页，文物出版社，2008 年。
［4］魏祝挺、陈荣军：《浙江东阳吴越国中兴寺塔出土文物》，《东南文化》2020 年第 4 期。

唯其器壁较厚，则与康陵玻璃器颇不相类。

　　杭州雷峰塔地宫铁函内放置的一件玻璃瓶（2001 雷地：59），出土时已残破。葫芦形，器壁极薄，外表呈浅绿色，残高 3.2、最大腹径 2.9 厘米[1]。

　　内蒙古通辽市奈曼旗青龙山镇辽陈国公主与驸马合葬墓和天津蓟县独乐寺白塔上层塔室出土的刻花玻璃瓶[2]，其器形为宽折沿、细长颈、折肩、筒形腹、平底，颈部和腹部磨刻有几何形花纹，外底部有粘棒疤痕。这种细颈玻璃瓶虽然口沿、颈、肩部与康陵玻璃瓶有点相似，但并非同一种造型。康陵 200 多片玻璃碎片中似未发现有直筒形、平底、颈腹部磨刻有几何形花纹者，也没有圆球腹的器形，由此可以说康陵出土玻璃器皿填补了 10 世纪国内玻璃器的空白。

　　宽平折沿长颈瓶是伊斯兰玻璃器中一种较常见的器形。印坦沉船出水 140 余片玻璃残件，其中一件长颈玻璃瓶较完整[3]。井里汶沉船发现了 20 件基本保存完好的伊斯兰玻璃器和大片的玻璃器物残块[4]。这批玻璃器包括了几种伊斯兰玻璃器的典型器形，法国学者克劳德·吉洛（Claude Gulliot）对这批玻璃器有较为详细的分析[5]。这些伊斯兰玻璃器大多具有长颈的特征，但是口部、颈部、腹部的具体形态会略有差别。科威特国家博物馆也有类似藏品，被认为是产自伊朗的 9~11 世纪的玻璃器[6]。这种长颈玻璃器在我国除了辽陈国公主墓（建于 1018 年）和蓟县独乐寺白塔（建于 1058 年）有发现外，在南京大报恩寺北宋塔基地宫[7]和河北定州静志寺北宋舍利塔地宫也有发现[8]。

　　我国其他辽宋墓葬和地宫出土的刻花细颈玻璃瓶是 10 世纪伊斯兰玻璃常见器物，定州静志寺地宫系 977 年封藏，其年代最迟亦应在 10 世纪中期[9]，与印坦、井里汶沉船出水玻璃器年代相近。

　　爪哇海域发现的印坦沉船出水南汉"桂阳监"银铤，其铸造时间在 951~964 年间，应是南汉用来购买蕃货的成批的银铤[10]。另有南汉"乾亨重宝"铅钱，可推测该船舶主最后必是与南汉互市[11]。井里汶沉船出水数以万计的南汉"乾亨重宝"铅钱，明确昭示此船的舶主与印坦沉船的舶主一样，在中国是以"乾亨重宝"作结算的，应是在南汉境内贸易，采办中国瓷器。由此推测这些东南亚沉船在广州装载瓷器和其他船货，从南汉境离岸西行，在靠

［1］浙江省文物考古研究所：《杭州雷峰塔五代地宫发掘简报》，《文物》2002 年第 5 期。

［2］内蒙古文物考古研究所：《辽陈国公主驸马合葬墓发掘简报》，《文物》1987 年第 1 期。天津市历史博物馆考古队、蓟县文物保管所：《天津蓟县独乐寺塔》，《考古学报》1989 年第 1 期。

［3］Michael Flecker, *The Archaeological Excavation of the 10th Century: Intan Shipwreck*, Archaeopress, England, 2002.

［4］［英］思鉴著，刘歆益、庄奕杰译：《公元九到十世纪唐与黑衣大食间的印度洋贸易：需求、距离与收益》，《国家航海》第八辑，上海古籍出版社，2014 年。

［5］Claude Guillot, pavede Cirebon, http://cirebon. musee-mariemont. be/studies-and-bibliography.htm?lng=en.

［6］Stefano Carboni, *Glass from Islamic Lands*, New York: Thames & HudsonInc., 2001. Cat. 55, P217; Cat. 25a, P95.

［7］于宁、宋燕、杨益民等：《南京大报恩寺北宋地宫出土玻璃器的研究》，《中国科学：技术科学》2012 年第 42 卷第 8 期。

［8］定县博物馆：《河北定县发现两座宋代塔基》，《文物》1972 年第 8 期。

［9］宿白：《定州工艺与静志、净众两塔地宫文物》，《文物》1997 年第 10 期。

［10］杜希德、思鉴：《沉船遗宝：一艘十世纪沉船上的中国银铤》，荣新江主编《唐研究》第十卷，北京大学出版社，2004 年。

［11］全洪、李颖明：《印尼沉船出水银铤为南汉桂阳监制造》，《湖南博物馆馆刊》2014 年第十一辑。

近三佛齐的西爪哇途中失事。

印坦、井里汶沉船出水的这类玻璃长颈瓶，在五代南汉时期，成批经由南海航路进入广州，再辗转到达内陆。南汉都城兴王府（广州），保持着其在海外贸易上的重要地位。据《旧五代史·梁书》记载，清海军节度使加检校太尉、兼侍中、大彭郡王刘隐曾多次向梁太祖进贡海外珍宝[1]。后梁开平年间（907~911年），所贡奇宝名药、龙脑、腰带、珍珠枕、玳瑁、龙形通犀腰带、金托里含稜玳瑁器、香药珍巧、犀玉及舶上蔷薇水等，都是来自海外的异域奇珍。此处所记蔷薇水通常以玻璃瓶装盛。《宋史》中多次记载大食使者将装在琉璃瓶中的蔷薇水进贡的史事。因此，伊斯兰玻璃器在五代北宋时期沿南海航线经广州传入中国内陆，应是其中重要的途径。

安家瑶等研究认为：在已知的博物馆收藏中，没有见到与康陵出土的带竖棱条的短颈折肩玻璃瓶完全一样的玻璃器。但是这种侈口、短颈、折肩玻璃瓶的器形在伊斯兰玻璃中并不罕见。据介绍，与康陵出土玻璃瓶相仿的玻璃瓶在尼沙布尔遗址出土多件，其中一件高9.8、腹径9.5厘米，出土于10世纪地层[2]。康陵出土的带竖棱条的短颈折肩玻璃瓶在国内出土实物中未见，或许是南汉皇室海外采办而来，即此类玻璃瓶与其他玻璃制品是不同作坊的产品。

## 四、南汉官窑的创烧及相关问题

南汉王宫与王陵发掘出土大量陶瓷器和建筑构件，在五代十国考古中取得丰硕成果，为研究南汉陶瓷业提供丰富材料。本节重点讨论南汉陵墓出土的青釉瓷器。

1954年发掘广州石马村南汉墓，其出土的陶瓷器据发掘简报可统计的共182件[3]。主室盗洞特别多，遍地碎陶片。前室遭历次严重破坏，乱砖中有灰陶莲瓣纹瓦当和碎断的灰陶雀及大小陶器的碎片。残留东壁底下用砖隔成的器物箱，其中放置青釉夹耳盖罐4件、六耳有盖罐20件、四耳大罐2件、四耳小罐2件和黄釉六耳罐4件、黄釉四耳罐1件。青釉瓷罐胎质坚细，里外均有薄薄一层晶莹的青釉，遍体冰裂纹，釉色青中带灰。陶器共149件，有六耳罐147件、碗1件、大缸1件。

2003年夏在番禺小谷围岛发掘的德陵（刘王冢），被破坏极其严重，墓室填土仅出釉陶屋残件1件，但在墓道"器物箱"排列青釉瓷罐和釉陶罐272件。青瓷罐190件，其中带盖罐149件，无盖者40件，另有1件瓷盖。青瓷罐胎质坚致，釉色晶莹透亮，多有开片。釉陶罐82件，大多数为双耳罐，极少数四耳。

2003~2004年发掘康陵玄宫出土的陶瓷器皆为碎片，极少数可修复，据口沿和器底的统计，共130多件。青釉瓷器18件，有罐2件、盒或盖8件、粉盒3件、碗5件。青瓷器灰白胎，

［1］［宋］薛居正等撰：《旧五代史》卷一至卷五《梁书·太祖本纪一——五》，中华书局，1976年。
［2］Jens Kroger, *Nishapur: Glass of the Early Islamic Period*, The Metropolitan Museum of Art, New York, 1995, p.89, cat no. 90. 转引自安家瑶、冯永驱：《南汉康陵出土的伊斯兰玻璃器》，《考古一生——安志敏先生纪念文集》，第474~487页，文物出版社，2011年。
［3］商承祚：《广州石马村南汉墓葬清理简报》，《考古》1964年第6期。

施青釉、青灰釉等。釉陶罐 101 件，有四耳罐 87 件、六耳罐 14 件。釉陶小罐胎质、釉色与德陵墓道器物箱出土的釉陶罐很相似，胎质软，多呈红黄色或灰黄色，外施绿色低温釉，多脱落。少量日常用器，共 12 件，有罐（双耳？）4 件、绿釉陶四耳罐 1 件、绿釉陶盆 1 件、碗 5 件、小碗 1 件。另有陶质像生水果模型 27 件。

石马村南汉墓出土的精美青瓷罐是第一次确认五代十国南汉遗物，一经问世即颇受重视。其中一件完整的夹耳有盖青釉罐被送到北京参加"全国基本建设工程中出土文物展览"，并入藏故宫博物院，收入《全国基本建设工程中出土文物展览图录》和《故宫博物院藏瓷选集》。陈万里以为，夹耳罐是在越窑的影响下，于五代时期广州或其他邻近地区烧造的[1]。商承祚在简报中指出，从出土的陶器、瓷器来看，造型、施釉都是从唐代陶、瓷器发展而来的[2]。麦英豪认为该墓所出的一批青瓷，具有地区特色，为广东所产似无疑问；具制作精良、造型别致、施釉均匀等特点，应为南汉官窑所特制。具体的烧造地点问题还有待于以后的考古发现才能解决[3]。

德陵"器物箱"内出土的一批带盖青瓷罐，是广州又一次发现如此众多的五代瓷器。其胎质坚致，釉色晶莹透亮，是五代青瓷的上品，当为南汉皇帝宫中用器，属官窑制品无疑，为研究五代十国陶瓷业提供了珍贵的实物资料。

谢明良比较国内外发现的越窑系青瓷夹耳罐和其他瓷窑所见夹耳罐认为，从以往的考古发掘资料可知，广东唐代青瓷窑作品曾受到越窑的影响。关于南汉昭陵夹耳罐，同意陈万里推测其受越窑影响的观点，又提出不能排除广东地区烧制的夹耳罐也有可能曾受到长沙窑等湖南地区瓷窑作品的启示[4]。

马文宽从类型学角度将国内外发现和收藏的 20 多件夹耳盖罐分为四种，越窑和长沙窑址均出土夹耳盖罐，是生产这种器物的重要窑口。从德陵、康陵以及昭陵出土大量青瓷来看，应是广东窑系所产，这些窑口均以生产外销瓷著称。第一种与第三种应是长沙窑所产，第二种在越窑、广东窑系均有生产，第四种青白瓷夹耳盖罐（东京出光美术馆藏品）则应是广东窑系产品[5]。

陈志民以为，石马村出土的夹耳青瓷盖罐与六耳盖罐，无论从器形特点还是胎釉特征上，都与广东梅县水车窑青瓷精品较为相似，推测它们极有可能是水车窑烧制的产品[6]。

关于这些瓷器的产地、窑口问题一直是众多研究者十分关注的问题。从南汉德陵、康陵以及昭陵出土的大量精致的青瓷来看，很有可能是南汉官窑所烧制、供南汉皇室使用的产品。那么这个官窑到底位于何处，它的发展过程是怎么样的，传说中的南海官窑究竟是不是当时南

[1] 陈万里：《写在看了基建出土文物展览的陶瓷以后》，《文物参考资料》1954 年第 9 期。
[2] 商承祚：《广州石马村南汉墓葬清理简报》，《考古》1964 年第 6 期。
[3] 麦英豪：《关于广州石马村南汉墓的年代与墓主问题》，《考古》1975 年第 1 期。
[4] 谢明良：《略谈夹耳罐》（改写自《故宫文物月刊》第 184 期，1998 年），《陶瓷手记》，第 109~120 页，上海古籍出版社，2013 年。
[5] 马文宽：《读＜广州南汉德陵、康陵发掘简报＞后引发的一些思考与收获》，沈琼华主编《2007'中国·越窑高峰论坛论文集》，第 208~213 页，文物出版社，2008 年。
[6] 陈志民：《唐代梅县水车窑与潮州窑的发展成因初探（下）》，《中国陶瓷》2007 年第 43 卷第 1 期。

汉皇室设立的官窑，抑或这种青瓷器会不会是梅县水车窑的制品？这些都是需要解答的问题。

目前研究南汉陵墓出土陶瓷器以及南汉陶瓷器遇到的问题是，陵墓和王宫的发现稍为集中、丰富（数量过百件，但种类单一），其他遗址和墓葬只有零星发现。运用常规陶瓷考古的研究方法，在综合前人研究的基础上对这一时期的南汉陶瓷器制作工艺、胎釉特点、施釉手法、器形器类、装烧工艺进行初步的总结做得很不够，没有系统全面地开展。鉴于考古类型学研究不足以确定陶瓷器的产地、窑口等问题，广州市文物考古研究所（院）曾委托中国科学院上海硅酸盐研究所对南汉德陵和康陵出土的部分陶瓷器物和瓦制品进行物理化学性能的测试，进而对这批陶瓷器物的来源、烧制工艺等进行了分析讨论[1]。一共选取样本 19 件，其中 3 件是德陵出土青瓷罐盖和釉陶罐残片，16 件来自康陵出土器物，有青瓷器盖、青瓷罐底部、釉陶口沿肩部和罐底，以及带釉双唇板瓦和带釉筒瓦。

中山大学社会学与人类学学院师生对广州市惠福西路五仙观南侧地下停车场考古工地五代地层出土的 6 件青瓷样品以及南越王宫博物馆（今南越王博物院）提供的共 24 件样品进行分析检测，主要器形包括青瓷碗、盘、执壶，另有粉盒等[2]。

经中国科学院上海硅酸盐研究所研究检测，从化学组成上看，广州南汉德陵和康陵出土的这批青瓷器、釉陶器和带釉瓦制品胎中都含有较高的 $Al_2O_3$（~25%），而熔剂元素氧化物 $R_xO_y$（$K_2O$、$Na_2O$、$CaO$、$MgO$、$Fe_2O_3$ 等）含量相对较低。$SiO_2$ 含量都在 70% 以下，普遍具有高铝低硅的特征。南汉陵墓出土的陶瓷器胎中 $Al_2O_3$ 含量与唐代广东新会官冲窑青瓷胎中 $Al_2O_3$ 含量（~26%）接近，明显高于五代寺龙口越窑瓷器胎中 $Al_2O_3$ 含量（~16%）。也就是说，南汉陶瓷器胎的用料不同于五代寺龙口越窑瓷胎，而更接近新会官冲窑[3]。另外，瓷器与釉陶器在胎体的选料上也有差别。

德陵和康陵出土釉陶器及瓦制品的胎料来源相对分散，而部分瓷器的胎料组成则相对集中。专家指出广东地区属于高岭石 – 云母区和高岭石区，黏土矿物以结晶差的高岭石为主。本次测试的结果表明，这批陶瓷器物的胎料组成与广东地区的黏土特征相符。德陵和康陵出土的瓷器胎料组成明显倾向于新会官冲窑的胎料组成，这也说明南汉二陵出土陶瓷器物应为广东本地所产。

此前中国科学院上海硅酸盐研究所古陶瓷研究中心曾对南越宫苑遗址出土砖瓦进行测试分析[4]，由于这次测试重点在于南越国的砖瓦，对南汉国同类器物的讨论略少。49 件测试标本中有 10 个南汉样品，得出的结果是：尽管南越和南汉相隔千年，但其砖瓦样本无论是主次量元素还是微量元素组成并没有明显的差异，说明其原料的来源和组成没有明显的变化。南越宫苑遗址出土的砖瓦 $Al_2O_3$ 含量较高，平均约为 22.67%，$SiO_2$ 在 60%~70% 间，具有较

---

［1］参见本报告附录一《广州南汉德陵和康陵出土陶瓷器物的科技研究》。

［2］郑克祥：《广州出土南汉青瓷的产地研究》，中山大学硕士学位论文，2013 年。

［3］关于新会官冲窑陶瓷器成分参见陈显求、陈士萍：《唐新会官冲窑》，李家治、陈显求主编《'92 古陶瓷科学技术国际讨论会论文集》（ISAC'92），上海科学技术文献出版社，1992 年。

［4］吴隽、王海圣、邓泽群等：《南越宫苑遗址出土砖瓦的测试分析报告》，南越王宫博物馆筹建处、广州市文物考古研究所编著《南越宫苑遗址——1995、1997 年考古发掘报告》第五章第五节，第 239~256 页，文物出版社，2008 年。

典型的高铝低硅特征，高岭石－云母区和高岭石区矿料呈现广东地区陶器的元素，与康陵、德陵的高铝低硅的特征相符合，有可能是广东本土窑口所产。

近30年来，在南汉国宫苑、城池等遗址出土大量晚唐至五代十国时期的陶瓷器，既有白瓷，也有青瓷，器形有碗、盘（或碟）、罐、盒、壶、瓶等。其产地来源较为广泛，可辨识的有越窑青瓷（秘色瓷）、定窑白瓷、景德镇窑白瓷，以及南汉本地生产的青瓷等。

南越国宫署遗址南汉宫殿区出土一批与南汉陵墓出土器物相近的青瓷片[1]。试举几例，青瓷罐残片的直口，圆唇外缘稍尖，肩部有四个对称的横桥耳，肩腹部施4道弦纹，与德陵青瓷罐相同。罐盖盖面隆弧，菌形纽也与德陵盖罐相近。还有多件夹耳罐，与昭陵的是同类器。

兴王府王城区也发现一些与陵墓相似的青瓷器，如2005年广州市越秀区中山五路大马站商业中心工地出土青瓷四耳罐，2002年广州市越秀区北京路千年古道遗址出土青瓷夹梁罐和2003年广州市越秀区中山四路致美斋工地出土青瓷夹梁罐及盖等[2]。位于王城西北郊的广州市第一人民医院改扩建项目工地出土一件菌形纽青瓷器盖，造型与德陵青瓷罐盖相近；另一件器盖出子口，则是陵墓所未见。另外还有青瓷盒与康陵陵墓所出者近似[3]。南郊小谷围岛的南汉昌华苑遗址出土青瓷附耳、肩腹部施凹旋纹的罐和青瓷葵口碗等[4]。

南汉王宫遗址和城区出土的青瓷器器形、釉面与陵墓出土者相同，只是可能由于埋藏环境的原因致使颜色稍有差异，王宫遗址的釉色较深，偏灰暗。足以说明这种青瓷器是实用器，用于宫廷、离宫别苑以及贵族、高官府邸。

有学者就南越国宫署遗址出土五代十国刻款瓷器进行研究。这些刻写有文字款识瓷器的产地既有越窑的秘色瓷，也有定窑白瓷，还有景德镇窑白瓷，以及可能是南汉本地生产的刻"官"字、"记"字青瓷。碗底釉下刻"官"字还见于2003年在广州市中山四路致美斋工地出土的一件，其造型、胎釉以及垫烧工艺与南越国宫署遗址出土的"官"字款青瓷基本一样，只是"官"字的写法不同。广州发现的这两件"官"字款青瓷碗底，与目前我国考古发现的晚唐至北宋初越窑和耀州窑"官"字款青瓷明显不同，推测其应为南汉本地烧制的[5]。

南汉青瓷器从器形到釉色等明显受越窑影响，具有典型时代风格。经成分检测分析，康陵出土的一件青瓷罐底部残片（样品KL05）的胎料和釉料非常接近于五代寺龙口越窑。从外底足的泥点印痕可以看出，这件瓷器使用泥粒支烧，但内底没有泥粒印痕，说明不是明火叠烧，应该是使用匣钵装烧，这与越窑的装、支烧方式也很相似，很有可能是越窑的产品[6]。这件残碗发现于探方地层，不是玄宫出土，发现于探方地层，兴许是修陵时遗留。在兴王府宫殿区域也多有发现。2011年动工修建五仙观南侧地下停车场工地时考古发掘的五

[1] 出土器物标本现藏于南越王博物院，部分见于展厅，部分在整理中。

[2] 广州市文物考古研究院、南汉二陵博物馆：《汉风唐韵：五代南汉历史与文化》，第137页和第78页，文物出版社，2020年。

[3] 广州市文物考古研究院、南汉二陵博物馆、海上丝绸之路（广州）文化遗产保护管理研究中心主办"寻迹羊城——2022年广州考古新发现"展览展品。

[4] 参见本报告附录六《广州小谷围岛山文头岗南汉建筑遗址发掘简报》。

[5] 李灶新：《广州南越国宫署遗址出土五代十国刻款瓷器研究》，《华夏考古》2020年第2期。

[6] 参见本报告附录一《广州南汉德陵和康陵出土陶瓷器物的科技研究》。

代地层中出土青瓷器中有一件碗（样品 No.5）经中山大学检测，其胎釉元素特征与康陵、德陵的高铝低硅的特征相符合，有可能是广东本土窑口所产[1]。这种平凹底圈足碗，越窑有之，南汉亦有之，康陵陵园地层所出者近寺龙口窑产品，而五仙观的碗为当地产品，由此可见，应是仿越窑器形和釉色而由本土窑口所烧制。南汉仿越窑或越窑系的青瓷器数量众多，遗址和墓葬都有出土，王宫、王城和昌华苑等遗址也都有发现。

据中国科学院上海硅酸盐研究所检测成果，康陵和德陵出土的青瓷釉是唐五代时期比较常见的高温透明钙釉，CaO 含量较高（~12%），由于釉中还有相当量的 MnO 和 $P_2O_5$，可以认为配方中掺入了草木灰，应当是高钙灰釉，并且着色剂以铁元素为主[2]。所检测标本中德陵出土的两件完整青釉瓷盖罐（DL01、DL02）与康陵出土的陶罐肩腹残片、瓷罐底部残片、小陶罐口沿肩部残片（KL03、KL05、KL06）釉的成分很接近。德陵和康陵在营建时间上前后大约相差 25~30 年，瓷器的烧造风格上没有明显的变化，与 20 世纪 50 年代发掘的广州石马村南汉三主刘晟昭陵墓出土瓷器风格也很接近。经检测的 6 件瓷器样品出土于不同的陵墓，但大体上它们的釉料组成很相近、集中，说明南汉国的陶工对釉料进行了有意的选择，研制出了稳定成熟的釉料配方。但是德陵和康陵瓷器所用釉料有各自的独立性，从外观上看德陵的两件瓷器盖为青黄色，并且釉面有剥落现象，而康陵的两件粉盒盖（KL04、KL15）为天青色，釉面光洁，是这批瓷器中的精品，这就说明虽然二陵出土的瓷器在用料上差别不大，但康陵瓷器在烧制技术方面比德陵要有所提高。德陵出土 190 件青瓷罐和 82 件釉陶罐器形风格一致，而从实验中所测的两件瓷器盖的情况看，它们的化学组成是很相近的。据中山大学的检测，与南汉二陵出土青瓷器具有相似特征的有南汉宫殿的 18 号样品青瓷盒盖残片，胎的组成特征上亦具有高铝低硅的特征，$Al_2O_3$ 含量达 24.42%，$SiO_2$ 含量 63.35%，釉料组成特征也颇为相似，可以判断它们应为广东同一窑口所产精品[3]。

不少专家学者对南汉陵墓及王宫、城池出土的青瓷器与同时代各窑口产品进行比较，发现有部分青瓷器与耀州窑、越窑、景德镇窑瓷器很相似，可能是上述诸窑口的产品。专家指出，虽然德陵和康陵出土瓷器所用胎料与新会官冲窑瓷所用胎料接近，但是釉料却相差很远。这批陶瓷器物的原料组成特征与唐代广东新会官冲窑的原料组成特征不符，那么探寻它们的窑址还有待下一步更多的分析研究。

广东能确定为唐、五代的窑址不多，经正式清理的有粤中新会、高明，粤东潮州和梅县等地的窑址。潮州市发现有多处唐代窑址，经发掘的有窑上埠窑址、北堤头、洪厝埠和竹园墩等[4]。梅州市水车区的瓦坑口窑、罗屋坑和南口古窑址也进行过调查与发掘[5]。这些唐代窑址结构同属椭圆形馒头窑，出土遗物器形、釉色较为接近，为行文方便有时又称为粤东诸窑。这些窑场的制品同受越窑青瓷影响。

---

［1］郑克祥：《广州出土南汉青瓷的产地研究》，中山大学硕士学位论文，2013 年。

［2］参见本报告附录一《广州南汉德陵和康陵出土陶瓷器物的科技研究》。

［3］郑克祥：《广州出土南汉青瓷的产地研究》，中山大学硕士学位论文，2013 年。

［4］曾广亿：《广东潮安北郊唐代窑址》，《考古》1964 年第 4 期。

［5］杨少祥：《广东梅县市唐宋窑址》，《考古》1994 年第 3 期。

潮州市郊出土的碗、碟、壶、罐、盆等施青黄釉，器物坯胎厚重，烧制火候不高，硬度不强，不少器物釉层剥落严重。曾广亿称之为"半陶瓷"[1]。从胎质到釉料都明显与南汉陵墓和都城出土的青瓷器不同。烧造的时间比较早，最早期的可达唐高宗时期，一直延续到晚唐始行停烧[2]。新会官冲窑产品以碗、盘、罐、盆为主；胎色多灰白色，含有较多杂质；施釉多采用蘸釉，外壁多施半釉，釉层较厚，釉色淡青带黄；大部分青瓷器饼足或平底。官冲窑的烧造年代应为中晚唐至宋初[3]。高明大岗山窑是广东仅见的唐代龙窑，罐有四耳、六耳、无耳之分，器物胎质较粗，器壁较厚；胎色有灰、白两种，釉色有青绿、青黄、酱褐等色，釉面开细小碎片，胎釉结合不甚紧密，有剥釉现象[4]。官冲窑和高明大岗山等窑址的制品，在器物造型和釉色方面都与南汉青瓷器大相径庭。

经比较研究发现，器物造型、釉色与南汉陵墓、宫城出土较为相近的是粤东地区的窑场制品。1984年广东省博物馆和梅县市博物馆对梅县市（今梅州市梅县区）水车区和瑶上区的三座窑址进行发掘[5]。产品有碗、盘、壶、枕、器盖、碾轮等瓷器，还有匣钵、匣钵盖等窑具。瓷器胎质厚重，呈青灰色，表面不施纹饰，施青绿或青灰色满釉，釉层均匀晶莹，开冰裂纹片。水车窑生产的瓷器釉色青绿，多作璧形足和圈足，碗口沿作葵瓣形等，是唐中晚期越窑产品常见的做法。水车窑遗物器形、釉色与潮州北郊窑上埠窑同类器物多有相同。

除了潮州、梅县的窑址，粤东地区的墓葬中也出土不少唐五代青瓷器。在梅县畲江、瑶上等地清理唐墓6座[6]，1座断为唐代中期，其余5座墓属唐代晚期。随葬有碗、碟、椭圆腹罐及壶、鼓腹罐等典型器物，这些瓷器灰白胎，器内外施青黄釉，开冰裂纹，底露胎。同时期调查水车瓦坑口、罗屋坑和南口等窑址时采集的标本，器物造型与唐墓出土的相似。发掘者认为其造型、釉色更似潮安北堤头唐代窑址出土的器物，与浙江越窑的产品也很相似。

和平县彭寨、附城和大坝发掘3座五代墓葬，随葬的青绿釉瓷椭圆腹四耳长身罐、双耳长身壶、鼓腹大口双耳矮身罐、葵瓣口大碗等，在梅州市畲江晚唐墓中都有类似发现。发掘者推断为广东梅州市唐代水车窑的产品[7]。

曾广亿在总结广东唐代日用陶瓷器时指出，除个别器类外，大多素面，不重纹饰，胎质厚重。为追求玉的效果，施釉较厚。"梅县水车窑和潮州北郊窑烧制的产品有不少碗、碟、壶、盆、罐等通体釉面光洁无疵，色泽青中微泛黄色，晶莹夺目，达到了似玉的要求。"[8]

窑址和墓葬出土的粤东潮州北关窑和梅县水车窑器物不乏精品[9]，尤其是梅县水车窑产品青釉颜色、冰裂开片等特征，与南汉青瓷确有颇多相似之处，研究者提出二者应有密切

[1] 曾广亿：《广东潮安北郊唐代窑址》，《考古》1964年第4期。
[2] 曾广亿：《附录：潮州唐宋窑址初探》，广东省博物馆编《潮州笔架山宋代窑址发掘报告》，第60页，文物出版社，1981年。
[3] 广东省文物考古研究所、新会市博物馆：《广东新会官冲古窑址》，《文物》2000年第6期。
[4] 广东省博物馆、高明县文物普查办公室：《广东高明唐代窑址发掘简报》，《考古》1993年第9期。
[5] 杨少祥：《广东梅县市唐宋窑址》，《考古》1994年第3期。
[6] 广东省博物馆：《广东梅县古墓群和古窑址调查、发掘简报》，《考古》1987年第3期。
[7] 广东省文物考古研究所、和平县博物馆：《广东和平县晋至五代墓葬的清理》，《考古》2000年第6期。
[8] 曾广亿：《广东唐宋陶瓷工艺特点》，《广东唐宋窑址出土陶瓷》，香港大学冯平山博物馆出版，1985年。
[9] 也有将潮州窑分为唐代北关潮州窑、北宋笔架山潮州窑。

关系，所以我们重点讨论水车窑制品。

德陵、昭陵出土的一批完整青釉瓷罐，是五代十国青瓷的精品。其器形及产地引起关注，更多讨论其来源和产地，据胎釉成分检测分析研究，大多数意见认为是广东本地烧制的瓷器。从考古类型学分析研究，南汉陵墓和宫廷出土的青瓷器比较独特，不见于广东省外的其他窑口。从其造型精美、成品质量高以及"官"字刻款可以推定南汉官窑的存在。我们给南汉官窑做个初步定义：官窑瓷器发现于南汉宫廷、府衙、皇家寺院和陵墓等高规格场所；器形以罐、壶、碗、盒等为主；灰胎，釉色青绿或青灰，满釉，釉层均匀晶莹，部分有细碎开片，胎釉结合紧密；不少器类带盖，器表有刻划、戳印、压印、浅浮雕等装饰手法。我们姑且将广州出土的部分南汉青瓷器称为南汉官窑瓷器。

南越国宫署遗址出土一批晚唐五代时期的青釉碗，有玉璧足和矮圈足，透明的玻璃釉开片较为明显，胎色均为深灰色，以匣钵单件装烧。然而，这类碗在南汉陵墓中没有发现。陵墓中近似水车窑瓷器的主要是罐类，德陵的扁腹、圆腹罐在广州市以外尚未发现，昭陵出土的长身罐与六耳盖罐则在粤东地区有出土或采集。其釉面特点是釉色青灰，或偏黄，细碎开片，胎釉结合较差。这种青瓷罐釉色多为青黄色或青灰色，大多数制品可能是在弱还原气氛或弱氧化气氛中烧成。虽然目前不少学者认为南汉青瓷与以梅县水车窑为代表的粤东青瓷颇为相似，但与南汉官窑瓷在釉色、器形和装饰技术上还是有区别。窑址和墓葬出土的被鉴定为水车窑器的青瓷器存在早晚之分。早期约当唐中晚期，其特点是釉厚色深，玻璃质感强，釉色绿中偏蓝。这类厚胎厚釉的水车窑器在南汉王宫和都城遗址屡有出土。后期约当唐末五代，其特点是釉层薄，釉色偏黄，附着力差，常有脱落。这种特征的水车窑器在广州城区之外的考古发掘中有发现，也有民间收藏标本。广州黄埔区迳下村五代墓葬出土一件带盖小执壶（M2∶6）[1]，肩部有弧形执把，圆管形流，通体施青黄色釉，釉质较差，釉面遍布冰裂纹。"梅州大观天下"收藏一件水车窑青釉四系盖罐[2]，盖面隆弧，菌形纽。与南汉德陵罐盖相同，器形修长如榄形，削肩，下腹收窄，平底；上肩贴饰四个对称竖耳；通体满釉，冰裂开片。也与和平彭寨青瓷四耳长身罐近似。南汉官窑制品虽然也有青中偏黄，釉面也有冰裂开片，但釉层厚薄适中，附着力强，质感明显优于水车窑。更明显的是器形多有不同，碗、碟等流行日常生活用品较为相近，罐和壶则大不一样，广州多见的夹耳罐、扁圆腹罐等是粤东各窑没有的，而粤东流行的广口矮身罐和修长的高身罐（椭圆形）为广州所未见，瓷壶上的六角形短流亦少见。粤东潮州窑、水车窑缺带盖的圆盒等。南汉官窑器与水车窑器等比较明显的区别还在于后者表面无纹，而南汉官窑器器表常见刻划、戳印、压印、浅浮雕等装饰手法。例如南汉王宫出土青瓷罐肩部浅浮雕莲花瓣[3]。

粤东唐五代北关潮州窑、水车窑产品未做过成分检测分析。据 20 世纪 70 年代枫溪陶瓷公司技术人员的鉴定分析，笔架山宋瓷所用瓷土主要取自飞天燕山。飞天燕山瓷土的化学成

［1］广州市文物考古研究院：《广州市黄埔区迳下村南朝、晚唐五代墓葬发掘简报》，《东南文化》2022 年第 4 期。
［2］展出于中山市博物馆主办的中山市博物馆特展系列《岭南藏珍——粤港澳大湾区藏品联展（陶瓷专场）》，2022 年。
［3］南越王博物院王宫展区（原南越王宫博物馆）"南汉王宫"展厅展品。

分（原矿）：氧化硅 77.64%，氧化铝 16.65%，氧化铁 0.75%，氧化钙 0.19%，氧化镁 0.30%，氧化钾 2.99%，氧化钠 1.16%，耐火度 1620°C，成瓷度 1250°C~1300°C，用这种瓷土烧制青白瓷比较理想[1]。

虽然测试样本是北宋材料，但窑场附近的瓷土矿原材料资源应当是相同的。由此可见，北宋笔架山潮州窑瓷器所用瓷土特征是低铝高硅，南汉青瓷则是高铝低硅。上海硅酸盐研究所、中山大学社会学与人类学学院与南越王宫博物馆、广州市文物考古研究院合作对南汉王宫和陵墓出土陶瓷标本做过检测分析。根据测试结果，王宫与陵墓出土的陶瓷器胎料组成多为高铝低硅特征，既不同于越窑的低铝高硅的南方陶瓷特征，也不同于新会窑的综合组成特征，应是广东某一窑口所产制品。

另一方面，专家还指出德陵出土大部分青瓷罐釉色多为青黄色和青灰色，当属在弱还原气氛或弱氧化气氛中烧成，并且这批青瓷有可能是使用龙窑烧成[2]。水车区两座唐窑结构是椭圆形馒头窑，也不符合专家关于德陵青瓷罐是使用龙窑烧成的假设。

梅县水车窑瓷器未曾做过科技考古研究，不知其成分、微量元素等，还不能做直接的比较研究。北宋笔架山潮州窑瓷器的成分与南汉青瓷瓷胎成分不同，尽管水车窑没做过检测，仍属同一地区的矿土。广州南越国宫署遗址南汉陶瓷的原料来源和组成与南越国时期砖瓦样本，无论是主次量元素还是微量元素组成并没有明显的差异。南越宫苑遗址出土的砖瓦 $Al_2O_3$ 含量较高，平均约为 22.67%，远高于已分析的我国其他地区各时期样本的 $Al_2O_3$ 含量（~16%），这是与广东地区属高岭石 - 云母区和高岭石区分不开的。在该地区黏土土壤中富含高岭，并含有铁名氧化物或三水铝矿等[3]。南汉青瓷瓷胎具有高铝低硅的特征，也预示还要到以广州为中心的珠江三角洲去探寻。

早在 20 世纪 50 年代就有学者提出南海官窑，并对官窑镇一带的窑址进行调查[4]。窑址位于佛山市南海镇龙圩北面约 1 千米的文头岭，官窑镇和镇龙圩一带都称为官窑[5]。调查发现有 2 座窑址，一座坐西向东，另一座坐西南向东北，均作长条形，依山势修筑，烟囱在顶端。遗物堆积很丰富，可辨器形有碗、圆纽器盖、盆、罐、杯等，采集的瓷片胎质细腻，灰白色，烧制火候很高。窑法是匣钵、渣饼垫烧，制作技术高明，器形规矩，与高明大岗山和新会官冲窑址遗物的粗劣形成了鲜明的对比。发掘者根据后世史乘和传说指出，有人认为南海官窑是五代南汉刘氏的"官窑"。但是调查所得数量其多的划黑花青釉瓷，与广州西村皇帝岗窑址出土的相同，显然是北宋时期的产品。近年来在广州附近的窑址目前工作开展得较多的是佛山市南海区奇石、文头岭等窑场，经发掘确认是宋代遗存[6]。由于官窑镇一带

［1］曾广亿：《附录：潮州唐宋窑址初探》，广东省博物馆编《潮州笔架山宋代窑址发掘报告》，第 44 页，文物出版社，1981 年。

［2］参见本报告附录一《广州南汉德陵和康陵出土陶瓷器物的科技研究》。

［3］吴隽、王海圣、邓泽群等：《南越宫苑遗址出土砖瓦的测试分析报告》，《南越宫苑遗址——1995、1997 年考古发掘报告》第五章第五节，第 239~256 页，文物出版社，2008 年。

［4］广东省博物馆：《佛山专区的几处古窑址调查简报》，《文物》1959 年第 12 期。

［5］2005 年 1 月，佛山市南海区官窑撤镇，并入狮山镇。属狮山镇东区社会管理处（即原官窑镇、松岗镇）。

［6］广东省文物考古研究院、佛山市博物馆、佛山市祖庙博物馆等：《广东南海奇石宋代窑址宝头岗地点 2021~2022 年发掘简报》，《文博学刊》2023 年第 2 期。

的窑址没有进行发掘，情况不明。是否与南汉官窑有关联，还需要从器物造型、制作工艺、装烧技术和成分分析等方面综合考察，可惜目前尚不具备这个条件。

经过前述比较分析，从外观上看，南汉王宫、陵墓出土青瓷器与梅县水车窑瓷器较为接近，然而还没有得到层位学和科技检测的支持，南海官窑窑址未经发掘，因此可以说，仍然未能确定南汉官窑所在。陈万里在70年前就指出南汉昭陵青瓷罐是在越窑的影响下，于五代时期广州或其他邻近地区烧造的。其敏锐的洞察力令人钦佩。麦英豪率先提出昭陵所出青瓷制作精良、造型别致、施釉均匀等特点，应为南汉官窑所特制。前辈学者的真知灼见为我们探索南汉官窑及其产地指明方向。

唐末乱世，藩镇割据，五代十国建国称王，吴越王国制造生产的越窑仍然保持"千峰翠色""如冰似玉"秘色瓷的特色。同样，五代岭南窑业并未受北方中原离乱影响而衰落。南汉青瓷自有发展，因地理环境、工艺传统等自然与人文诸多因素的影响，创造出具有自身特色的产品。经科技手段的研究，南汉陵墓以及王宫建筑材料大多数为广东本地制作，尤其是德陵、昭陵精美青瓷罐也是南汉本地所烧，因此南汉时期岭南的瓷业并未中止、停顿而是有了很大创新、发展。南汉皇宫、离宫别苑、都城兴王府、皇家寺院及陵墓出土大量造型规整、制作精良、釉色晶莹、装饰丰富的精美青瓷器自是南汉官窑烧制。

南汉的青瓷器在越窑的影响下由广东本地生产已是学界共识。南汉皇宫出土的部分青瓷的胎釉特征和装烧方法与越窑青瓷完全相同，其中青瓷标本只有极少数瓷片经检测，有瓷片可确认是越窑器。有的釉色青绿，釉质肥厚莹润，胎质细腻纯净，与秘色瓷十分接近，当由吴越国输入。更多青瓷胎质相对稍粗，釉色偏灰偏黄，釉面光泽度较差，应是越窑普通产品。

南汉青瓷同时也深受广东唐五代时期青瓷的影响，应当以同受越窑影响的粤东潮州窑和水车窑制瓷技术为基础。南汉政权"设官监窑"，窑匠因地制宜选取瓷土矿和釉料，在制作成型与烧制流程上继承广东唐五代瓷窑，又形成自己的审美情趣和艺术技术，烧造出南汉官制样式，达到广东及岭南地区青瓷的新高度。

众多专家学者据器形、釉色、制作工艺及胎质釉料等方面，论证认为南汉陵墓、宫城出土的青瓷器是广东地区烧造。我们根据目前发掘材料，比较了广东唐五代各窑口制品的特征，赞同南汉都城王宫、王陵、皇家寺庙等使用的瓷器（包括建筑材料和构件）是在都城兴王府附近烧制。科技分析研究指出南汉官窑瓷器瓷土具有高铝低硅的特征，启示考古调查要到广州以及南海、三水、番禺等地展开。科技工作者还推测南汉青釉瓷器使用龙窑烧制的可能性较大，那么窑炉结构（龙窑）也是很重要的参考因素。

附表一

## 康陵陵园地面遗迹结构、尺寸一览表

| 分类 | 名称 | 相对位置 | 形状 | 主要结构 | 长 | 宽 | 残高 | 直径 | 方向 | 其他 |
|---|---|---|---|---|---|---|---|---|---|---|
| | 封土圜丘 | 陵台正中 | 覆钵状 | 中间为夯土台，周围有包砖 | | | 2.20 | 10.20 | | |
| 陵台 | 神龛 | 封土丘南中部 | 长方形 | 由门口、门台、门白石等构成 | 1.90 | 1.80 | 0.65 | | 352° | |
| | 陵台基座 | 玄宫上面 | 方形 | 中间为夯土，四周有包砖 | 11.40 | 11 | 0.25 | | 349° | |
| | 祭台 | 陵台南中部 | 长方形 | 中间为夯土，周围有包砖 | 5.20 | 3.00 | 0.4~0.6 | | 348° | |
| | 陵台散水 | 陵台四周 | 方形 | 大方砖错缝平铺，周边和对角加栏 | 17.80~18.0 | 3.20~3.30 | 高差 0.1~0.38 | | 348° | |
| | 陵台坡道 | 陵台南部墓道上面 | 长方形 | 中间为夯土，周围有双重外包砖 | 9.20 | 7.50 | 0.40 | | 349° | |
| | 陵台排水沟 | 陵台北部 | 弧形 | 在生土地面上挖筑，局部铺砖 | 51.20 | 2.2~5.50 | 0.30~0.50 | | | |
| 角阙 · 东北 | 子阙 | 陵园东北角 | 方形 | 夯土芯外包砖壁并接垣墙，四周砖铺散水 | 3.70 | 3.70 | 0.55 | | 347° | 中点距陵台中点 41.3 米 |
| | 母阙 | 陵园东北角 | 方形 | 夯土芯外包砖壁，四周砖铺散水 | 4.80 | 4.80 | 0.76 | | 346° | |
| 角阙 · 西北 | 子阙 | 陵园西北角 | 方形 | 夯土芯外包砖壁并接垣墙，四周砖铺散水 | 3.70 | 3.70 | 0.26 | | 351° | 中点至陵台中点 41 米 |
| | 母阙 | 陵园西北角 | 方形 | 夯土芯外包砖壁，四周砖铺散水 | 4.80 | 4.80 | 0.20 | | 349° | |
| 角阙 · 东南 | 子阙 | 基本无存 | 无存 | 无存 | 无存 | 无存 | 无存 | | | |
| | 母阙 | 无存 | 方形 | 夯土芯外包砖壁，四周砖铺散水 | 3.80 | 3.80 | 0.20 | | | |
| 角阙 · 西南 | 子阙 | 陵园西南角 | 方形 | 夯土芯外包砖壁并接垣墙，四周砖铺散水 | 3.90 | 3.60 | 0.82 | | | |
| | 母阙 | 陵园西南角 | 方形 | 夯土芯外包砖壁，四周砖铺散水 | 5.20 | 5.20 | 0.20~0.25 | | | |
| | 陵门 | 南垣墙正中 | 长廊式 | 面阔 16.4 米，残存 12 个磉墩基础。正方形磉墩，边长最大 1.4~1.45 米，最小 1.1~1.2 米 | | | | | | |
| | 陵前建筑 | 南垣墙前 20 米 | | 残存 42 个磉墩基础。东西呈排，每排 14 个，南北呈列，每列 3 个。中间磉墩边长 1.2~1.4 米，两侧磉墩长 1~1.2 米 | | | | | | 东西 64 米 南北 8 米 |

附表二

## 康陵玄宫结构、尺寸一览表

| 名称 | | 位置 | 形状及结构 | 尺寸/米 | | |
|---|---|---|---|---|---|---|
| | | | | 长度 | 宽度 | 高深 |
| 墓道 | | 墓室的南中部 | 长方形，内窄外宽，口大底小，斜底 | 口长 17.50 底长 18.40 | 口 3.30~4.40 底 3.00~4.20 | 0.94~5.15 |
| 封门 | 外封门 | 甬道口外侧 | 3块长方形大石板横叠立置于甬道口外侧（石板长 3.36、宽 0.96、厚 0.30 米） | | 3.40 | 3.02 |
| | 内封门 | 甬道内 | 六隅砖墙，五平一丁相间垒砌 | 1.20 | 2.00 | 1.1 |
| 甬道 | | 墓室前端中部 | 长方形砖室与墓室通砌，内侧加砌有两层券拱 | 1.10 | 2.15 | 2.35 |
| 前室 | | 后室的前部 | 长方形，直壁，券顶。七隅砖墙，四层券拱 | 1.34 | 3.16 | 3.30 |
| | 破子棂窗 | 两侧砖墙的中上部 | 长方形，半块竖砖斜砌 | 0.68 | 0.15 | 0.35 |
| | 壁龛 | 两侧砖墙的中下部 | 长方形，叠涩顶 | 0.48 | 0.36 | 0.44 |
| | 壁柱 | 前室后端两侧墙壁上 | 长方形柱状，与墓室砖墙连砌 | 0.40 | 0.36 | 2.47 |
| | 后室 | 前室的后部 | 长方形，直壁，券顶，与前室通砌 | 7.10 | 3.16 | 3.30 |
| | 空心白灰壁 | 前室后端的两壁柱内侧 | 周围用白灰和瓦片胶接垒筑于壁柱上 | 0.44 | 0.26 | 1.30 |
| | 柱洞 | 空心白灰壁中间下部 | 长方形，直壁，平底，底有垫砖 | 0.26 | 0.16 | 0.40 |
| | 门台 | 两侧空心白灰壁之间 | 长条状，白灰块垫筑而成 | 1.80 | 0.45 | 0.06 |
| 后室 | 门臼 | 后室前端的拐角里侧 | 圆形，弧壁，圜底，任底砖上凿成 | 口径 0.12 | 0.06 | 0.06 |
| | 隔墙 | 后室两侧墙墙的前中部 | 长方形砖墙，平、丁相间砌构，底铺石板 | 0.80 | 0.44 | 0.78 |
| | 棺床 | 后室的前中部 | 长方形砖台，平铺错缝垒砌，上铺大方砖 | 2.30 | 2.25 | 0.20 |
| | 壁龛 | 后室两侧墙壁上 | 长方形，叠涩顶 | 0.43~0.48 | 0.35~0.38 | 0.32~0.35 |
| | 后龛 | 后室的后壁 | 长方形，直壁，券顶 | 2.30 | 1.06 | 1.30 |

附表三

## 康陵发掘区灰沟、灰坑登记表

| 编号 | 位置 | 层位关系 | 形状与结构 | 填土及主要遗物 | 年代 | 备注 |
|---|---|---|---|---|---|---|
| G1 | 陵台基座西南部 | ①→G1→② | 沟口为不规则的长条状 | 灰色沙土，出土明清瓷片 | 明清 | |
| G2 | 陵台基座东北部 | ①→G2→③B | 狭条状，斜壁，底不平 | 灰沙土，松散，出土少量瓦片 | 明清 | 扰沟 |
| G3 | 陵台基座南部 | ②→G3→③B | 条带状，直壁，平底 | 灰红色土，质软，出土少许瓦片等 | 宋 | 沟底东段有砌砖 |
| H1 | T0405 西壁下中部 | ②→H1→生土 | 椭圆形小坑，斜壁，平底 | 灰红色杂小石子和碎砖等 | 宋 | |
| H2 | T0306 中部偏东南 | ①→H2→祭台包砖 | 半圆形小坑，斜壁，平底 | 灰沙土回填，质松散，较细且纯 | 清代 | |
| H3 | T0405 北壁下中部 | ②→H3→③A | 椭圆形坑，内斜壁，平底 | 烧土块夹红灰色杂土，含少许砖屑 | 宋 | |
| H4 | T0306 西南部 | ②→H4→③B | 不太规则的方形坑，斜壁，平底 | 灰黄色杂土夹碎砖瓦和白灰块 | 宋 | |
| H5 | T0502 西北部 | ②→H5→生土 | 不太规则的长方形坑，斜壁、平底 | 灰红色土夹大量红烧土块 | 明 | |
| H6 | T0502 中北部偏东 | ②→H6→生土 | 不规则形坑，斜壁，平底 | 灰红色沙土夹大量烧土块，出土明代黑釉罐碎片 | 明 | |
| H7 | T0306 北中部偏东 | ②→H6→盗洞3 | 椭圆形坑，内斜壁，圆底 | 灰黄色沙土，质疏松，出土明代黑釉釉陶片 | 明 | |
| H8 | T0708 西北部 | ③B→H8→东北角阙 | 椭圆形坑，直壁，平底 | 灰红色沙土，质松散，无陶片 | 宋 | |
| H9 | T0206 北隔梁 | ②→H9→G3 和 H10 | 椭圆形坑，内斜壁，圆底 | 红色沙黏土，质松，含瓦片和釉陶片 | 宋 | |
| H10 | T0206 北隔梁 | ③B→H10→坡道 | 椭圆形浅坑，内斜壁，平底 | 灰红色沙土夹褐色黏土斑 | 宋 | |

附表四

**康陵发掘区墓葬登记表**

| 编号 | 位置 | 层位关系 | 墓室形状与结构 | 主要器物 | 年代 |
|---|---|---|---|---|---|
| M1 | T0608 | ③A →康陵排水沟→ M1 →生土 | 长方形砖室墓 | 无遗物 | 晚唐 |
| M2 | 大香山西坡 | ① → M2 →生土 | 长方形砖室墓 | 银头饰、银碗、铜镜、铜钱、釉陶罐 | 唐末五代 |
| M3 | 大香山西坡 M2 东侧 | ① → M3 →生土 | 长方形砖室墓 | 铜镜、铜钱、铁环等 | 唐末五代 |
| M4 | T0503 东北部 | ② → M4 →③B | 椭圆形坑、内斜壁、平底 | 陶魂瓶 2 个 | 宋 |
| M5 | T0503 东南部 | ② → M5 →生土 | 近方形坑、直壁、平底 | 陶魂瓶 1 个 | 宋 |
| M6 | T0206 东南部 | ② → M6 →③B | 墓口为椭圆形大坑,用红砂岩条石条砌筑拜台;下部为长方形竖穴土坑;两个棺室外有灰砂土椁 | 黑釉小罐 5 个、上面卧牛。右侧棺内出土铜镜 1 面,墓志 1 方 | 明 |
| M7 | T0106 北隔梁中部 | ② → M7 →生土 | 圆形小坑、直壁、平底 | 釉陶四耳罐(带盖) | 晚唐 |
| M8 | 陵园西南角外侧 | ② → M8 →陵园废弃堆积→生土 | 长方形砖室墓 | 陶罐、铜钱、头饰等 | 明 |
| M9 | T0506 陵台东北角 | ② → M9 →排水沟→生土 | 圆形竖穴土坑 | 陶魂瓶 1 个、陶罐 1 个、陶盖罐 2 个 | 明 |

附录一

# 广州南汉德陵和康陵出土陶瓷器物的科技研究

鲁晓珂 吴隽 李伟东 王海圣 邓泽群

（中国科学院上海硅酸盐研究所）

南汉是五代十国时期割据岭南的一个地方政权，立国 67 年，历三世五主。版图最大时包括今广东、广西、海南 3 省区及湖南、贵州、云南一部分，是岭南地区继南越国之后的第二个地方政权。2003 年 3 月，为配合广州番禺区小谷围岛广州大学城的建设，广州市文物考古研究所会同番禺区文物管理委员会办公室对小谷围岛 18 平方千米的建设范围进行了抢救性考古发掘。这次考古工作最重要的收获是发掘和确认了南汉国德陵和康陵[1]，该项发掘还被评选为"2004 年度全国十大考古新发现"。

由于德陵和康陵历史上多次被盗扰，所以留存遗物不多。难能可贵的是在德陵墓道器物箱中发现了大量的青瓷罐和釉陶罐，共计 272 件套。其中，青瓷罐大多施淡黄釉和天青釉，是广州第一次发现如此众多的五代瓷器。康陵出土陶瓷器物以青瓷器、釉陶器残片为多，也多属罐类和盒类。这些陶瓷罐类制品与 1954 年发掘的广州石马村南汉三主刘晟昭陵墓出土的青釉瓷器类型相似，这种器形在浙江越窑、湖南长沙窑也有发现，长沙五代墓葬中也有出土，是五代时期江南地区比较流行的一种形式。在广州市文物考古研究所的协助下，上海硅酸盐研究所对其提供的二陵出土的部分陶瓷器物和瓦制品进行了一系列物理化学性能的测试，进而对这两座陵墓出土陶瓷器物的来源、烧制工艺等进行了分析讨论。

## 一、样品的选取

一共选取样本 19 件，其中 16 件来自康陵出土器物，3 件来自德陵出土器物。样品的代号、名称等信息列于表 1。

表 1                         德陵和康陵出土器物样品信息列表

| 代号 | 名称 | 出土地点 |
| --- | --- | --- |
| KL01，KL02，KL06 | 陶罐口沿肩部残片 | 康陵 |
| KL03 | 釉陶罐肩上腹残部 | 康陵 |

---

[1] 广州市文物考古研究所：《广州南汉德陵、康陵发掘简报》，《文物》2006 年第 7 期。

续表 1

| 代号 | 名称 | 出土地点 |
|---|---|---|
| KL04，KL15 | 青瓷器盖残部 | 康陵 |
| KL05 | 青瓷罐底部残片 | 康陵 |
| KL07，KL08 | 带釉双唇瓦 | 康陵 |
| KL09 | 带釉筒瓦 | 康陵 |
| KL10，KL11，KL12 | 釉陶四耳罐底 | 康陵 |
| KL13 | 釉陶六耳罐底 | 康陵 |
| KL14 | 釉陶四耳罐或无耳罐肩部残片 | 康陵 |
| KL16 | 青瓷四耳罐或无耳罐底 | 康陵 |
| DL01，DL02 | 青瓷罐盖 | 德陵 |
| DL03 | 釉陶罐残片 | 德陵 |

## 二、实验

### （一）化学组成

采用美国 EDAX 公司生产的 EAGLE– Ⅲ型能量色散 X 荧光分析仪对样品胎和釉的主次量和微量元素成分进行了测定。能量色散 X 荧光分析仪具有以下优点：不破坏，高精度，检测极限为 ppm 级；测量范围广，能够探测到从钠到铀之间的所有元素；采用聚焦 X 射线照射，焦点小，能量利用率高，适合于陶瓷无损鉴定分析等。测量结果见表 2、表 3 和表 4。表 4 中只列出了瓷器釉的化学组成。

表 2　　德陵和康陵出土器物样品胎的主次量元素成分分析表（wt%）

| 序号 | 代号 | $Na_2O$ | $MgO$ | $Al_2O_3$ | $SiO_2$ | $K_2O$ | $CaO$ | $TiO_2$ | $Fe_2O_3$ |
|---|---|---|---|---|---|---|---|---|---|
| 1 | DL01–b | 0.22 | 0.31 | 26.24 | 68.03 | 1.89 | 0.40 | 0.57 | 1.34 |
| 2 | DL02–b | 0.32 | 0.35 | 27.46 | 66.84 | 1.87 | 0.28 | 0.49 | 1.39 |
| 3 | DL03–b | 0.49 | 1.54 | 31.28 | 60.08 | 1.19 | 0.13 | 1.14 | 3.17 |
| 4 | KL01–b | 0.22 | 0.70 | 22.92 | 69.84 | 2.18 | 0.48 | 0.57 | 2.10 |
| 5 | KL02–b | 0.07 | 0.89 | 24.58 | 67.97 | 2.23 | 0.37 | 0.71 | 2.17 |
| 6 | KL03–b | 0.17 | 1.02 | 26.25 | 65.48 | 2.50 | 0.43 | 0.76 | 2.38 |
| 7 | KL04–b | 0.45 | 0.59 | 27.25 | 66.07 | 1.69 | 0.72 | 0.55 | 1.67 |
| 8 | KL05–b | 0.78 | 0.58 | 19.27 | 72.52 | 2.70 | 0.38 | 0.50 | 2.27 |
| 9 | KL06–b | 0.29 | 0.96 | 24.87 | 67.08 | 2.29 | 0.42 | 0.77 | 2.33 |
| 10 | KL07–b | 0.29 | 1.09 | 23.42 | 69.35 | 1.89 | 0.26 | 0.66 | 2.04 |

续表 2

| 序号 | 代号 | Na$_2$O | MgO | Al$_2$O$_3$ | SiO$_2$ | K$_2$O | CaO | TiO$_2$ | Fe$_2$O$_3$ |
|---|---|---|---|---|---|---|---|---|---|
| 11 | KL08-b | 1.07 | 1.27 | 28.50 | 62.25 | 1.73 | 0.26 | 0.79 | 3.12 |
| 12 | KL09-b | 0.34 | 1.15 | 22.93 | 69.34 | 1.22 | 0.60 | 0.84 | 2.58 |
| 13 | KL10-b | 0.59 | 0.77 | 23.57 | 68.51 | 2.14 | 0.57 | 0.67 | 2.18 |
| 14 | KL11-b | 0.38 | 0.72 | 23.91 | 68.37 | 2.24 | 0.57 | 0.63 | 2.18 |
| 15 | KL12-b | 0.45 | 0.76 | 22.00 | 70.55 | 2.11 | 0.44 | 0.61 | 2.08 |
| 16 | KL13-b | 0.46 | 0.86 | 23.98 | 67.43 | 2.33 | 0.72 | 0.64 | 2.57 |
| 17 | KL14-b | 0.07 | 1.00 | 25.32 | 66.70 | 2.28 | 0.31 | 1.00 | 2.32 |
| 18 | KL15-b | 0.22 | 0.56 | 27.53 | 65.88 | 2.20 | 0.24 | 0.62 | 1.75 |
| 19 | KL16-b | 0.27 | 0.50 | 30.06 | 63.92 | 1.77 | 0.26 | 0.46 | 1.75 |

表 3　　　　　德陵和康陵出土器物样品胎的微量元素成分分析表（μg/g）

| 序号 | 代号 | As$_2$O$_3$ | MnO | CuO | ZnO | PbO$_2$ | Rb$_2$O | SrO | Y$_2$O$_3$ | P$_2$O$_5$ |
|---|---|---|---|---|---|---|---|---|---|---|
| 1 | DL01-b | 70 | 160 | 130 | 120 | 60 | 270 | 70 | 160 | 90 |
| 2 | DL02-b | 50 | 150 | 60 | 60 | 130 | 290 | 50 | 140 | 90 |
| 3 | DL03-b | 70 | 60 | 180 | 190 | 900 | 90 | 30 | 40 | 380 |
| 4 | KL01-b | 20 | 70 | 960 | 120 | 2850 | 150 | 60 | 50 | 140 |
| 5 | KL02-b | — | 90 | 910 | 120 | 3750 | 150 | 40 | 50 | 90 |
| 6 | KL03-b | 30 | 130 | 240 | 150 | 1490 | 170 | 70 | 50 | 80 |
| 7 | KL04-b | 60 | 160 | 90 | 110 | 120 | 220 | 40 | 50 | 90 |
| 8 | KL05-b | 70 | 190 | 50 | 80 | 110 | 170 | 110 | 60 | 170 |
| 9 | KL06-b | — | 50 | 390 | 140 | 1710 | 190 | 80 | 20 | — |
| 10 | KL07-b | 30 | 100 | 260 | 130 | 1080 | 160 | 40 | 60 | 70 |
| 11 | KL08-b | — | 80 | 410 | 170 | 4550 | 130 | 30 | 60 | 120 |
| 12 | KL09-b | 70 | 90 | 200 | 150 | 790 | 170 | 40 | 40 | 60 |
| 13 | KL10-b | 30 | 130 | 980 | 110 | 4120 | 130 | 50 | 50 | 120 |
| 14 | KL11-b | 50 | 70 | 1430 | 90 | 3750 | 140 | 70 | 60 | 1550 |
| 15 | KL12-b | 60 | 90 | 680 | 90 | 2310 | 150 | 60 | 50 | 90 |
| 16 | KL13-b | — | 60 | 1130 | 110 | 4660 | 130 | 20 | 50 | 630 |
| 17 | KL14-b | 20 | 100 | 290 | 140 | 960 | 160 | 50 | 40 | 70 |
| 18 | KL15-b | 50 | 330 | 130 | 100 | 160 | 250 | 60 | 70 | 250 |
| 19 | KL16-b | 70 | 190 | 80 | 120 | 130 | 300 | 10 | 110 | 200 |

表 4　　　　　德陵和康陵出土青瓷样品釉的主次量元素成分分析表（wt%）

| 代号 | Na$_2$O | MgO | Al$_2$O$_3$ | SiO$_2$ | K$_2$O | CaO | TiO$_2$ | Fe$_2$O$_3$ | MnO | P$_2$O$_5$ |
|------|------|------|------|------|------|------|------|------|------|------|
| DL01–g | 0.06 | 1.24 | 14.82 | 68.77 | 2.00 | 10.30 | 0.11 | 2.00 | 0.33 | 0.14 |
| DL02–g | 0.47 | 1.29 | 14.44 | 69.05 | 1.69 | 10.35 | 0.09 | 1.62 | 0.28 | 0.12 |
| KL04–g | 0.36 | 0.79 | 14.35 | 68.48 | 1.31 | 12.38 | 0.05 | 1.27 | 0.19 | 0.14 |
| KL05–g | 0.51 | 3.77 | 11.85 | 64.35 | 1.66 | 14.73 | 0.30 | 1.83 | 0.31 | 0.59 |
| KL15–g | 0.16 | 0.69 | 14.33 | 68.79 | 1.36 | 12.21 | 0.07 | 1.40 | 0.19 | 0.16 |
| KL16–g | 0.39 | 0.70 | 14.43 | 67.52 | 1.66 | 12.74 | 0.05 | 1.51 | 0.19 | 0.12 |

（二）陶瓷性能

采用德国耐驰（Netzsch）公司生产的 DIL 402 C （1600 ℃ model） 型热膨胀仪对部分样品的烧成温度进行了测试，采用 D/max 2550V 型 X 射线仪分析了样品的物相组成。热膨胀仪可用于精确测量材料在热处理过程中的膨胀或收缩情况。工作温度：室温~1600 ℃；灵敏度：1.25nm/digit；升温速率：0.1~10 ℃ /min。测量结果见表 5 和表 6。

表 5　　　　　　　　康陵出土器物部分样品烧成温度和其他性能

| 编号 | 名称 | 体积密度（g/cm$^3$） | 吸水率（%） | 显气孔率（%） | 烧成温度（℃） |
|------|------|------|------|------|------|
| KL04 | 青瓷器盖残部 | 2.18 | 6.1 | 13 | 1170 |
| KL08 | 带釉双唇瓦 | 1.62 | 26.1 | 42 | 990 |
| KL09 | 带釉筒瓦 | 1.69 | 22.4 | 38 | 995 |
| KL12 | 釉陶四耳罐底 | 1.76 | 19.3 | 34 | 990 |
| KL13 | 釉陶六耳罐底 | 1.77 | 18.9 | 34 | 970 |
| KL16 | 青瓷罐底 | 2.04 | 9.0 | 18 | 1130 |

表 6　　　　　　　　康陵出土部分陶瓷器物样品胎体的主晶相组成

| 编号 | 名称 | 主晶相组成 |
|------|------|------|
| KL03 | 釉陶罐肩上腹残部 | α‒ 石英，少量白云母 |
| KL04 | 青瓷器盖残部 | α‒ 石英，少量莫莱石和方石英 |
| KL08 | 带釉双唇瓦 | α‒ 石英，少量白云母 |
| KL09 | 带釉筒瓦 | α‒ 石英，少量白云母 |
| KL12 | 釉陶四耳罐底 | α‒ 石英，少量白云母 |
| KL13 | 釉陶六耳罐底 | α‒ 石英，少量白云母 |
| KL16 | 青瓷罐底 | α‒ 石英，少量莫莱石和方石英 |

### 三、分析和讨论

（一）化学组成分析

从化学组成上看，德陵和康陵出土的这批青瓷器、釉陶器和带釉瓦制品胎中都含有较高的 $Al_2O_3$（~25%），而熔剂元素氧化物 $R_xO_y$（$K_2O$、$Na_2O$、$CaO$、$MgO$、$Fe_2O_3$ 等）含量相对较低。五代时期是我国瓷釉发展的成熟阶段，以越窑为代表的南方青瓷达到了较高的水平，而康陵和德陵出土的青瓷釉也是这个时期比较常见的高温透明钙釉，$CaO$ 含量较高（~12%），由于釉中还有相当量的 $MnO$ 和 $P_2O_5$，可以认为配方中掺入了草木灰，应当是高钙灰釉，并且着色剂以铁元素为主。釉陶器和带釉瓦制品表面的釉则是低温铅釉，$PbO_2$ 含量很高，一般都在 60% 以上。

唐代，广东是我国对外贸易交流的重要港口，全国各地的陶瓷出口大部分从这里出发，为了满足出口需要，广东涌现出不少青瓷窑口，如水车窑、潮州窑、新会窑等。新会窑产品在唐代即是我国重要的外销瓷之一，在东南亚很多国家都出土过新会官冲窑器物。五代时期的越窑青瓷代表着南方青瓷的最高水平，寺龙口越窑出土的大量标本清楚地展现了从晚唐到南宋各阶段上林湖越窑产品的特征和随时间演进的工艺技术，为世人提供了一部活的上林湖越窑演变史。为了更好地反映南汉二陵出土的这批陶瓷器物的产地和工艺特征，我们将所做测试的结果与唐代广东新会官冲窑青瓷以及五代寺龙口越窑青瓷的研究结果做了纵向和横向的比较[1]。

测试结果表明，唐代广东新会官冲窑青瓷胎中 $Al_2O_3$ 含量（~26%）明显高于五代寺龙口越窑瓷器胎中 $Al_2O_3$ 含量（~16%），而与南汉陵墓出土的陶瓷器物胎中 $Al_2O_3$ 含量接近，这一特点与南方诸窑青瓷胎低铝的特征不符，应与广东地区特有的黏土特征有关。

图 1 和图 2 分别是南汉二陵出土陶瓷器物与唐代广东新会官冲窑青瓷以及五代寺龙口越窑青瓷胎和釉的主成分因子分析图。从图 1 中可以看出，德陵和康陵出土的釉陶器胎的化学组成区别于瓷器胎的化学组成，这表明出土的这批釉陶器和瓷器在胎体的选料上是有差别的，但它们都明显区别于五代寺龙口越窑瓷胎。从图上可以看出德陵和康陵出土釉陶器和瓦制品的胎料来源相对分散，而部分瓷器的胎料组成则相对集中。另外，德陵和康陵出土的瓷器胎料组成明显倾向于新会官冲窑的胎料组成，这也说明南汉二陵出土陶瓷器物应为广东本地所产（8 号样品例外）。从我国土壤黏土的矿物分布来看，广东地区属于高岭石 – 云母区和高岭石区，黏土矿物以结晶差的高岭石为主。我们的测试结果也表明这批陶瓷器物的胎料组成与广东地区的黏土特征相符。

从图 2 中可以看出，德陵出土的两件瓷器样品（1 号和 2 号）和康陵出土的瓷器样品（3、5、6 号）釉的成分很接近（4 号样品例外，在图上被 9 号样品遮盖住），而明显区别于唐代

［1］陈显求、陈士萍：《唐新会官冲窑》，《'92 古陶瓷科学技术国际会议论文集（ISAC'92）》，第 131 页，上海科学技术文献出版社，1992 年。

浙江省文物考古研究所、北京大学考古文博学院、慈溪市文物管理委员会：《寺龙口越窑址》，文物出版社，2002 年。

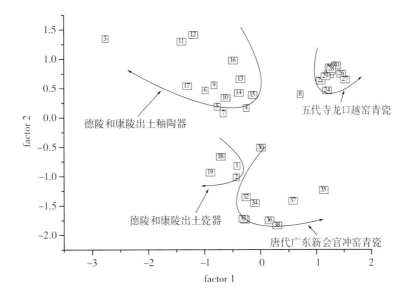

图 1　德陵和康陵出土陶瓷器物、唐新会官冲窑和五代寺龙口越窑瓷胎的主成分双因子分析图

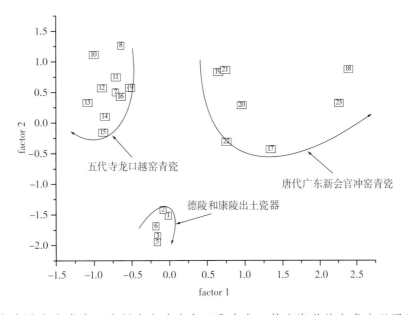

图 2　德陵和康陵出土青瓷、唐新会官冲窑和五代寺龙口越窑瓷釉的主成分双因子分析图

广东新会官冲窑和五代寺龙口越窑瓷釉。虽然德陵和康陵出土瓷器所用胎料与新会官冲窑瓷
所用胎料接近，但是釉料却相差很远。一般来讲，陶瓷的制作中胎料一般是就地取土，而对
釉料的选择和配制则是决定瓷器外观质量的关键。德陵和康陵在营建时间上前后大约相差
25 到 30 年[1]，瓷器的烧造风格上没有明显的变化，与 20 世纪 50 年代发掘的广州石马村南
汉刘晟昭陵墓出土瓷器风格也很接近。我们所测的 6 件瓷器样品出土于不同的陵墓，但大体
上它们的釉料组成很相近、集中，说明南汉国的陶工对釉料进行了有意的选择，研制出了稳

[1] 全洪：《南汉德陵考证》，《文物》2006 年第 9 期。

定成熟的釉料配方。但是从图2中也可以看出德陵和康陵瓷器所用釉料有各自的独立性（1、2号与3、5、6号可以区分开），从外观上看德陵的两件瓷器盖为青黄色，并且釉面有剥落现象，而康陵的两件粉盒盖为天青色，釉面光洁，是这批瓷器中的精品，这就说明虽然二陵出土的瓷器在用料上差别不大，但是康陵所用瓷器在烧制技术方面要比德陵有所提高。

德陵墓道器物箱出土的青瓷罐和釉陶罐摆放东西成列、南北成行，整齐有序，发掘者认为应当是当时"墓前设奠"之遗存[1]。德陵出土190件青瓷罐和82件釉陶罐器形风格一致，而从实验中所测的两件瓷器盖的情况看，它们的化学组成也是很相近的。对于如此众多的陶瓷器物，烧制它们的窑址在哪里是考古学家关心的问题。从前面的分析结果看，这批陶瓷器物的原料组成特征与唐代广东新会官冲窑的原料组成特征不符。那么探寻它们的窑址，还有待下一步更多的分析研究。

康陵出土瓷器中有一件样品KL05（见图3）的胎料和釉料非常接近于五代寺龙口越窑样品（图1中的8号样品，图2中的4号样品）。从外底足的泥点印痕可以看出，这件瓷器是使用泥粒支烧，但内底没有泥粒印痕，说明不是明火叠烧，应该是使用匣钵装烧，这与越窑的装烧、支烧方式也很相似。

图3 样品KL05的内外面照片

为了求证于更多的信息，我们对这件瓷器底足支痕的成分进行了测试，同时还测量了两件五代寺龙口越窑瓷器底足支痕的成分，结果见表7。

从表7不难看出这三件样品底足支痕的化学组成极其接近，都有着高硅、低铝和高钙的特征。从测试结果看，它们的化学组成明显区别于它们所属瓷器胎体的原料组成，这些痕迹显然不同于普通的垫泥或垫饼，因为一般的垫泥或垫饼都是使用没有经过严格淘洗过的胎料，只是颗粒比较粗糙。一般来讲，垫泥或垫饼与瓷器底足的接触部位都有一层灰，而这层

---

[1] 广州市文物考古研究所：《广州南汉德陵、康陵发掘简报》，《文物》2006年第7期。

表 7　　　　　　　　　　　底足支痕的主次量化学组成（wt%）

| 编号 | Na$_2$O | MgO | Al$_2$O$_3$ | SiO$_2$ | K$_2$O | CaO | TiO$_2$ | Fe$_2$O$_3$ | MnO | P$_2$O$_5$ |
|---|---|---|---|---|---|---|---|---|---|---|
| KL05 | 0.71 | 2.11 | 7.53 | 77.66 | 1.11 | 8.57 | 0.17 | 1.13 | 0.27 | 0.41 |
| SLK-Wudai-1 | 0.93 | 2.20 | 9.01 | 77.17 | 1.35 | 6.92 | 0.20 | 1.21 | 0.20 | 0.38 |
| SLK-Wudai-4 | 0.54 | 1.94 | 6.71 | 80.81 | 0.85 | 6.95 | 0.17 | 1.04 | 0.21 | 0.40 |

灰所起的就是隔离作用，即瓷器烧制完成后，可以比较容易地使垫泥或垫饼与瓷器底足分离[1]。所以我们所测量的物质很有可能是当时所用的灰在烧结后所残留的东西，也就是说，这三件瓷器垫烧时所用灰有可能是同种类型的原料。从以上的种种分析结果看，KL05 这件样品极有可能是越窑的产品。或许我们可以做这样的推测，在当时，越窑的瓷器流入广州，被南汉皇室所使用继而成为随葬品。但我们只测试了一件这样的样品，期待有更多的样品来做进一步的深入研究。

康陵出土部分绿釉陶表面是一层银灰色的釉，而底色是绿釉（见图 4）。为了明确 "银釉"层与底色绿釉成分有何差别，对它们分别进行了测量。结果发现 "银釉"中 PbO$_2$ 含量明显高于底色绿釉中 PbO$_2$ 含量。有研究者认为 "银釉" 的形成主要是低温铅绿釉长期处于

图 4　绿釉陶表面的银釉层

潮湿的环境中受到大气中的水和二氧化碳的侵蚀，铅质玻璃釉表层逐渐水化和溶蚀而形成硅酸及可溶性盐，当硅酸及可溶性盐逐渐溶失后，则遗留下富含氧化铅的沉积物，沉积物的薄层表面则显示出反光强的氧化铅薄膜的光泽特征， "银釉"层就是受侵蚀后水化而形成的氧化铅膜的薄层。随着溶蚀时间的变长会一层一层沉积而构成类云母结构的结合层[2]。康陵

---

[1] 李家治主编：《中国科学技术史·陶瓷卷》，第 117 页，科学出版社，1998 年。
[2] 李家治主编：《中国科学技术史·陶瓷卷》，第 446 页，科学出版社，1998 年。

所处的小谷围岛是珠江的江心洲，所以墓室里面环境相对比较潮湿，有利于铅质玻璃釉的溶蚀，因而釉陶器表面的银釉层比较多。

（二）工艺性能分析

从表 5 的数据看，德陵和康陵出土的这批陶瓷器物，胎质较为疏松，吸水率和显气孔率比较高，说明烧结不太致密，烧成温度较低。图 5 和图 6 分别是部分样品的重烧热膨胀曲线。

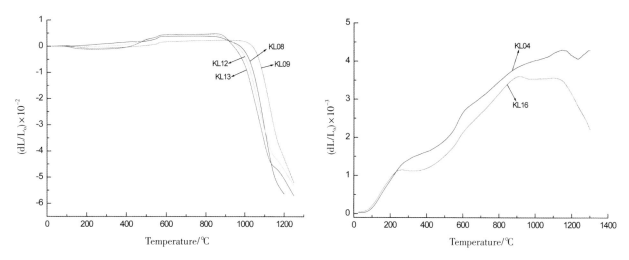

图 5　康陵出土部分陶器样品的重烧热胀缩曲线　　　图 6　康陵出土部分瓷器样品的重烧热胀缩曲线

从图 5 和图 6 可以看出，陶器的重烧胀缩曲线明显区别于瓷器，升温开始阶段陶器的胀缩量没有明显的变化。这是因为陶器胎的气孔率比青瓷胎高，内部空隙较多，所以当温度升高，质点振幅增大，质点间的膨胀结果部分地被结构内部的空隙所容纳，整个物体宏观的膨胀量就会小些。

从烧成温度看，南汉二陵出土瓷器的烧成温度（~1150℃）比唐代广东新会官冲窑青瓷的烧成温度（~1300℃）要低很多。我国广东地区在战国时期就已经出现了龙窑，但是在唐代则比较流行馒头窑。对唐代新会官冲窑的发掘也显示官冲窑所用窑炉并非龙窑，而是与北方耀州窑相似的长方形窑，有三个烟囱，这种窑可以满足官冲窑高铝胎质青釉瓷所需的较高烧成温度（1300℃）。到了宋代，广东地区又开始主要采用龙窑，还出现了阶级窑。那么南汉二陵出土的这批五代青釉瓷器是使用何种窑炉烧制的呢？依据前面的推测，使用龙窑的可能性大些，如果按照唐代馒头窑的情形，这批瓷器的烧成温度不应该和新会窑青瓷烧成温度相差很多，毕竟同样的黏土特征，而且在唐代就已经有成熟的高温烧制技术，不可能到五代水平就下降那么多。这种推测也与广东宋代主要使用龙窑相呼应。事实上，使用龙窑也并非任何部位都能烧出很好的青色，从德陵出土大部分青瓷罐釉色多为青黄色或青灰色来看，大多数制品还是在弱还原气氛或弱氧化气氛中烧成的，龙窑也只有少数部位能烧制出明亮的青色。

低温绿釉主要是以铅、硅、铝氧化物所组成的低熔点玻璃釉。从 $SiO_2$–$Al_2O_3$–$PbO$ 三元系低共熔物组成（PbO 61.2%，$SiO_2$ 31.7%，$Al_2O_3$ 7.1%）考虑，与釉的组成十分接近，始熔温度约在 650℃，而液相温度在 900℃，故在 900℃~1000℃的范围即可形成良好的釉，绿色是铜离子的作用。康陵出土釉陶器的烧成温度都在 950℃~1000℃之间，而青瓷器的烧成温度则不超过 1200℃。由于这些陶瓷器胎体里面 $Al_2O_3$ 含量很高，这样的温度不足以使高铝质胎体完全烧结致密，所以吸水率较相同温度下低铝质胎体高得多（瓷器的达到 6% 以上，釉陶器最高达 26%，而五代寺龙口越窑瓷器只有 0.5%），吸水率反映了陶瓷胎体的材质和性能，所以南汉二陵出土的这批瓷器严格来说是没有完全烧结的。

康陵陵园出土的建筑瓦制品类型主要有筒瓦和板瓦。灰陶无釉者居多，灰白胎绿釉者较少。从已测量的两件带釉双唇板瓦和一件带釉筒瓦的数据来看，它们的胎质成分比较接近。两件双唇瓦的釉成分接近，而明显不同于筒瓦釉的成分。这件绿釉筒瓦（KL09）的釉里面有含量很高的 $SnO_2$（~19%），而其他绿釉中却没有发现含量如此高的 $SnO_2$ 存在。现代陶瓷工艺中 $SnO_2$ 在陶瓷釉中作乳浊剂使用，可给予釉较高的光泽和流动性，但是由于锡的成本较高，现在已经不被广泛使用。图 7 是这件筒瓦釉面的显微结构，电子探针成分分析显示在铅釉表面附着富含 $SnO_2$ 的颗粒，这是造成这件样品 $SnO_2$ 含量很高的原因。

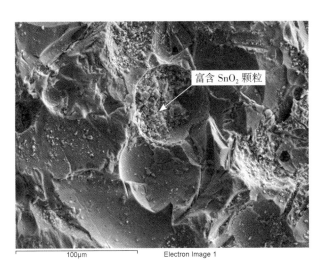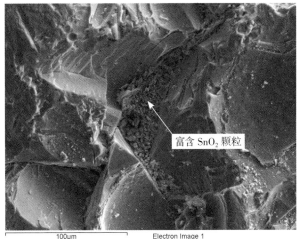

图 7　釉陶器表面釉层的显微结构

## 四、结论

1. 德陵和康陵出土的这批陶瓷器物的化学组成特点是胎中都含有较高的 $Al_2O_3$，胎料组成特征与广东地区黏土特征相符，而熔剂元素氧化物（$Na_2O$、$MgO$、$K_2O$、$CaO$、$Fe_2O_3$ 等）含量相对较低。青瓷釉是这个时期比较常见的高温透明钙釉，$CaO$ 含量较高（~12%）；由于釉中还有相当量的 $MnO$ 和 $P_2O_5$，可以认为配方中掺入了草木灰，属于高钙灰釉，并且着色剂以铁元素为主；不同陵墓出土瓷器的釉料组成非常接近，说明这些瓷器有着稳定成熟的釉料配方；釉陶器和带釉瓦制品表面的釉则是低温铅釉。

2. 德陵和康陵出土的这些陶瓷器物的烧成温度较低（<1200℃），而胎的元素组成特征又是 $Al_2O_3$ 含量比较高，所以这些高铝质胎体在这样的温度下不能得以完全烧结致密，因而吸水率和气孔率相对较高。

3. 康陵出土部分釉陶器表面有一层"银釉"，这是由于铅釉陶表面在潮湿的环境中受溶蚀所形成的氧化铅薄膜所致。德陵出土大部分青瓷罐釉色多为青黄色和青灰色，当属在弱还原气氛或弱氧化气氛中烧成，并且这批青瓷有可能是使用龙窑烧成。

4. 康陵出土的一件瓷器样品（KL05）的来源值得思考，从已有的分析结果来看，它很有可能是越窑的产品。

附录二

# 广州南汉康陵出土玻璃样品检测报告

检 测 人：林怡娴（北京科技大学冶金与材料史研究所 2004 级研究生）

检测设备：A JEOL JXA 8600 Super probe electron probe micro analyser (WD-EPMA)

检测电压：15 KV

标　　　样：Glass standards A, B, C & D (Corning Museum)

　　　　　　SGT Std. 1, 2, 4, 11 (Society of Glass Technology, UK)

检测时间：2006 年 2 月至 4 月

关于早期玻璃化学成分分析的数据（表 1 至表 3）表述先做以下说明：

1. 所有成分表示为氧化物形式，并不代表该元素以该种氧化物形式存在于样品中。

2. 氧化物在表中的排列顺序按照《早期玻璃化学成分分析》[1]一文的顺序。

3. 所有成分表示为重量百分比。根据《早期玻璃化学成分分析》，一方面，重量百分比相对分子百分比易于计算处理；另一方面，考虑到古代玻璃制作中也是按照重量进行原料配比。

4. 七组分还原计算方法：

《早期玻璃化学成分分析》一文指出，次要的成分，包括 $SiO_2$、$Na_2O$、$CaO$、$Al_2O_3$、$Fe_2O_3$、$K_2O$、$MgO$，可以看作玻璃生产过程中的基本炉料，并用字母 M 表示，意为 Major and Minor。M 为这七个成分的百分比总和，将 M 换算成 100.00%，可以得到一组新的七个成分，用 * 表示。

七组分还原成分能够反应玻璃成分的基本特征，也可以看作玻璃制造者试图生产的产品，如钠钙体系玻璃还是钾钙体系玻璃，便于比较。当 M 在 98 %～99% 范围时，经还原计算得到的七组分和原始数据差别不大；而当 M 在 90% ～ 95% 范围时，经还原计算得到的七组分有显著变化。

另外，有：$(Na + K)^* = NaO^* + K_2O^*$

　　　　　$(Ca + Mg)^* = CaO^* + MgO^*$

　　　　　$(Si + Al + Fe)^* = SiO_2^* + Al_2O_3^* + Fe_2O_3^*$

　　　　　$(Na / K) = Na_2O / K_2O$

　　　　　$(Ca / Mg) = CaO / MgO$

[1] R. Brill (1999). *Chemical Analyses of Early Glasses*. Vol. 1, *The Catalogue*; Vol. 2, *The Tables*. Corning: The Corning Museum of Glass.

5. 三组分还原计算方法[1]：在七组分还原计算结果的基础上，进一步简化，将 $Fe_2O_3$、$Al_2O_3$ 成分换算后并入 $SiO_2$ 中，将 $K_2O$ 成分换算后并入 $Na_2O$ 中，$CaO$ 和 $MgO$ 根据不同情况进行补偿，最终得到 %MgO = 5% 的 $SiO_2$-$CaO$-$Na_2O$ 四元系统或 $SiO_2$-$CaO$-$Na_2O$ 三元系统。以便对应三元相图推算熔化温度。用 ** 表示。

6. 颜色表述按照《早期玻璃化学成分分析》的表述方法。

表 1                                        电子探针检测数据结果

| 序号 | 1 | 2 | 3 | 4 | 5 | 6 | 7 | 8 | 9 | 10 |
|---|---|---|---|---|---|---|---|---|---|---|
| 编号 | G170 | G171 | G172 | G173 | G174 | G175 | G176 | G177 | G178 | G179 |
| 颜色 | Bl. Aqua | Bl. Aqua | Gr. Aqua | Colour-less | Gr. Aqua | Gr. Aqua | Gr. Aqua | Gr. Aqua | Gr. Aqua | Colour-less |
| $SiO_2$ | 71.0 | 71.1 | 70.9 | 72.0 | 70.8 | 64.2 | 68.1 | 64.0 | 63.3 | 69.5 |
| $Na_2O$ | 14.6 | 14.5 | 14.7 | 11.5 | 14.4 | 14.5 | 13.4 | 15.1 | 14.4 | 14.6 |
| $CaO$ | 4.96 | 5.18 | 6.11 | 6.19 | 6.25 | 10.4 | 7.5 | 10.4 | 10.4 | 6.24 |
| $K_2O$ | 1.88 | 1.86 | 1.60 | 2.45 | 1.65 | 1.56 | 2.32 | 1.57 | 1.61 | 1.62 |
| $MgO$ | 2.04 | 2.05 | 1.82 | 4.95 | 1.81 | 2.32 | 3.14 | 2.41 | 2.35 | 1.85 |
| $Al_2O_3$ | 0.72 | 0.75 | 0.66 | 1.08 | 0.73 | 1.30 | 1.26 | 1.34 | 1.41 | 0.75 |
| $Fe_2O_3$ | 0.79 | 0.80 | 0.65 | 0.29 | 0.63 | 1.79 | 0.94 | 1.80 | 1.82 | 0.64 |
| $TiO_2$ | 0.19 | 0.17 | 0.14 | 0.00 | 0.14 | 0.36 | 0.19 | 0.34 | 0.34 | 0.14 |
| $Sb_2O_5$ | 0.00 | 0.00 | 0.00 | 0.00 | 0.00 | 0.00 | 0.00 | 0.00 | 0.00 | 0.00 |
| $MnO$ | 2.67 | 2.61 | 3.11 | 0.52 | 2.95 | 1.66 | 1.77 | 1.69 | 1.66 | 2.91 |
| $CuO$ | 0.00 | 0.00 | 0.00 | 0.00 | 0.00 | 0.00 | 0.00 | 0.00 | 0.00 | 0.00 |
| $CoO$ | 0.00 | 0.00 | 0.00 | 0.00 | 0.00 | 0.00 | 0.00 | 0.00 | 0.00 | 0.00 |
| $SnO_2$ | 0.00 | 0.00 | 0.00 | 0.00 | 0.00 | 0.00 | 0.00 | 0.00 | 0.00 | 0.00 |
| $PbO$ | 0.00 | 0.00 | 0.00 | 0.00 | 0.00 | 0.00 | 0.00 | 0.00 | 0.00 | 0.00 |
| $BaO$ | 0.00 | 0.00 | 0.00 | 0.00 | 0.00 | 0.00 | 0.00 | 0.00 | 0.00 | 0.00 |
| $Cr_2O_3$ | 0.00 | 0.00 | 0.00 | 0.00 | 0.00 | 0.00 | 0.00 | 0.00 | 0.00 | 0.00 |
| $ZnO$ | 0.00 | 0.00 | 0.00 | 0.00 | 0.00 | 0.00 | 0.00 | 0.00 | 0.00 | 0.00 |
| $P_2O_5$ | 0.20 | 0.20 | 0.21 | 0.00 | 0.21 | 0.24 | 0.21 | 0.24 | 0.25 | 0.23 |
| $As_2O_5$ | 0.00 | 0.00 | 0.00 | 0.00 | 0.00 | 0.00 | 0.00 | 0.00 | 0.00 | 0.00 |
| $SO_3$ | 0.17 | 0.17 | 0.17 | 0.26 | 0.17 | 0.17 | 0.20 | 0.16 | 0.13 | 0.13 |
| $Cl$ | 0.79 | 0.78 | 0.72 | 0.58 | 0.61 | 0.98 | 0.65 | 0.97 | 0.95 | 0.58 |
| Total | 100.0 | 100.2 | 100.8 | 99.8 | 100.4 | 99.5 | 99.7 | 100.0 | 98.6 | 99.2 |

[1] Th. Rehren (2000). Rationales in Old World Base Glass Compositions. *Journal of Archaeological Science* 27, pp1225-1234.

表 2　　　　　　　　　　　　　　七组分还原计算结果

| 序号 | 1 | 2 | 3 | 4 | 5 | 6 | 7 | 8 | 9 | 10 |
|---|---|---|---|---|---|---|---|---|---|---|
| 编号 | G170 | G171 | G172 | G173 | G174 | G175 | G176 | G177 | G178 | G179 |
| 颜色 | Bl. Aqua | Bl. Aqua | Gr. Aqua | Colour-less | Gr. Aqua | Gr. Aqua | Gr. Aqua | Gr. Aqua | Gr. Aqua | Colour-less |
| Total | 100.0 | 100.2 | 100.8 | 99.8 | 100.4 | 99.5 | 99.7 | 100.0 | 98.6 | 99.2 |
| M | 96.0 | 96.2 | 96.4 | 98.5 | 96.3 | 96.1 | 96.6 | 96.6 | 95.3 | 95.2 |
| $SiO_2$* | 74.0 | 73.9 | 73.5 | 73.1 | 73.5 | 66.8 | 70.5 | 66.2 | 66.4 | 73.0 |
| $Na_2O$* | 15.2 | 15.1 | 15.2 | 11.7 | 15.0 | 15.1 | 13.9 | 15.6 | 15.1 | 15.3 |
| CaO* | 5.17 | 5.38 | 6.34 | 6.29 | 6.49 | 10.8 | 7.74 | 10.8 | 10.9 | 6.55 |
| $K_2O$* | 1.96 | 1.93 | 1.66 | 2.49 | 1.71 | 1.62 | 2.40 | 1.62 | 1.69 | 1.70 |
| MgO* | 2.13 | 2.13 | 1.89 | 5.03 | 1.88 | 2.41 | 3.25 | 2.49 | 2.47 | 1.94 |
| $Al_2O_3$* | 0.75 | 0.78 | 0.68 | 1.10 | 0.76 | 1.35 | 1.30 | 1.39 | 1.48 | 0.79 |
| $Fe_2O_3$* | 0.82 | 0.83 | 0.67 | 0.29 | 0.65 | 1.86 | 0.97 | 1.86 | 1.91 | 0.67 |
| T* | 100.0 | 100.0 | 100.0 | 100.0 | 100.0 | 100.0 | 100.0 | 100.0 | 100.0 | 100.0 |
| (Na+K)* | 17.2 | 17.0 | 16.9 | 14.2 | 16.7 | 16.7 | 16.3 | 17.3 | 16.8 | 17.0 |
| (Ca+Mg)* | 7.29 | 7.51 | 8.22 | 11.3 | 8.37 | 13.2 | 11.0 | 13.3 | 13.4 | 8.50 |
| (Si+Al+Fe)* | 75.5 | 75.5 | 74.9 | 74.5 | 75.0 | 70.0 | 72.7 | 69.5 | 69.8 | 74.5 |
| (Na/K) | 7.77 | 7.80 | 9.19 | 4.69 | 8.73 | 9.29 | 5.78 | 9.62 | 8.94 | 9.01 |
| (Ca/Mg) | 2.43 | 2.53 | 3.36 | 1.25 | 3.45 | 4.48 | 2.38 | 4.32 | 4.43 | 3.37 |

表 3　　　　三组分还原计算结果（%MgO=5% 的 $SiO_2$–CaO–$Na_2O$ 体系）

| 序号 | 1 | 2 | 3 | 4 | 5 | 6 | 7 | 8 | 9 | 10 |
|---|---|---|---|---|---|---|---|---|---|---|
| 编号 | G170 | G171 | G172 | G173 | G174 | G175 | G176 | G177 | G178 | G179 |
| 颜色 | Bl. Aqua | Bl. Aqua | Gr. Aqua | Colour-less | Gr. Aqua | Gr. Aqua | Gr. Aqua | Gr. Aqua | Gr. Aqua | Colour-less |
| Silica** | 76.9 | 76.8 | 76.2 | 75.1 | 76.3 | 71.0 | 73.7 | 70.4 | 70.7 | 75.8 |
| Soda** | 16.9 | 16.7 | 16.7 | 13.5 | 16.5 | 16.6 | 15.8 | 17.2 | 16.7 | 16.9 |
| Lime** | 1.20 | 1.43 | 2.06 | 6.42 | 2.21 | 7.44 | 5.44 | 7.48 | 7.61 | 2.37 |
| Total | 95.0 | 95.0 | 95.0 | 95.0 | 95.0 | 95.0 | 95.0 | 95.0 | 95.0 | 95.0 |

　　Tite 总结了过去 150 年间检测的古代玻璃样品的成分数据，认为：常见的古代钠－钙体系玻璃的主成分一般含 60%~70% $SiO_2$，10%~20% $Na_2O$，5%~10% CaO，以及 1%~3% $K_2O$，2%~5% MgO，1%~5% $Al_2O_3$，0.5%~2% $Fe_2O_3$ 等其他成分[1]。这批玻璃的主要成分也基本落

[1] M. S. Tite (1972). *Methods of Physical Examination in Archaeology*. New York: Seminar Press INC.

在上述范围内，属于 SLS 即 Soda–Lime–Silica 体系玻璃。

### 讨论一：基本成分配方

以下根据成分的异同关系，对样品进行分组，以了解这批样品的成分配方情况。

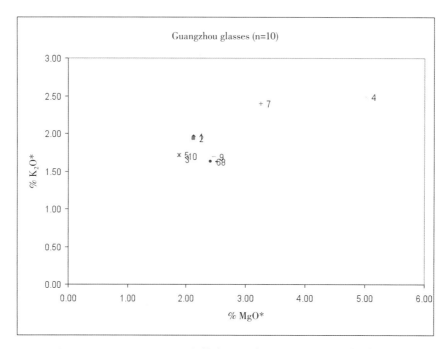

图 1 %K₂O* ~ %MgO* 的散点图（按七组分还原计算结果）

说明：之所以采用七组分还原计算数据而非原始数据，是便于排除其他杂质元素的干扰。

根据图 1，可以进行如下分组：

除样品 4 和样品 7 无法归入任何一组以外，其余样品可以认为属于同一个大组。然后在该组内可再进行如下细分：

小组一：1，2

小组二：3，5，10

小组三：6，8，9

青铜时代早期的埃及和美索不达米亚以及后来的伊斯兰地区早期，玻璃成分多为高镁高钾的 HMG（High Magnesia Glass，%MgO ~4%，%K₂O ~2%），原因主要在于碱的原料的改变，草木灰的特点是高 $K_2O$，高 MgO，高 $Na_2O$，而希腊化、罗马时期以及拜占廷时代普遍使用的矿物碱则低镁低钾，玻璃成分为 LMG（Low Magnesia Glass，%MgO，%K₂O <1%）[1]。这批样品中的 %MgO* ~ 2%，%K₂O₃* ~>1.6%，很可能使用草木灰（Plant ash）。

[1] R. Brill & G. D. Weinberg (1988). Scientific Investigations of the Jalame Glass and Related Finds. *Excavations At Jalame*. Columbia: University of Missouri Press.

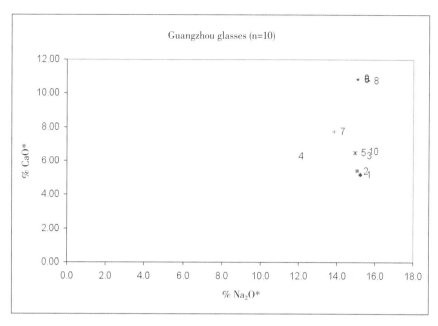

图 2 %CaO* ~ %Na$_2$O* 的散点图（按七组分还原计算结果）

根据图 1 和图 2，样品 4 和样品 7 的 %MgO* 和 %K$_2$O* 比其他样品相对偏高，属于常见的 SLS 体系的玻璃的范围。而 %Na$_2$O* 则相对偏低，这三项组成是草木灰的基本成分。由此可以推测：样品 4 和样品 7 使用了与其他样品不同的草木灰。而样品 1、2、3、5、10 和样品 6、8、9 在这三项成分上基本相似，可认为使用了同类草木灰。即有如下关系：

草木灰一：1，2，3，5，10；6，8，9

草木灰二：4，7

其中，样品 1、2、3、5、10 和样品 6、8、9 的 %MgO* 含量在 2% 附近，比典型 HMG 偏低。

根据图 3 和图 4，可进行如下分组：

样品 4 和样品 7 仍然无法归入任何一组。

样品 6、8、9 可以归入同一组。

样品 1、2、3、5、10 可以归入一个大组，并可细分为两个小组：

小组一：1，2

小组二：3，5，10

玻璃中的 Al$_2$O$_3$，一般认为 Al$_2$O$_3$ 含量 >1%，主要来自沙子，而 Fe$_2$O$_3$ 从图 3 看，有如下推测：

1. 样品 6、7、8、9 中含有的 %Al$_2$O$_3$* 均大于 1%，这些样品有可能使用沙子作为 SiO$_2$ 原料。而沙子中一般含 CaO 也较高，早期玻璃成分中的 CaO 大多来自沙子而非人工有意添加。从图 2 看，样品 6、8、9 的 %CaO* 明显偏高，而且非常接近。根据上述两个特征，可以认为：样品 6、8、9 可能使用了同一批沙子原料。而样品 4，其 %Al$_2$O$_3$* 为 1.1%，TiO$_2$ 含量为零，%Fe$_2$O$_3$ 含量也仅有 0.29%，因此，还不能断定样品 4 是否使用了沙子为原料。

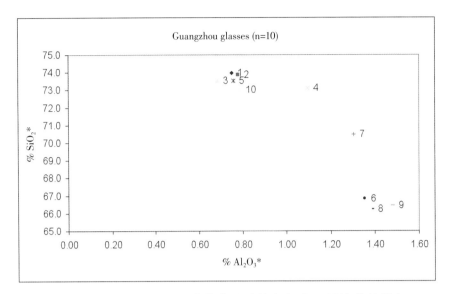

图 3   %$SiO_2$* ~ %$Al_2O_3$* 的散点图（按七组分还原计算结果）

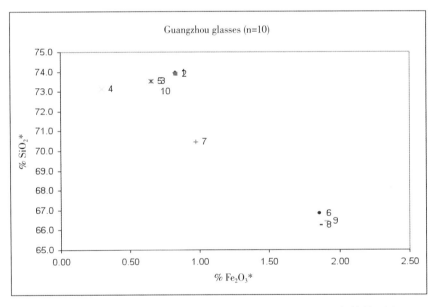

图 4   % $SiO_2$* ~ % $Fe_2O_3$* 的散点图（按七组分还原计算结果）

2. 样品 1、2、3、5、10 中的 %$Al_2O_3$* 在 0.8% 附近，均小于 1%，有可能这些样品的 $SiO_2$ 原料为纯净石英而非含有杂质的石英沙子，如早期玻璃普遍使用的 quartzite pebble。对 quartzite pebbles 的成分分析表明：它为纯 $SiO_2$ 成分，几乎不含其他杂质[1]。那么这些杂质的来源可能有三：

a. 对鹅卵石进行研磨时，由石制工具和研磨时使用的容器带入[2]。

b. 另一个污染来源可能是玻璃炉料中的草木灰。植物在生长过程中会吸收土壤中这些元

---

[1] A. J. Shortland (2003). Developments in the Second and Earlier First Millennia BC. *AIHV Annales du 16 e Congres*, London.

[2] E. B. Pusch & Th. Rehren (unpublished). *Hochtemperaturtechnologie in der Ramses-Stadt*.

素的成分，而收集和盛放草木灰的过程中不可避免地会混入少量土壤[1]。

c. 玻璃原料在炉子中熔化过程中使用的搅拌工具带入，如使用铁制搅拌工具可能使 Fe 增加；以及坩埚污染带入，等等。

以上三种情况也可能同时存在，共同影响玻璃的成分。

小结如下：

样品 1、2、3、5、10：鹅卵石 + 草木灰

样品 6、8、9：沙子 + 草木灰

上述样品使用的草木灰基本为同一类型。

样品 7：沙子 + 草木灰

样品 4：沙子或鹅卵石 + 草木灰。沙子和草木灰都和上述样品不同。

另外，根据文献[2]将表 3 的数据代入 %MgO=5% 的 $SiO_2$-$Na_2O$-CaO 三元相图中，可以粗略推算这些样品的熔炼温度，分别如下：

样品 1、2、3、5、10：熔炼温度大约在 900℃左右；

样品 6、8、9：熔炼温度大约在 900℃ ~ 1000℃之间；

样品 4、7：熔炼温度大约在 1000℃左右。

虽然上述样品的熔炼温度大致相当，但是，三组样品分别落在三元相图中的三个不同区域内，并且仍然保持了集中的规律，从工艺角度再次验证以上分组的合理性。而样品 4 和样品 7 基本落在同一共晶谷（CaO 饱和，而 $Na_2O$ 和 $SiO_2$ 基本保持恒定比例）的曲线上，反映这两个样品虽然可能出自不同的制作作坊，但是有相近的工艺习惯。

总之，根据原料配方和熔炼温度情况，试探讨样品的制作产地情况如下：

样品 1、2、3、5、10 可能出自同一个玻璃生产作坊，其中，样品 1 和样品 2，样品 3 和样品 5 还很可能是出自同一批炉料。

样品 6、8、9 可能出自另一个相同的玻璃生产作坊。

以上两个作坊可能处于邻近地区，或者使用了同一地区的草木灰。

样品 4 和样品 7 出自其他的玻璃生产作坊。

### 讨论二：添加剂

通常认为着色剂、去色剂、乳浊剂等添加剂为初识炉料熔化后根据需要加入，或者在玻璃加工过程中加入，即玻璃加工作坊从玻璃生产作坊购买玻璃半成品，熔化后根据需要加入各种添加剂，然后加工成型，获得最终的玻璃产品。这种玻璃生产和加工由不同作坊或者同一作坊不同步骤完成的现象，在罗马时期及之后都非常普遍[3]。

---

[1] A. J. Shortland (2003). Developments in the Second and Earlier First Millennia BC. *AIHV Annales du 16 e Congres*, London.

[2] Th. Rehren (2000). Rationales in Old World Base Glass Compositions. *Journal of Archaeological Science* 27, pp1225-1234.

[3] Ian C.Freestone,M.Ponting&M.J.Hughes(2002). The Origins of Byantine Glass from Maroni Petrera, Cyprus. *Archaeometry* 44(2),257-272. Printed in Great Britain.

这批样品的颜色主要有两种：水色（aqua）略带蓝色或绿色；无色（略带淡黄色），这种由 Fe 离子（有时也有 Cu 离子作用）造成的颜色，由于早期玻璃制作过程中无法完全去除杂质而不可避免，因而常被视为自然色。

有可能进行着色的金属氧化物为 $Fe_2O_3$ 和 MnO，一个显著的特点是 MnO 含量在古代玻璃中偏高（表 4）。

表 4                              $Fe_2O_3$ 和 MnO 含量比较

| 分组 | 样品序号 | %$Fe_2O_3$* 平均值 | %MnO 平均值 | %MnO/%$Fe_2O_3$* |
| --- | --- | --- | --- | --- |
| 1 | 1，2，3，5，10 | 0.73% | 2.85% | 3.9 |
| 2 | 6，8，9 | 1.88% | 1.67% | 0.89 |
|  | 4 | 0.29% | 0.52% | 1.79 |
|  | 7 | 0.97% | 1.77% | 1.82 |

$Fe_2O_3$% 在 0.3% ~ 1.5% 范围，可能由原料带入。根据前面的分析，第一组的原料很可能是杂质较少的鹅卵石，而第二组使用了沙子，又认为这两组采用了同一类草木灰，因而第二组样品的 $Fe_2O_3$ 的含量高（由草木灰带入）。但是，第二组的 $Fe_2O_3$ 究竟是原料带入还是人工添加呢？

另外一个问题与 MnO 有关，%MnO 在古代玻璃中的含量，根据文献[1]：0.4% 及更高的含量可视为人工有意添加，0.02% ~ 0.1% 的含量可以看作由杂质带入，而 0.1% ~ 0.3% 的含量则很有可能是添加了回收的碎玻璃。而根据文献[2]，MnO 在玻璃中的作用主要有二：一是氧化气氛下为玻璃着色，造成紫色效果；二是作为去色剂，减弱或者抵消由于 Fe 离子造成的蓝色或绿色。

人工添加 MnO，始于罗马时期甚至更早[3]，主要作为去色剂，在欧洲被广泛使用，并一直持续到 Dark Ages，在拜占廷和早期伊斯兰钠钙系玻璃中普遍存在。

根据本次检测样品中 MnO 的含量，似乎均为人工有意添加。问题在于，如果仅仅作为去色剂，是否需要如此高的含量呢？而且，从样品的颜色效果上看，MnO 似乎主要是作为去色剂削弱了 Fe 离子的蓝色或绿色。但是样品中大部分都仍然带有极浅的蓝色 / 绿色 / 黄色，完全无色的只有一件（样品 4）。可以说，MnO 并没有完全去色。根据美国康宁玻璃博物馆 Brill 等专家的实验，往古代玻璃成分中加入重量百分比约为 1:1 的 MnO 和 $Fe_2O_3$，就

[1] R. Brill & G. D. Weinberg (1988). Scientific Investigations of the Jalame Glass and Related Finds. *Excavations At Jalame*. Columbia: University of Missouri Press.

[2] Ian C.Freestone,M.Ponting&M.J.Hughes(2002). The Origins of Byantine Glass from Maroni Petrera, Cyprus. *Archaeometry* 44(2),257-272. Printed in Great Britain.

[3] M. S. Tite (1972). *Methods of Physical Examination in Archaeology*. New York: Seminar Press INC. Ian C.Freestone,M.Ponting&M.J.Hughes(2002). The Origins of Byantine Glass from Maroni Petrera, Cyprus. *Archaeometry* 44(2),257-272. Printed in Great Britain.

可以达到最好的去色效果[1]。而第一组样品中，$Fe_2O_3$ 含量并不高，MnO 含量却非常高，%MnO/%$Fe_2O_3$*=3.9，为什么要加入这么多的 MnO？ 即便这样，却又没有完全去色，原因又是什么？而第二组样品中，$Fe_2O_3$ 的含量较高，很可能是人工添加，那么又是出于什么原因，一方面往玻璃中添加 $Fe_2O_3$，而另一方面又添加 MnO 消除 $Fe_2O_3$ 的效果呢？

根据文献[2]，MnO 的去色效果在于 Mn 离子和 Fe 离子如下的氧化还原反应：

$$Fe^{++} + Mn^{+++} \longrightarrow Fe^{+++} + Mn^{++}$$

　　蓝色　　粉色　　　　　　淡蓝色　淡粉色

　　　　　　极浅黄色　极浅黄色（？）

首先，MnO 氧化 Fe 离子，将颜色浓的二价 Fe 离子氧化成颜色浅的三价 Fe 离子，如果反应向右进行，最终达到四种颜色的平衡，造成无色的效果。但是，如果处于还原气氛下，MnO 的氧化作用就无法发挥出来，起不到去色的效果。在合适的工艺条件下，MnO 氧化一定量的 Fe 离子，造成一种略带蓝色/绿色的水色，或者略带极浅黄色的无色，而不是完全去色。R. Brill 和 G. D. Weinberg 分析了罗马时代晚期巴勒斯坦 Jalame 的玻璃制作作坊遗址出土的大量上述颜色的玻璃，认为：向玻璃中添加 MnO，就是为了获得这种颜色的玻璃，而不是完全去色。

如果出于这种原因，那么就可以较好地解释过量的 MnO 和不合理的 MnO/$Fe_2O_3$ 配比，因为要让 MnO 氧化部分的 Fe 离子，需要调节反应的气氛，这很难严格控制，因而也无法严格掌握 MnO/$Fe_2O_3$ 的配比，实际操作中很可能是边调节反应气氛边加入 MnO，而非一次性加入，所以也会导致过高的 MnO 含量。而且，MnO 的来源很可能是软锰矿磨成的粉末，其成分为较纯的 $MnO_2$，加入炉料后也不会导致杂质成分的变化。这适用于第一组样品以及样品 4 和样品 7 的情况。而第二组样品中，人们可能的确有意加入了 $Fe_2O_3$ 和 MnO，实际操作上有以下两种可能的情况：

1. 当 MnO 氧化了炉料中全部 Fe 离子时，很可能会额外添加一部分 $Fe_2O_3$ 以获得那种淡绿色或者蓝色。

2. 由于操作经验，人们了解到这种颜色的获得与 $Fe_2O_3$ 和 MnO 两种物质相关，因而会有意添加这两种物质，为了获得偏深的 Fe 离子的自然绿色，MnO/$Fe_2O_3$=0.89 < 1。而实际上，这组样品颜色偏绿。

根据上述分析，可以推测：

1. 这批样品中的 MnO 为人工有意加入，但是并不是为了完全去除 Fe 离子导致的颜色，而是为了获得一种略带 Fe 离子自然色的水色或者无色。

2. 第二组的 $Fe_2O_3$ 为人工有意加入，是为了配合 MnO 获得颜色略深的水色。

3. 加工第二组样品的作坊在掌握 $Fe_2O_3$ 和 MnO 的操作和配比上，相对其他作坊，更为

［1］R. Brill & G. D. Weinberg (1988). Scientific Investigations of the Jalame Glass and Related Finds. *Excavations At Jalame*. Columbia: University of Missouri Press.

［2］R. Brill & G. D. Weinberg (1988). Scientific Investigations of the Jalame Glass and Related Finds. *Excavations At Jalame*. Columbia: University of Missouri Press.

成功。

另外，从 $Fe_2O_3$ 和 MnO 的配比情况看，样品的分组和讨论一中的分组情况一致。有可能每组样品的生产和加工是在同一家作坊，或者具有相同工艺习惯的同一个区域。而样品 4 和样品 7 可能来自不同的生产作坊，但是来自相同的加工作坊。

### 总结：

这批样品为钠钙体系玻璃（Soda–Lime–Silica），并且有意添加了 MnO 和 / 或 $Fe_2O_3$，以获得一种带有 Fe 离子自然绿色 / 蓝色的水色，或略带浅黄色的无色效果。

产地情况推测如下：

1. 样品 1、2、3、5、10 可能出自同一个作坊，该作坊既生产又加工；或者，出自同一个生产作坊和另外同一个加工作坊。其中，样品 1 和样品 2，样品 3 和样品 5 还可能是出自同一批炉料。

2. 样品 6、8、9 可能出自另一个相同的作坊，该作坊既生产又加工；或者，出自同一个生产作坊和另外同一个加工作坊。

以上两个生产作坊可能处于邻近地区，或者使用了同一地区的草木灰。

3. 样品 4 和样品 7 出自其他的玻璃生产作坊，但是可能在同一家加工作坊被加工。

### 备注：

样品从类型上看似乎多为器皿残片，而且样品 1、3、4、5、9、10 的厚度非常薄，很有可能为吹制而成。这类颜色的吹制薄壁器皿，比较流行的阶段主要始于欧洲中世纪早期，尤其是公元 4 世纪左右，并在北非及很多地区持续流行。颜色多为略带自然蓝色或绿色的水色，或者略微偏黄色的无色，但是很少有意去除玻璃的自然色而完全无色。而后在公元 8 到 11 世纪的早期伊斯兰玻璃中也以这种颜色为主，但是主要颜色为略带极浅黄色的无色，并在表面多有冷加工（wheel cutting）的装饰[1]。

对照文献[2]中这几个时间段的玻璃成分，与本次检测样品成分非常接近的基本没有，但是样品 4 和几件伊斯兰玻璃成分比较接近，这几件样品多为器皿部件，如盘（dish）、杯底（beaker base）、颈部（neck）、口沿（rim）残片，并且多为无色透明（colorless）、冷加工（cut），年代约 4 至 9 世纪。如编号 1824 的杯的底部残片（beaker base）成分和样品 4 很接近，其他如编号 3079、5312、5319、5321、5322、5323、5327 等的器物也较为接近。而编号 5910 的大瓶子（large bottle）成分和样品 1 较为接近，这件玻璃出自瑟斯里马尼沉船（Serce Limani shipwreck），年代约为公元 1025 年。这为康陵出土玻璃样品的确切来源提供了一定的参考。要想进一步探究这批样品的具体产地和年代问题，还需要结合类型学并参考以上地区玻璃制品的原料成分特别是草木灰的成分做进一步研究。

［1］H. Tait (1999). *Five Thousand Years of Glass*. London: British Museum.
［2］R. Brill (1999). *Chemical Analyses of Early Glasses*. Vol. 1, *The Catalogue*; Vol. 2, *The Tables*. Corning: The Corning Museum of Glass.

附件 1

## 广州南汉康陵玻璃样品检测表

| 检测编号 | 原编号 | 类型 | 描述 |
|---|---|---|---|
| G170 | 1 | 玻璃器皿残片 | 浅蓝色薄片，透明 |
| G171 | 2 | 玻璃器皿残片 | 蓝色薄片，透明，一侧有两道内刻横纹 |
| G172 | 3 | 玻璃器皿残片 | 浅黄绿色薄片，透明，中间有一道贯穿棱边 |
| G173 | 4 | 玻璃器皿残片 | 无色透明薄片，透明，中间有一道贯穿棱边 |
| G174 | 5 | 玻璃器皿残片 | 浅黄绿色薄片，透明，上部有一道贯穿棱边，似为口沿部位 |
| G175 | 6 | 玻璃器皿残片 | 绿色薄片，透明，中部有集中几颗微小气泡 |
| G176 | 7 | 玻璃器皿残片 | 淡绿色薄片，透明，长条状 |
| G177 | 8 | 玻璃器皿残片 | 绿色薄片，透明，有 3~4 道内刻横纹 |
| G178 | 9 | 玻璃器皿残片 | 绿色薄片，透明，表面无任何附着物，细小气泡均匀分布 |
| G179 | 10 | 玻璃器皿残片 | 浅黄绿色薄片，透明，表面无任何附着物，细小气泡均匀分布，一侧有贯穿棱边 |
| G180（1–3） | 11 | 玻璃器物残片 | 无色，透明，薄片，玻璃花残片 |
| G181 | SN–E $T_4P_8F_1$ 92.11.08 | 玻璃珠残片 | 黄色，不透明，长，似为六棱柱部分 |
| G182 | SN–E $T_3P_9F_1$ 92.11.08 | 玻璃珠残片 | 绿色，不透明，表面多处凹坑和剥落 |
| G183 | SN–B $T_8P_5L_4F_1$ 92.11.9 | 玻璃珠残片 | 黄色，不透明，半颗圆珠 |
| G184 | SN–E $T_4P_8F_1$ 92.11.08 | 玻璃珠残片 | 橙色，半透明，颜色渐变，长，截面为三角形 |
| G185 | SN–E $T_4P_8F_1$ 92.11.08 | 玻璃珠残片 | 淡黄色，不透明，内壁有绿色透明玻璃附着，截面为近似三角形 |
| G186 | SN–C $T_3P_{10}L_{40}F_1$ 92.11.12 | 玻璃珠残片 | 绿色，半透明，薄片，表面有浅黄色风化或附着物 |
| G187 | SN–D $T_6P_8L_{36}F_1$ 92.11.07 | 玻璃珠残片 | 深灰色，不透明，半个圆环 |
| G188 | SN–D $T_7P_7L_{40}F_{1-0}$ 92.11.08 | 玻璃珠 | 褐色，不透明，圆环，孔内有填土 |
| G189 | SN–D $T_7P_3L_{43}F_3$ 92.11.11 | 玻璃珠残片 | 深灰色，不透明，半个圆环 |
| G190 | SN–D $T_8P_7L_{37}F_1$ 92.10.29 | 玻璃珠残片 | 浅绿色，透明，但表面有附着物使其不透明 |
| G191 | SN–D $T_9P_4L_{42}F_{1-4}$ 92.11.21 | 玻璃珠 | 绿色，不透明，环状 |
| G192 | SN–D $TP_4L_{42}F_{1-9}$ 92.11.21 | 玻璃珠 | 黄色，不透明，环状 |
| G193 | TTK–$N_4$ $T_3P_4L_{22}F_1$ 92.04.22 327 | 玻璃 | 绿色，透明，但因表面有白色附着物使其不透明，似为管状物部分 |
| G194 | TTK–$TP_2$–2–$3F_1$ 92.1.24 GB342 | 玻璃 | 绿色，半透明，似为管状物部分 |
| G195 | TTK–$N_4$ $T_9P_1L_{22}F_1$ 92.4.29 GB360 | 玻璃 | 黄色，不透明，圆环一部分 |
| G196 | TTK 6B 366 | 玻璃 | 黄色，不透明，圆环状，两部分残片 |
| G197 | TTK 6B 366 | 玻璃 | 枣红色，不透明，圆环状，两部分残片 |

附录三

# 广州南汉康陵玄宫出土玻璃器皿分析报告

安家瑶

（中国社会科学院考古研究所）

2009 年 2 月 14 日在全洪副所长和保管部邝桂荣主任的陪同下到广州市文物考古研究所文物库房考察康陵出土玻璃器。

康陵出土的玻璃器除一件绿色玻璃瓶最终修复成功外，其余玻璃残片均无法修复。如果按面积大于 2 平方厘米来统计，共出土玻璃残片 141 片。

依照玻璃的颜色，可分为 5 类：

蓝色透明玻璃　4 片

无色透明玻璃　20 片

无色透明带有黄色色调玻璃　35 片

黄绿色透明玻璃　7 片

绿色透明玻璃　75 片

蓝色透明和无色透明玻璃质量最好，玻璃内含杂质很少，气泡很小，透明度高。蓝色透明玻璃残片的表面几乎没有被腐蚀，光洁如新。无色透明玻璃残片中有的表面附着白色风化层，存在虹彩现象。无色透明带有黄色色调和黄绿色透明玻璃质量稍差，表面多附着白色风化层，存在虹彩现象。绿色透明玻璃质量较差，玻璃内含较多杂质和气泡，透明度较差，玻璃表面多附着黑色或白色风化层，有虹彩现象。

这批玻璃残片仅有一件修复复原，其余为残片，可分为口沿、底部、腹部。

绿色玻璃瓶　1 件，残破，修复复原。高 12、口径 5.2 厘米。绿色透明，玻璃内含较多气泡。侈口、圆唇、短颈、折肩、收腹，腹部到颈部装饰有 11 个竖棱条。模吹成型，底部上凹，有加工中使用过顶棒技术的痕迹。口沿不太规整，可以观察出剪口后经火烧制成圆唇。

与之相似的比较完整的侈口、圆唇、短颈的口沿共 5 件：其中 1 件绿色透明，3 件无色透明带有黄色色调，1 件无色透明。2 件无色透明带有黄色色调的口沿已经对接到腹部，其器形和装饰与已修复的绿色玻璃瓶基本一致，为侈口、圆唇、短颈、折肩、收腹，颈部以下装饰有竖棱条。

5 件口沿的尺寸不一，玻璃质量和工艺水平也高低不一。无色透明的口沿玻璃质量和工艺水平最高，非常规整，唇部经过冷加工，可以看出打磨痕迹（图 1）。无色透明带有黄色

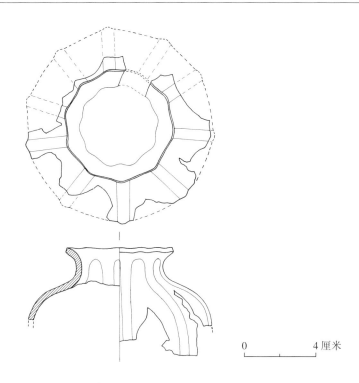

图 1　无色透明带黄色调玻璃瓶口沿（K∶5）

色调的口沿工艺次之，绿色透明的口沿工艺水平最差，与复原的玻璃瓶相仿。

与已复原绿色玻璃瓶相似的玻璃瓶口沿还有 1 件是残缺不全的，为蓝色透明，从残存的颈部仍看得出带有竖棱条的装饰。

直口瓶的口沿共有 9 件，其中绿色透明的 7 件，黄绿色透明的 2 件。这种口沿的玻璃瓶均为直口、圆唇，颈部稍呈倒锥形，即上大下小。器壁较厚，约 3 毫米。口径在 3~4 厘米之间，直口高度在 4 厘米左右（图 2）。

口部外侈或外翻的长颈玻璃器皿口沿 5 件，均为绿色透明。这种口沿口径约 3.6 厘米，颈部略呈锥形，即上小下大，颈高 3~4 厘米，器壁较薄，约 1~2 毫米（图 3、图 4）。

另外有一件绿色玻璃瓶口沿，也是直颈、口部外侈，但直颈较短，口径较大，口径达 6.5

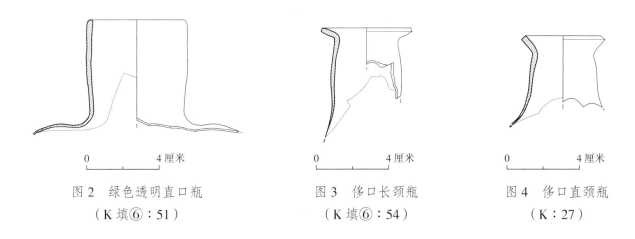

图 2　绿色透明直口瓶　　　　图 3　侈口长颈瓶　　　　图 4　侈口直颈瓶
（K 填⑥∶51）　　　　　　（K 填⑥∶54）　　　　　　（K∶27）

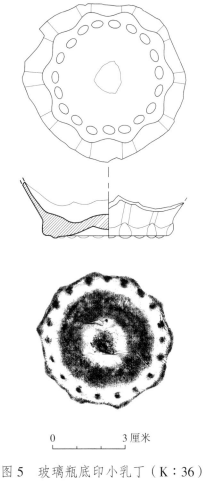

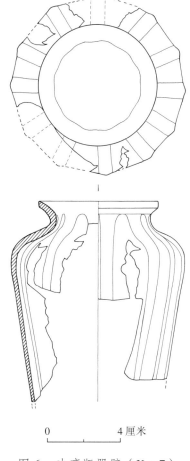

图 5　玻璃瓶底印小乳丁（K：36）　　　　　图 6　玻璃瓶器壁（K：7）

厘米。

　　玻璃器皿的残底部共有 26 件，全都是上凹底，底部有加工时使用顶棒技术留下的痕迹。其中蓝色透明的残底 1 件，无色透明带黄色色调的残底 5 件，黄绿色透明的残底 5 件，绿色透明的残底 15 件。无色透明带黄色色调的残底中有一件非常特殊，底部呈十边形，并印有一圈 19 个小乳丁（图 5）。

　　玻璃器皿的腹部残片共 95 件，超过半数的腹部残片都带有竖棱条。从腹部残片的断面观察，器壁薄厚不匀，薄处厚度等于或小于 0.5 毫米；棱条部分的断面呈菱形，外表面凸出明显，内表面凸出不明显，菱形的最厚处约 2 毫米（图 6）。

　　从玻璃器皿残底部共有 26 件推测，康陵随葬的玻璃器皿最少有 26 件。分析残片的口沿、底部和腹部，可以知道这批玻璃器的器形至少有 3 种：带竖棱条的短颈折肩玻璃瓶、直口鼓腹玻璃瓶和侈口鼓腹玻璃瓶。

　　带竖棱条的短颈折肩玻璃瓶的制作工艺较复杂。

附录四

# 大香山及康陵盗扰相关遗迹

*广州市文物考古研究院*

2003~2004 年在大香山进行大面积发掘，除了发掘康陵外，还清理了一批晚唐至清代的墓葬、灰坑等。发掘前，大香山山腰种植荔枝、龙眼等果树，间杂高竹，地面是杂草；山顶果树较疏，长满齐腰荒草。陵坛表层被泥土封盖，较为均匀，约 10~20 厘米。坛丘外表浑圆，显系废弃后自然形成。揭开泥土就露出碎砖，东南部因村民取砖形成一大豁口（彩版一一八，1）。

从发掘结果可知，南汉大有十五年（942 年）建陵以前大香山是非居住区，山坡上有晚唐时期的墓葬，至南汉时期辟为康陵陵园，北宋中晚期后此山坡又复成为墓地，埋葬陶魂瓶。宋、明时期墓葬数量较少，晚清和近代墓葬很密集（彩版一一八，2）。

在陵墓范围内清理了 7 个盗洞和 12 个灰坑、3 条灰沟、9 座墓葬（图 1；见彩版四〇，2）。根据建陵以前的唐代晚期墓葬，或与陵园同时期的唐末五代墓葬，到宋代墓葬及灰坑、灰沟，加上宋代盗洞和明清时期的盗发和其他活动，可推断康陵营建及被破坏的大致情况。

本文目的不是介绍所发掘的遗迹，而是通过这些遗迹着重探讨其与陵园的关系，分析对康陵造成的破坏。因此下文先列举各项遗迹，不详细介绍墓葬情况及随葬器物，只举部分明显可据断代的遗物为例。然后据此对康陵不同部位的破坏进行归纳，以窥探对康陵破坏的过程。

## 一、墓葬

共清理墓葬 9 座，有砖室墓和魂瓶墓，其中唐墓 4 座（包括唐末五代墓 3 座）、宋墓 2 座、明墓 3 座。清代及近代墓于此省略。

1. 晚唐墓（M1）

唐代晚期砖室墓 1 座（2003GXDM1，以下简称 M1，其余墓葬编号同）。位于大香山中南部的二级台地上，北边靠近一级台地的断崖。在探方 T0608 内，处于陵台的东北部，西南与康陵陵台建筑相邻。原地表系北高南低的缓坡，由于修筑康陵的主体建筑，墓口周围的地面已被整平。该墓中部被康陵陵坛东北角的排水沟打破（见彩版四八，3），其上为宋代地层（第 3A 层）所压。

M1 为长方形砖室墓，墓道朝南。上部被毁，残存墓口距地表深 45 厘米，长 4.05 米，宽 1.4 米，底至墓口残高 40 厘米。砖室内长 3.5 米，宽 1.04 米（图 2）。砖室左、右两侧壁和后壁

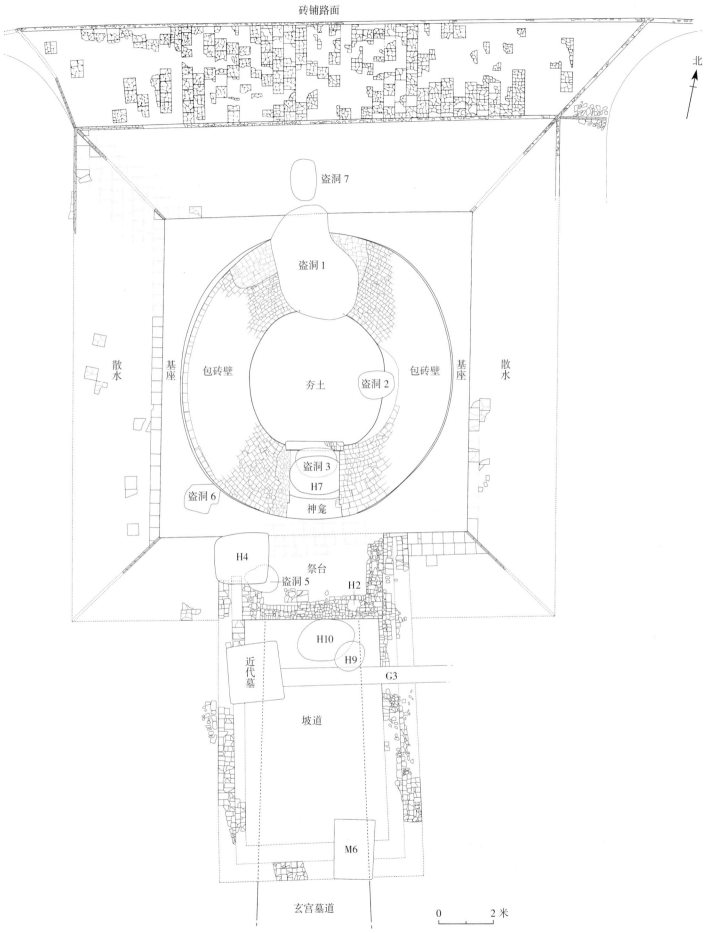

砖铺路面

北

盗洞 7

盗洞 1

散水　基座　包砖壁

夯土

盗洞 2

包砖壁　基座　散水

盗洞 3

H7

盗洞 6

神龛

H4

祭台

盗洞 5

H2

H10

H9

近代墓

G3

坡道

M6

玄宫墓道

0　　　　2 米

图 1　康陵陵台盗扰遗迹分布图

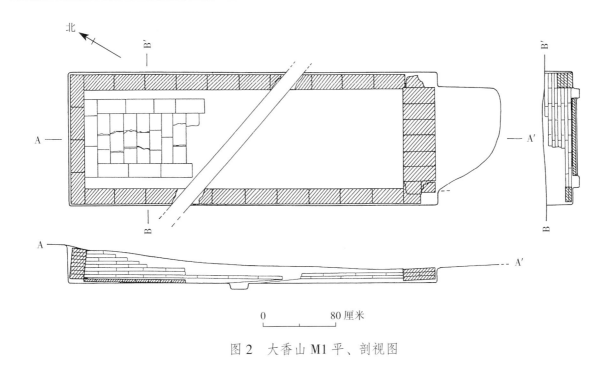

0 ————— 80厘米

图 2　大香山 M1 平、剖视图

均为单隅错缝平砌，底无铺地砖。墓底中部有棺床砌砖，南端被毁，长度不详，宽 82 厘米，残高 4 厘米。封门双隅纵、横相间结砌。无随葬品。墓内填土为红黄色，土质疏松，夹杂有粗砂和少量散碎砖。根据墓砖规格和墓室形制，推断为唐代晚期墓。

2. 唐末五代墓（M2、M3）

大香山西坡，东距康陵西北角阙约 80 米，并列两座砖室墓。原地表为东高西低的山坡，广州大学城中环路四标段 K8+525 路段将山坡夷平，墓顶被毁。两座砖室墓南北向，东西并列，当为合葬墓（彩版一一九，1）。

M2 为长方形砖室墓，墓圹上部被毁。砖室内长 2.95 米，宽 1.32 米，残高 70 厘米。四壁通连结砌，为双隅砖纵、横相间错缝平砌。左、右两侧墓壁下部陡直，上部略向内收分。前上部设置一长方形头龛。墓底有横向平铺砖。根据两侧墓壁有收分情况分析，或为叠涩顶结构，或顶平铺木板。

墓室南端即头部放置有银头饰、银碗、铁器和铜镜等，头龛内置 1 件釉陶四耳罐（彩版一一九，2）。底砖上散落铁棺钉和"开元通宝"铜钱多枚。

M3 位于 M2 东侧，平行分布，相距 1.5 米。该墓亦为长方形砖室墓，形制和构砌方法与M2 相同，砖室东侧壁留存较多。砖室内长 3.40 米，宽 1.65 米，现存高 1.26 米。墓室西端有棺木板灰，其南有几枚铜钱，墓室中间偏南有一面方形瑞兽纹铜镜（M3：1），墓室东侧有些残乱漆皮，北端侧放一块买地券砖（M3：4）。

根据出土遗物和墓室形制分析，M2 与 M3 年代相当。"开元通宝"铜钱字迹模糊，不易分期，砖质买地券文字不存。四耳罐下腹部刻划仰莲花瓣纹，具唐末特征。

在大香山西侧山脚有两座唐末五代墓，与康陵陵园相距约 80 米，据此可以推断康陵陵

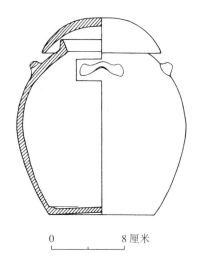

图 3　唐代釉陶四耳罐（M7∶1）

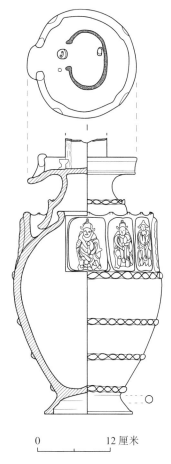

图 4　宋代陶罈（M5∶1）

园的范围未到此处。除山形地势原因外，也可知康陵陵园规模较小，而且没有里外两重垣墙。

### 3. 唐代魂瓶墓（M7）

位于大香山南中部的二级台地上，南部靠近断坎。原地表系北高南低的山坡，已被农民种植果树时垦为三级台地。处于康陵墓道西侧，T0106 北隔梁中部，开口于第 2 层下。为圆形、直壁、平底浅土坑，壁面规整。填土为黄灰色花土，质松软，内含青灰土细斑。长径约 40 厘米，深 25 厘米。坑内放置一完整带盖青褐釉陶四耳罐（图 3）。

唐代土坑魂瓶墓东边与康陵墓道相邻，周围为生土，坑口被第 2 层叠压。从遗迹的对应关系看，康陵坡道比墓道稍宽，坡道垫土覆盖墓道。此墓坑在墓道西侧，发掘时坡道部分垫土已遭破坏，故清理垫土时在墓道西侧（墓道口边缘）发现此罐。由此可推断该魂瓶墓埋瘗当在建陵之前。

### 4. 宋代魂瓶墓（M4、M5）

位于陵园西北部，探方 T0503 内，二者相邻，开口在第 2 层下。2 个坑内埋 3 个陶罈。

M4 位于探方东部偏北，打破康陵的废弃堆积。椭圆形浅坑，斜壁，平底，坑径 90~125 厘米。坑底放置 2 个魂瓶。

M5 位于探方东南角，在 M4 的南边，开口于第 2 层下，打破生土。坑口为方形，直壁，平底，边长 80 厘米。坑内放置 1 个魂瓶（图 4）。

### 5. 明代椁室墓（M6、M8）

M6 为灰砂筑双室墓。位于大香山南坡，在 T0206 东南部。开口在第 2 层下，打破康陵坡道和墓道东侧。略呈南北向，分地上和地下两部分。上部环拢为椭圆形土坑，坑壁内斜，平底（彩版一二〇，1）。靠近圆弧顶（北）部的坑底放置一块长条形石板，当是后人拜祭所设的拜台。南部设门，门口两侧竖石板，石板之间横置长条形石板以为门槛。坑口长 4.50 米，宽 3.50 米，深 1.20 米。下部为长方形墓坑，坑壁陡直，底部较平。坑口长 2.2 米，宽 1.6 米，深 1.3 米。墓底用灰砂构筑两个长方形椁室，均长 2 米，宽 52 厘米，高 53 厘米。棺内各有一具骨架，头向北，仰身直肢，保存较完好，左侧为女性，右侧为男性（图 5）。两棺室之间的墓室后壁嵌置一盒砖质墓志，内容显示为明番禺县北亭

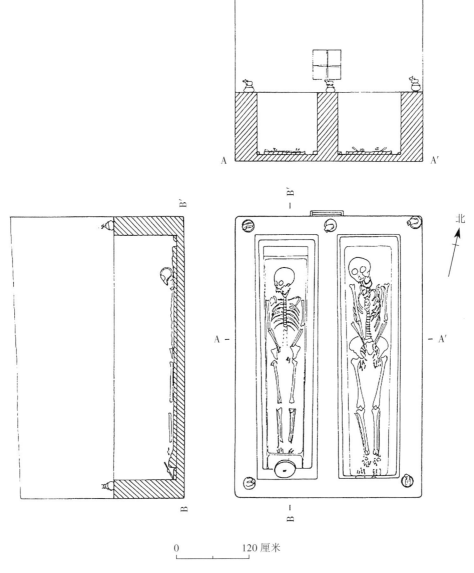

图 5　明代墓葬（M6）灰砂椁室平、剖视图

乡处士崔尚文夫妇于天启三年（1623 年）十一月合葬于番禺县北亭乡（土名球璜冈）。

　　M8 位于康陵陵园西南部垣墙外侧，在西南角阙北面。开口于第 2 层下，打破陵园废弃堆积。为长方形竖穴砖室墓，略呈南北向。砖室内长 1.8 米，宽 85 厘米，顶高 1.2 米。墓壁单隅错缝结砌，室顶以楔形砖起横向券拱。室内灰砂构建棺室。出土有陶罐、铜钱、头饰等。

　　砖砌墓室掩埋后，地面砌筑石块，由于破坏过甚，只余与墓口平齐的一排石墙，四五块垒砌；墓室上侧竖立一列单墙（彩版一二〇，2）。

　　此墓与番禺区南村镇茅山岗发掘明墓的砖室砌筑和地上砌石的做法近似[1]。茅山岗室顶以三列切角四边形砖丁砌，结合梯形砖砌成五边形室顶。茔坟地面建筑以红砂岩石垒砌，

---

［1］广州市文物考古研究所：《番禺茅山岗明墓发掘简报》，《羊城考古发现与研究（一）》，第 322~330 页，文物出版社，2005 年。

有台阶、祭台、焚香池、排水沟、碑座和墙垣等。茅山岗为家族合葬墓，据买地券和墓志可知，父（与母合葬）子分别葬于明嘉靖二十六年（1548年）和隆庆某年（1567~1572年），是典型的明代中晚期墓葬。

6. 明代魂瓶墓（M9）

位于陵台东北角，在探方T0506内。开口于第2层下，打破陵台东北角的排水沟。为圆形土坑，口径80~88厘米，深68厘米。共有4件陶器，坑底中间置大魂瓶1个，大魂瓶里还放置1件陶罐；东、西两侧各置小罐1个，均带盖（彩版一二〇，3）。为明代魂瓶墓。

## 二、灰坑或扰坑

在康陵陵园内可确认的灰坑遗迹共12个，其中8个是宋代的灰坑或盗扰坑，另4个为明清时期的扰坑。下以各朝代灰坑遗迹位置，从北往南介绍。

（一）宋代灰坑或扰坑

1. H8

位于陵园的东北部，在T0708西北部（见报告图四〇）。开口在第3B层（康陵废弃堆积）下，打破康陵东北角阙子阙夯土台北侧包边砖墙。平面呈椭圆形，直壁，平底。坑内填土灰红色，土质松散，含碎砖屑，无陶片。坑口长径85厘米，短径65厘米，深60厘米。

从其开口层位及打破康陵遗迹分析，属北宋时期的灰坑遗迹。该坑落在角阙的包砖上，应是蓄意拆毁砖墙所为。可能是盗扰坑，盗掘未果。

2. H1

位于陵台的西北部，T0405西中部。开口在第2层下，打破生土。椭圆形，斜壁，平底，底有2个小土洞（彩版一二一，1）。坑内填土为灰红色杂土，土质疏松，含小石子和砖屑，另有少量南汉时期瓦片等。坑口长径2.26米，短径1.8米，深30~90厘米。

推测为宋代灰坑遗迹。

该坑开口在陵台背面铺砖地面西北角的圆弧形土台上，此生土台与铺砖地面一同起挡水作用，其西则是排水沟。土台上挖一坑，坑内又有两个类似柱洞的小坑。不知是否为陵园遭破坏之前的行为。

3. H3

位于陵台的西北部，T0405北部。开口在第2层下，打破第3A层。椭圆形，内斜壁，平底。坑内填土为红灰色杂土夹烧土块，土质较软。出土少量碎砖瓦等。坑口长径2.7米，短径1.6米，深26厘米。

坑里堆积散乱红烧土，厚约10厘米。该坑挖在铺砖地面上的后期堆土上，当系宋代灰坑。

4. H4

位于陵台祭台西北，T0306西南部。开口于第2层下，打破第3B层及盗洞5。坑口呈不规则的方形，斜壁，平底。填土为灰黄色夹碎砖瓦和白灰块，土质疏松。出土遗物有板瓦、筒瓦、瓦当和少量的石构件等建筑废弃物。坑口长2米，宽1.7米，深80厘米（彩版一二一，2）。

该坑形成时，祭台上的建筑构件仍存，部分掉落进坑填土里（彩版一二一，3）。该坑打破盗洞 5。从其出土遗物和层位分析，应为宋代扰坑。

5. H10

位于陵台坡道北部靠中，T0206 北部，在 H9 的西北侧，开口于第 3B 层下，被 G3 和 H9 打破，打破陵台坡道的夯土台。坑口为椭圆形，内斜壁，平底。坑内填土为灰红土夹褐土斑，土质松散。出土少量瓦片。长径 2.6 米，短径 1.8 米，深 20~50 厘米。

从该坑层位及遗物看，应在北宋时形成。H10 紧贴祭台南缘，应是避开祭台砖墙开挖，很可能是一盗洞，遇砖层放弃下挖，未盗成。

6. H9

位于陵台坡道东北部，破坏坡道，在 T0206 东北部。开口于第 2 层下，打破 G3 和 H10。坑口为椭圆形，内斜壁，圜底。坑内填土为红色，土质疏松。出土有南汉时期的瓦片和极少量宋代釉陶片等。坑口长径 1.5 米，短径 1.2 米，深 0.8~1.02 米。

根据出土遗物及其层位，当系宋代灰坑。

7. H11、H12

位于陵园东南，TS0209 东南部。开口于第 2 层下，打破第 4、5 层和生土。H11（北）打破 H12（南）。

H11 呈椭圆形，内斜壁，平底。坑内填土为褐色，土质较软有黏性，内含红烧土块。出土宋代釉陶碗残片（彩版一二一，4）。坑口长径 2.05~2.2 米，短径 2 米，深 40 厘米。

H12 在 H11 的西南侧，圆形，直壁，平底。坑内填土为褐红色沙黏土夹大量烧土块，土质较软有黏性。出土宋代釉陶碗、陶盆、陶罐等残片。坑底有两排 6 个柱洞，呈西南、东北向对称布列。坑口直径 1.9~2.2 米，深 2.1 米。

（二）明清时期灰坑或扰坑

1. H5、H6

位于陵园垣墙外西北角阙南侧，分别在 T0502 西北部和东北部。开口于第 2 层下，打破生土。

H5 形状不规整，斜壁，平底。坑内填土灰红色，土质疏松，含红烧土块。出土少量釉陶碗和碎瓦片等。坑口长径 2.16 米，短径 1.5 米，深 10~18 厘米。

H6 形状不规则，坑壁略斜，底部不平。坑内填土灰红色，土质松软，含烧土块和碎砖瓦。出土瓦片和明代黑釉罐的碎片等。坑口长 2.66 米，宽 1.50 米，深 12~52 厘米。

根据出土遗物和坑口层位，两灰坑为明代遗迹。

2. H7

位于康陵祭台上，T0306 中部靠北。开口于第 2 层下，打破盗洞 3 和陵坛神龛（彩版一二二，1）。坑口为椭圆形，内斜壁，圜底。坑内填土为灰黄色沙土，土质疏松。出土有明清时期瓷片和黑釉陶罈等遗物（彩版一二二，2）。坑口长径 2.1 米，短径 1.82 米，深 65 厘米。

H7 挖在神龛的缺口上，打破盗洞 3 上部。盗洞 3 北壁挖掉陵坛土芯南缘，H7 的底只到与陵台面差不多平齐的面，陶魂瓶破片还在祭台北侧，当系利用宋时盗洞（D3），但只是在盗洞上部，没有往下深挖。与其说是灰坑，不如说是一座明代埋魂瓶的墓葬。因与其他挖一个仅可容瓶的小坑不同，其坑口较大，故仍视之为灰坑。

此坑可作为判断康陵玄宫后一次盗发的证据。坑处于盗洞口，底在陵台面，深不及盗洞，由此可推测 H7 形成之前，碎砖泥土已填满盗洞 3，是明末以后盗洞已回填后再开挖。

3. H2

位于祭台东南部，T0306 中部偏东南（见报告图三五）。开口于第 1 层下，打破祭台包砖。坑为圆形，内斜壁，平底。坑内填土为灰色沙土，土质松散。坑径 50 厘米，深 40 厘米。

坑中偏北竖立一方小石碑。石碑长方形，灰白色，似花岗岩。切割规整，打磨光滑。碑长 35 厘米，宽 20 厘米，厚 6 厘米。碑上未见文字。由于坑小且浅，不足放置陶坛、罐等葬具，从所处位置及坑中立碑推测是一个放置墓碑的清代小坑，墓葬应在其左近。

## 三、盗洞

与陵墓有直接关系的盗洞（有的是灰坑）共 7 处，多数进入玄宫，个别没有盗掘成功。从各盗洞、盗扰坑的位置看，可知有的准确凿穿玄宫顶部，有的则在外围探寻。

1. 盗洞 5

位于祭台西南部，T0306 中部。开口于第 3B 层下，打破祭台包砖、土台和墓道，被 H4 打破。盗洞口为椭圆形，坑壁较直，垂直向下伸入墓道封门石板的西侧。洞口长径 1.3 米，短径 1.05 米，深 5.25 米（见彩版四六，3）。

盗洞打破墓道夯土后分为南、北两支，一支靠北，下到封门中间的石板西边，将甬道内壁砌砖部分打穿，由此进到甬道，并拆掉部分内封门砖，进入墓室；另一支偏南，紧贴封门石板直到墓道底，挖穿生土，然后从封门石板下向内外两侧扩挖，内侧进入墓室，外侧挖成一个大洞（见报告图三六；图 6）。

盗洞 5 洞口处于墓室西南角的外侧，在墓道西侧避开墓室拱券顶沿着封门石板进入玄宫。石板因受盗洞影响发生错位并断裂，甬道内封门为五平一丁的砖墙，西部被盗洞 5 毁掉多半。

盗洞内填土即为翻动过的墓道填土，仅含极少量碎砖，甚为纯净，说明盗洞 5 形成的时间很早，当时康陵的陵台还没遭受破坏。由此推测，盗洞 5 可能是最早的一个

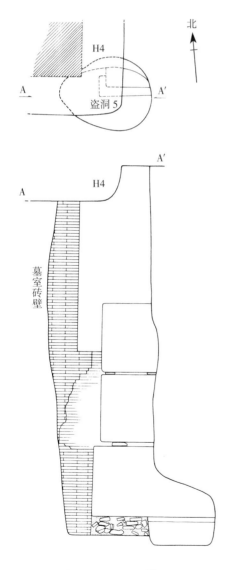

图 6　盗洞 5 平、剖面图

盗洞。

盗洞 5 的洞坑被泥土填满后，洞口的西北角有一个灰坑（H4），该坑内有板瓦、筒瓦、瓦当和少量的石构件等建筑废弃物以及碎砖瓦和白灰块，表明其形成时陵台已经发生破坏。

2. 盗洞 6

盗洞 6 在陵坛方形基座西南角，分处 T0305、T0306 两探方之间。开口在第 3B 层下，打破方形基座（见彩版四一，3）。洞口略呈圆角方形，坑内散乱大量碎砖及白灰块、少量瓦片和 3 个瓦当。下挖至距坑口 90 厘米见底。其东北部有一圆形洞口，向东延伸至陵坛圜形砌砖下面，深至 1.5 米。两次挖掘的洞口东西长 1.4 米。

盗洞 6 避开厚重的陵坛砖墙，沿墙打穿方形台基，往北、向东下挖，穿过陵坛砖墙朝玄宫顶夯土伸入，但未挖穿。盗洞开口于第 3B 层下，该层出土瓦片、瓦当和石构件等祭台上盖构件。洞内的散碎砖和白灰块，还有瓦片和瓦当，表明此盗洞开挖时地面建筑构件瓦当、瓦片等仍在，应是木构建筑已经倒塌，瓦件掉落地面。盗洞回填时附近的瓦件随泥土掉落盗洞，可推测该盗洞时间较早，当系北宋时形成。

3. 盗洞 1

盗洞 1 在陵台北部，T0406 中部偏西。开口在第 2 层下，打破陵坛包边砖及土芯，也打破陵坛台基和散水，凿破玄宫后室券顶和后壁进入墓室（见彩版三九，2、3）。盗洞口很大，近不规则椭圆形，坑壁由上而下向内斜收，口长 4.5 米，宽 2.8 米，深 5.1 米。

盗洞口清理时已被包含砖块的泥土覆盖，与康陵陵坛圜丘浑然一体，揭露表土后发觉圆坛砖壁有断口，泥土松散，可以判断此处有扰乱，先解剖一半发掘。距"坛体"顶部约 2 米的深度出露洞口，墓室的券拱顶赫然可见，里面的淤积土几乎堆至室顶，仅余不足 1 米的空间。

从洞口可看到自然形成的斗状坡峰堆积。填土为灰红色，夹杂大量散碎砖。该填土系自盗洞口进入墓室后从上而下的杂土，是墓室内上部的晚期堆积。在洞口处呈小土堆状向周围扩展，堆土的南边与盗洞 3 的填土相连，二者之间的界面不十分清晰。盗洞 1 的散碎砖层内出土有明代的青褐釉、黑釉魂瓶碎片。杂土层厚约 60 厘米。

上述堆积土的底部，即距玄宫券顶 1.6 米左右为一层黑灰色沙质杂土，夹少量散碎墓砖，发现铜钱碎片及铁片（棺钉？）等遗物，推测属康陵遗物，被盗扰后翻动。该黑灰色杂土厚 5~10 厘米，当是沉积的腐殖土。

下挖至距券顶 1.8 米处，土质土色发生变化，填土由红黄色黏土夹杂大量散乱砖转为灰黄土夹少许散砖，在盗洞口下呈土包状分布，范围很大，由玄宫后壁向南可至约 5 米处。位于玄宫北部的盗洞 1 与玄宫南部的盗洞 3 填土有别。盗洞 1 南边与盗洞 3 填土相接，盗洞 1 的灰黄土南边缘叠压盗洞 3 上，灰黄土编为盗洞 1 第 4 层，厚可达 70 厘米。下面有一层较纯的黄红土，夹极少量散碎砖，质地极松散，当为盗洞 1 第 4 层近底部的堆积，该层厚达 20 厘米。

挖至距券顶 2.6 米左右深的第 5 层填土的上层，墓室内前后两个盗洞的土质土色无大变化，两者之间未找出明显的分界。其下至券顶 2.7 米处，前、后填土略有区别。盗洞 1 范围内填土较为松散，呈灰黄色，夹红黏土斑，质地杂乱，含白灰块相对较少。这片松软的杂土厚约 20 厘米。除了散碎砖稍多外，很难找出与前部（盗洞 3）填土的分界面。后室壁龛内的填土与墓室填土第 5 层相同。

第 5 层厚可达 70 厘米，出土少量具有五代至北宋特征的瓷片及釉陶等，属于陵墓随葬物的数量较多，有陶罐、碗和玻璃等碎片，还有铜钱、陶像生模型和珠子等。由于物件多细小，不少遗物随泥土过筛分拣。铜钱除唐"开元通宝"外，重要的是一枚北宋哲宗朝的"绍圣元宝"铜钱（彩版一二一，5），"绍圣元宝"于北宋哲宗绍圣元年（1094 年）铸造。据此推测，康陵较大规模盗掘事件可能发生在北宋中晚期。

墓室北部大半部接近墓室底部是一层深灰色沙质杂土，松散且乱，含白灰块及少量碎砖。其下即见墓底铺砖，底砖至券顶 3.3 米。墓底被盗进彻底扰乱，底砖面上的深灰色沙质杂土当系墓底扰乱后的堆积，编为第 6 层，厚 5~10 厘米。

4. 盗洞 3

盗洞 3 位于陵坛上，T0306 中部靠北。洞口被明代灰坑（H7）打破。盗洞口呈椭圆形，破坏神龛，打破陵台垫土并往下凿穿玄宫中室券顶进入墓内。长径 1.2 米，短径 0.8 米（见彩版四四，2）。

盗洞 3 与盗洞 1 部基本同时清理，自上而下逐层发掘，不断有南汉、宋、明时期的陶、瓷、玻璃器残片发现，越往下南汉时期的陶瓷片、玻璃碎片越多，显然也是被盗扰多次，且时代还比较早。

盗洞上部散乱砖和晚期堆积自然倾泻到墓室内，形成了锥状土包。盗洞 3 填土层次与盗洞 1 略有差别，两盗洞填土相交处存在局部叠压，盗洞 1 的填土分布范围大，部分压在盗洞 3 的填土上面，表明两个盗洞填土上部的第 3 层形成时间有先后。下挖至距券顶 1.8 米处，填土堆的坡峰渐消。堆积以散碎墓砖为多，间夹灰红色杂土和白灰块，出土少量釉陶片（灰白釉或青蓝釉）。第 3 层为灰红色杂土夹大量散碎墓砖和白灰块，厚 50~70 厘米。

盗洞 3 填土第 4 层挖至距券顶 2.4 米左右处，土质土色无大变化，出土器物残片极少。玄宫前室出露哀册文碑，可读到"高祖天皇大帝哀册文 / 维大有十五年岁次…… / 高祖天皇大帝崩于……神于……康陵礼也……"等少半上部碑文。

盗洞 3 挖至距券顶约 2.5 米处，发掘面与墓室后部层面基本相平。为灰色杂土夹杂红色黏质土斑，所含白灰块增多，砖块相对减少且碎小，局部有黑灰块出现。此层土质从前向后基本上遍及整个墓室，前后很难断开。此第 4 层当为前一次盗扰后形成的扰乱层。甬道填土与墓室相同，陶片极少，在封门砖墙崩缺处即封门第三块石板下有一残断石俑头。

墓室第 5 层填土挖至距券顶 2.6 米左右处，土质土色无大变化，前、后之间仍未找出明显的分界。出土陶片少许，按南、北两部分收集。挖至距券顶 2.7 米处，前、后填土略有区别。前部泥土中仍有较多散碎砖，白灰块增多，出土陶制水果模型和"开元通宝"铜钱等。

挖至距券顶 2.9 米处，土质松软且驳杂。盗洞 3 陶片较盗洞 1 多，见破碎青釉陶多耳罐，不见器盖，另有玻璃器碎片和一些瓦片及棺钉。

与盗洞 1 的情形相同，墓底砖面上有一层深灰色沙质杂土，当系墓底扰乱后的堆积，编为第 6 层。

盗洞 3 与盗洞 1 是分处玄宫前后，对墓室造成直接破坏的盗洞。根据洞内泥土的堆积情况及出土遗物，可推测墓室先后被大规模盗掘。

第 6 层是厚 5~10 厘米的深灰色沙质杂土，土质疏松。遗物为玄宫内小件随葬器物。杂土里有碎砖、瓦片，这是第一次盗掘凿破砖室券顶，墓砖和陵坛上的瓦片掉入墓室所致。这种从盗洞口渗漏下去的沙质杂土很可能与盗洞 5 有关。

第 5 层填土堆满整个墓室，前、后两个盗洞口下都是夹杂碎砖、白灰块的泥土，包含碎陶瓷片、玻璃片等遗物。填土分不出明显界面，但其间土质土色及包含物又略有差异，说明两个盗洞泥土泄入墓室的时间相当，分别从洞口流入，很快会合在一起。填土也将后室壁龛填满。

碎砖部分是凿破玄宫券顶掉落，部分则是随洞口周边泥土泄入。白灰块可能是墓室内砖壁的白灰泥幛，更大可能是祭台和基座铺垫方形石块的白灰。

两盗洞内的第 4 层杂土分界不明显，基本上处于同一平面，表示二者为同时代，即泥土涌进墓室的时间相差不大。

第 4 层厚可达 70 厘米，出土极少量釉陶片、瓦片及贝壳等遗物。盗洞 1 下面发现有一层很纯的黄红土，夹极少量散碎砖，质地极松散，当为第 4 层近底部的堆积。该层厚达 20 厘米，应该是第 4 层细泥透过乱砖块缝隙渗到堆土底部的淤积土。

在甬道封门砖墙崩缺处填土中有一残断石俑头，此际距墓底将近 40 厘米，在这个层位发现，其显然是神道上像生石人残件，表明这是人为扔进室内的。发掘清理第 4 层淤积土后露出哀册文碑，可阅读册文之大部分。据黎遂球的记叙，他明末崇祯九年（1636 年）曾下过洞穴，还可看到"有碑一犹在，称为高祖天皇大帝哀册文"[1]，由此可推断此层是明末崇祯九年后才形成的堆积。

在盗洞 1 第 4 层与其上层堆积土之间，距券顶 1.6 米左右发现一堆黑灰色沙质杂土（为含有植物物质及其他有机质组成的腐殖物）。上部靠近洞口的是散乱砖和晚期堆积自然坍塌到墓室内而形成的与两处盗洞（盗洞 1 和盗洞 3）相对应的两个土包，表明两个盗洞填土上部的第 3 层形成时间不同，堆土应是洞口周边的晚期堆积受雨水冲刷后，往坑内滑落所致。

5. 盗洞 4

盗洞 4 位于后室后壁龛，挖穿后壁，并向墓圹北面掏进。洞口圆形，内斜壁，壁面光滑，平底。坑内淤积红黄色杂土，含沙土，夹杂少量碎砖。口径 60 厘米，深 50 厘米，向北掏挖 3.5 米。

玄宫后壁遭多次盗扰，盗洞 4 凿穿壁龛后壁，形成一个往墓室外延伸的盗洞，北端又与

---

[1] 黎遂球：《观刘氏冢记》，《莲须阁集》卷十六，第 215 页，北京出版社，2000 年。

盗洞 1 东侧的一个椭圆形盗扰坑相通连。壁龛券顶上部的玄宫后壁砖被拆毁部分，往北侧掏进，但未挖穿砖壁（见彩版一〇〇，2）。

后室壁龛内的填土与墓内填土第 5 层相同，时代与盗洞 1 第一次进入墓室相当，当为宋代。明末的盗掘再向已经凿穿的后壁龛掏挖，与地面的盗洞相通。

6. 盗洞 2

盗洞 2 位于陵坛夯土芯的东中部，T0306 东南部。开口于第 1 层下，打破圜丘夯土芯。坑口为东西长、南北短的椭圆形，长壁清晰，但不规整，往下坑体明显收小。填土为灰黄色杂土，质松散，夹少许碎砖。长径 1.2 米，短径约 90 厘米，深约 80~90 厘米，在坛顶被破坏部分深浅相差较大。

时代不明，或许与第 2 层相当，大致在明清时期。与其说是盗洞，不如说是扰坑。

7. 盗洞 7

盗洞 7 位于陵台基座北侧散水中部，T0406 中部稍西，与盗洞 1 的北侧相邻，打破散水砖面及下部垫土，并伸入生土（见彩版四一，2）。

## 四、灰沟

灰沟遗迹共 3 条，都是晚于康陵的遗迹，分布在康陵主体建筑的周围，不同程度地对主体建筑造成破坏。

### 1. G3

位于陵台的南边，在 T0206 北部。开口于第 2 层下，打破第 3B 层和陵台南侧的坡道，被 H9 打破。呈东西向长条状，沟壁陡直、规整，与陵台散水平行，当为人工开挖的排水沟。沟内填土灰红色，土质松软，含大量的散碎砖瓦片等，主要有瓦片、少量带釉瓦和花边瓦，并有一些白石板残块等。沟口东西长 6.3 米，宽 70 厘米，深 45~70 厘米。

G3 东、西似有差别。沟口东端被断坎缓坡破坏，沟自西北向东南稍斜，沟壁略内斜，清晰规整。沟底东段发现残破的砌砖，用砖规格与墓上建筑用砖明显不同。西段壁面规整，底部未见砌砖。

此沟打破陵台南侧的坡道和陵台下垫土层，又打破南汉康陵废弃堆积（第 3B 层）。从其出土遗物和沟口所在层位分析，时代应为北宋。然则北宋还修排水沟，殊不可解。

### 2. G1

位于陵台的西南，在 T2006 西南。开口于第 1 层下，北端打破陵台西侧散水。沟略呈南北向。沟内填土为灰色沙土，土质松散，出土遗物有瓦片、瓷片和少量酱釉陶片。沟口长 8.5 米，宽 60 厘米，底深 38~54 厘米。

根据沟内出土遗物和沟口形制分析，应是明清时期的自然冲积沟。

### 3. G2

位于陵台的东北侧，T0305 中部。开口于第 1 层下，打破第 3B 层和陵台砖砌方形基座。呈南北向狭条形，沟壁内斜，底部高低不平。沟内填土为灰色沙土，土质疏散，出土少量瓦片。沟口长 4.5 米，宽 40 厘米，深 20 厘米。

依其开口层位和填土包含物推测，该沟应是明清时期形成的冲沟。

这种后期形成的冲沟位于陵台两侧，顺着坡势，上北向南而下，起着排泄雨水的功能。虽然偏离了建陵时的排水沟，但南汉排水沟毁后自然形成的低洼地势仍在，于是就成为冲沟。

### 五、各类盗扰康陵遗迹的形成过程分析

根据各类不同时期遗迹的位置，大概可知不同类型的盗扰对康陵陵园、墓室的陵台、坡道、墙垣、角阙等重要部位造成不同程度的破坏。

至少有 4 个盗洞（1、3、4、5 号）对玄宫造成直接破坏，多次进入玄宫。陵坛南部的神龛也遭至少两次破坏，宋代盗洞 3、明代灰坑（H7）破坏神龛上部。祭台分别被宋代灰坑（H4）、清代灰坑（H2）和宋代盗洞 5 打破，台面遭破坏。

康陵陵台祭台南边和陂道在宋代就屡遭破坏，如宋代水沟（G3）、宋代灰坑（H9）等。也有盗扰坑（H10）开口在第 3B 层下，此层是南汉康陵废弃堆积，有大量南汉碎砖、筒瓦、板瓦残片和云白石碎片。与康陵玄宫盗洞和其他遭破坏部位相似，当是北宋中期陵园荒废，无人管理，盗墓和其他行为开始发生。

墓道被明代墓葬（M6）和一些近现代墓葬打破。此外，盗洞 7 打破陵台北侧散水砖面及下部垫土。陵坛夯土芯的东中部有一明清时期扰坑（盗洞 2）。陵坛东南部有一大扰坑破坏陵坛砖壁，却未对坛芯夯土造成再损坏，这是村民取砖形成的，未编遗迹号。

康陵陵园的垣墙与角阙也遭到破坏。东北角阙子阙夯土台北侧包边砖墙被宋代灰坑（H8）打破。北垣墙及东、西两端的角阙因靠近大香山山坡顶部，地势较高，明清以来的墓葬数量众多，在 T0707、T0708、T0807 和 T0808 等探方内都有 10 个或以上的长方形小型土坑墓，对垣墙和角阙造成破坏。

在陵园西北部，似有意避开陵坛隆起的坡状堆积，在山坡平缓处有一对宋代魂瓶墓（M4、M5），二者相邻。

陵园南部原来就是坡脚，地势偏低，有多道农业耕作的土坎对陵园进行破坏，陵园构筑多不存。探方 TS0504 内有 3 座近代墓，其中 1 座打破西南角阙母阙西南角包砖和夯土芯，另 2 座在西南角阙西南部毁弃砖瓦堆积处。一座明代中晚期砖室墓 M8 在西南角阙外。

这个现象表明，明清以来村民对陵园尤其是地势低缓的南部地面建筑破坏严重，安葬这些墓葬时地表已经没有多少砖瓦，选择稍高亢的地方来选作葬地。

下面集中讨论康陵玄宫被盗的时间及过程。据盗洞、扰坑的层位关系可将玄宫遭破坏过程分为四个阶段。第一阶段是北宋早期，以盗洞 5 为代表。洞口小，表明此时还不敢公开大肆盗掘。第二阶段是北宋中期，以盗洞 3 和盗洞 1 为代表。朝廷对前代帝王后裔和陵墓已经不那么在意，各地发生公开破坏行为，康陵也遭较大规模盗掘。第三阶段是明代晚期，崇祯九年（1636 年）玄宫的空洞塌陷，村夫进入墓室劫掠。第四阶段是清代，玄宫盗洞的空洞被泥土泄入，自然堆满。盗洞口另有灰坑等。

由所处位置及洞内填土情况可推断盗洞 5 形成的时间较早，盗洞开挖时康陵的陵台还未遭受破坏。与其他盗扰遗迹比较，可推测盗洞 5 是玄宫最早的一个盗洞。

盗洞 5 找位准确，从封门处沿着甬道墙壁挖下去，能在地面避开祭台的包边砖壁，在地下避开甬道拱券。由此可知盗墓者对陵台及玄宫各部分结构熟悉，可寻找容易进入玄宫的地方。盗洞 5 规模不大，洞口一米见方，其盗掘行为比较隐蔽，可能在北宋早期。

有学者根据五代、宋代文史资料研究指出：五代时期尽管兵荒马乱，朝代更换频繁，但各朝皇帝对前代陵寝仍然予以重视和保护。北宋王朝对前代帝陵更是重视有加[1]。

后周周太祖郭威即位伊始，于广顺元年（951 年）元月制曰："唐庄宗、明宗，晋高祖，各置守陵十户，以近陵人户充。汉高祖皇帝陵置职员及守宫人，时日荐享，并守陵人户等，一切如故。"四月，又诏"三处陵寝，各有守陵宫人，并放逐便如愿在陵所者，依旧供给。"[2]

宋太祖赵匡胤于乾德四年（966 年）下诏，修葺历代陵寝，并分等级奉祀祭享。五代后梁太祖、后唐庄宗、后唐明宗、后晋高祖四帝，与商中宗太戊等诸帝王一样"各给守陵二户，三年一祭"；后梁少帝和后唐末帝两帝同周桓王等帝陵"常禁樵采，著于甲令"[3]。开宝三年（970 年）九月诏："西京、凤翔、雄、耀等州，……诸帝凡二十七陵尝被盗发者，有司备法服、常服各一袭，具棺椁重葬，所在长吏致祭。"[4]

宋太祖不但增前代帝王守陵户，对待十国诸王也是同等态度。开宝四年（971 年）宋克南汉，六月，封刘铱为恩赦侯。开宝八年（975 年），以恩赦侯刘铱为彭城郡公[5]。太宗太平兴国五年（980 年），左监门卫上将军刘铱卒，被追封南越王[6]。

真宗咸平元年（998 年）十一月九日，诏："历代帝王陵庙有隳损处，所在计度修葺。"景德元年（1004 年）十月二日，诏："应前代帝王陵寝及名臣贤士、义夫节妇坟陇，并禁樵采，如有摧毁，官为修筑。无主坟墓碑碣、石兽之类，敢有坏者，论如律。（乃）[仍]每岁之首，所在举行此诏。"[7]真宗时对历代皇帝仍然秉持优待，惠及其子孙。大中祥符元年（1008 年）冬十月，泰山封禅，两浙钱氏、泉州陈氏近亲、蜀孟氏、湖南马氏、荆南高氏、广南河东刘氏子孙未食禄者，听叙用[8]。

虽然朝廷三番五次要求保护陵寝，但仍有破坏，受损后又下诏保护，大规模破坏当被制止。因此我们认为，北宋早中期南汉帝王陵没有遭到较大规模破坏，如果有也得到了维修。发生较大规模盗掘当在北宋中晚期后。

---

［1］孙新民：《五代帝陵葬制考略》，河南省文物考古学会编《中原文物考古研究》，大象出版社，2004 年；又收入《稽古中原：孙新民考古文集》，科学出版社，2021 年。

［2］［宋］薛居正等撰：《旧五代史》卷一百一十一《周书二·太祖纪第二》，中华书局，1976 年。

［3］刘琳、刁忠民、舒大刚等校点：《宋会要辑稿》礼三八"守陵"，第 3 册，上海古籍出版社，2014 年。

［4］［元］脱脱等撰：《宋史》卷一《本纪第一·太祖一》，中华书局，1977 年。

［5］《宋史》卷三《本纪第三·太祖三》。

［6］《宋史》卷四《本纪第四·太宗一》。

［7］刘琳、刁忠民、舒大刚等校点：《宋会要辑稿》礼三八"修陵"，第 3 册，第 1605 页，上海古籍出版社，2014 年。

［8］《宋史》卷六《本纪第七·真宗二》。案：广南河东刘氏子孙未食禄者，应点断。广南、河东刘氏即指岭南之南汉与山西之北汉，十国中此二汉国皆刘姓。

根据发掘情况可判断，盗洞 1 和盗洞 3 几乎是同时期破坏玄宫。盗洞 1 位于墓室后部，打破陵台和玄宫，凿穿后室券顶和后壁伸入墓室，其规模最大，所费工程量大，对陵墓的破坏最严重。洞内填土较杂，以第 4 层为界分为上、下两段：上部是黄灰色沙土和红黄色黏土相混杂，包含大量碎砖块及白灰块等，出土有少量明代酱釉陶片，应是洞口周边的晚期堆积受雨水冲刷后，往坑内滑落所致；下部的填土多为灰红色或灰色，土质松软，含少许碎砖及白灰块，包含物有墓室随葬的釉陶小罐碎片及玻璃碎片和具北宋时代特征的釉陶碗、碟等。盗洞 1 上部所出青釉陶盆、罐、碗、魂瓶等器物残，从器物造型、釉色及施釉方式看均具明代风格，可知该盗洞上部填土形成年代不晚于明代晚期。下部出土的青瓷或釉陶碗、盏、碟等，从釉色、器口、足底特征判断，具有北宋早中期特点，当属早期盗扰物。盗洞 3 洞内的填土大体与盗洞 1 相近，但又有所区别。

盗洞 1 和盗洞 3 淤积的杂土到第 5 层的厚度相若，二者虽有差别，但界线不明。也就是说，早期进入墓室的泥土自然地连成一片。由此我们做出基本判断：贴近墓底的第 6 层厚约 10 厘米，可以推测第 6 层是盗洞 5 小规模盗墓后形成，换言之，北宋前期人由玄宫封门处的盗洞进入墓室盗取遗物，取走大件器物，留下细小物件。第 6 层淤土即是由盗洞口流入的泥土。

第 5 层厚约 70 厘米，是北宋中晚期盗掘后形成的淤填土。清理第 5 层填土时发现玄宫后壁壁龛被盗洞 4 打破。盗洞内淤积大量含碎砖的红黄色沙质土，时代与盗洞 1 相当。盗洞 4 挖穿后壁并向墓圹北壁掏进 3.5 米，可见盗掘动静之大。

第 5 层填土包含物中有一些北宋早中期的瓷器，还出土一枚 "绍圣元宝" 铜钱（铸行于北宋哲宗绍圣元年，即 1094 年），由此可推测，康陵较大规模盗掘发生在此之后。

赵宋灭诸割据政权后，宋朝皇帝对降王及其亲属礼遇有加，会授予或提升官职，甚至予以资助。诸伪主子孙由于不知稼穑艰难，过惯奢侈日子而导致生活窘迫。南汉灭亡时刘𬬸和四个儿子投降宋朝，史载："𬬸子守节、守正，皆至崇仪副使。守正卒，帝闻其家贫，诏月给万钱。守素，咸平中为侍禁，亦贫，真宗赐白金百两，……后至内殿崇班，天禧中，又录为阁门祗候。"[1] 赵宋朝廷要求各地官员保护所在地历代陵寝，发生大规模破坏会被制止，受损后也会得到修缮。到了仁宗、英宗时情况发生变化，朝廷对前代帝王后裔陵墓不那么在意，由各地的历代帝王陵寝改为 "两京前代帝王陵寝及忠臣烈士坟域载图经者"，范围大为缩小。南宋则只 "保护祖宗陵寝"[2]。因此有证据表明，南汉康陵在北宋中后期发生较大规模盗掘，除了墓室，陵园的其他设施也遭破坏。

盗洞 1 洞口阔越过 4 米，规模相当大，盗洞 3 毁坏神龛，打破陵台垫土。神龛修建在陵坛圜形封土丘南壁正中，是祭奠用的，具有象征意义。选择这里明火执仗地盗发陵墓，是公然的盗掘行为。

盗掘后洞口被掩盖，但地面建筑还在，可能经当地人口口相传，仍知此地为陵山，故不

---

[1]《宋史》卷四百八十一《列传第二百四十·南汉刘氏》，第 13928 页。
[2]《宋会要辑稿》礼三八 "修陵"，第 1606 页。

在大香山上修坟。大香山东南面的横岗山有一座清道光十九年（1839年）重修的南宋墓，墓碑上刻写"葬于小陵山午丁向之原"[1]。表明南宋时就已经有与陵山对应的"小陵山"之名。

南宋方信儒在广州任职时，对刘氏墓地访查，找到了陵山[2]。在序中说：刘氏之墓"他尚有数处，如南海县宜风乡及番禺黄陂、新会上台、玉环、了簪山等处皆有之"。经过考古发掘和调查，可确认今昭陵所在的石马村正是番禺黄陂[3]，陵山与其对举，显然是两个不同的地方。方信儒到访的陵山应该不是指番禺黄陂昭陵山，或许是指"河南之洲"北亭的康陵山[4]。无论方信儒所咏"陵山"是哪个陵，序谓"昔有发其墓者，其中皆以铁铸之"，方氏已闻知南汉帝陵在南宋以前就已被盗。

南宋时人不在大香山筑墓而选择其东侧的小陵山，表明知道大香山不便下葬。到明代中晚期就已经不知地下有其他构筑物了，因此明熹宗天启三年（1623年）灰砂筑双室夫妇合葬墓（M6）择地大香山南坡中部，打破康陵墓道。明代晚期，村民在大香山上修坟，尤其是清末民国初墓葬数量众多。

北宋中晚期发生较大规模盗掘康陵玄宫的公开破坏行为，盗掘后形成的淤填土（第5层）厚约70厘米，淤土面距墓室券顶2.5米的空间，正好形成空洞。明崇祯九年（1636年）秋一场大雨过后，原来覆盖在洞口的薄层塌陷，露出洞口，"奋而成穴"的洞指的就是康陵盗洞1和盗洞3，起先是耕父进入，后来大批村民涌入，大肆劫掠。这个过程被番禺人黎遂球记录下来[5]。我们根据考古迹象结合黎的记述对明末的盗掘进行考察。

黎遂球听闻北亭洲疑即昌华苑地的南汉陵墓被盗发时，他在南京参加会试，听乡人介绍后撰《吊南汉刘氏墓赋并序》云："崇祯丙子秋，田间有雷出，奋而成穴。畊（耕）者梁父过而见之，因投以巨石，空空有声。乃内一雄鸡其中，自伺守至夜尽，闻鸡鸣无恙。于是率子弟入将大发之。"由此可知，崇祯九年秋一场雷雨后原来墓穴盗洞的空隙被雨水冲刷造成下陷，露出洞口，墓室空间较大，投石"空空有声"，放活鸡下去可闻鸡鸣。梁父率子弟入内，取走大批随葬器物。随后"邻人觉而争往"，又进行一轮搜刮，"有司并拘系之"，官府出动才停止。据传闻"其中一棺即为掘者所糜，骨齿稍有存者，今其穴故在，碑文隐隐可读，盖南汉刘氏冢也。"村民能看到棺材和骨齿，可见已经到接近墓底的部位。乡人可能只识碑文若干文字，未能记录哀册文其他内容，但知为南汉帝陵。所以黎遂球心有疑虑，不能确定，归广州后即亲往视之。

黎遂球从京师返粤后，与两弟"相与乘舟往而纵观焉"。《观刘氏冢记》说他们进入墓

［1］广州市文物考古研究所：《番禺小谷围岛小陵山宋代家族墓》，《羊城考古发现与研究》（一）》，第278~293页，文物出版社，2005年。
［2］［宋］方信儒撰，刘瑞点校：《南海百咏·陵山》，第33、34页，广东人民出版社，2010年。
［3］黄陂，今为广州市黄埔区联和街道黄陂社区。隋置番禺、南海二县，番禺境包括州城东、北、南，一直延续至民国时期，今黄埔属旧番禺县。番禺黄陂是一个自宋代以来留存千年的古老地名。
［4］朱彝尊《曝书亭集》记述南海陈元孝告知：南汉主刘䶮葬番禺县治东二十里北亭，明崇祯丙子（即1636年）秋九月，土人发其墓。梁廷楠即采其说"葬兴王府东二十里北亭"，见［清］梁廷楠著，林梓宗校点：《南汉书》卷三《本纪第三·高祖纪二》，第14页，广东人民出版社，1981年。
［5］［明］黎遂球著，清康熙黎延祖刻本：《莲须阁集》卷一《吊南汉刘氏墓赋并序》、卷十六《观刘氏冢记》，四库禁毁书丛刊编纂委员会《四库禁毁书丛刊》集部第183册，北京出版社，2000年。

室看到"其藏已空，淤泥之所汇，蛙蚑蛇蚓之所与处，石断裂从衡而卧"，"其所称为陵者，其上不过产蔗芋之类，为不识字之农夫所锄而耕"，一再强调"且争夺而得之者，多不识字之人，不读其碑"。说明碑文是他与两弟抄录。看到"有碑一犹在，称为高祖天皇大帝哀册文，翰林学士、知制诰、正议大夫、尚书右丞、上紫金袋臣卢应敕撰并书。其所为大帝者，崩于岁壬寅，四月甲寅，朔越廿四日丁丑，号为大有十五年，葬以元光元年，称康陵。其文若今之四六制词，而语多不伦，书法亦陋。"黎说"予能读其碑字，而又适以笑其不文。"由于哀册文碑下半部的文字被泥土（第5层）掩埋，黎看不到，他所记录的碑文字句不全，关于撰碑文者的结衔也有错误。

据发掘情况，清理前室盗洞3的填土（第4层）挖至距券顶2.4米左右时，露出哀册文碑石顶部。清理完第4层填土，就可见碑石上半部。由于黎遂球记录碑文的上半部，我们可推测记录碑文者站在第5层，即"淤泥之所汇"处观摩哀册文。亦可推断此第4层填土是明末崇祯九年后形成的堆积。

玄宫前后的两个大盗洞至少有四次扰乱。其中两次规模较大，第一次是北宋中晚期，凿开玄宫券顶，泥土自然倾入墓室形成第5层堆积，层面距墓室券顶3.2米，正是明崇祯九年发觉墓穴"空空有声"时的状况。

第二次是崇祯九年秋雷雨后盗洞口泥土塌陷，墓室空洞"奋而成穴"。合理的解释就是农夫从洞穴口进入就抵第5层面，随地可见玄宫上次劫后余留随葬物。村夫们扩大盗洞口进入墓室再次翻拣随葬器物，黎氏兄弟在墓室可以读到哀册文。此后官府禁止村民进入，于是泥土自然掉落墓穴，形成第4层堆积。泥土将哀册文碑掩埋。

明清时期的灰坑H7挖在神龛的缺口上，打破盗洞3上部，这是清代对墓室的又一次盗扰。明末以后盗洞3洞口被挖开后造成泥土再次泄入墓穴，形成第3层。第3、4层之间有一层细泥土和腐殖物的沉积层。由此可推测H7形成之前，碎砖泥土已经填满盗洞。H7是盗洞回填后再开挖，由于室内填满杂土，没能往下。

最后一次是盗洞1上部，即是考古发掘最先清理的部分。陵坛圜丘表土层下，填土深约1米，泥土比其下部更加疏松，显然又是一次不曾挖到盗洞里的盗扰。

从朱尊彝、屈大均等在清朝初年就已无缘得知康陵所在的情况看，康陵玄宫盗洞在明末填覆后就已湮没。当地村民在山上种植庄稼，还有自然生长的茅草，即使不及胸腹，齐膝高也能完全挡住视线，使其成为大香山上一个普通土丘，因此清儒难以寻觅。

附记：

参加发掘的主要有朱家振、廖明全、熊伟、江海珠、张强禄、全洪等，资料整理为朱家振、张强禄、全洪，器物照片为李静怡拍摄。执笔者全洪。

**附录五**

# 广州小谷围岛南亭村南汉水井与窑址清理简报

*广州市文物考古研究院*

　　小谷围岛位于广州市番禺区新造镇，广州城区东南面的珠江沥滘水道中。北面由官洲主航道分隔与广州市海珠区相望，东面与黄埔区长洲岛相邻。岛上地貌为丘陵台地，走势平缓，海拔20~40米，土丘众多，岗埠相连，非常适宜古人生息，面积约20.15平方千米。2003年3月至2004年8月，为配合广州大学城建设工程，广州市文物考古研究所对工程建设范围进行全面文物调查和抢救性考古勘探、发掘，发掘出150处古遗址、古墓葬，其中南汉康陵、德陵和明石人石马墓、清初炮台等4处考古遗址十分重要，发掘两汉墓葬121座、唐至五代砖室墓8座以及宋、明、清等时期的墓葬和遗址，取得了丰硕和重要的考古成果。

　　2003年夏和2004年春，在南亭村靠近沥滘水道抢救性发掘南汉水井和窑址（图1）。南汉水井是小谷围岛上发现的唯一一处水井遗迹，而窑址更是目前广州首次发现的南汉砖瓦窑遗址。

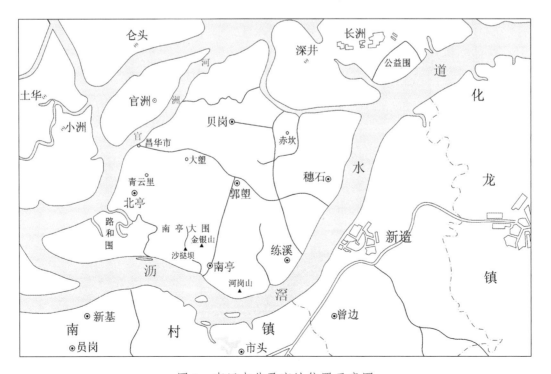

图1　南汉水井及窑址位置示意图

### 一、沙挞坝水井（J1）

在南亭村沙挞坝一块约 3000 平方米的农田中发现一口砖砌水井，编号 2003GXNSJ1，为配合广州大学城中环路三标段 K5-700 处施工工程，于 2003 年 8 月 26 日至 28 日进行随工清理。

水井位于南亭村东北部岗瓦岗西南面的农田大坝上，距南亭村 800 米（图 2）。中心地理坐标为东经 113°22′662″、北纬 23°02′622″，海拔高程 11 米。

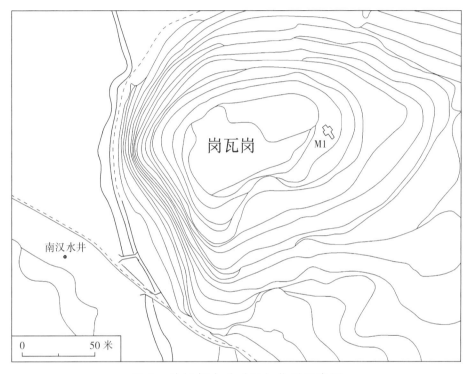

图 2　沙挞坝水井（J1）位置示意图

沙挞坝地势较平，宽阔，地表有一层冲积沙土及石砂堆积层，厚约 20 厘米。施工推土露出井砖，井口距原地表深约 50 厘米，在沙土层中挖就。

水井土坑平面呈圆形，上部已遭破坏，坑口直径约 2.1 米。井圈砖砌呈八角形，井壁以青灰砖丁顺结砌。残存遗迹最下层以丁砖竖砌，其上顺砖一层或二层错缝平砌，底部不铺砖。井圈外用泥土填实。内径 1.0 米，残深 1.2 米（图 3；彩版一二三，1）。井砖多为青灰色，质地坚硬；厚薄不一，长 38 厘米，宽有 16 厘米、20 厘米、28 厘米等，厚有 4 厘米、5 厘米、6 厘米。

井内填土为白灰沙，比较纯净。井底有一件仅剩小半的釉陶碗。沙挞坝水井用砖是南汉时期习见的青砖，釉陶碗也具南汉特征，因此可推测为南汉遗迹。

### 二、河岗山窑址（Y1~Y9）

南汉砖瓦窑遗址位于南亭村东面的河岗山东南坡，临近珠江后航道——沥滘水道（彩版一二三，2）。

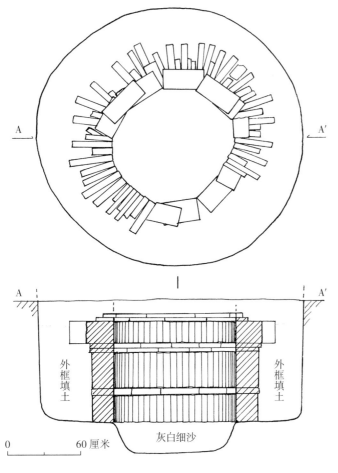

图 3 沙挞坝水井（J1）平、剖面图

2004 年初建设方开辟环岛公路时挖掘机勾坏窑址。广州市文物考古研究所小谷围考古队立即对其进行抢救性发掘。清理工作分两个阶段在两处进行，2004 年 2 月和 4 月在东南坡和东坡共清理窑址 9 座，开挖探方 1 个（彩版一二三，3）。

这些砖砌的窑址结构、大小相近。编号 Y1 至 Y7 的 7 个单窑略呈东西向依次排列在河岗山东南坡第二台地，Y8、Y9 在其东北面。此外，河岗山坡顶有 1 处汉代遗址，开挖 180 平方米（T1）。清理有东汉、唐五代、明清及近现代文化层（图 4）。

9 座窑沿山坡略呈南北向分布，前部已被施工挖掘机破坏，仅存后半部。以长方形砖砌筑窑壁，操作坑、窑门、火膛等已毁失。从残存部分看，可能是南北向长方形，平底，仅存部分窑室和后壁烟道部分。残存的窑室长 1.5~1.8 米，宽 3.6~3.8 米，高约 1 米。Y1 至

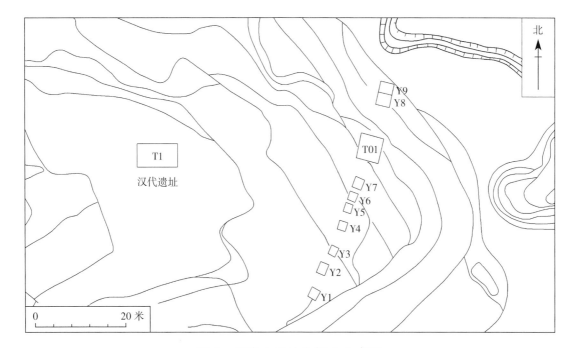

图 4 河岗山窑址和探方分布图

Y7 窑间距疏密不一，分别相距 1.7 米、2.24 米、3.9 米和 4.5 米不等；Y8 与 Y7 相距约 15 米。为了探究两组窑炉之间的关系，在 Y7 东北部约 2 米处开挖一 5 米 ×5 米的探方，编为 2004T01。此处有炭屑层堆积，炭层中夹杂瓦片、砖块等，应该是清理窑炉后倾倒的废弃物。在山岗南坡进行的发掘，可知这一片自汉代和唐五代至明清时期都有人类活动。

河岗山东南坡局部杂草丛生，种植香蕉等农作物。窑址所在处早年被辟为乡间道路，窑的前部已被破坏，残存后壁。于此介绍保存较好的 Y8 和 Y9。各窑的位置、尺寸见文后表 1。

Y8，位于窑群东部，东北至西南向。前部已毁无存，残存后部平面略呈"凹"字形[1]（彩版一二四，1）。后壁为直壁，现存壁砖 7 块。后壁两侧为烟道，宽 46 厘米，深 58 厘米。窑床经过火烧，底部有 3~4 厘米的烧结硬块。窑内填土为黄褐色，包含物有残碎的小砖块和少许的黑色瓦片。

先依山坡挖一长方形或方形（？）土坑，在坑内以砖砌筑窑壁。两侧壁及后壁皆单隅；烟道在后壁后侧方，砖砌如巷道结构，烟道上部砌砖，方形，为出烟口，下部为土质。窑壁以长方形砖错缝平铺。砖长 36、宽 18、厚 4 厘米。

Y9，位于 Y8 的东侧，与 Y8 同为东北至西南向。仅存西半部，后壁、侧壁和烟道保留大致结构（彩版一二四，2）。南北残长 1.8 米，东西残宽 1.2 米。其砌筑法与 Y7、Y8 诸窑相同。西烟道保存较好，青灰色砖上下叠压错缝垒砌，烟道口的高度与后壁平齐，由后壁搭桥式平砌砖与西壁相接，由于侧壁已先砌，故依侧壁又用碎砖支撑，与后壁的砌砖构成一个方形出烟口。烟道残长 70 厘米，宽 20 厘米，残高 60 厘米。从残留的砖壁看，西侧壁用两种砖，一是长方形板砖，一是窄幅的条形砖。长方形砖长 22、宽 15~19、厚 8 厘米。

窑床经过火烧，底部留下厚 5 厘米左右的烧痕。早年倒塌，窑顶无存。窑内有黄褐色沙质黏土，包含有木炭、残碎砖块、瓦片等残留物。

## 三、小结

河岗山窑址为 9 座单窑，操作坑、窑门、火膛已毁失，只存部分窑室和烟囱。从残存的遗迹看，窑室东西宽 3.6~3.8 米大体可确认，南北残长 1.5~1.8 米，残高约 1 米，窑的长与高不可知。窑室仅底部残留灰烬，未见顶部遗物。由残存窑室判断，当是无窑顶结构，待装料后，再封顶部。

从残存结构看，可能是方窑或长方形窑，平顶，就山坡挖长方形坑，窑室砖砌直壁。其排烟系统位于窑后，应该属半倒焰窑，是秦汉至唐宋时期最主要的砖瓦窑炉类型。

据窑底残存碎砖瓦，可推断是南汉时期的遗物。河岗山窑址位于康陵东南方，直线距离 2 千米左右，由此推测是南汉陵墓砖瓦建筑材料生产场所。

根据对唐代帝陵进行的考古工作证实，唐十八陵中，在 11 座陵附近发现有砖窑遗存，数量 3 至 7 座不等。陕西省考古研究院在陕西省富平县宫里镇勘探发现窑炉逾 500 座，是迄

---

[1] 由于清理时未绘制线图，故缺具体数据，谨此致歉！

今已知的规模最大的唐代砖瓦窑场遗址。2013 年至 2014 年，富平桑园唐代砖瓦窑址揭露的 26 座窑炉，皆为马蹄形半倒焰式馒头窑，烧窑前应从顶部装窑，以泥砖坯砌出窑顶，烧成后也是从顶部开启出窑。据分析，此窑群与唐中宗定陵陵寝、地宫建设密切相关[1]。

1976 年夏，宁夏回族自治区博物馆对银川缸瓷井地区的西夏窑场遗址进行了调查试掘[2]，发掘了 2 座马蹄形砖瓦窑址和 1 座石灰窑。一号窑上、下层堆积中发现兽面纹瓦当、白瓷板瓦碎片、莲花纹滴水残块和脊饰残段、碎块以及"脊筒子"碎块等，与西夏陵区常见的瓦件相同，说明一号窑是为修建西夏陵区而设。二号窑的下层主要是纵横立置叠压的砖坯堆积，砖坯的规格与西夏陵区使用的砖完全相同，说明二号窑是西夏的砖瓦窑。窑场在西夏陵区东侧，南北绵延七八千米，极有可能是专为修建西夏陵区的需要而设置。

2010 年 9 月至 2011 年 1 月，南京市博物馆与南唐二陵文物管理所联合组队，对南京江宁区祖堂山南唐陵园进行全面考古勘探与试掘[3]，发现 4 座小型残窑。Y1 位于顺陵东北约 60 米、陵垣北墙外的山坡上，其平面略呈长方形。窑内堆积为灰褐土，较松散，含大量红烧土及少量草木灰、碎砖、碎石等。Y1 西侧约 35 米的山谷中发现厚达 0.8~1.7 米的废弃砖瓦及红烧土的堆积区。据此分析，至少陵垣北墙外的这处窑场应该具有一定的规模。Y1 位于北陵墙外，从窑内出土的残砖与钦陵、顺陵及 1 号建筑台基用砖规格一致看，其时代应为南唐，可知此窑专为祖堂山南唐陵园烧制砖瓦而建。发掘主持人王志高进一步指出：陵园建设所需的大量砖、瓦等建筑构件乃就近依山辟窑烧造，单个窑室规模都不大，窑址在陵园外围的四面都有发现[4]。

上述专为山陵烧制建筑材料而建的砖瓦窑有一些共同特点：窑室依山坡而建，多数直接在山坡上开挖土坑；窑体结构简单，窑壁有砌砖和不砌砖两种，都是马蹄形或方形半倒焰窑；窑内堆积土包含红烧土、草木灰和碎砖、碎石等。

河岗山窑址烧成物火候不高，与康陵陵台、角阙等建筑所用砖瓦火候偏低相吻合。经与广州市中山四路南汉兴王府宫殿遗址砖瓦相比，陵园区建筑材料的制作工艺和精美程度明显不如宫殿区。这可能与营建陵园的时间短促有关。

南亭村岗瓦岗山脚的沙挞坝南汉水井离河岗山窑址不远，这种结构的砖井在广州老城区屡有发现，是典型的食水井[5]，或许是附近窑工饮用水的供应点之一。

附记：
参加发掘的有常永卿、董新、江海珠等，执笔者全洪。

[1] 于春雷：《陕西富平发现已知唐代最大规模的砖瓦窑场——桑园唐代砖瓦窑址的发掘收获》，中国文物信息网 2015 年 1 月 26 日，转引自中国考古网 http://kaogu.cn/cn/xccz/20150126/49059.html。

[2] 宁夏回族自治区博物馆：《银川缸瓷井西夏窑址》，《文物》1978 年第 8 期。

[3] 南京师范大学文物与博物馆学系、南京市文物局、南唐二陵文物管理所：《南京祖堂山南唐陵园考古勘探与试掘简报》，《文物》2015 年第 3 期。

[4] 王志高：《试论南京祖堂山南唐陵园布局及相关问题》，《文物》2015 年第 3 期。

[5] 南越王宫博物馆筹建处、广州市文物考古研究所：《南越宫苑遗址——1995、1997 年考古发掘报告》，下编附录二"各朝代水井"第五节"唐、南汉水井"，文物出版社，2008 年。

表 1                                    河岗山窑址登记表

| 编号 | 位置 | 中心地理坐标 | 尺寸 | 备注 |
|---|---|---|---|---|
| Y1 | 河岗山东南坡第二台地 | 东经 113°23′460″，北纬 23°01′963″ 高程 8~14 米 | 残长 1.8、宽 3.6、残高 0.8 米 | 山坡局部杂草，种植香蕉等农作物 |
| Y2 | Y1 东北部约 4.5 米 | 东经 113°23′465″，北纬 23°01′966″ | 残长 1.5、宽 3.8、残高 0.4 米 | |
| Y3 | Y2 东北部约 1.7 米 | 东经 113°23′466″，北纬 23°01′967″ | 长 1.4、宽 3.5、残高 0.65 米 | |
| Y4 | Y3 东北部约 3.9 米 | 东经 113°23′469″，北纬 23°01′969″ | 残长 1.6、宽 3.6、残高 0.8 米 | |
| Y5 | Y4 东北部约 3.9 米 | 东经 113°23′473″，北纬 23°01′977″ | 残长 0.85、宽 3.4、残高 0.3 米 | |
| Y6 | Y5 东北部约 2.24 米 | 东经 113°23′476″ 北纬 23°01′971″ | 残长 1.8、宽 3.5、残高 0.9 米 | |
| Y7 | Y6 东北部约 2.9 米 | 东经 113°23′477″，北纬 23°01′975″ | 残长 1.7、宽 3.1、高 0.98 米 | |
| Y8 | Y7 东约 15 米 | | | |
| Y9 | Y8 东侧 | 东经 113°23′424″，北纬 23°01′978″ | 残长 1.8、残宽 1.2、残高 0.6 米 | |

附录六

# 广州小谷围岛山文头岗南汉建筑基址发掘简报

广州市文物考古研究院

## 一、前言

山文头岗位于广州市番禺区小谷围岛北亭村的中部，小谷围岛东南距广州中心城区约 17 千米，北面由珠江官洲主航道分隔与广州市海珠区相望，东面与黄埔区长洲岛相邻，岛之南为沥滘水道，与番禺区新造镇隔江相望。岛上原地貌为丘陵台地，走势平缓，海拔 20~40 米不等，土丘众多，面积约 20.15 平方千米。北亭村在小谷围岛西北部，北临官洲主航道，南部为丘陵（图 1）。山文头又称山坟头，西南为北亭大街，东北为青云里，东临云程大街，原山势平面近椭圆形，岗顶较平，海拔最高为 23.8 米。广州大学城的建设规划中，山文头岗大部属于北亭村自有保留区，多不在建设用地范围内，2003~2004 年配合大学城建设施工，只在南部近岗顶和西坡中部施工动土区域清理了 2 座东汉砖室墓。近年来，由于村民不断修建房屋道路，山文头岗现已完全被民居包围，并不断被新增建筑所蚕食，山岗原始地貌已被破坏大半，现存岗地也被分割成若干区块。

2012 年 7 月初，北亭村村民在山文头岗东南坡建房挖土时，在现地表下约 30 厘米处发现有一片散砖，疑为古墓墓砖，随即向小谷围街道办和番禺区文物管理委员会办公室报告，广州市文物考古研究所工作人员闻讯赶到现场，根据现场出露的青灰色散砖推测，可能是一座已被破坏的东汉砖室墓，其西边大部被一临时瓦棚所覆压。做初步清理后，确认部分散砖是人为铺垫而成，且周边有很多碎瓦堆积，当为建筑类遗址，其砖瓦等时代特征与南汉康陵陵园所出者极为一致，应属同时代遗存，故判断这是南汉时期的建筑遗址。在报请国家文物局批准后，广州市文物考古研究所会同番禺区文物管理委员会办公室于 2012 年 8 月 10 日开始进行抢救性考古发掘，9 月 20 日发掘工作全部结束。

## 二、发掘经过与地层堆积

山文头岗四周边坡区域由于连年来村民无序的建房修路，原地貌已支零破碎，尤其是遗址所在东北坡，几乎全被近年新建村屋所蚕食和覆压。从 2000 年版的山文头岗地形测绘图看，遗址所在位置原地貌为山文头岗山坳东坡坡脚平缓地带，向东、向东北延伸的区域地势平坦，可能都属于遗址原分布区域（图 2）。而今新建村屋已逼近东坡近坡顶处，本次发掘区限制

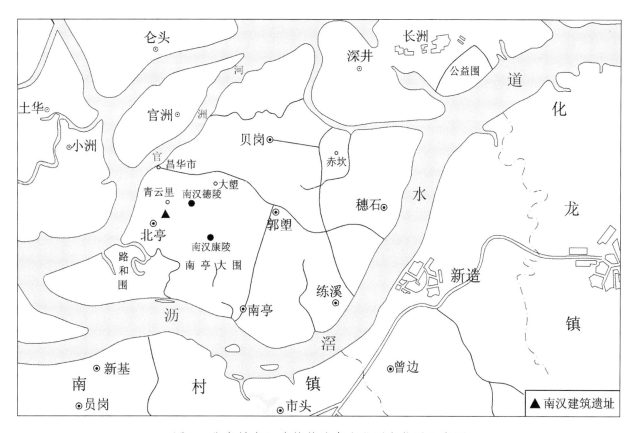

图1　北亭村南汉建筑基址在小谷围岛位置示意图

在大致呈西北—东南走向不足20米宽的狭小范围内，且是拆除了原覆压其上的石棉瓦棚后腾挪出的空间。北边为山岗高地，东、南均为已建成的村屋，西侧紧邻一正在修建的房屋基础。因位置受限，所以布方没有采用正北方向，而是北偏东30°，尽用所限空地布了7米×7米和7米×10米的探方两个，以及1米×7米和1米×10米的探沟两条，共计发掘面积为130平方米（图3；彩版一二五，1）。遗址发掘编号2012GXS（G、X、S字母分别代表广州市、小谷围岛、山文头岗）。

本次发掘区地层堆积共分五层，其中第2、3、4层均为南汉时期的建筑堆积，第5层为自然冲积层，应为生土。

现以T1西壁、T2东壁和T4西壁为例介绍地层堆积（图4，a~c）：

第1层：地表层。褐灰色杂土，内含现代建筑垃圾和少量南汉时期的碎砖瓦。厚15~25厘米。

第2层：黄褐色沙黏土，质地较硬，包含有大量碎瓦片，几乎遍布整个发掘区。包含物主要有青瓷碗、碟，青釉盆、器盖以及灰黑陶罐等。距现地表深50~60厘米，厚15~25厘米。层面近平，由西北向东南略斜，层表铺垫有大量碎砖瓦（彩版一二五，2），T2层面还发现有残留的砖铺地面、柱洞或磉墩等遗迹（彩版一二六，1），说明其上原应有建筑。

第3层：褐红色黏土，土质较硬，层表包含大量碎砖瓦，出土青瓷碗、碟和青釉盆等碎

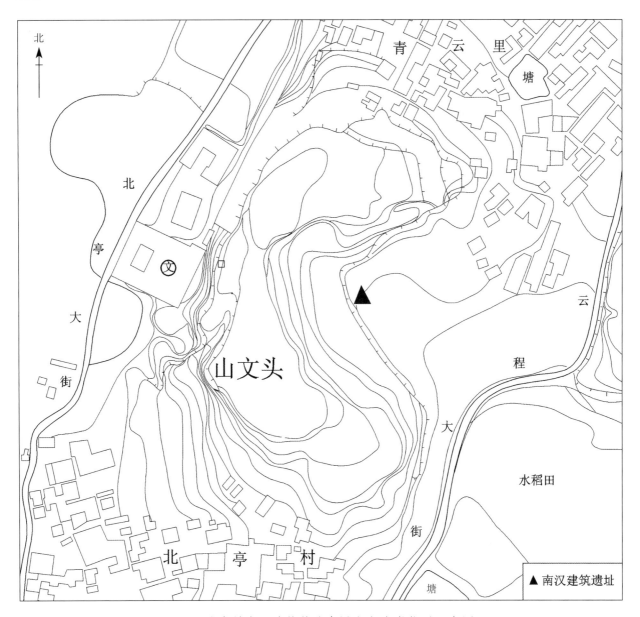

图 2   北亭村南汉建筑基址在原山文头岗位置示意图

片。主要分布在发掘区西部，西南角堆积较厚。距地表深 50~60 厘米，厚 10~25 厘米。该层下发现有奠基坑、灰坑、沙井等遗迹。

第 4 层：建筑基址垫土，遍布发掘区。灰红色土，有黏性稍硬，包含物不多，仅有零星的碎砖瓦，出土少量红黄胎陶罐、碗等残片。距地表深 70~80 厘米，厚 10~20 厘米。堆积面不平，由西北向东南略斜。

第 5 层：自然堆积层，遍布整个发掘区。为黄红色风化土夹小石子粒，质地较硬且纯净，未见文化遗物。层表距现地表深 80~90 厘米，未发掘到底。

根据现有的层位关系判断，第 4 层属于第 Ⅰ 期的建筑垫土堆积，包含物较少，相对纯净；第 2、3 层属于第 Ⅱ 期的建筑垫土堆积，基本上都是一层土夹一层残砖碎瓦铺垫而成，包含

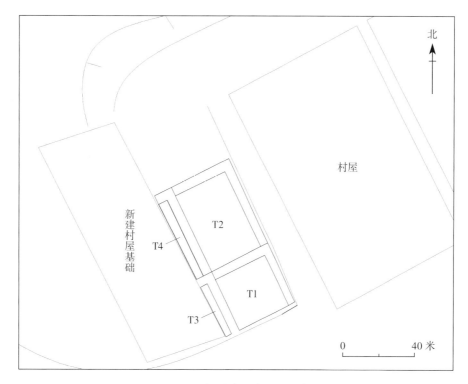

图 3 北亭村发掘探方分布图

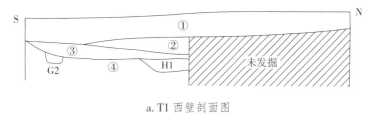

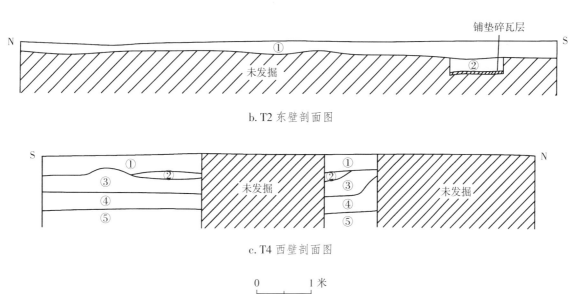

图 4 北亭村地层堆积剖面图

比较密集的残砖瓦和较多的生活陶瓷器皿残件，层表残砖瓦明显可见是有意铺垫而成。

由于受发掘面积所限，建筑基址只能揭露少许部分，就其布局、走向以及对山文头岗现存区域的勘探结果判断，原建筑主体应依山而建，主要分布在山文头岗中北部的东坡和东北坡坡脚地带。现发掘区的东边、南边居民区位置都会有分布，T2、T4北隔梁已贴近山文头岗，大致是遗迹分布的北部边界；T3、T4以西也不见文化层堆积，以此为界向西南沿山文头岗东坡弧形延伸大概就是南汉建筑遗迹的西南边界。有村民反映，早年在发掘区东、南一带建房、种树时也曾发现过此类碎砖瓦。本次所揭露的仅为其西北边界部分，主体建筑应向东边和南边延伸至村民楼下。

## 三、遗迹

发掘区揭露的遗迹有包砖墙、奠基坑、部分活动面、渗水沙井等，连同第2、3、4层都属于一个建筑基址的构成部分，因揭露面积有限，且处于原址保护的目的，T1、T2均未发掘到底，仅做局部解剖了解地层堆积和文化内涵，所以建筑布局乃至排列走向等都不清楚，但根据层位关系可判断经前后两期营建。此外，第3层下、打破第4层有一个不规则坑状堆积，按灰坑遗迹处理，可能也是与建筑垫土有关的堆积。以下分早、晚两期介绍遗迹总体情况。

第Ⅰ期　分布于发掘区东部，开口于第3层即第Ⅱ期基址垫土之下，第4层为此期垫土。发现的遗迹有砖铺活动面与包边砖墙、排水沟和沙井等（彩版一二六，2；彩版一二七，1）。

砖铺活动面和包边砖墙：位于T1、T2中部偏东，向东、向南延伸至民居下，大致呈南北走向，北界大致在T2偏北位置。在T1东部解剖沟现地表下约40厘米处揭露出南北长约5米和东西宽约1米的残存砖面，至少由两层青灰砖铺砌，较为规整（彩版一二七，2）；T2东北部现代坑底发现的平铺砖面，推测也属此期活动面的下层砖面。T2解剖沟东端出露宽约90厘米的残瓦铺垫层，当属砖面下有意识的铺垫层（彩版一二七，3）。T2解剖沟中部现地表下约40厘米处清理出南北向包边砖墙，青灰色小砖单隔纵向错缝平砌，宽16、高35厘米，砖缝间用泥土黏接，自下而上稍内收（彩版一二七，4）。砖墙外侧还发现一条沟状遗迹，或为第Ⅰ期建筑的排水沟，沟口被第Ⅱ期基址垫土叠压。

排水沟和沙井：T1西南角3米×3米的解剖区内，距现地表下60厘米处发现有两条排水沟，（编号G2和G3），还有一座圆形沙井（编号J1），均开口于第3层下，打破第4层，推测与第Ⅰ期建筑有关（彩版一二八，1）。G2为东西走向，宽30~55厘米，深10厘米；底部由西向东往下稍斜，沟内填土为灰褐色杂土，质地较软，包含有碎砖瓦，沟底发现有呈冲积状分布的碎瓦片。G3为南北走向，长2.1米，宽20~45厘米，未清理到底，深度不详；沟内填土为灰色沙性土，质地松软，内涵单纯。沟口有两排并列分布、用残瓦砌构的遗迹，位于沟口中部的残瓦结构保存较为完好，其南端与J1井口相连，用意不明。J1位于两沟相接处，直径约50厘米，内填灰红色黏性土，质地松软；井口有残瓦平砌的圆圈状遗迹，未向下发掘，J1具体结构不详。

T1 西南部解剖区有一坑状堆积，开口于第 3 层下，打破第 4 层，平面形状不太规则，编为灰坑 H1。多半伸入 T1 西壁下，坑口距地表深 60 厘米，坑深 30 厘米（彩版一二八，1）。坑壁和坑底都不太规则，填土为松软灰红色，内含有少量碎砖瓦和个别红黄胎陶罐碎片，坑底东北部发现有一片堆积较密集的碎瓦片。此坑状堆积推测可能是第 I 期建筑基址外围活动面下的垫土堆积，或是第 II 期建筑基址下的最底层垫土堆积。

第 II 期　除了第 2、3 层为此期垫土外，还发现有柱洞、奠基坑等遗迹，均在 T2 探方内。

T2 第 2 层垫土堆积的层表为比较密集的残砖瓦堆积，但在东北部零星分布着一些平铺的残砖，看似一个不太规整的残存活动面，亦开口在第 1 层下，被一现代坑打破，距地表深 15~25 厘米（彩版一二八，2）。推测或为砖铺地面的最下层砌砖，或为第 II 期建筑基址的垫土堆积，只是此处铺垫稍微整齐而已。

柱洞：共 3 个，圆形，均开口在第 1 层下，打破第 2 层，即第 II 期建筑垫土（彩版一二八，2）。D1 为斜壁、圜底，口径约 35 厘米，深约 30 厘米；填土分两层，上部填碎砖瓦，下部填灰红土杂少量碎瓦片，不排除 D1 为柱础磉墩。D2 为直壁，口径约 15 厘米，深超过 30 厘米；被现代坑打破，底部填碎瓦片，可能为柱础。D3 口径约 25 厘米，内填碎砖瓦，未清理。

奠基坑：发现于 T2 解剖沟西部，开口于第 3 层下，打破第 4 层。坑口距现地表深 45 厘米，平面为圆形，直壁，直径 40 厘米，深 15 厘米。坑内填土为灰红色，不分层，土质较松散，含小石子及碎贝壳；坑底平坦，平铺一层碎瓦片，瓦面上放置有一串铜钱，有"开元通宝"铜钱 1 枚、铅钱 10 枚（彩版一二九，1、2），未起取，原貌回填。根据层位关系和内置钱币，推测其为第 II 期建筑基址下具祭奠意义的遗迹。

## 四、遗物

主要出自第 2、3 层垫土堆积中，第 4 层包含物较少，且多未发掘。遗物以陶瓷类生活器皿为主，多夹杂在残砖瓦铺垫堆积中（彩版一二九，3~6），种类主要有碗、碟、罐、盆等。其他还有少量石器和残瓦、脊饰标本 1 件。以下按质地选取标本分类予以介绍。

（一）瓷器

数量和种类都相对较少，以青瓷占绝对多数，少量白瓷和乳黄瓷。器类以碗为主，少量罐、盏、碟、茶盏托等。

碗　11 件，其中 9 件青瓷、1 件白瓷、1 件乳黄瓷。白瓷和乳黄瓷均为圈足碗残片，形制不辨。

青瓷碗　9 件。按足底部不同分为饼足、圈足、平底三种。

饼足碗　1 件。T1 ③：35，口残，不可复原。灰胎，浅土黄色，施深青釉，内壁满釉，外壁施釉到上腹。浅斜腹，内平底，有垫烧支钉。足径 7.4、残高 4.3 厘米（图 5，1；彩版一三〇，1）。

圈足碗　7 件。T1 ②：6，灰白胎，内外施青釉，釉面莹润，有细碎冰裂，足底露胎。

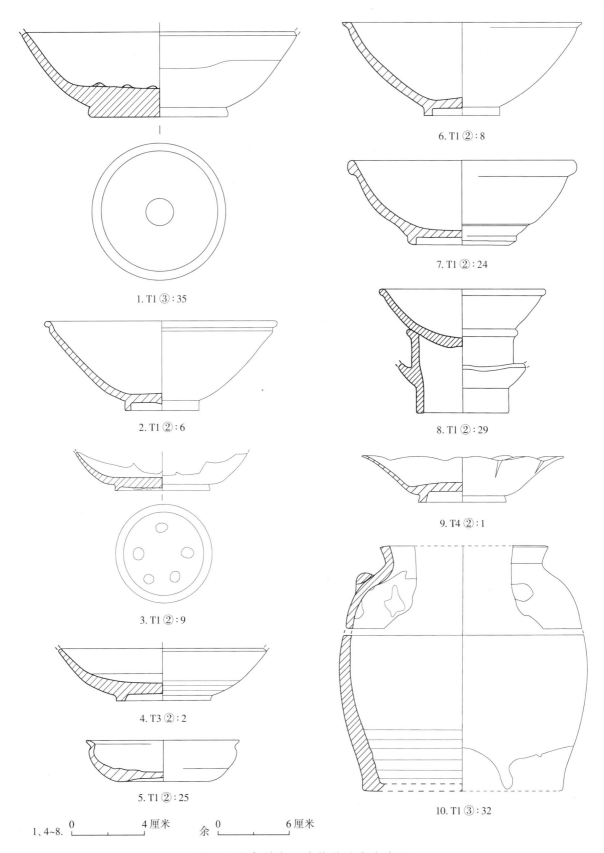

1. T1 ③ : 35

2. T1 ② : 6

3. T1 ② : 9

4. T3 ② : 2

5. T1 ② : 25

6. T1 ② : 8

7. T1 ② : 24

8. T1 ② : 29

9. T4 ② : 1

10. T1 ③ : 32

1、4~8.  0            4厘米        余  0              6厘米

图 5　北亭村南汉建筑基址出土瓷器

1. 饼足碗　2~4.圈足碗　5.平底碗　6、7.盏　8.茶盏托　9.碟　10.罐

圆唇，敞口，外唇下一周凹旋痕，深斜腹，圜平底附小矮圈足，有修刮痕，足底尖凸。内底一周凹弦纹，内壁可辨泥条接结状凹痕，外壁有修抹痕。口径19.1、足径6.1、高7.2厘米（图5，2；彩版一三〇，2）。T1②：9，口残，不可复原。灰胎，内外满施深青釉。浅弧腹，内平底下附矮圈足，足底有垫烧支钉。足径7.8、残高3厘米（图5，3；彩版一三〇，3）。T3②：2，口残，不可复原。灰胎，内外满施深青釉。浅弧腹，内圜平底下附矮圈足。足径5.2、残高2.6厘米（图5，4）。

平底碗　1件。T1②：25，灰白胎，浅灰色，内外施青釉，多已脱落。尖圆唇，侈口，上腹微内曲，浅弧腹，平底内凹。内外壁均有细密轮旋痕，外壁近底部有刮削痕。口径8.5、底径5、高2.2厘米（图5，5；彩版一三〇，4）。

盏　2件。T1②：8，灰胎，内外满施深青釉。尖圆唇，敞口微外撇，斜腹微弧，圜平底附小圈足。口沿下一圈凹槽，外壁可见条状痕迹，近底部有细密轮旋纹。口径13.2、足径4.3、高5厘米（图5，6；彩版一三一，1）。T1②：24，白胎，乳白釉，胎釉细腻润泽，内满釉，外壁施釉近底部。圆唇外卷，敞口，弧腹，圈足。外壁与底相接处有一周凹弦纹，其下可见细密螺旋痕，圈足有刮削修整痕。口径12.6、足径6、高4.5厘米（图5，7；彩版一三一，2）。

茶盏托　1件。T1②：29，由茶盏和盏托套接组成，均残，基本可复原。盏为浅灰胎青釉，盏托为灰胎酱釉。盏为厚圆唇外卷，敞口，斜腹，圜平底；盏托为直筒状高圈足，上下口微外侈，圈足中部为托盘，托盘口沿残，口径不确。盏口径9、盏托足径5、通高6.5厘米（图5，8；彩版一三一，3）。

碟　1件。T4②：1，灰白胎，内外施青釉，釉色莹润泛光，有细碎冰裂纹。口为六莲瓣状，尖圆唇，敞口微外撇，浅斜腹，圜平底下附圈足。口径16.6、足径7.2、高3.7厘米（图5，9；彩版一三一，4）。

罐　2件。T1③：31，仅有器腹部分，有嘴有把，均残。青灰胎，胎釉细腻，内外施青釉，釉面莹润透亮，有细碎冰裂纹，内壁釉流痕迹明显。溜肩，圆腹，肩腹相接处施四周凹旋纹，下腹有轮制轮旋痕（彩版一三一，5）。T1③：32，残，不可复原。灰胎，浅灰黄色，施青釉，内满釉，外施釉近底部。方唇，微敞口，圆肩，平底，肩部有横桥耳，但不确定是两个还是四个。口径约13、底径15.5、残高18.5厘米（图5，10）。

（二）陶器

有生活器皿和建筑构件瓦和脊饰。生活器皿73件，有釉陶和素陶两类，器类有碗、盆、罐、灯盏等。

1.釉陶器　49件。有碗、盆、罐等器类。

碗　26件。按足不同分为饼足、假圈足和圈足三种。

饼足碗　16件。T1③：13，灰胎，施青釉，内壁满釉，外壁上腹施釉，下部露胎。器表有轮旋纹和刮抹痕。敞口，沿外撇，深斜腹，圜底微凹，饼状足外沿削斜。口径16.6、足径6.2、高5.8厘米（图6，1；彩版一三二，1）。T1③：20，灰白胎，内壁施青黄釉，多

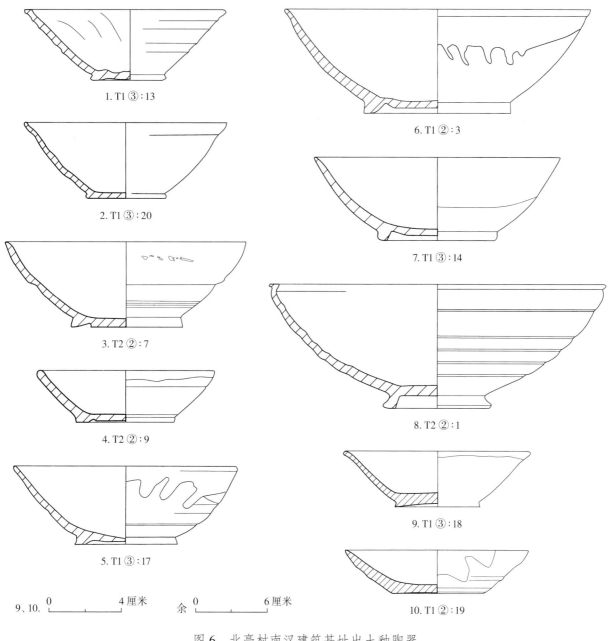

1. T1③:13

2. T1③:20

3. T2②:7

4. T2②:9

5. T1③:17

6. T1②:3

7. T1③:14

8. T2②:1

9. T1③:18

10. T1②:19

9、10 ⊢0——————4厘米⊣          余 ⊢0——————————6厘米⊣

图6　北亭村南汉建筑基址出土釉陶器

1、2.饼足碗　3~5.假圈足碗　6~8.圈足碗　9、10.盏

已脱落。尖唇，敞口，斜壁，圜底，饼状足。内壁口沿下一周细弦纹，其下可见等宽平行状
的泥条痕迹，外壁上腹有细密轮旋痕，近底部有修刮痕，足底外周削斜。口径16.3、足径6.5、
高6厘米（图6，2；彩版一三二，2）。

　　假圈足碗　6件。T2②:7，浅灰胎，施青褐釉，内壁满釉，外壁上腹施釉。下腹有
条带状凹旋痕，近底部可见轮旋痕，口沿内壁有刮抹痕。尖唇，敞口，斜收腹，假圈足，
足心圆饼状，有一周凹槽。口径20、足径9.2、高7.0厘米（图6，3；彩版一三二，3）。
T2②:9，浅灰胎，浅灰黄色，内外施青釉，多已脱落。方圆唇，敞口，浅斜腹，平底附假圈足，足心圆饼状。口径14.8、足径8、高4.2厘米（图6，4；彩版一三二，4）。T1③：17，橙黄陶，内壁及外壁上腹施红褐陶衣，其上又施黄褐釉，多已脱落。圆唇，敞口，深斜腹，内圜底，假圈足。外壁下腹一道弦纹。口径18.7、足径8.6、高6.2厘米（图6，5；彩版一三二，5）。

圈足碗　4件。其中1件形体大，呈盆形。T1②：3，黄红胎，红色，施酱黄釉，内壁满釉，外壁上腹施釉，多脱落。器表有轮旋纹和刮抹痕。尖唇，敞口，深弧腹，圜底附圈足，足心圆饼状。口径25、足径12、高8.2厘米（图6，6；彩版一三三，1）。T1③：14，深灰胎，浅灰褐色，施青褐釉，内壁满釉，外壁上腹施釉，下部露胎。尖唇，敞口，深斜腹微弧，圜底附圈足，足心圆饼状。口径20.2、足径9.8、高6.6厘米（图6，7；彩版一三三，2）。T2②：1，灰胎，内外满施青釉。方平唇，微敛口，深斜弧腹，圜平底附圈足，器身呈盆形。口径27.6、足径8.8、高9.8厘米（图6，8；彩版一三三，3）。

盏　2件。T1③：18，灰胎，浅灰色，内壁满施青釉。圆唇，敞口，斜壁，浅腹，平底，饼足微内凹，有削抹痕。口径10.2、足径4.6、高2.9厘米（图6，9；彩版一三三，4）。T1②：19，灰胎，浅灰色，内壁满施青釉，多脱落。尖圆唇，敞口，浅斜腹，平底微内凹。口径10、底径5、高2.3厘米（图6，10；彩版一三三，5）。

盆　以器底统计共11件个体，均大平底。按照口沿不同分为两种。

宽平方圆唇、微敛口盆　10件。均斜弧腹。T1②：2，灰胎，内壁施青褐釉，多已脱落。器表轮旋痕明显。口径30、底径20、高7.6厘米（图7，1；彩版一三四，1）。T2②：12，灰胎，内外壁施满绿褐釉，多已脱落。口径29.2、底径20、高7厘米（图7，2；彩版一三四，2）。T1②：27，浅灰胎，施青釉。口径30.5、底径26.4、高12.4厘米（图7，3；彩版一三四，3）。T1②：41，灰胎，浅灰色，外壁腹至器底施浅褐色陶衣，内外施青黄釉，多已脱落。口径32.8、底径27.2、高12厘米（图7，4；彩版一三四，4）。

窄圆唇子母口、敛口盆　1件。T1②：7，深灰胎，浅灰色，内壁施青黄釉，多已脱落。深弧腹。口径27.4、底径20、高11.2厘米（图7，5；彩版一三四，5）。

罐　10件。按器形大小可分两类。

大型罐　7件。均细泥质硬陶。根据腹部不同分为鼓腹罐和弧腹罐两种。

鼓腹罐　6件。T1③：16，浅橙黄陶，器表施青黄釉，几乎脱落殆尽，肩部可辨有釉痕。圆唇，广口微侈，卷沿，束颈，溜肩，鼓腹，下腹斜收，平底。肩部有四个对称的横桥耳，间饰一周凹旋纹，下腹有螺旋状泥条连接痕和凹旋痕。底为套接后修平。口径17、底径17、高19.4厘米（图8，1；彩版一三五，1）。T1②：4，残，不可复原。灰胎，内外施灰黑釉，无光泽。圆唇，侈口，卷沿，微耸肩，圆鼓腹，底残。口沿内侧两周细旋纹，肩部两周凹旋纹，置六横桥耳。内壁可辨泥条盘筑痕迹。口径16、残高14厘米（图8，2；彩版一三五，2）。T2②：6，黑胎，浅酱黄色，内壁局部施灰色陶衣，内外壁口沿至肩部施青绿釉，腹部流釉。尖唇，侈口，卷沿，束颈，斜肩，鼓腹，底残。唇面一周细旋纹，肩部数周轮旋痕，置六横桥耳，腹部可见慢轮修整痕迹。口径不确，残高28.2厘米（图8，3；彩

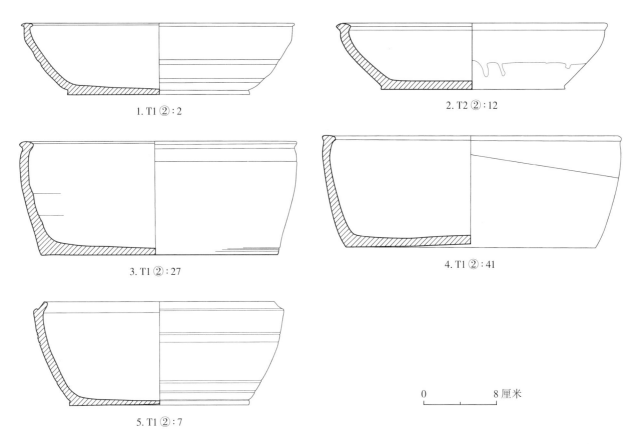

1. T1②:2　　2. T2②:12
3. T1②:27　　4. T1②:41
5. T1②:7

0　　　　8厘米

图7　北亭村南汉建筑基址出土釉陶盆

1~4.宽平方圆唇盆　5.窄圆唇子母口盆

版一三五，3）。T1②:11，残，不可复原。褐胎，灰色，器表满施灰黑釉，无甚光泽，内壁大半施釉，不均匀。方唇，唇面一周凹槽，侈口，卷沿，束颈，广肩，鼓腹，平底内凹。口沿内一周凹旋纹，肩上数周轮旋纹，置横桥耳，不确定是四个还是六个。口径15.6、底径21.6、高约34~35厘米（图8，4；彩版一三五，4）。T1②:42，残，不可复原。褐胎，深灰色，器表及口沿施灰黑釉，无光泽。器形与T1②:11基本相同。口径13.8、残高5厘米（图8，5；彩版一三五，5）。T1②:43，残，不可复原。灰黑胎，灰色，器表及口沿施灰黑釉，无光泽。器形与T1②:11基本相同。口径13.8、残高5.8厘米（图8，6；彩版一三五，7）。

　　弧腹罐　1件。T2②:2，褐胎，灰色，内外满施黑釉。圆唇，卷沿，束颈，溜肩，深弧腹，平底内凹。器形瘦高。口径12、底径12、高31厘米（图9，1；彩版一三五，6）。

　　小型罐　3件。均为四耳弧腹小罐。T1②:38，灰黑胎，灰色，内壁肩至底部有明显轮旋痕，内壁施黑灰色陶衣，外壁口沿至下腹施青黄釉。斜方唇，直口微敞，溜肩，深弧腹近直，平底。肩部四横桥耳。口径约10、底径10、高约26厘米（图9，2）。T1②:39，残，不可复原。深灰胎，浅灰色，内外施青黄釉，多脱落。斜方唇，近直口，溜肩，肩部四横桥耳。口径10、残高8.5厘米（图9，3）。T2②:13，残，不可复原。浅灰胎，灰白色，内外施青黄釉，多脱落。斜方唇，侈口，唇内侧微凹，溜肩，圆腹，肩部四横桥耳。口径6.4、

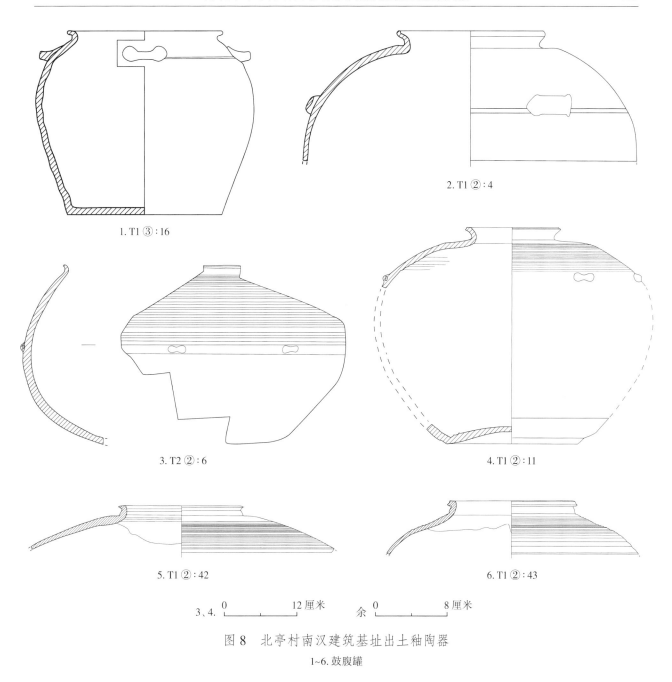

1. T1 ③：16

2. T1 ②：4

3. T2 ②：6

4. T1 ②：11

5. T1 ②：42

6. T1 ②：43

3、4. |0————12厘米|　　余 |0————8厘米|

图 8　北亭村南汉建筑基址出土釉陶器

1~6. 鼓腹罐

残高 10.4 厘米（图 9，4）。

2. 素陶器　24 件。质地有泥质和夹砂两类。

泥质陶器　20 件。器类有碗、盆、罐等。

碗　按口沿统计共 9 件。根据足部不同分为饼足和假圈足两种。

饼足碗　3 件。T2 ②：8，灰胎，浅灰色，内壁局部施黑褐色陶衣。圆唇，敞口，浅斜腹微弧，圜底附假圈足，形似盏。口沿外壁有一圈凹痕。口径 13.2、足径 6、高 3.7 厘米（图10，1；彩版一三六，1）。T1 ②：36，碗底。红褐胎，红褐色，内壁灰色陶衣。足径 11、残高 3 厘米（图 10，2）。

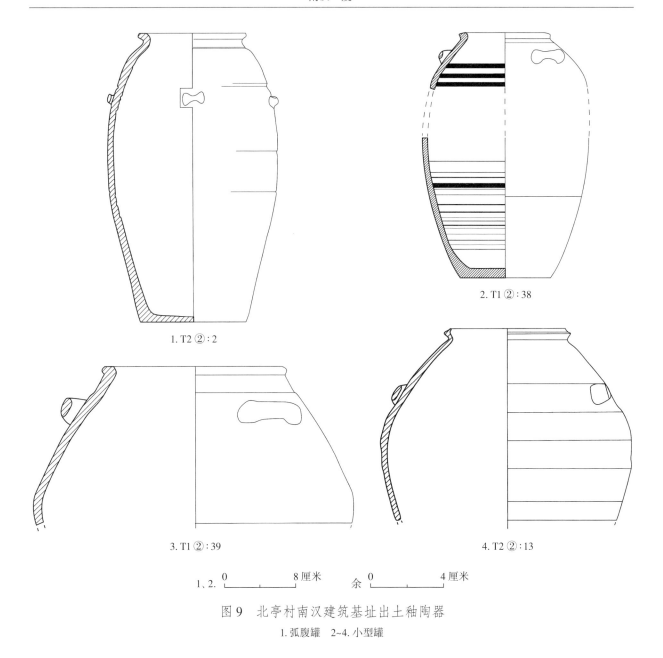

1. T2 ②：2

2. T1 ②：38

3. T1 ②：39

4. T2 ②：13

1、2.　0 ⊢———⊣ 8 厘米　　余　0 ⊢———⊣ 4 厘米

图 9　北亭村南汉建筑基址出土釉陶器

1. 弧腹罐　2~4. 小型罐

　　假圈足碗　2 件。T1 ③：23，灰黄色。尖圆唇，敞口，浅斜腹，矮圈足，内底一周凹槽。内外壁均有轮旋痕，器表釉脱落。口径 14.8、足径 6.4、高 3.8 厘米（图 10，3；彩版一三六，2）。T1 ②：26，灰胎，浅灰色，外壁下腹及圈足施红褐陶衣。圆唇，敞口，斜壁，圜底附假圈足。内壁中心一圈细弦纹，上有螺旋轮痕，外壁中下部各一周细弦纹，间有螺旋痕和削刮痕迹。口径 17、足径 8、高 6 厘米（图 10，4；彩版一三六，3）。

　　盆　4 件，其中 2 件可复原。T1 ③：21，黄白胎。宽平方圆唇，微敛口，深斜腹，平底，底周边微外凸。上腹部刻划一道弦纹，口沿下有轮旋状痕。内壁有轮旋痕和刮抹痕迹。口径 31、底径 26、高 14.8 厘米（图 10，5；彩版一三六，4）。T1 ②：28，灰褐胎，深灰色。口沿下一周凹旋纹，内外壁均有凹棱和轮旋痕。口径 28.8、底径 20.8、高 13 厘米（图 10，6；

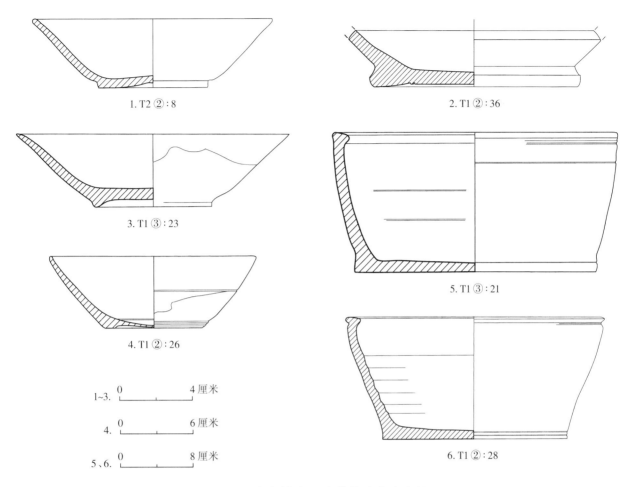

1. T2②：8　　　　　　　　　　2. T1②：36

3. T1③：23

5. T1③：21

4. T1②：26

1~3. ├─0────────4 厘米─┤

4. ├─0────────6 厘米─┤

5、6. ├─0────────8 厘米─┤

6. T1②：28

图 10  北亭村南汉建筑基址出土陶器

1、2. 饼足碗  3、4. 假圈足碗  5、6. 盆

彩版一三六，5）。

罐  6 件。按器表色泽可分为灰衣罐和黑衣罐。

灰衣罐  1 件。T1②：37，残，不可复原。橙黄胎，器腹内外施灰色陶衣。厚圆唇，卷沿，无领，敛口，圆肩，深弧腹，平底。肩部两道粗弦纹间一道水波纹。不确定是否有耳。口径 15、底径 17、高约 23 厘米（图 11，1）。

黑衣罐  5 件。T1②：10，灰胎，浅灰色，内外施灰黑色陶衣。斜方唇，侈口，唇内侧微凹，圆肩，圆弧腹，平底微凹。肩部置六横桥耳。器形较小。口径 10、底径 13.6、高 9.2 厘米（图 11，2；彩版一三六，6）。T1②：12，陶质陶色和形制与 T1②：10 相同，器形稍大。口径 18、底径 18.8、高 14.4 厘米（图 11，3；彩版一三六，7）。T1②：40，残，不可复原。灰胎，内外满施黑色陶衣。斜方唇，侈口，束颈，微卷沿，溜肩，深弧腹。器形较瘦高。肩部多道轮旋痕。口径不确，残高 11.6 厘米（图 11，4）。

盘或器盖  1 件。T2②：10，浅灰胎，浅灰色，内外施黑陶衣，多已脱落。圆唇，直口近敞，浅盘直壁，大平底。口径 30、底径 28、高 3.8 厘米（图 12，1）。

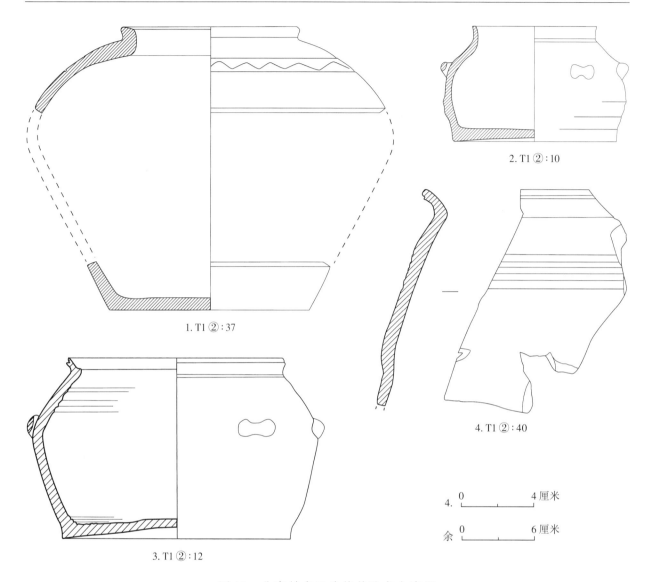

图 11　北亭村南汉建筑基址出土陶器
1. 灰衣罐　2~4. 黑衣罐

夹砂陶器　4 件。仅有盆一类器物，质地较硬，器表粗糙，形制基本一致。T1③：22，灰胎，内灰外褐色。方唇，平沿，微敛口，深斜腹，平底。内外壁有轮旋痕。口径 26、底径 20.8、高 13.4 厘米（图 12，2；彩版一三七，1）。T1③：33，灰胎，内褐色，外壁上腹黑色，下腹浅灰色。方唇，平沿，微敛口，浅腹，平底。口径 17、残高 9 厘米（图 12，3）。

3. 建筑构件

建筑构件数量很多，均为残件或碎片，有板瓦、筒瓦、滴水、脊饰等，可辨器形者多出于第 2 层层表（彩版一三八，1、2）。以下挑选少量标本予以介绍。

脊头板瓦　T1②：1，残，不可复原。灰白胎，灰黑色。拱形板瓦头上贴筑泥塑兽面，兽面残缺，仅存兽面鼻孔。瓦面刻划条纹，内壁有布纹。残长 18.5、残宽 13.8、厚 1.5~2.5 厘米（图 12，4；彩版一三七，2）。

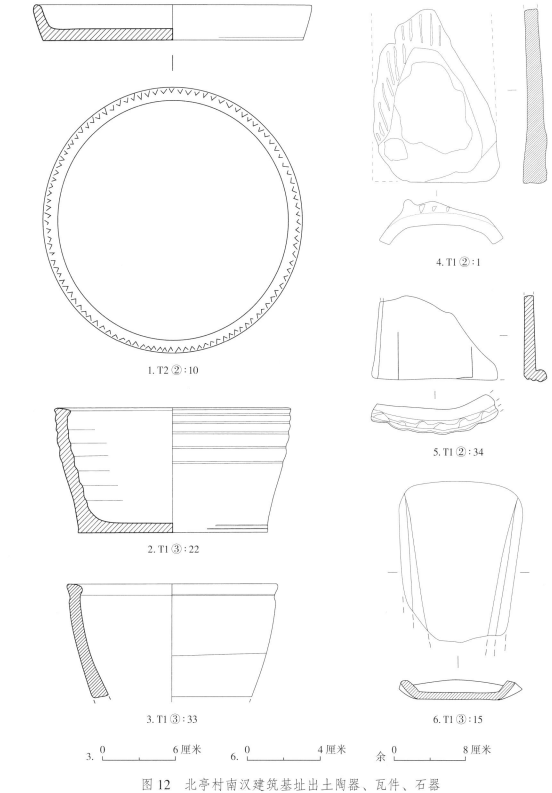

1. T2 ②:10

2. T1 ③:22

3. T1 ③:33

4. T1 ②:1

5. T1 ②:34

6. T1 ③:15

3. |0_____6厘米    6. |0_____4厘米    余 |0_____8厘米

图 12　北亭村南汉建筑基址出土陶器、瓦件、石器

1.泥质陶盘或器盖　2、3.夹砂陶盆　4.脊头板瓦　5.滴水瓦　6.石砚

滴水　T1②：34，残，不可复原。灰胎，浅灰色，内外施黑色陶衣。外唇为花边状。内壁有长方形板状垫痕。残长8.9、残宽14、厚0.9~1.1厘米（图12，5；彩版一三七，3）。

筒瓦　有浅灰胎黑色、内壁有布纹、器形较厚重和浅黄胎、瓦面施浅黄褐色陶衣、器形较单薄两种（彩版一三七，4）。还发现1件象鼻状脊饰残件，浅灰胎黑色（彩版一三七，5）。

（三）石器

石砚　T1③：15，前端残，箕形，外底有"末"字。残长8.5、宽6.8、厚0.3~1.2厘米（图12，6；彩版一三七，6）。

不明石器　T2②：5，算珠状，中孔未穿透。表面润泽光滑。用途不明。直径3.6、厚1.4厘米（彩版一三七，7）。

## 五、结语

2003年3月至2004年10月，配合小谷围岛广州大学城的建设，广州市文物考古研究所对小谷围岛建设施工涉及区域进行抢救性的考古调查勘探和发掘工作，从考古发掘的总体情况来看，地下文物的埋藏以北亭村和南亭村最为集中，文化遗存的时代也最早，有为数不少的西汉晚期木椁墓和大量的东汉砖室墓，说明对小谷围岛的开发至迟在西汉晚期就开始了。此次考古工作最重要的收获就是五代南汉德陵和康陵的发现与确认，被评为"2004年度全国十大考古新发现"之一。山文头岗建筑基址开口于现代建筑垫土层下，打破生土，既不见早期的堆积，也不见晚于南汉时期的宋元阶段的堆积，两期建筑基址中所出土的青灰砖尺寸、质地与德陵和康陵用砖相同，板瓦、筒瓦、滴水的质色和花纹与康陵陵园及广州市中山四路南汉宫殿基址所出者亦无分别，第Ⅱ期基址垫土下奠基坑内的铜钱和铅钱，更是指明了遗址的时代。青瓷碗、碟，釉陶和素陶罐、盆等也均属广州唐末五代遗存常见形制，与南汉二陵随葬品相比，这些器皿更为精致和富有生活气息。

从发掘揭露情况看，发掘区西北、西南朝向山文头岗区域均不见南汉文化层，地势亦逐渐抬高，可知原建筑布局到此为止，现揭露出来的基址部分仅为建筑本体的西南一角。结合村民所说清理出来的砖瓦遗存曾在种树建房中发现不少，分布范围或有十亩、八亩的说法，建筑本体的分布可能达千余平方米。此前只在小谷围岛南亭村发现有南汉时期的水井和烧砖的窑址等遗迹，规模都较小，包含物档次也较低。此次发现的建筑遗存无论是规模和用途均不可小觑。也有村民讲，该处是北亭村开村时的最早建筑所在地，似也吻合南汉时期曾在北亭村设置昌华苑之说。

《新五代史》有"（乾和）二年夏，遣洪昌祠襄帝陵于海曲，至昌华宫"的记载[1]，可知德陵与昌华宫相距不远，此次发现的南汉建筑基址与德陵的相对位置正相吻合。北亭村原有墟市"昌华市"，据说清光绪年间梁姓在昌华苑附近开辟了市场，称为"新墟"，后生意日益兴旺，改名为"昌华市"，旧址在北亭村北官洲水道东岸、今华南师范大学新校区内，

---

[1]《新五代史》卷六十五《南汉世家》。

也距德陵和山文头岗不远。所以，很有可能这个南汉建筑基址是皇室行宫"昌华宫"（或云"昌华苑"）的所在地[1]。

发掘之初基于对此遗址重要性的认识，也因为场地所限，无法探知遗址全貌，本着"保护为主、抢救第一"的宗旨，经过充分论证和各方面沟通协商之后，本次考古发掘未做全部揭露，而是有选择、有保留地用解剖的形式进行发掘，解决问题、基本达到目的即可。最终原址保留，填沙覆土保护性回填，以待日后条件成熟，结合北亭村旧村改造和环境综治，更大面积、更具规模地揭露和展示。

附记：

本次发掘领队为张强禄，发掘人员有朱家振、雷义列等，整理人员有张强禄、朱家振、刘展宏，器物修复由蒋礼凤完成，器物摄影由关舜甫和龚泰承担，器物绘图由刘展宏完成。执笔者张强禄。

---

[1] 张强禄：《南汉二陵与昌华苑》，《岭南印记：粤港澳考古成果展国际学术研讨会论文集》，香港历史博物馆编制，2014年。

附录七

# 广州石马村南汉墓葬清理简报

商承祚

## 一、墓葬发现经过

石马村（墓葬清理时属番禺县）属大岭田乡，距广州沙河镇 14 千米，广增（广州、增城）公路横经村西，群山环绕，最高的山叫石牛山，墓葬就位于该峰的山麓，其处地形微凹入，故又名石窝口。墓地高出墓前的小盆地约 3 米，自墓南望，阡陌平衍。墓东 50 米处有水成岩石罗叠的大山坳。

1954 年 1 月上旬，农民彭日光因建造新屋，破坏了墓的前室西壁器物箱和器物。

## 二、墓室结构

墓室是用砖砌的，分前室、过道和主室。前室已受到历次严重的破坏，建筑形式无法辨清。过道面积不大，主室虽发现多处盗洞，但结构还明显（图一；图版一，1、2）。墓向 195°。各部分分述如下：

主室：长 8、宽 2.54、高 2.2 米，作南北长方形。东、西两墓壁厚 58 厘米，三层券拱，券的两壁利用楔形砖逐渐伸延连接而成。主室前部贴近东西壁各有承柱，作支持巩固券拱用。主室比过道低，室入口处作两梯级而下，各相距 50 厘米，宽各 36 厘米。券拱顶外全部铺砖，残存最厚处见到的有七层。墓底铺砖层的砖大小不一。

过道：长 0.78、宽 2.18 米，成东西长方形。南连前室，北连主室，都用单砖砌的墙，墙残存最高 10 厘米。长方形水成岩大石一方，长 1.7、宽 1.02、厚 0.23 米，自西向东斜铺在过道上。

前室：长 2.86、宽 4 米，作东西长方形。前室建筑被历次的严重破坏，残留部分有东壁用两排砖隔成南北狭长形的八格器物箱，西壁北头有东向半圆形砖砌耳室的基础，建筑在一块很不平的大石上面。耳室南端，有另一列的西器物箱，与东器物箱斜对，但被破坏，仅存底砖。前室自南向北斜下 30°，灰砂石底，不铺砖。

墓道：前室南端连接墓道，为向南斜上，但墓道绝大部分早已被破坏，因此，墓道原来范围无法确定。村前的东、西两石马，现位置在距离墓道 200 米以外。石马系用水成岩石雕成，与墓内石俑、过道上的长方大石同一石质，似不会是其他墓葬的遗物。据年老的乡民说：用石马这块地来建村居住，系百年前的事；因迷信将石马移至村口，且把村名更称"石马"

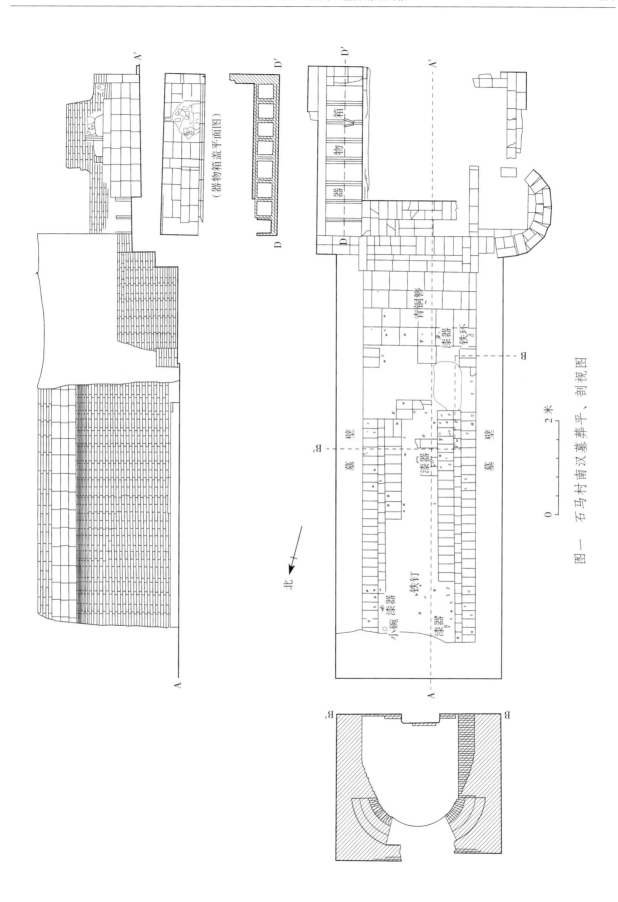

图一  石马村南汉墓葬平、剖视图

（番禺县志作石马庄）。可见石马已非原来的位置，而且移动得很远。

### 三、墓内情况

清理工作先从前室与过道着手。前室经历次破坏，室南部建筑几已完全无痕迹。清去后代堆存的红土，在东、西器物箱的南边地面上寻出前室的南界。

前室主要发现在东壁有两层砖砌成的器物箱，位置是南北向连于主室，南达前室南界。箱长 3.64、宽 0.8 米。上层残存南部一小角，下层分八小格，由南至北一至六格满储青釉瓷罐、黄釉罐、深灰色罐，排列整齐而不分类（图二；图版一，3）；格内空隙满实细砂，第七格细砂之外空无一物，但没有被扰乱过的迹象，第八格仅余一个青釉罐盖在东壁斜放着，积砂亦不满。前室西部北端是半圆形东向的耳室，砌砖仅余三层，建筑在一块不太平的大石块上。耳室南端有残余底砖，似系与东器物箱斜相对的西器物箱，已被破坏。

在前室乱砖中有灰陶莲花瓣纹瓦当和碎断的灰陶雀及大小陶器的碎片。

过道上只存长方形大石板一块，水成岩质，由东向西铺置。过道有南、北两道单砖砌墙，均只余底砖两层。

主室盗洞特别多，经过破坏当不止一次。主要盗洞为东壁前部，破面达 3 米；北壁（即墓后墙）被完全拆掉，东壁承柱亦被毁，余 15 厘米。

主室遗物不多，有近百枚的铁质物、残漆片、金属断簪一支外，则为遍地碎陶片，零乱万分。西壁前部距西承柱处有一黑色长方薄石块，南北向，朝东斜铺，水成岩质，分解破碎得很厉害，无法辨出有否花纹或文字？铺底砖南端入口处有四列长宽各 40 厘米的正方形砖，

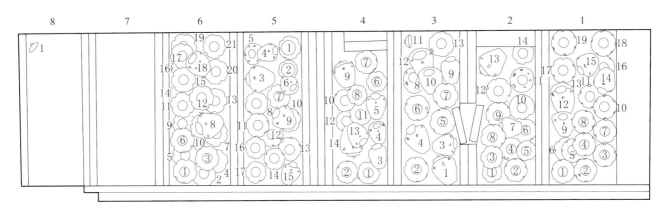

```
0        40厘米
```

图二　石马村南汉墓葬东器物箱器物平面分布图

1. 1~10、12~19. 六耳罐　　11. 黄釉四耳罐

2. 1~9、11、12、14. 六耳罐　　10、13. 四耳有盖青釉罐

3. 1. 四耳有盖青釉罐　　2~5、7~9. 六耳罐　　6、10~13. 六耳有盖青釉罐

4. 1~14. 六耳罐

5. 1、2、8. 六耳黄釉罐　　3. 四耳有盖青釉罐　　4~7、9、11~17. 六耳罐　　10. 六耳有盖青釉罐

6. 1、2. 六耳有盖青釉罐　　3~21. 六耳罐

7. 1. 青釉罐盖

后面有长 4.95、宽 1.52 米的阶台，台两旁铺小砖。阶台铺砖是用土填高而后铺上的。带字墓砖没有一定的位置，而且为数不多，有"陈怀甫""张徊""六月十三日张匡玖"等字样，划在砖面或砖侧，为造砖工人的姓名。长方形砖大小不一律，最长 39、宽 20、厚 5.5 厘米，小的长 32、宽 18、厚 4 厘米。

## 四、遗物

（一）石器

俑　2 件。一高 150、身宽 40、厚 18 厘米，一高 160、身宽 40、厚 20 厘米。长衣阔袖，两手高拱似执笏，因石质剥蚀，但衣袖线条及眉目尚可辨（图版一，4）。发掘前已移至墓外，原位置不明。

方形环　4 件。长宽各 56、内径各 27、厚 13 厘米。发掘时亦已被移置墓外，两个已残破，用途不明。

大石板　4 件。一件长 170、宽 102、厚 23 厘米，位置斜铺过道上；一件长 225、宽 105、厚 11 厘米；一件长 168、宽 96、厚 13 厘米；还有一件长 79、宽 67、厚 14 厘米。前三件石板清理前都已被移至墓外。

长方形薄石板　1 件。长 103、宽 69、厚 5 厘米。位置在主室靠西壁斜置底砖面上。

石马　2 件。距墓约 200 米，用水成岩石雕成。两马位置距离 55.5 米，东石马匍卧地上。石质风化得厉害，且皆无头，但还是可以看出是马的躯体，不是站立而做跪伏状的。西马长 131、高 163、厚 38 厘米。

（二）釉瓷器

夹耳有盖青釉罐　4 件。三件残，完整的一件现存故宫博物院。广肩、敛足、有盖，肩左、右有竖耳和前、后一对夹耳，盖有两翼，夹耳、盖翼各有横孔，盖放入夹耳之后，可贯以木塞或缚以绳，使提挈时其盖不至跳动与跌脱。胎质坚细，里外均有薄薄一层晶莹的青釉，遍体鱼子纹。器里有螺旋暗纹，外底有顶烧痕。通高 19.4、口径 7.2、腹径 15、底径 7.5、盖高 2.1、盖口径 9.3、盖翼高 5 厘米。

六耳有盖青釉罐　20 件。一件残破。广肩、敛足、有盖，肩上六耳。各器大小不一致，大约高 16、口径 7、肩径 16、底径 8.3、盖高 3.5、盖口径 9.8 厘米。胎质、釉色、制烧法与夹耳有盖罐同。

四耳大罐　2 件。圆肩、敛足、四耳，有盖。一通高 21.3、口径 8、腹径 17.5、底径 8.9、盖高 4.4、盖口径 11 厘米；一通高 20.3、口径 7.7、腹径 17.1、底径 8.5、盖高 4.2、盖口径 10.3 厘米。胎质、釉色和制烧与夹耳有盖罐同。

四耳小罐　2 件。一件已残破。与上述六耳罐大小相仿，胎质、釉色和制法相同。

黄釉六耳罐　4 件。大口无盖。高 16、口径 7.8、底径 8.5、腹径 15 厘米。黄釉甚薄，不到足，器内无釉，有螺旋纹，顶烧。

黄釉四耳罐　1 件。比黄釉六耳罐略小，其余均与黄釉六耳罐同。

（三）陶器

六耳罐    147 件。色灰，平底、小口、圆肩、敛足而无盖。肩腹部有几条弦纹。器形大小不一致，最大者高 14、口径 8、肩径 14.3、底径 6.8 厘米，最小者高 12.3、口径 5.4、肩径 13、底径 6 厘米。其中四件罐，一件保存些鸡类的骨头，一件有鱼骨，两件有几十蚶壳。

雀    4 件。已残。原来位置不明。

碗    1 件。放在主室后壁。质坚细而薄。高 4.2、口径 9.4、圈足径 3.3 厘米。

大缸    1 件。已残破。无法复原。

（四）铜铁器

铜簪    1 件。簪头断去。长 6、径 0.3 厘米。

铁钉    数量甚多，分布在主室台阶等处，部分或是棺钉。

铁器    发现在主室，因腐蚀过甚，不辨器形。

（五）漆器

漆器发现在主室，皆零星破碎，上面有些描金的残迹。

## 五、墓葬特点及年代的推断

从墓室的建筑形制来看，将广州市近年所清理的汉唐间墓葬的墓室作比较，找不出同样的例子。两汉普通的砖室墓建筑宏大，格式简朴，主室、前室、耳室、羡道布置分明。六朝唐墓一般的建筑缩小成狭形了。此墓主室建筑庞大坚固，格式朴质，墓砖宽大而无花纹，可能是仿汉墓的制度。但前室、耳室器物箱的格局则又超乎汉唐制度之外，别创一种形式。这是它的特点之一。

从出土的陶器、瓷器来看，造型、施釉都是从唐代陶、瓷器发展而来的。造型方面：与唐代陶罐器腹以下逐渐引长的作风一致，而且内外用磨轮旋成若干凹凸的线条纹，这是汉器所无的。施釉方面：保留着晋唐以来的青釉，但晋唐青釉入土后容易剥脱，而这墓的器釉已进步到全不剥落，胎质的吸水性也极微，无疑的是已发展到瓷器的阶段了。这是它特点之二。

综合上述的比较和特点，我认为这墓的年代以南汉为近似。《番禺县志》卷二十四："五代南汉刘氏墓在县东境，谓之陵山；一云在郡东北二十里，漫山皆荔枝树，龟趺石兽俱存。……考之伪史，疑是懿陵。"若说这墓是皇陵，一则在县志的记载已是依据恍惚的传闻，并没有任何的凭证；二则墓室建筑过于简单，拿同一时代的南京博物院清理的南唐李昇（高祖）李璟（中宗）两陵相比（参阅《南唐二陵》，文物出版社，1957 年），殊不相类；再拿同一时代的四川成都发现的王建（蜀帝）墓，内有盗剩的御玺哀册等物，与此也不相同；三则墓道的石马矮小菱腰、简陋。从这三点来看，找不出陵寝的迹象。《新五代史·南汉世家》：刘䶮（高祖）"好奢侈，悉聚南海珍宝，以为玉堂珠殿。"又说："性好夸大，岭北商贾至南海者，多召之使升宫殿，示以珠玉之富。"刘玢（殇帝）刘晟（中宗）刘鋹（后主）都是奢侈享乐荒淫的统治者，如其建造先代的陵墓，不会简陋得像这样子的。

南汉数帝都重用宦官，人数一代多过一代；如刘䶮时有宦官约三百人，刘晟时增加到千余人，刘铱时甚至"群臣有欲用者，皆阉然后用"，多至七千余人，龚澄枢、陈延寿都是专政的宦者。以此，这墓颇有可能是南汉贵族、大臣或宦官的墓葬。

初稿经市文管会麦英豪同志看过，对某部分提出很好的意见，并据以修订。省文管会莫天景、吴振华两同志为绘制墓葬图及拍摄器物照片，并此致谢。

（原载《考古》1964 年第 6 期，保留原文图号和图版号）

1. 墓室（由前向后摄）

2. 墓室（由后向前摄）

3. 器物箱

4. 石俑

图版一　石马村南汉墓葬

附：

## 一、简要说明

广州石马村南汉墓 1954 年发掘后，在《考古》杂志 1964 年第 6 期发表《广州石马村南汉墓葬清理简报》（以下简称《简报》）。1974 年麦英豪等经实地调查，撰写《关于广州石马村南汉墓的年代与墓主问题》（发表于《考古》1975 年第 1 期），考证广州石马村南汉墓为南汉三主中宗刘晟昭陵。1989 年广东省博物馆、香港中文大学文物馆联合主办"广东出土五代至清文物"展览，由林业强编辑出版的《广东出土五代至清文物》收录广州石马村出土的南汉的夹耳青瓷罐、六系青瓷罐、六系釉陶罐、六系陶罐和陶龙首构件等 5 件器物[1]。2014 年，广州市文物考古研究院与广东省博物馆合作"广州出土南汉瓷器产源研究"项目，对广东省博物馆馆藏的昭陵出土文物进行重新梳理，绘制和拍摄部分器物。本附录部分插图及彩版为该项目成果之一。

本附录主要为《清理简报》和馆藏文物两部分内容。为保留原《简报》行文，附录原文照登，确有需要则以括号加注。由于《简报》器物无器物编号，在附录时无法对应原报告器物图，因此以重新拍摄的同类器物代之。后来整理的器物及其拍摄和绘图另行介绍。

## 二、遗物

（一）石器

石马、石象

昭陵墓前除了发掘后已取回广东省博物馆收藏的 2 件石俑，在地表还有石马、石象留存，后来都搬离原地。石马搬到白云山风景区，放置于山顶广场索道上站出口处；石象搬到广州博物馆镇海楼碑廊前。石马于 2017 年底由广州市白云山风景名胜区管理局移交广州市文物考古研究院展示和保护，石象在广州博物馆支持下于 2018 年初运到广州市文物考古研究院。两尊石像现在南汉二陵博物馆"汉风唐韵"展厅展出。

石马高 75、长 158.5、宽 30 厘米（彩版一三九，1），石象高 79.5、长 96、宽 49.7 厘米（彩版 1，2）。

《简报》说"石马 2 件"，其实为一马一象。"东石马匍卧地上……不是站立而做跪伏状的"，这是石象，即彩版一三九之 2。"西马长 131、高 163、厚 38 厘米"，即彩版一三九之 1，但是其数据与石马实测数据不完全相符。

（二）釉瓷器

六耳有盖青釉罐　20 件。广肩、敛足、有盖，肩上六耳（图 1，1~4；彩版一四〇，1~4）。

标本甲 1488，口径 7、底径 8、通高 19 厘米（彩版一四〇，3）。

黄釉六耳罐　4 件。大口无盖，黄釉甚薄，不到足，器内无釉，有螺旋纹，顶烧。

---

[1] 广东省博物馆、香港中文大学文物馆编：《广东出土五代至清文物》，第 17、18 页，广东省博物馆、香港中文大学文物馆出版，1989 年。

标本甲 1483，口径 9.2、底径 8.7、高 15.9 厘米（图 1，5；彩版一四一，3）。

六耳罐　147 件。色灰，平底、小口、圆肩、敛足而无盖（图 2，1~7；彩版一四一，4；彩版一四二，1~4）。

标本甲 1373，口径 6.5、底径 6.8、高 13 厘米。

雀　4 件。已残。原来位置不明。

编者按：陶雀是殿脊上的装饰构件，由于残破过甚，不能修复。据采集标本碎片不止 4 件（彩版一四三，1），有套兽（彩版一四三，2）和鸱尾残片（图 3；彩版一四三，3）。

龙首形垂兽　1 件。可修复，标本甲 1496 之二，《广东出土五代至清文物》展品说明称为"陶龙首构件"。灰褐胎。器作浮雕式龙首形。正面及两侧面塑出牙齿，卷鼻，圆眼，须角。线条粗大，犬齿突出。器身上端为凹槽形，下端为半圆拱，中空。平底。通高 20.7、通长 35、宽 17 厘米（图 4；彩版一四四）。

这是一件建筑物上的脊饰，使用这类艺术构件的应是具有相当规模的建筑。这件器物出土于南汉皇帝刘晟墓的附近，推测可能是当时陵墓建筑物上的构件[1]。

（四）铜铁器

铁钉　数量甚多，分布在主室台阶等处，部分或是棺钉（彩版一四五）。


本文资料由张强禄、冯远提供，器物线图由朱家振绘制，照片由关舜甫、刘谷子拍摄。

---

[1] 广东省博物馆、香港中文大学文物馆编：《广东出土五代至清文物》，第 18、53 页，广东省博物馆、香港中文大学文物馆出版，1989 年。

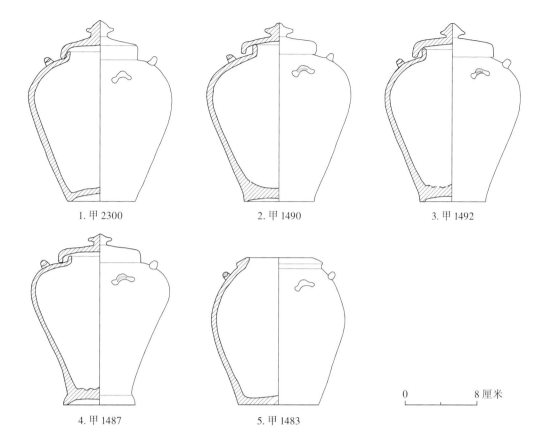

1. 甲 2300　　　2. 甲 1490　　　3. 甲 1492

4. 甲 1487　　　5. 甲 1483

0　　　8厘米

图 1　南汉昭陵出土釉瓷罐

1~4.六耳有盖青釉罐　5.黄釉六耳罐

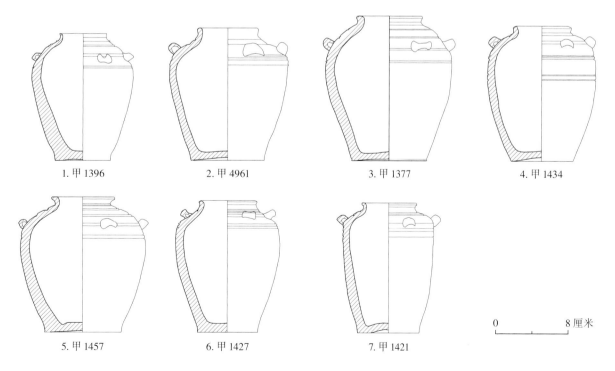

1. 甲 1396　　　2. 甲 4961　　　3. 甲 1377　　　4. 甲 1434

5. 甲 1457　　　6. 甲 1427　　　7. 甲 1421

0　　　8厘米

图 2　南汉昭陵出土陶六耳罐

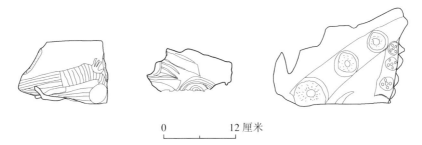

0　　　　　12 厘米

图 3　南汉昭陵陵园出土建筑构件瓦脊饰

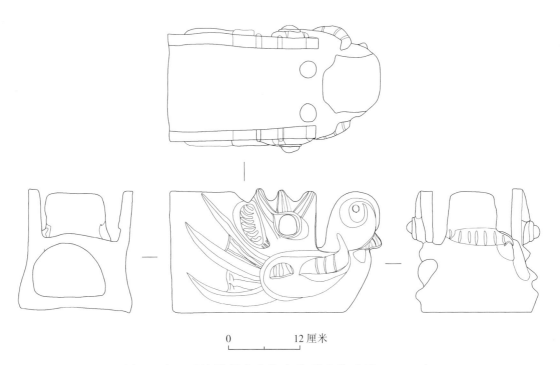

0　　　　　12 厘米

图 4　南汉昭陵陵园出土陶龙首形垂兽（甲 1496-2）

# 英文提要

In 2003-2004, Guangzhou Municipal Institute of Cultural Heritage and Archaeology, in conjunction with the construction of a new university district in the Guangzhou, conducted archaeological excavations on Xiaoguwei Island in Panyu district, 15 kilometers southeast of Guangzhou, and discovered two mausoleums of the Southern Han. These two magnificent multiple arch brick tombs are of similar size. In the front room of one of the tombs, there is a monument with the inscriptions of "The eulogy of Gaozu, the Great Emperor（高祖天皇大帝）", which clearly identifies the owner of the tomb as Liu Yan（刘岩）, Emperor Gaozu of the Southern Han, who was buried in Kang Mausoleum（康陵） in 942 AD. From this, it can be concluded that, another tomb, rumored to be "Liu Wangzhong（刘王冢）," is the tomb of Liu Yin（刘隐）, King of Nanhai（南海王）, the founder of Southern Han, and was later posthumously honored as the De Mausoleum（德陵）, which was built between 911 AD. and 917 AD.

These two mausoleums have been stolen and illegally excavated many times. After scientific archaeological excavations, it recognized that De Mausoleum was oriented to the north, with two rooms at the front and the back, and was buried with the king's rites. In the surviving objects container in the tomb passage of De Mausoleum, 190 pieces of celadon jars and 82 pieces of glazed earthenware jars were placed, which should be the remains of a memorial service set up in front of the tombs. Kang Mausoleum is composed of cemetery and altar (Ling Tai, 陵台) on the ground and funerary palace (Xuan Gong, 玄宫) underground. The cemetery is north-south rectangular, in the central north of the cemetery seat a square mound-shaped altar, surrounded by rammed earth walls, at the four corners of the walls, double tower (Zi Mu Jiao Que, 子母角阙) was constructed. A gate is set in the middle of the south wall, and corridors in the front of the gate. A large number of building materials such as bricks, stones and tiles have been unearthed in the cemetery, and the types include tiles, ridge ornaments and stone components. Xuan Gong was built under the Ling Tai, facing south, and was a rectangular vertical brick chamber structure with a tomb passage, topped by four layer arch, consisting of three rooms in the front, the middle, and the back, and it was buried with emperor's rites. The Kang Mausoleum has been stolen many times, there were few complete objects left after the stealing damage, mostly fragments, types of porcelain, glazed ceramic, pottery, glass, copper, silver, iron, stone, jade, etc., with the largest number of porcelain, glazed pottery and glass.

The celadon jars unearthed from the container of De Mausoleum are the first time to find so many porcelains of the Five Dynasties and Ten Kingdoms, which are the top quality celadon of the Five Dynasties. According to the composition test and analysis, celadon wares of Southern Han Mausoleums are used in emperor's palace, which are the official kiln products fired locally, and provide valuable materials for the study of the ceramics of the Five Dynasties and Ten Kingdoms. The shape and composition analysis confirms that glass bottle unearthed from Kang Mausoleum is Islamic glass, which should be imported into China by sea road from West Asia.

Kang Mausoleum is a relatively well-preserved remains of the ground cemetery relics in the Five dynasties and Ten kingdoms in China. The unique shape of the mausoleum altar with brick wall-round grave mound change the tradition respecting square grave mound since Han and Tang dynasties, and provides new materials for the study of ancient Chinese mausoleum system. The layout of Kang Mausoleum may be in the form of courtyard with stupa, the overtuned-bowl-stupa shape of the mausoleum altar may refer to imitate the style of the early stupa in India in the 1st century BC.

Southern Han Mausoleums are the symbolic historical sites in the Five Dynasties, which provide physical materials for the research about ritual system of the Five Dynasties and Ten Kingdoms. The unearthed objects reflect the history, culture and the production and living conditions of the Southern Han, and have important reference value for studying foreign trade and transportation and social economic history of Guangzhou.

# 后　记

南汉二陵发掘倏然已经二十年。鉴于发掘成果的重要性和学术界的高度关注，广州市文物考古研究所（院）自发掘工作一结束就启动了《南汉二陵》发掘报告的整理和编写工作。由于日益繁重的田野抢救性发掘工作，更因人员工作调动，使整理工作一度进展缓慢且时断时续。感谢广州市文化广电旅游局（文物局）领导，2021年下半年将我调回广州市文物考古研究院，并延退一年，让我得以集中精力专心主持报告编写，这项工作得以稳步推进。

报告编写分为两个阶段，前一阶段从2005年初正式开始，由张强禄、朱家振和本人分头负责整理发掘资料、出土遗物以及文献史料，至2011年基本完成报告初稿的编撰，2012年和2016年又分别利用间歇的时间对报告初稿进行了修改和补充。后一阶段开始于2021年下半年，这一阶段工作主要是在再次检阅发掘资料的基础上，又对报告初稿改写并增写部分内容。在吸收时贤研究成果的基础上，结语部分探讨和研究了若干与南汉陵墓相关的问题，囿于学识所限，错谬与失误在所难免，不揣剪陋提出来供读者诸君批评指正。

后一阶段编写过程中除张强禄、朱家振继续参与外，还得到广州市文物考古研究院诸多部门和同事的帮助，朱汝田、饶晨描绘插图并转换制作电子版，黄宾虹检索各种书刊资料，苏漪提供部分图片，邝桂荣查对出土器物等给予了很多帮助。英文摘要由王斯宇翻译。中国社会科学院考古研究所刘建国提供大香山航空影像图，书名"南汉二陵"四字由南越王博物院麦穗丰以哀册文集字编排。本书器物照片除由关舜甫拍摄的外，还有一部分采用了文物出版社摄影师宋朝、张冰为《汉风唐韵：五代南汉历史与文化》和李静怡为全国第一次可移动文物普查拍摄的照片。

本报告责任编辑黄曲就报告形式、内容、体例等问题倾注大量精力，尤其是插图编排和文字的精练准确做得非常细致。

本报告的完成离不开全国各地专家学者、广州市文化广电旅游局（文物局）领导和广州市文物考古研究所（院）历届领导班子成员及同事的支持和帮助。本报告自草拟编写提纲以来就得到麦英豪、黄展岳、张忠培诸位先生的指导和鞭策，可惜他们看不到本报告的出版，令人唏嘘！

最后，再次为本书出版付出辛勤劳动的同仁表示衷心感谢和致敬，对给予本书编辑出版热情关心和支持的各位领导深表谢忱！

全洪

2023年10月20日

彩版

1. 调查时现场地貌

2. 墓室调查

彩版一　北亭村青岗"刘王冢"调查

1. 国家文物局领导、专家在南汉二陵
   发掘现场考察

2. 国家文物局专家组专家在南汉二陵
   发掘现场指导

3. 文物工作者参观康陵发掘现场

彩版二　领导、专家现场考察指导

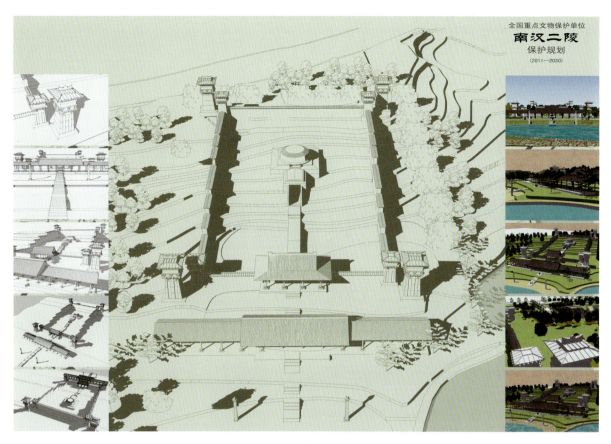

1.南汉二陵保护规划设计图

2.南汉二陵博物馆鸟瞰

彩版三　南汉二陵保护规划设计图与南汉二陵博物馆鸟瞰

1. 青岗地貌

2. 德陵发掘前地表

彩版四　德陵发掘前地貌

1. 移位的封门石板

2. 村民取砖砌墙

3. 白岗发现的石人

彩版五　德陵的调查

1. 解剖发掘墓圹填土（北—南）

2. 德陵墓圹及墓室（北—南）

3. 墓圹墓道地表清理（北—南）

彩版六　德陵墓圹发掘

1. 德陵陵墓及青岗地貌俯瞰（上为西）

2. 陵墓全景俯瞰（上为西）

彩版七　德陵俯瞰

2. 墓道填土分层情况

1. 墓道口发掘（北—南）

2. 墓道填土分层情况

彩版八　德陵墓道

1. 青瓷罐的出露

2. 青瓷罐的清理（北—南）

彩版九　德陵墓道器物箱青瓷罐的清理出土

1. 器物箱在墓道位置（北—南）

2. 器物箱陶瓷器出土情形（上为北）

彩版一〇　德陵墓道器物箱

1. 墓室券顶和外侧夹墙（北—南）

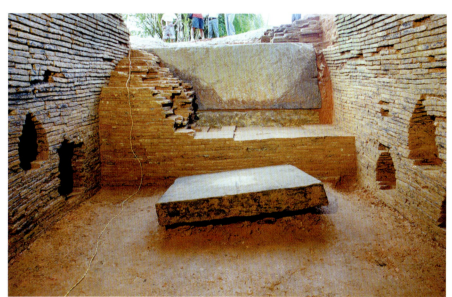

2. 封门内侧（南—北）

3. 封门砖石结构（西—东）

4. 被拆取弃置的封门石板

彩版一一　德陵墓室券顶、封门

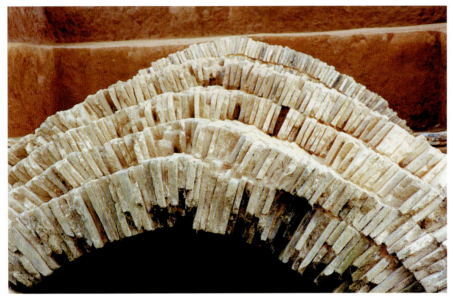

1. 前室券顶结构（北—南）

2. 前室东壁壁龛（西南—东北）

3. 前室方形青石板出土情形（上为南）

彩版一二　德陵墓室内部结构

1. 过道壁柱（东南—西北）

2. 前、后室券顶（西北—东南）

彩版一三　德陵墓室内壁柱与前、后室券顶

1. 后室西壁壁龛（东—西）

2. 墓室后壁被破坏情形（北—南）

彩版一四　德陵墓室后室

（北—南）

彩版一五　德陵墓室后室西侧夹墙

1. D：103

2. D：111

3. D：83圈足内缘修刮

4. D：8圈足内缘修刮

彩版一六　德陵出土青瓷罐圈足特写

1. D：1

2. D：160

3. D：71

4. D：177

5. D：31

6. D：106

彩版一七　德陵出土青瓷罐器盖

1. D：91

2. D：160

3. D：106

4. D：71

5. D：37

6. D：31

彩版一八　德陵出土A型青瓷鼓腹罐

1. D：119

2. D：1

3. D：39

4. D：129

5. D：153

6. D：94

彩版一九　德陵出土A型青瓷鼓腹罐

1. D：83

2. D：180

3. D：85

4. D：104

5. D：72

6. D：114

7. D：122

8. D：103

彩版二〇　德陵出土B型青瓷扁腹罐

1. D：36

2. D：142

4. D：43

3. D：67

5. D：118

彩版二一　德陵出土C型青瓷扁圆腹罐

1. D：50

2. D：9

3. D：22

4. D：177

5. D：29

6. D：29圈足特写

7. D：105

8. D：133

彩版二二　德陵出土D型青瓷圆腹罐

1. D：200

2. D：213

3. D：241

4. D：241双耳特写

5. D：237

6. D：229

7. D：229双耳特写

彩版二三　德陵出土釉陶罐

1. D：202

2. D：245

3. D：261

4. D：249

5. D：206

6. D：252

彩版二四　德陵出土釉陶罐

1. D：253

2. D：242

3. D：233

4. D：255

5. D：220

6. D：210

彩版二五　德陵出土釉陶罐

1. 德陵临时保护房

2. 中国社会科学院考古研究所专家在发掘现场指导

彩版二六　德陵临时保护房与专家现场指导

彩版二七　康陵鳥瞰

1. 疑是唐墓砖壁（2003年调查时编为第3地点）

2. 三处砖包土堆积（上为北）

彩版二八　康陵发掘前堆积

1. "瓦渣岗"发掘前地貌（北—南）

2. 清理"瓦渣岗"表土（北—南）

彩版二九　"瓦渣岗"发掘前后

1. "圆坛"砖砌圆壁

2. 圆坛夯土芯及包砖

彩版三〇 康陵"圆坛"发现情况

（上为南）

彩版三一　康陵“圆坛”俯瞰

1. 大香山北部发掘（东南—西北）

2. 圜丘北部解剖发掘（北—南）

彩版三二　康陵大香山北部与圜丘发掘

1. 中国社会科学院考古研究所专家到发掘现场指导

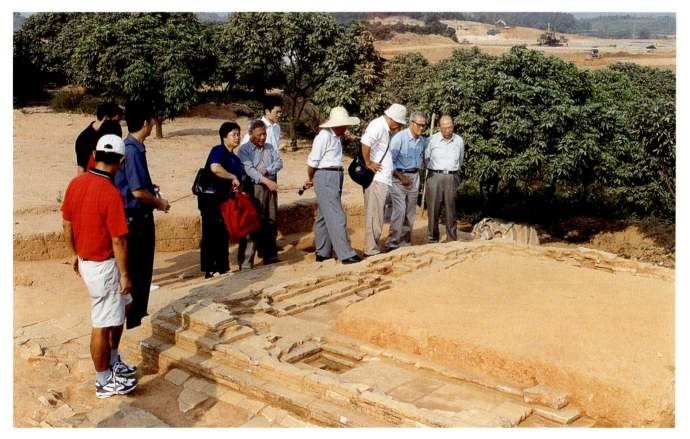

2. 国家文物局专家到发掘现场指导

彩版三三　专家到康陵发掘现场指导

1. 陵台解剖发掘（西北—东南）

2. 盗洞1解剖发掘（北—南）

3. 哀册文石碑出露

彩版三四　康陵解剖发掘

1. 康陵简易保护棚（西南—东北）

2. 康陵陵园北部鸟瞰（上为北）

**彩版三五　康陵简易保护棚与陵园北部鸟瞰**

1. 陵台结构（南—北）

2. 陵台遭破坏情况（上为西）

彩版三六　康陵陵台

1. 陵坛外观（西—东）

2. 陵坛外观（东—西）

彩版三七　康陵陵坛外观

1. 坛芯夯土层（西南—东北）

2. 陵坛外壁白灰面（北—南）

彩版三八　康陵陵坛

1. 陵坛包砖结砌（西北—东南）

2. 1号盗洞（D1）打破陵台（北—南）

3. 1号盗洞（D1）打破玄宫券顶（北—南）

彩版三九　康陵陵坛与盗洞

1. 方形台基西北角（北—南）

2. 方形台基俯视（上为北）

彩版四〇　康陵陵台方形台基

1. 陵台方形石块底墁白灰（上为北）

2. 打穿方形台基的6号盗洞
（西北—东南）

3.6号盗洞特写

彩版四一　康陵陵台与盗洞

1. 陵台东北角散水（东北—西南）

2. 陵台散水方形砖（北—南）

彩版四二　康陵陵台台基散水

1. 神龛被破坏情况（南—北）

2. 神龛及祭台俯视（上为南）

彩版四三　康陵陵坛神龛

1. 神龛龛口东侧门砧石（西—东）

2. 打破神龛的3号盗洞（南—北）

彩版四四　康陵陵坛神龛门砧石与盗洞

1. 祭台包砖（东南—西北）

2. 祭台面白灰印痕（西北—东南）

彩版四五　康陵陵台祭台

1. 祭台上出土绿釉瓦

2. 祭台上出土石构件

3. 打破祭台的5号盗洞（上为北）

彩版四六　康陵陵台祭台器物出土情况与盗洞

明代墓葬M6

1. 坡道与陵坛（南—北，右侧被明代墓葬M6打破）

2. 坡道包边砖及其上墁砖

3. 坡道南端残存砌砖

彩版四七　康陵坡道

1. 坡道北端出土莲花纹瓦当

2. 坡道北端出土石构件

3. 打破唐代墓葬M1的排水沟（南—北）

彩版四八　康陵坡道出土器物及砖筑排水沟

1. 铺砖地面、生土台及排水沟（西北—东南）

2. 陵坛北侧铺砖地面特写（东—西）

彩版四九　康陵陵台北部铺砖地面

1. 陵园北垣墙（东—西）

2. 陵园南垣墙（东—西）

彩版五〇　康陵陵园垣墙

1. 陵园北垣墙及西北角阙（西—东）

2. 陵园北垣墙夯土墙体（东—西）

3. 陵园北垣墙夯土层（西—东）

彩版五一　康陵陵园北垣墙

1. 陵园北垣墙两侧瓦片堆积

2. 陵园北垣墙莲花纹瓦当堆积

3. 陵园北垣墙墙体两侧碎瓦片护坡

彩版五二　康陵陵园北垣墙堆积

1. 陵园北垣墙墙基两侧柱洞（西—东）

2. 陵园北垣墙墙基外侧摆砌的碎瓦界边

彩版五三　康陵陵园北垣墙

1. 东北角阙俯视（上为东）

2. 东北角阙母阙发掘中（东北—西南）

彩版五四　康陵陵园东北角阙

1. 东北角阙子阙（北—南）

2. 东北角阙子阙内夯土墙体及包砖
断面（西—东）

3. 东北角阙子阙散水（西—东）

彩版五五　康陵陵园东北角阙

（西南—东北）

彩版五六　康陵陵园东北角阙母阙

1. 瓦件出土

2. 兽面瓦出土

3. 瓦脊饰出土

彩版五七　康陵陵园东北角阙瓦件出土

1. 西北角阙废弃砖瓦堆积（东—西）

2. 西北角阙俯视（上为南）

彩版五八　康陵陵园西北角阙

1. 西北角阙子阙（西—东）

2. 子阙垣墙及包砖（南—北）

3. 子阙散水（北—南）

彩版五九　康陵陵园西北角阙子阙

1. 母阙土台包砖及基槽（西—东）

2. 瓦件堆积（东—西）

彩版六〇　康陵陵园西北角阙母阙

1. 东南角阙子阙东垣墙墙基及包砖残迹（东北—西南）

2. 东南角阙脊兽等瓦件出土情况

彩版六一　康陵陵园东南角阙

1. 西南角阙全景（西—东）

2. 西南角阙子阙垣墙分层夯筑（北—南）

彩版六二　康陵陵园西南角阙

1. 西南角阙母阙及废弃堆积（南—北）

2. 散水上散落瓦件

3. 散水坡面及废弃堆积（南—北）

彩版六三　康陵陵园西南角阙母阙

（西一东）

彩版六四　康陵陵园西南角阙子阙南侧瓦砾铺垫层

1. 陵门位置（上为东）

2. 陵门磉墩分布（上为东）

彩版六五　康陵陵园陵门

1. 磉墩面

2. 磉墩夯层

彩版六六　康陵陵园陵门磉墩

1. 陵门磉墩四角柱洞

2. 陵门前廊式建筑磉墩（东—西）

彩版六七　康陵陵园陵门及陵门前廊式建筑磉墩

1. 排水暗渠（西南—东北）

2. 排水暗渠特写（北—南）

彩版六八　康陵陵园南垣墙西侧排水暗渠

1. 陵园南垣墙西侧排水暗渠内废弃堆积（南—北）

2. 陵园外东侧排水暗渠（南—北）

彩版六九　康陵陵园西侧排水渠内废弃堆积与东侧排水暗渠

1. 排水明沟打破夯土墙（南—北）

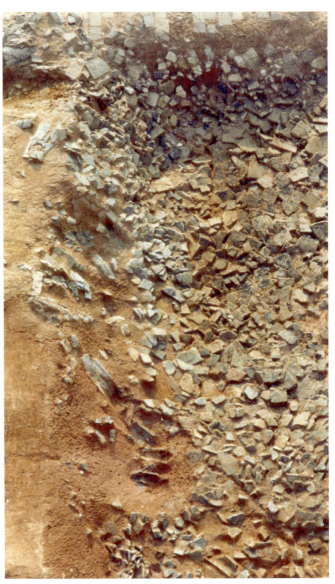

2. 排水明沟内碎瓦护壁（南—北）

彩版七〇　康陵陵园西南角阙外排水明沟

1. 有字砖（TS0404：4）正面刻写文字

3. 有字砖（TS0404：4）顶面模印菱形纹

2. 有字砖（TS0404：4）背面

4. 长方形砖（T0603②：7）砖面模印瓦当纹

5. 陵台北部铺砖地面方形砖

彩版七一　康陵陵园出土青砖

1. 厚胎筒瓦（T0306③B：3）　　　　2. 厚胎筒瓦（T0306③B：2）　　　　3. 薄胎筒瓦（TS0404③B：1）

4. 板瓦（TS0404③B：3）

5. 板瓦（T0504③B：3）

彩版七二　康陵陵园出土筒瓦、板瓦

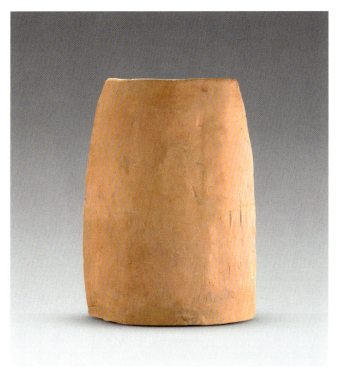

1. 绿釉板瓦（T0206③B：6）正面          2. 绿釉板瓦（T0206③B：6）内面

3. 双唇板瓦（T0306③B：17）

4. 双唇板瓦（T0206③B：17）

彩版七三　康陵陵园出土板瓦

1. 七瓣莲花纹瓦当（T0307③B：2）

2. 七瓣莲花纹瓦当（T0307③B：1）

3. 七瓣莲花纹瓦当（T0306③B：15）

4. 七瓣莲花纹瓦当（T0405③B：2）

5. 七瓣莲花纹瓦当（T0406③B：2）

彩版七四　康陵陵园出土莲花纹瓦当

1. 九瓣莲花纹瓦当（T0708③B：8）

2. 九瓣莲花纹瓦当（T0708③B：3）

3. 九瓣莲花纹瓦当（TS0310①：1）

4. 九瓣莲花纹瓦当（T0708③B：4）

5. 绿釉十瓣莲花纹瓦当（T0206③B：4）

6. 绿釉十一瓣莲花纹瓦当（T0206③B：3）

彩版七五　康陵陵园出土莲花纹瓦当

1. 双凤纹瓦当（TS0604③B：3）　　　2. 双凤纹瓦当（TS0404③B：2）　　　3. 绿釉双凤纹瓦当（T0206③B：15）

4. 双凤纹瓦当（T0404③C：1）　　　5. 花鸟纹瓦当（T0808③B：3）　　　6. 花鸟纹瓦当（T0808③B：4）

7. 花鸟纹瓦当（T0708③B：7）　　　　　　　8. 花鸟纹瓦当（T0708②：9）

彩版七六　康陵陵园出土双凤纹瓦当、花鸟纹瓦当

1. 兽面瓦（T0808③B：15）

4. 龙首形垂兽（T0708③B：1）

2. 龙首形垂兽（T0808③B：16）侧面

5. 龙首形垂兽（T0708③B：11）

3. 龙首形垂兽（T0808③B：16）侧视

6. 象首形垂兽（T0206②：2）

彩版七七　康陵陵园出土陶瓦脊饰

1. 鸱尾?（T0808③B：1）正面

3. 鸱尾?（T0708③B：10）正面

2. 鸱尾?（T0808③B：1）背面

4. 鸱尾?（T0708③B：10）背面

5. 鸱尾?（T0602③B：3）

彩版七八　康陵陵园出土陶脊饰残件

1. T0603③B：11

2. TS0308③B：1

彩版七九　康陵陵园出土陶兽头

1. T0305③B：2

2. T0507③A：1

彩版八〇　康陵陵园出土长方形石板

1. 长方形蜀柱（T0406③A∶1）

2. 如意形蜀柱（T0306③B∶5）

3. 如意形蜀柱（T0306②∶16）

4. 如意形蜀柱（T0306③B∶1）

彩版八一　康陵陵园出土石蜀柱

1. 寻杖？（T0206③B：5、8）

2. 寻杖？（T0206③B：5、8）

3. "工"字形勾片（T0206③B：12）

4. "工"字形勾片（T0206③B：9）

5. "工"字形勾片（T0305③B：3）

6. "工"字形勾片（T0206③B：17）

彩版八二　康陵陵园出土石寻杖（？）、"工"字形勾片

1. 玄武岩石工具（T0306③B：7-1）

2. 玄武岩石工具（T0306③B：7-2、7-3）

3. 石块（K填⑤：13）

4. 六角形寻杖（T0306H4：1）

5. "工"字形勾片（T0306H4：3）

彩版八三　康陵陵园出土其他石构件

（南—北）

彩版八四　康陵陵坛、坡道、墓道与玄宫发掘鸟瞰

1. 墓室四重券顶

2. 墓壁墁灰

彩版八五　康陵玄宫墓室券顶与墓壁墁灰

1. 墓道发掘前情景（南—北）

2. 墓道发掘情形（南—北）

彩版八六　康陵玄宫墓道发掘情况

1. 墓道解剖发掘（南—北）

M6

2. 墓道夯土层碎砖铺垫面（北—南）

彩版八七　康陵玄宫墓道

1. 墓道夯层（南—北）

2. 墓道夯层碎砖屑和炭灰（南—北）

彩版八八　康陵玄宫墓道夯层

1. 墓道北端及封门石板（南—北）

2. 封门石板切割痕（北—南）

彩版八九　康陵玄宫封门石板

1. 玄宫内封门砖墙（西北—东南）

3. 玄宫甬道（北—南）

2. 甬道出土残石俑

彩版九〇　康陵玄宫内封门、甬道与出土残石俑

1. 前室东壁壁龛和破子棂窗　　　　　　　　　　　2. 前室西壁壁龛和破子棂窗

彩版九一　康陵玄宫前室壁龛和破子棂窗

1. 立于前室的哀册文石碑（北—南）

2. 哀册文石碑

彩版九二　康陵玄宫哀册文石碑

1. 哀册文碑侧缠枝蔓草纹

2. 过道壁柱

3. 过道东侧门框柱洞及门臼

4. 过道西侧门框柱洞

彩版九三　康陵哀册文石碑碑侧纹饰、过道壁柱及门框柱洞

1. 前室与中室过道器物出土情况

2. 中室陶器与水果像生类遗物等出土情况

3. 玄宫墓室中前部扰坑（北—南）

1. 玄宫后室遭破坏情形（北—南）

2. 玄宫后室及后壁（南—北）

彩版九五　康陵玄宫后室

1. 中室与后室间柱残砖基（西—东）

2. 中室与后室承托间柱的方形石块（东—西）

彩版九六　康陵玄宫中室与后室间柱

1. 西壁壁龛（东南—西北）

2. 东壁壁龛局部（西—东）

彩版九七　康陵玄宫壁龛

1. 间柱处被封堵的壁龛

2. 后壁壁龛及4号盗洞（南—北）

彩版九八　康陵玄宫壁龛

1. 墓底铺砖被撬走（北—南）

2. 部分棺床残存（北—南）

彩版九九　康陵玄宫地面铺砖和砖砌棺床

1. 墓室东壁白灰
   面上勾勒线条

2. 打穿后壁的4号盗洞（南—北）

3. 后室棺床附近玻璃碎片出土情况

4. 后室底部铜钱、陶像生等出土情况

彩版一〇〇　康陵玄宫后室墓壁及器物出土情况

1. 盖盒（K盗1⑤：98）

4. 盒（K：20）

2. 盖盒（K盗1⑤：98）

5. 盒（K：20）俯视

3. 盒底（K盗1⑤：98）

6. 盒盖（K盗1⑤：102）

彩版一〇一　康陵玄宫出土青瓷盒

1. 盒盖（K盗1⑤：100）

2. 盒盖（K盗1⑤：101）

3. 粉盒（K：30）

6. 碗（K盗1⑤：104）

4. 粉盒盖（K盗1⑤：103）

7. 碗（K盗1⑤：104）

5. 粉盒盖（K盗1⑤：103）内面

8. 碗（K盗1④：107）

彩版一〇二　康陵玄宫出土青瓷粉盒、碗

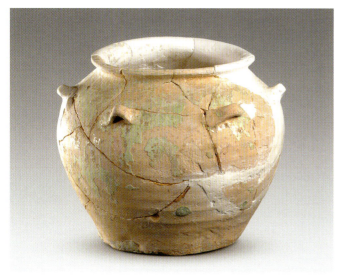

1. 六耳罐（K：32）

2. 六耳罐（K：8）

3. 六耳罐（K盗1⑤：62）

4. 六耳罐（K：1）俯视

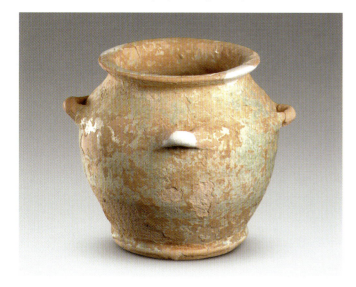

5. 四耳罐（K：4）

6. 四耳罐（K：15）

彩版一○三　康陵玄宫出土釉陶六耳罐、四耳罐

1. 四耳罐（K：18）

2. 四耳罐（K：17）

3. 罐底（K盗1⑤：55）

4. 罐底（K盗1⑤：64）

5. 绿釉陶四耳罐（K：38）

6. 绿釉陶盆（K：39）

彩版一〇四　康陵玄宫出土釉陶罐、盆

1. 黄红胎釉陶小碗（K盗1⑤：105）

2. 黄褐釉陶碗（K盗1⑤：108）

3. 黄褐釉陶碗（K盗1④：85）

4. 黄褐釉陶碗（K盗3⑤：1）

5. 青褐釉陶碗（K盗1⑤：109）

6. 黄褐釉陶碗（K盗1⑤：110）

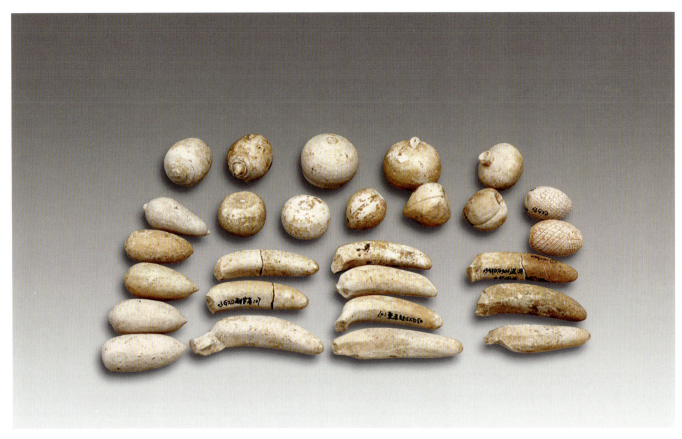

1. 陶像生

2. 陶木瓜

3. 陶木瓜（K：24）

4. 陶木瓜（K填⑤：30）

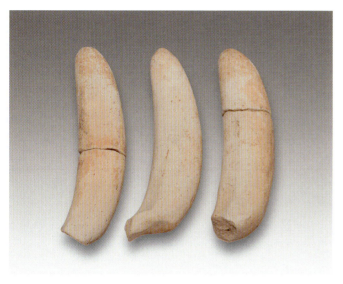

1. 陶香蕉（左—右）

2. 陶香蕉（K填⑤：15、33）（左—右）

3. 陶香蕉（K：12）

4. 陶慈姑（左—右）

5. 陶慈姑（K填⑤：14）

6. 陶慈姑（K：2）

7. 陶桃（左—右）

8. 陶桃（K填⑤：8）

9. 陶桃（K填⑤：28）

1. 陶菠萝

2. 陶马蹄

3. 陶菠萝（K：26）

4. 陶马蹄（K填⑤：6）

5. 陶柿子（K填⑤：40）

6. 陶柿子（K：11）

7. 陶柿子（K：11）

1. 玻璃器碎片

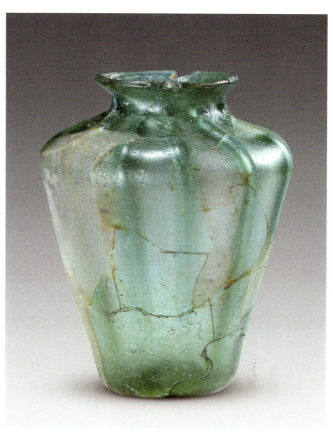

2. 玻璃瓶（K：16）

3. 玻璃瓶口沿（K：7）

4. 玻璃瓶口沿（K填⑤：5）

彩版一〇九　康陵玄宫出土玻璃器

1. A型（K填⑥：59）　　　2. A型（K填⑥：52）　　　3. A型（K填⑥：60）

4. A型（K填⑥：58）　　　5. A型（K填⑤：32）　　　6. B型（K填⑥：54）

7. B型（K：27）　　　8. B型（K填⑥：55）　　　9. B型（K填⑥：61）

**彩版一一○　康陵玄宫出土玻璃瓶口沿（A型、B型）**

1. K填⑥：51

2. K：19

3. K填⑥：45

4. K填⑥：56

5. K填⑥：57

6. K填⑥：53

彩版一一一　康陵玄宫出土玻璃瓶口沿（C型）

1. A型（K：36）

4. B型（K填⑥：62）

2. B型（K填⑥：46）

5. B型（K填⑥：50）

3. B型（K填⑥：46）

6. B型（K填⑥：50）

彩版一一二　康陵玄宫出土玻璃瓶底部（A型、B型）

1. K填⑥：63

2. K填⑥：65

3. K：5

4. K填⑥：66

5. K填⑥：64

6. K填⑥：76

彩版一一三　康陵玄宫出土玻璃瓶底部（B型）

1. 玻璃带扣饰（K：23）正面        2. 玻璃带扣饰（K：23）背面

3. 玻璃珠

4. 玻璃珠串饰（2003GXBGM4：054）        5. 石俑（（K填⑤：12）

1. 青玉（铐）片（K填⑤：29）

2. 青玉（铐）片（K：33）

3. 汉白玉洗（K：3）

彩版——五　康陵玄宫出土玉石器

1. 铜合页（K填⑤：43）

2. 铜环形柄（K：34）

3. 铜钱（K：10）

4. 铜钱（K：22）

5. 铜钱（K填⑤：48）

6. 铜钱（K填⑤：44）

7. 银环形饰（K填⑤：17）

8. 铁销钉（K盗1⑤：47）

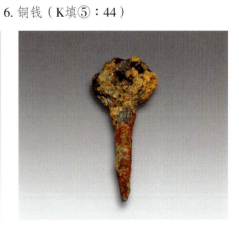

9. 铁钉（K填⑥：95）

彩版一一六　康陵玄宫出土金属器

1. 碑文拓片

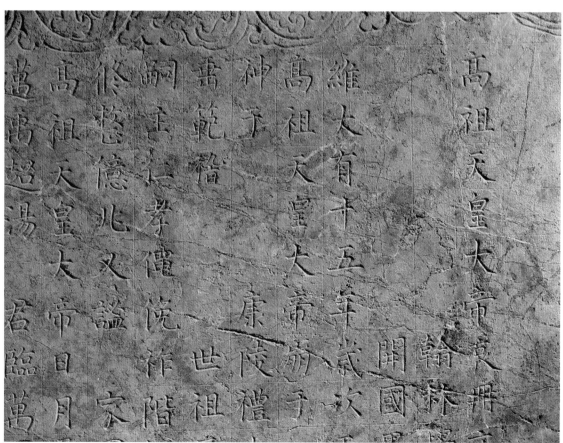

2. 局部

**彩版一一七　康陵玄宫出土哀册文石碑**

1. 圆丘上农民取砖断口（西南—东北）

2. 陵园遭历年破坏（北—南）

1. M2、M3发掘情形

2. 釉陶四耳罐（M2：1）

彩版一一九　大香山唐末五代墓葬发掘情形及出土器物

1. 灰砂筑双室墓M6上部环扰拜台
（南—北）

2. 砖室墓M8（南—北）

3. 魂瓶墓M9（南—北）

彩版一二〇　大香山明代墓葬

1. H1所处位置（东南—西北）

2. H4（南—北）

5. "绍圣元宝"铜钱
（第5层填土出土）

3. 石建筑构件（H4：3）

4. 釉陶碗（H11：12）

彩版一二一　大香山宋代灰坑及其出土器物

1. H7破坏陵坛神龛（上为北）

2. 黑釉陶罐（H7：1）

彩版一二二　大香山明代灰坑及其出土器物

1. 沙挞坝南汉水井（J1）

2. 河岗山南汉窑址位置（北—南）

3. 河岗山南汉窑址发掘情形
（西南—东北）

彩版一二三　南亭村南汉水井和窑址

1. Y8结构（西南—东北）

2. Y9结构（东南—西北）

第Ⅱ期基址

第Ⅰ期基址

第Ⅰ期基址

第Ⅱ期基址

现代坑

1. 发掘区全景（东—西）

2. T1第2层层表碎砖瓦堆积（南—北）

彩版一二五　北亭村南汉建筑基址发掘区全景及碎砖瓦堆积

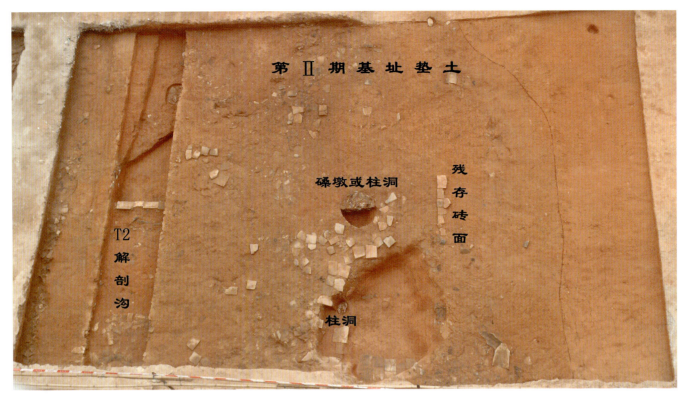

第Ⅱ期基址垫土

碨墩或柱洞

残存砖面

T2解剖沟

柱洞

1. T2第2层揭露遗迹（东—西）

第Ⅱ期基址垫土层表

第Ⅰ期基址残存砖面

H1

G3

第Ⅱ期基址垫土层底

G2

J1

2. T1遗迹分布（南—北）

彩版一二六　北亭村南汉建筑基址T1、T2揭露遗迹

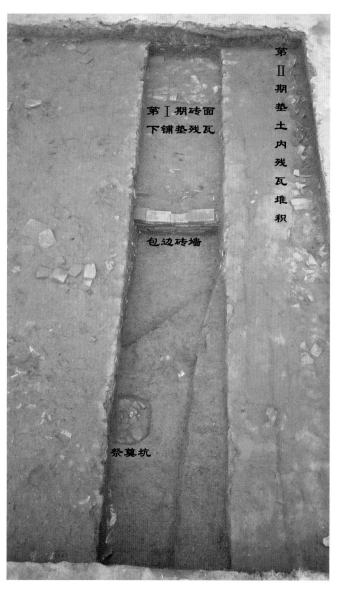

第Ⅱ期垫土内残瓦堆积

第Ⅰ期砖面下铺垫残瓦

包边砖墙

祭奠坑

1. T2解剖沟遗迹分布（西—东）

2. T1东部解剖沟砖铺地面（东—西）

3. T2解剖沟东端残瓦铺垫（东—西）

4. T2解剖沟第Ⅰ期建筑基址包边砖墙
（西—东）

彩版一二七　北亭村南汉建筑基址解剖沟遗迹

1. T1西南角解剖区内第 I 期建筑外围遗迹（南—北）

2. T2第 II 期建筑基址上的残存砖面和柱洞（东—西）

彩版一二八　北亭村南汉建筑基址遗迹

1. T2第Ⅱ期建筑基址下的奠基坑（南—北）

2. 奠基坑底出土铜钱和铅钱

3. T1第2层陶盆等出土情况

4. T1第3层陶罐、陶碗出土情况

5. T1第2层青瓷碗出土情况

6. T2第2层青瓷碗出土情况

彩版一二九　北亭村南汉建筑基址下奠基坑与垫土堆积中器物出土情况

1. 饼足碗（T1③：35）

3. 圈足碗（T1②：9）

2. 圈足碗（T1②：6）

4. 平底碗（T1②：25）

彩版一三〇　北亭村南汉建筑基址出土青瓷碗

1. 盏（T1②：8）

2. 盏（T1②：24）

3. 茶盏托（T1②：29）

4. 碟（T4②：1）

5. 罐（T1③：31）

彩版一三一　北亭村南汉建筑基址出土青瓷盏、盏托、碟等

1. 饼足碗（T1③：13）

4. 假圈足碗（T2②：9）

2. 饼足碗（T1③：20）

3. 假圈足碗（T2②：7）

5. 假圈足碗（T1③：17）

2. 圈足碗（T1③：14）

1. 圈足碗（T1②：3）

4. 盏（T1③：18）

3. 圈足碗（T2②：1）

5. 盏（T1②：19）

彩版一三三　北亭村南汉建筑基址出土釉陶碗、盏

1. 宽平方圆唇盆（T1②：2）

2. 宽平方圆唇盆（T2②：12）

3. 宽平方圆唇盆（T1②：27）

4. 宽平方圆唇盆（T1②：41）

5. 窄圆唇子母口盆（T1②：7）

彩版一三四　北亭村南汉建筑基址出土釉陶盆

1. 鼓腹罐（T1③：16）

2. 鼓腹罐（T1②：4）

4. 鼓腹罐（T1②：11）

3. 鼓腹罐（T2②：6）

5. 鼓腹罐（T1②：42）

6. 弧腹罐（T2②：2）

7. 鼓腹罐（T1②：43）

彩版一三五　北亭村南汉建筑基址出土釉陶罐

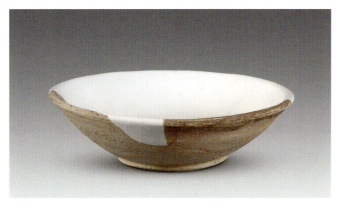

1. 饼足碗（T2②：8）

4. 盆（T1③：21）

2. 假圈足碗（T1③：23）

5. 盆（T1②：28）

3. 假圈足碗（T1②：26）

6. 黑衣罐（T1②：10）

7. 黑衣罐（T1②：12）

彩版一三六　北亭村南汉建筑基址出土泥质陶碗、盆、罐

1. 夹砂陶盆（T1③：22）　　　　　　5. 脊饰（T1②）

2. 脊头板瓦（T1②：1）　　　　　　6. 石砚（T1③：15）

3. 滴水瓦（T1②：34）

4. 筒瓦（T1③）　　　　　　7. 不明石器（T2②：5）

彩版一三七　北亭村南汉建筑基址出土陶器、瓦件、石器等

彩版一三八　北亭村南汉建筑基址第2层层面残瓦堆积

1. 石马

2. 石象

彩版一三九　南汉昭陵出土石马、石象

1. 六耳有盖青釉罐（甲1486）

2. 六耳有盖青釉罐（甲1487）

3. 六耳有盖青釉罐（甲1488）

4. 六耳有盖青釉罐（甲2300）

彩版一四〇　南汉昭陵出土六耳有盖青釉罐

1. 夹耳有盖青釉罐（甲4404）

2. 四耳有盖青釉罐（甲4406）

3. 黄釉六耳罐（甲1483）

4. 陶六耳罐（甲4961）

彩版一四一　南汉昭陵出土青釉、黄釉罐和陶六耳罐

1. 陶六耳罐（甲1377）

2. 陶六耳罐（甲1385）

3. 陶六耳罐（甲1421）

4. 陶六耳罐（甲1457）

彩版一四二　南汉昭陵出土陶六耳罐

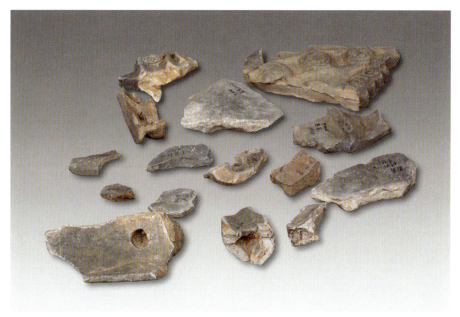

1. 建筑构件残片

2. 套兽残片

3. 鸱尾残片（甲1496-1）

彩版一四三　南汉昭陵陵园出土建筑构件

彩版一四四　南汉昭陵陵园出土陶垂兽

（甲1495）

彩版一四五　南汉昭陵出土铁棺钉